STAR WARS

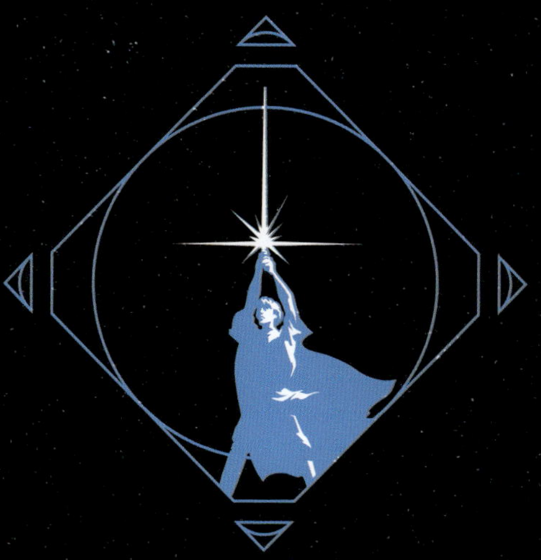

DIE LEGENDEN VON

LUKE SKYWALKER

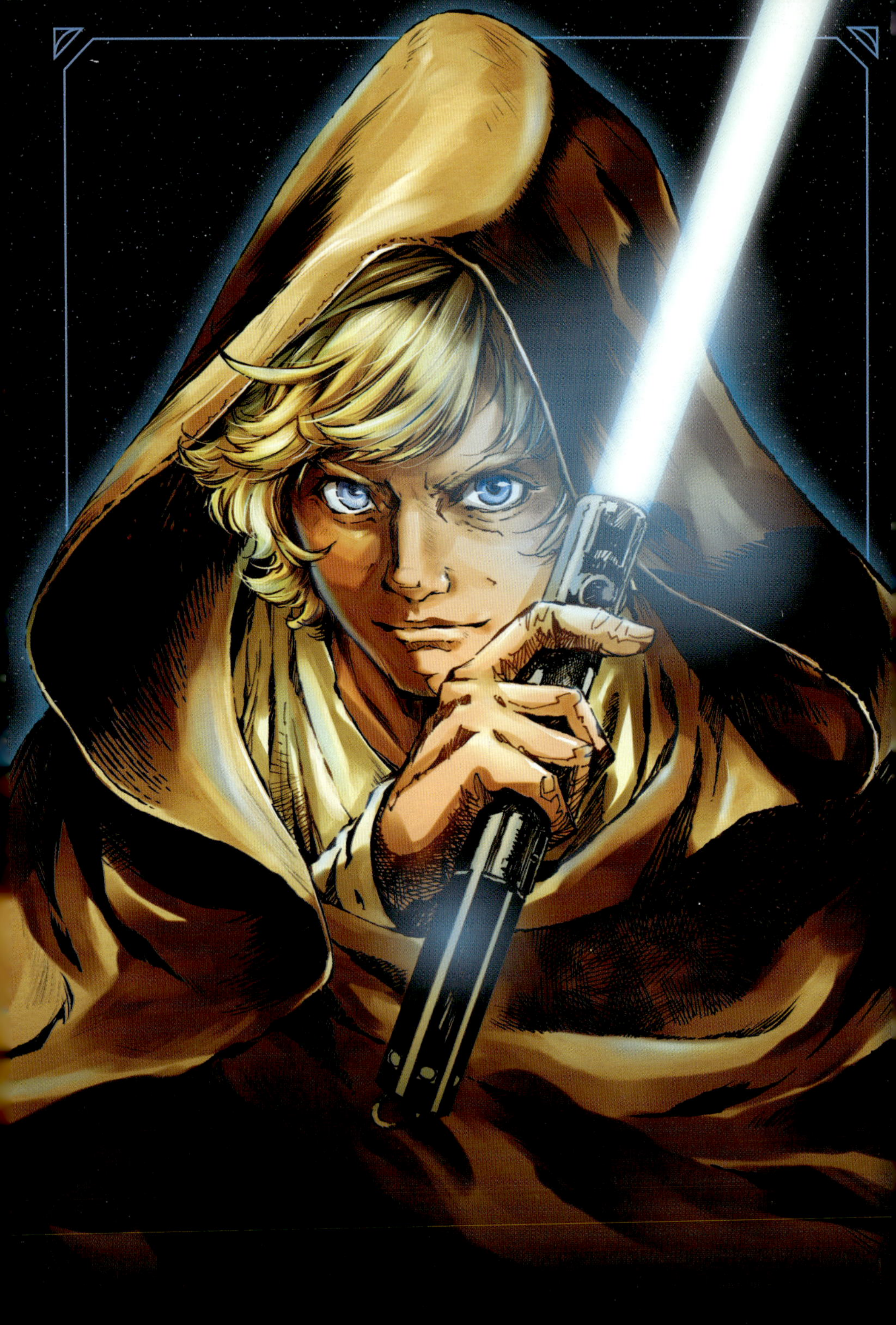

STAR WARS™

DIE LEGENDEN VON
LUKE SKYWALKER

ORIGINAL-STORY
KEN LIU

ADAPTION
AKIRA FUKAYA, HARUICHI, AKIRA HIMEKAWA, SUBARU und **TAKASHI KISAKI**

COVER-ILLUSTRATION
AKIRA HIMEKAWA

BESONDERER DANK AN **HIDETAKA TENJIN, PHILANA CHEN** und **EUGENE PARASZCZUK, CHRISTOPHER G. TROISE**

COVER UND INTERIOR DESIGN
JIMMY PRESLER

EDITOR
FAWN LAU

ÜBERSETZUNG
MARKUS LANGE

LETTERING
LARA IACUCCI

LUCASFILM SENIOR EDITOR
ROBERT SIMPSON

LUCASFILM CREATIVE DIRECTOR
MICHAEL SIGLAIN

LUCASFILM STORY GROUP
MATT MARTIN, PABLO HIDALGO, LELAND CHEE & EMILY SHKOUKANI

LUCASFILM ART DEPARTMENT
PHIL SZOSTAK

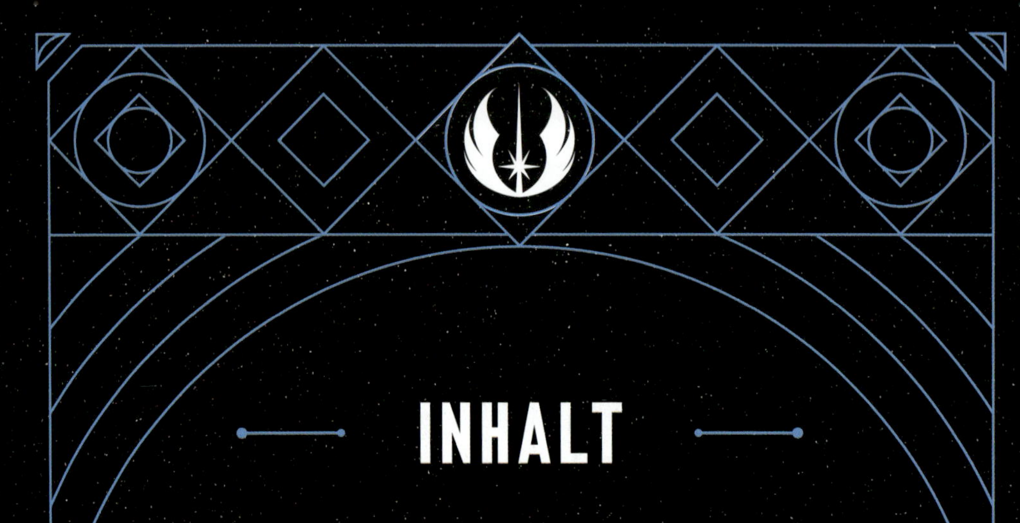

INHALT

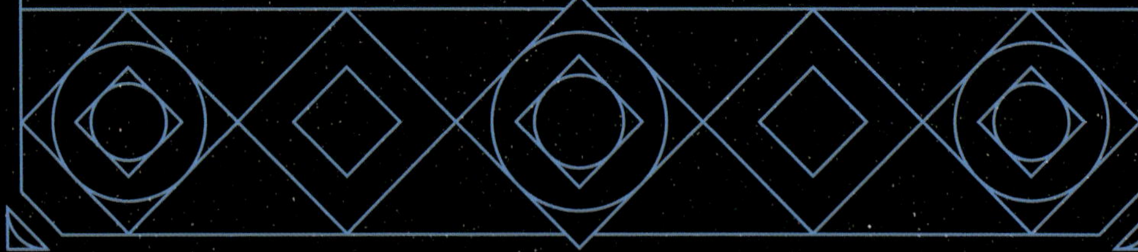

BUZZ BUZZ

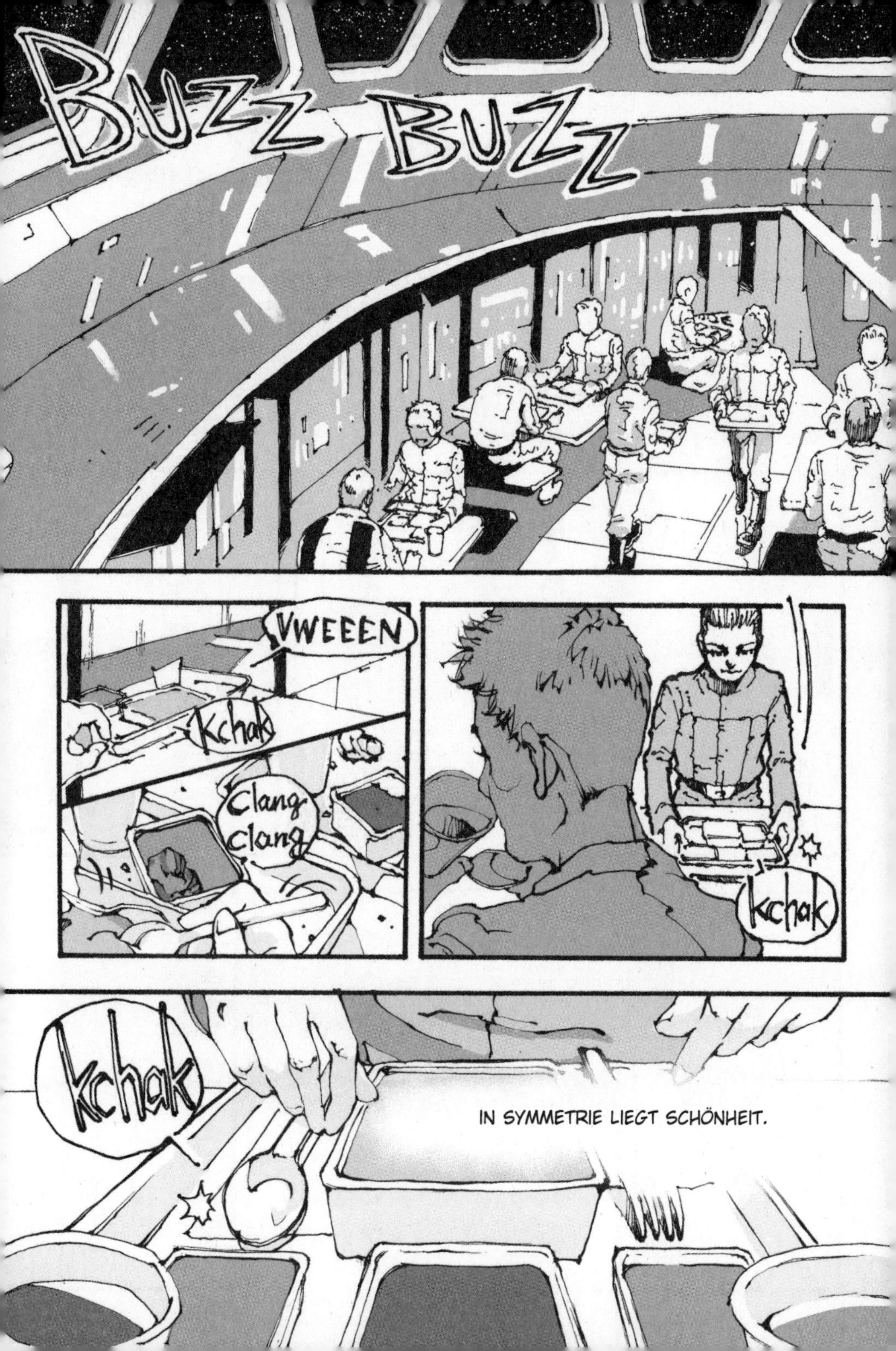

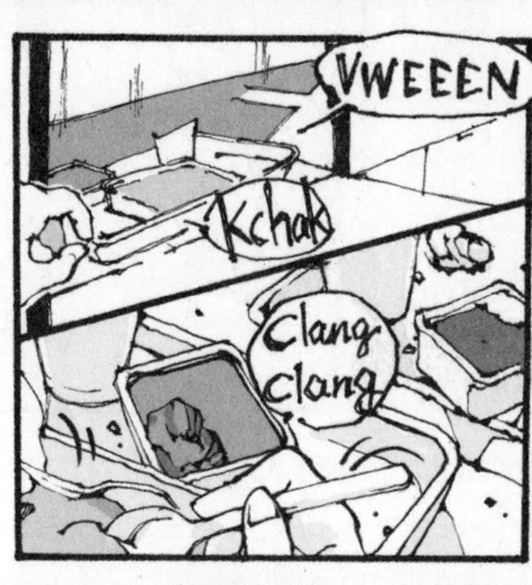
VWEEEN
Kchak
Clang
clang

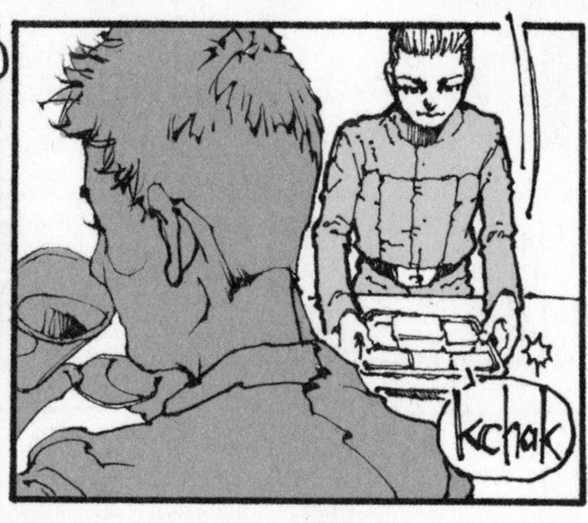
kchak

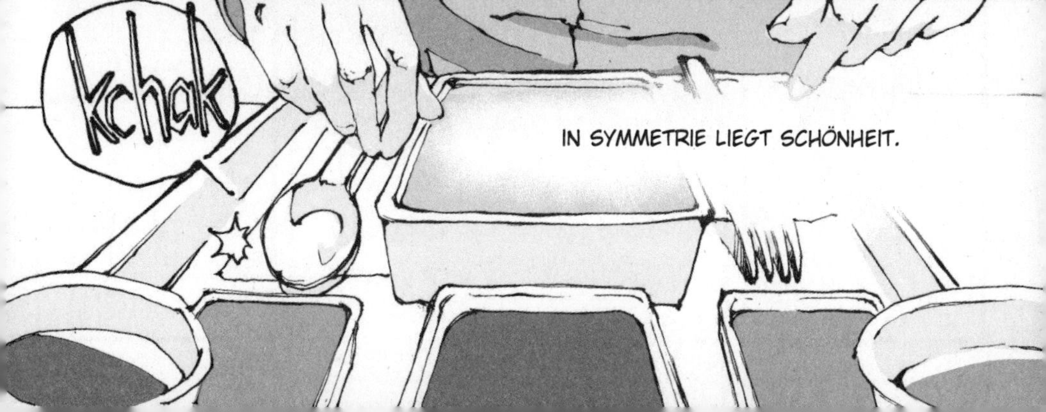
kchak
IN SYMMETRIE LIEGT SCHÖNHEIT.

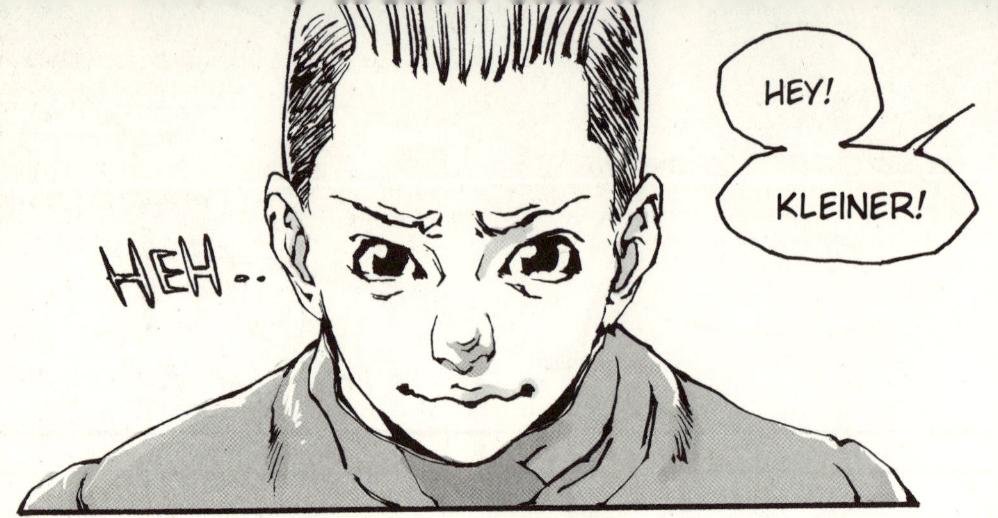
HEY!
KLEINER!
HEH ..

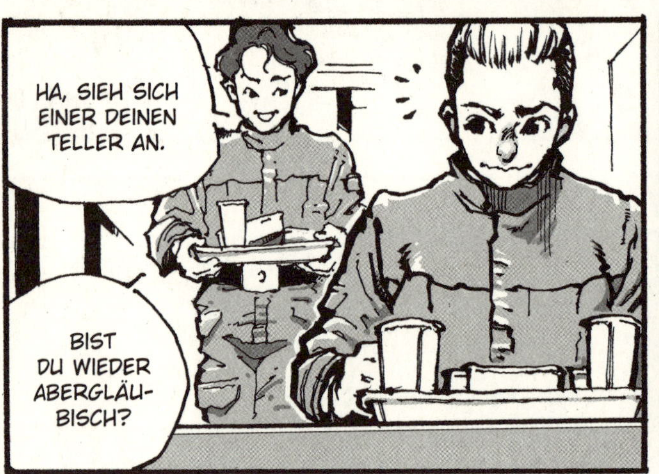
HA, SIEH SICH EINER DEINEN TELLER AN.
BIST DU WIEDER ABERGLÄU-BISCH?

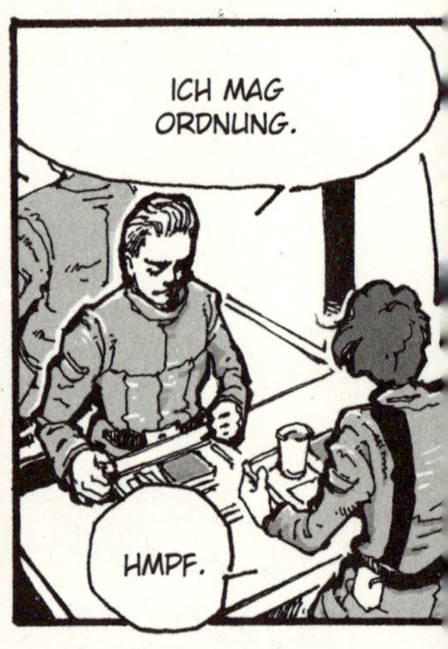
ICH MAG ORDNUNG.
HMPF.

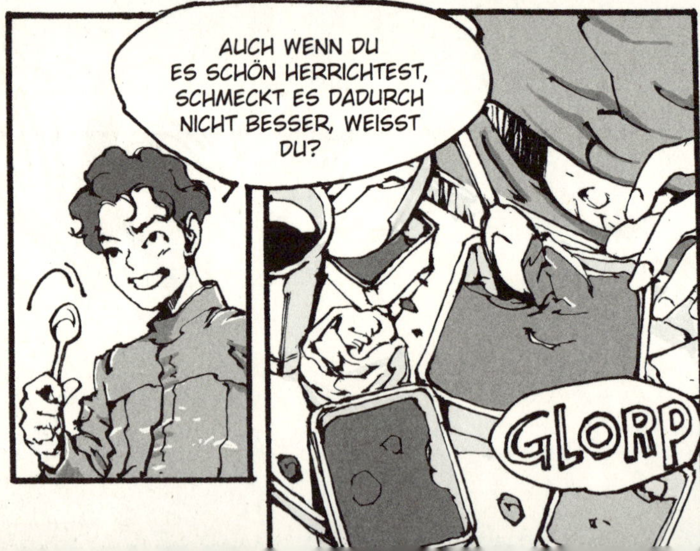
AUCH WENN DU ES SCHÖN HERRICHTEST, SCHMECKT ES DADURCH NICHT BESSER, WEISST DU?
GLORP

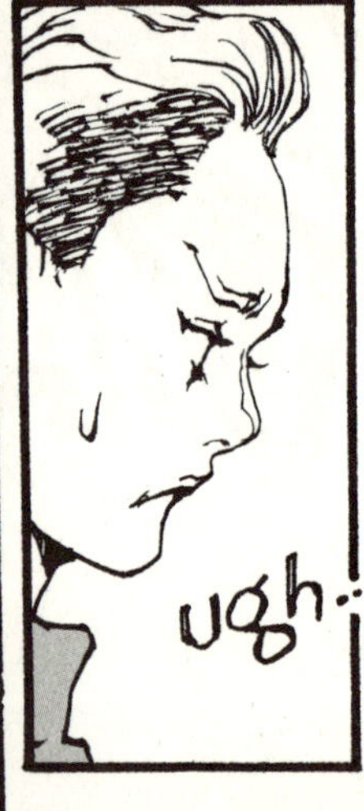
ugh..

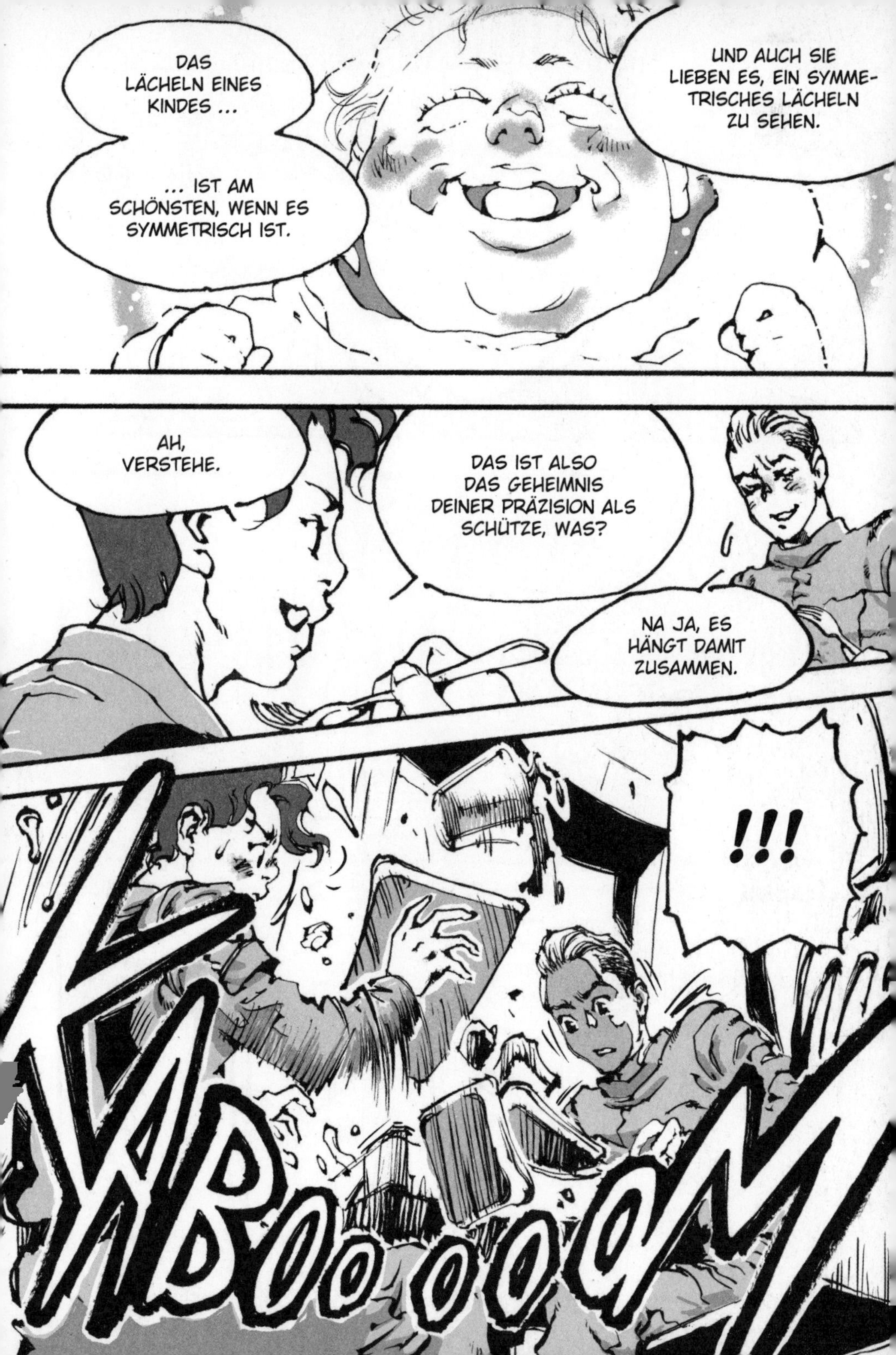
DAS LÄCHELN EINES KINDES ...
... IST AM SCHÖNSTEN, WENN ES SYMMETRISCH IST.
UND AUCH SIE LIEBEN ES, EIN SYMMETRISCHES LÄCHELN ZU SEHEN.
AH, VERSTEHE.
DAS IST ALSO DAS GEHEIMNIS DEINER PRÄZISION ALS SCHÜTZE, WAS?
NA JA, ES HÄNGT DAMIT ZUSAMMEN.
!!!
KABOOOOOM

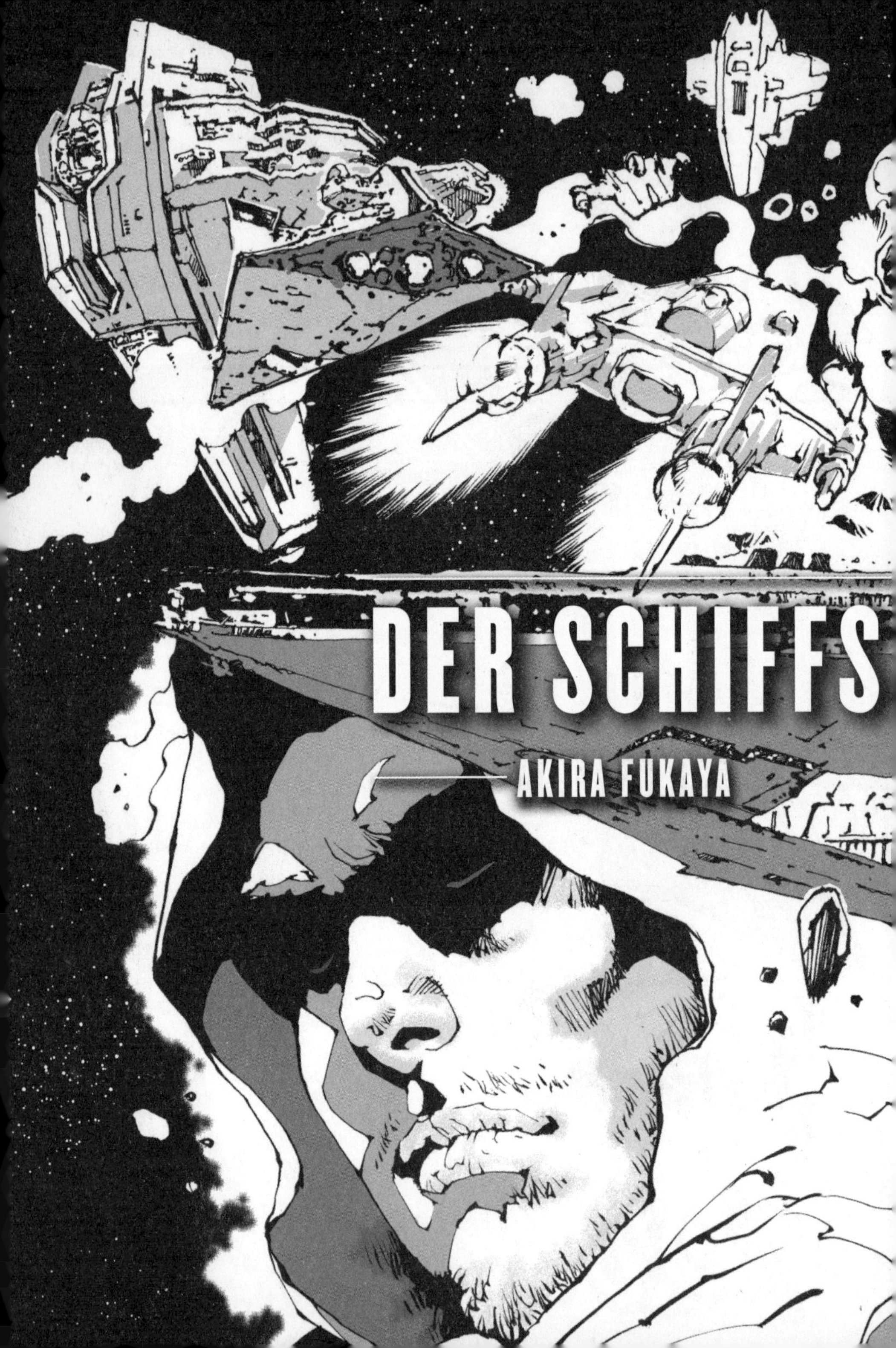
DER SCHIFFS
AKIRA FUKAYA

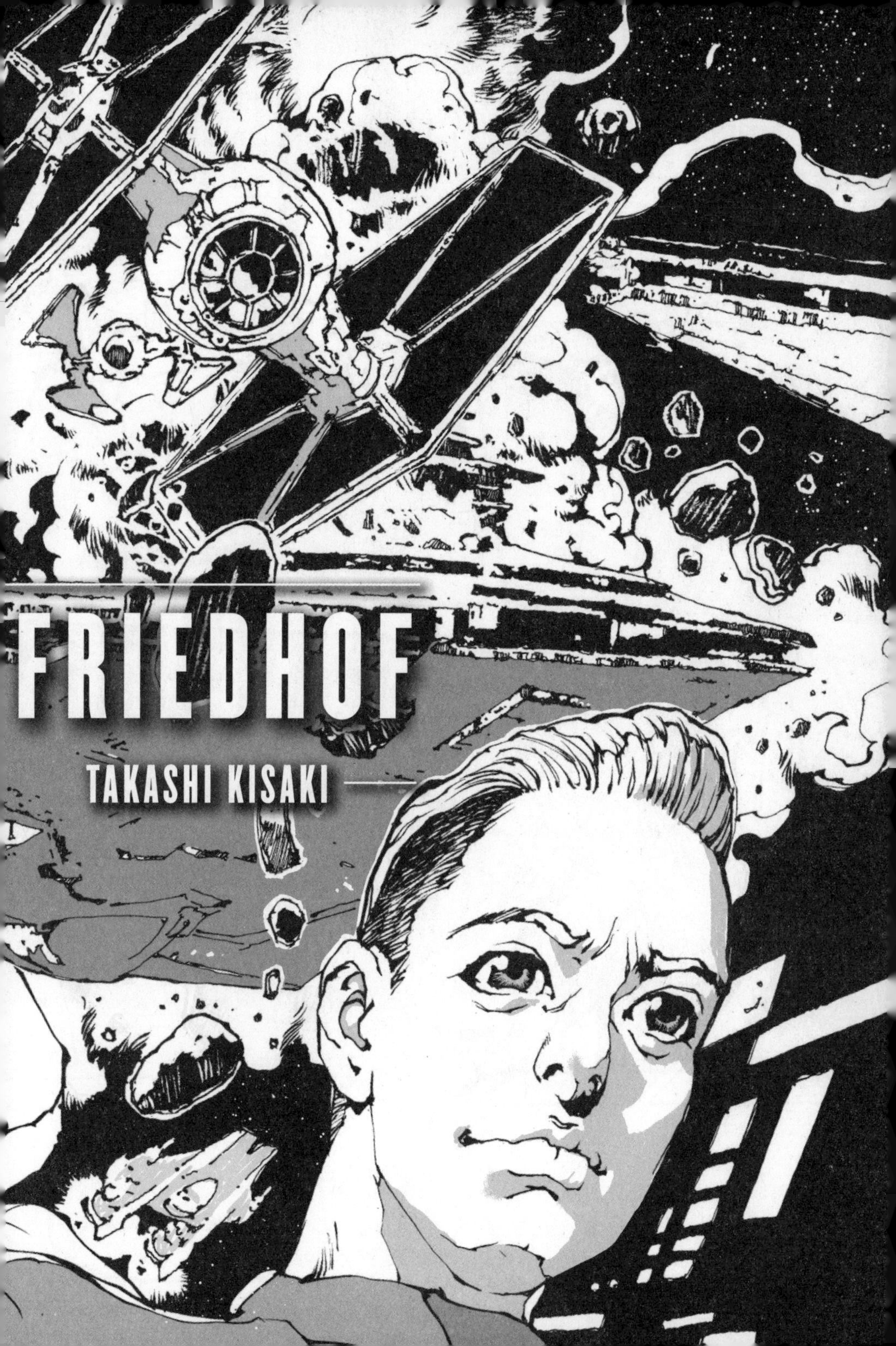
FRIEDHOF
TAKASHI KISAKI

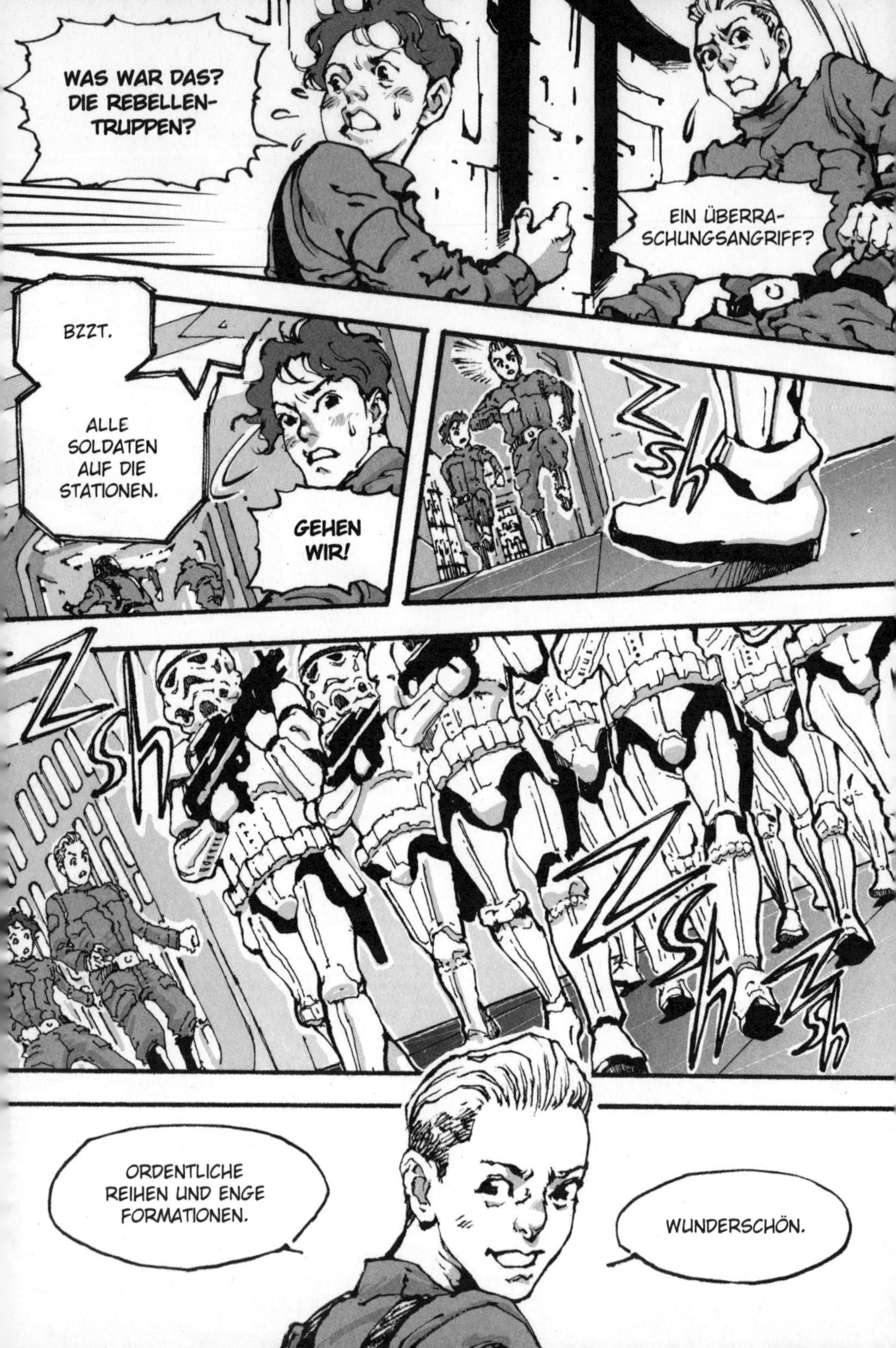
WAS WAR DAS? DIE REBELLEN-TRUPPEN?
EIN ÜBERRA-SCHUNGSANGRIFF?
BZZT.
ALLE SOLDATEN AUF DIE STATIONEN.
GEHEN WIR!
ZSH
ZSH
ZSH
ZSH
ZSH
ORDENTLICHE REIHEN UND ENGE FORMATIONEN.
WUNDERSCHÖN.

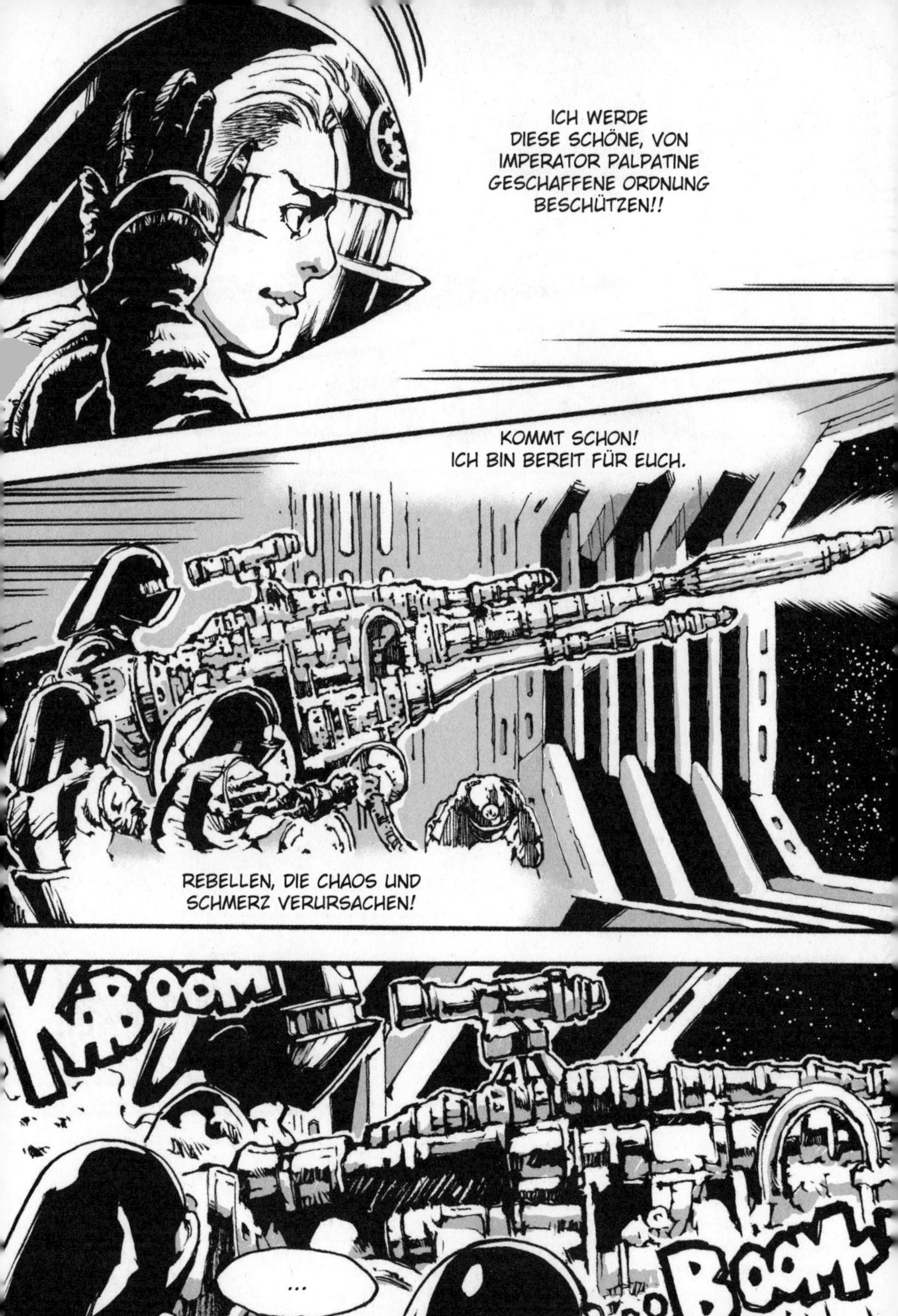
ICH WERDE
DIESE SCHÖNE, VON
IMPERATOR PALPATINE
GESCHAFFENE ORDNUNG
BESCHÜTZEN!!
KOMMT SCHON!
ICH BIN BEREIT FÜR EUCH.
REBELLEN, DIE CHAOS UND
SCHMERZ VERURSACHEN!
KABOOM
...
BOOM

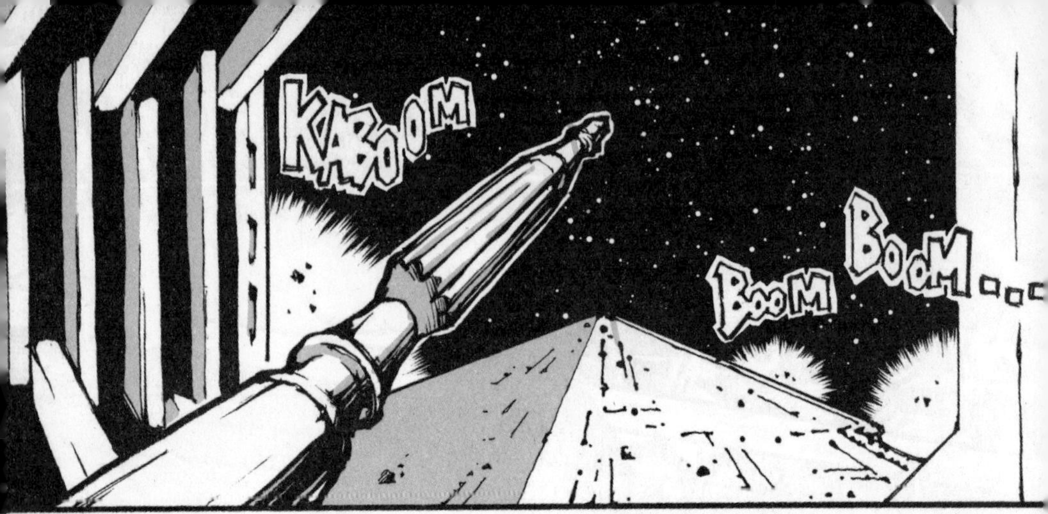
KABOOM
BOOM
BOOM...

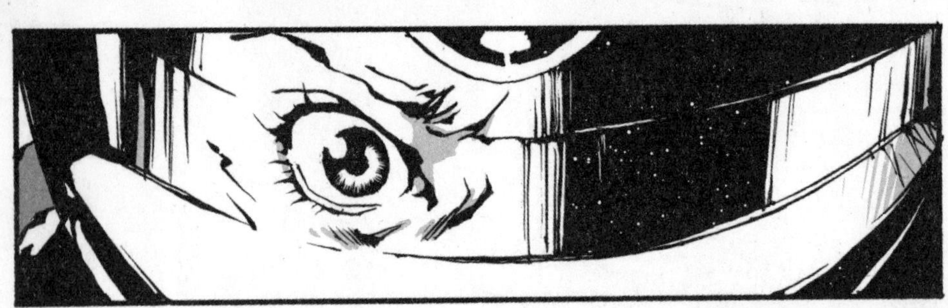

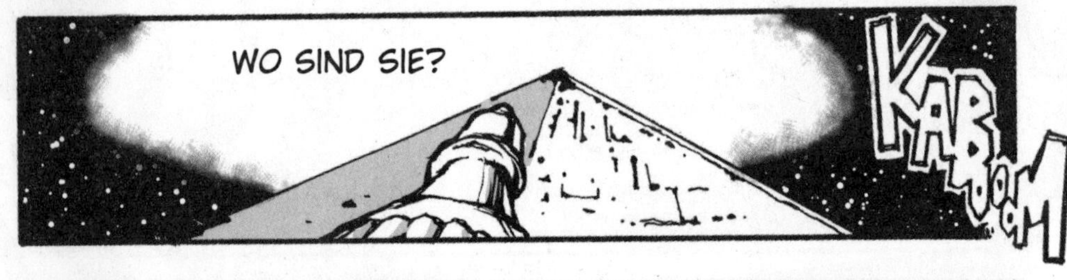
WO SIND SIE?
KABOOM

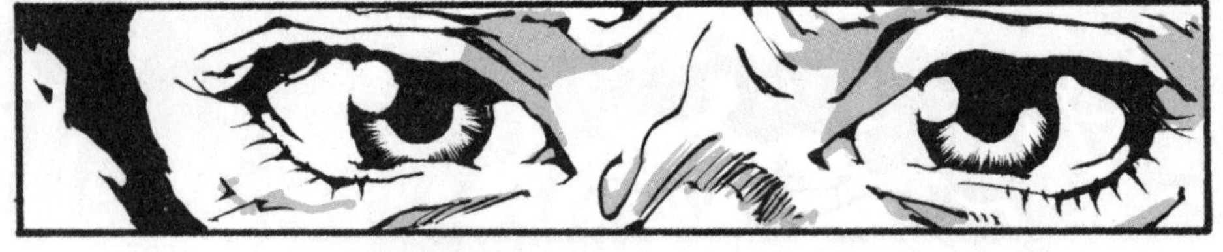

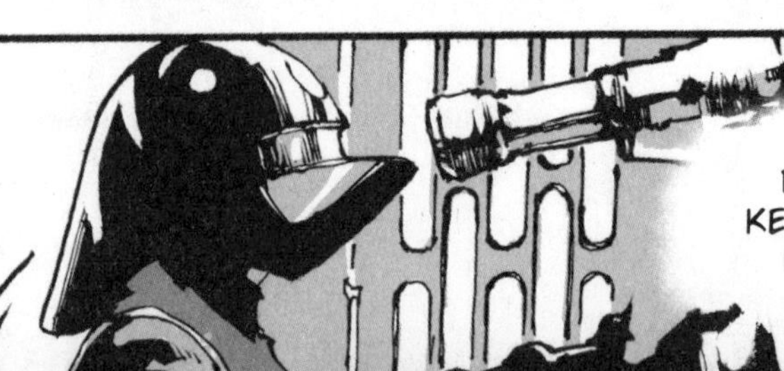
UGH, SIE GREIFEN AUS UNSEREN TOTEN WINKELN AN.
DAS IST KEIN FAIRER KAMPF!

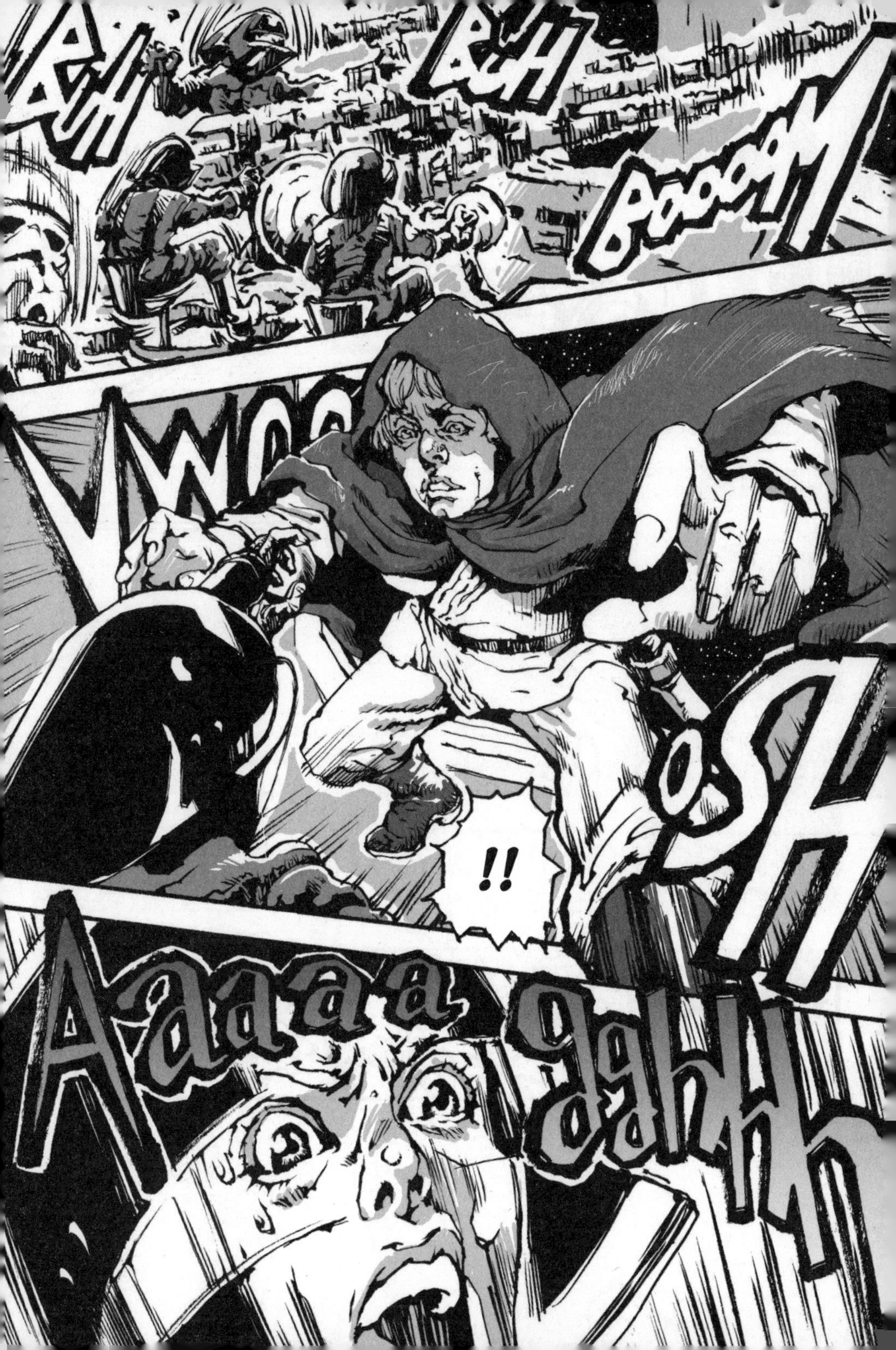
BOOOM
!!
Aaaaa gghh

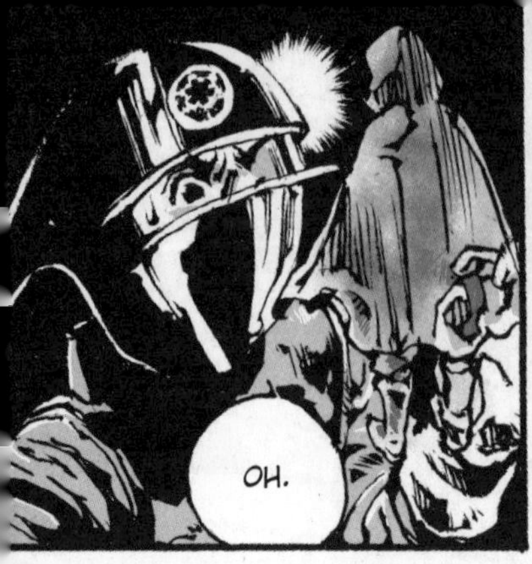
OH.

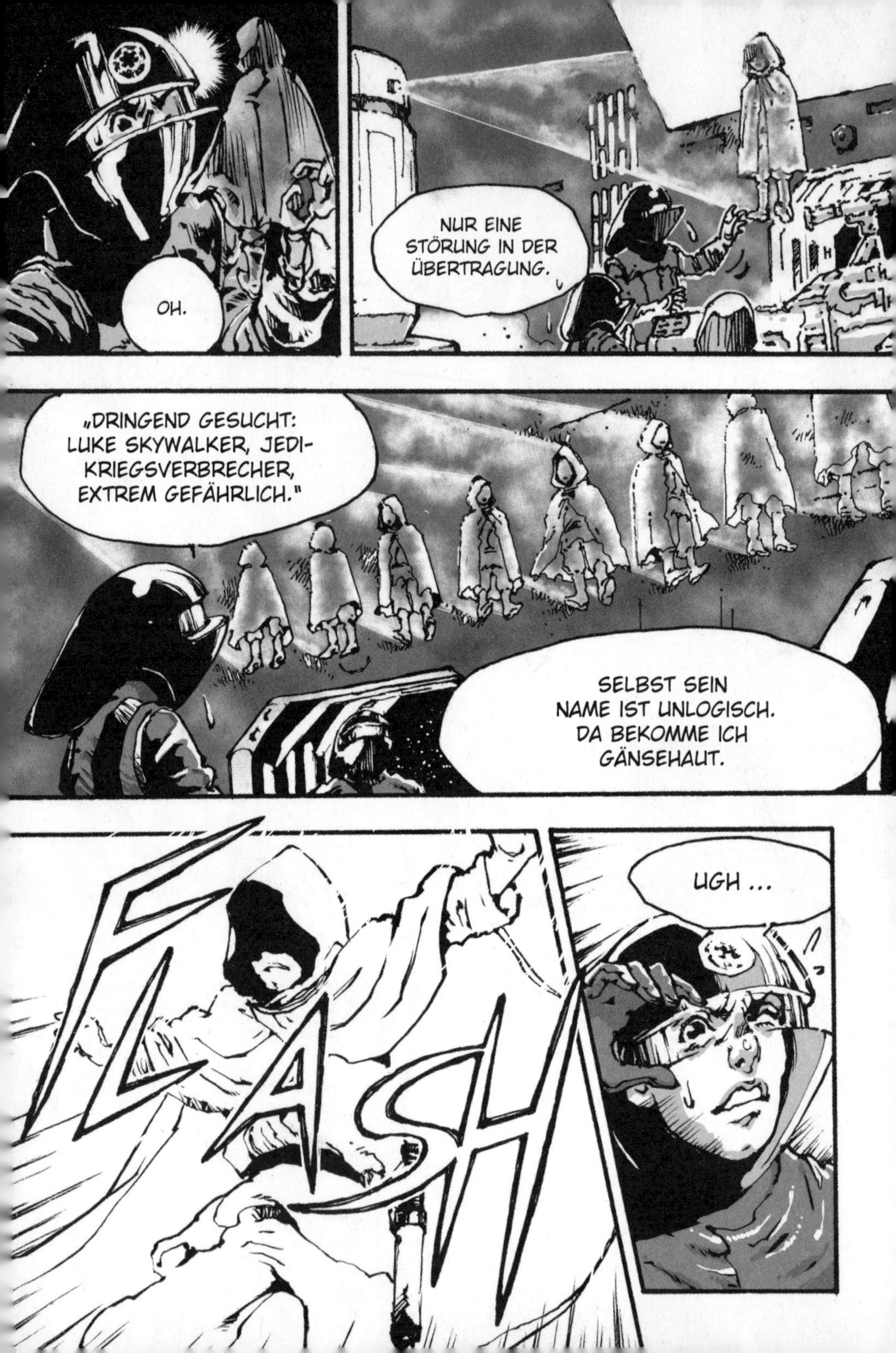

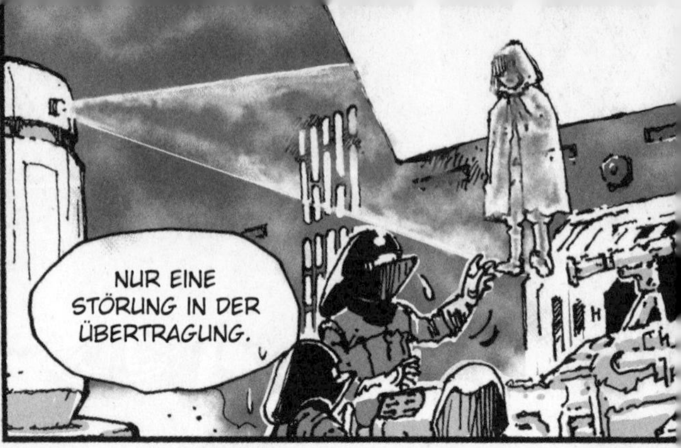
NUR EINE STÖRUNG IN DER ÜBERTRAGUNG.

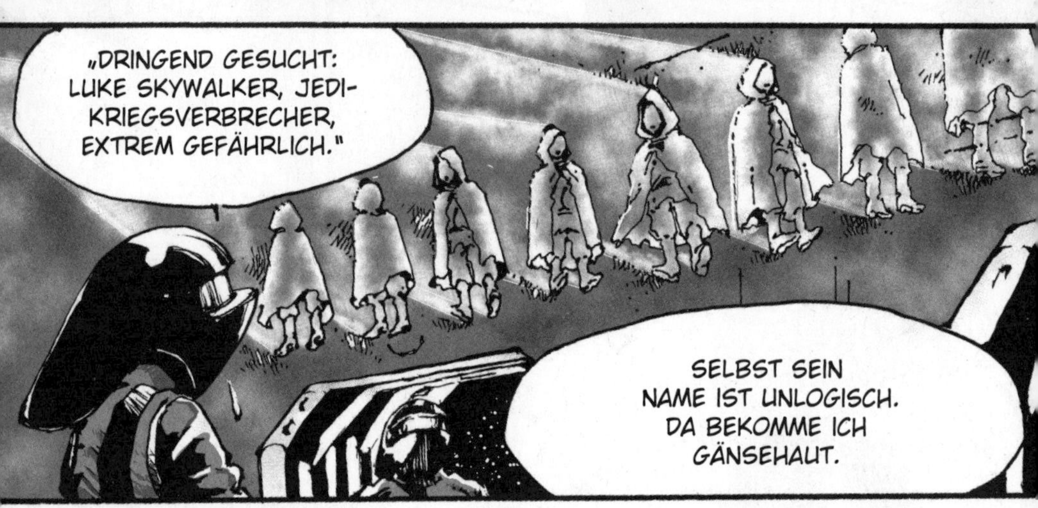
„DRINGEND GESUCHT: LUKE SKYWALKER, JEDI-KRIEGSVERBRECHER, EXTREM GEFÄHRLICH."
SELBST SEIN NAME IST UNLOGISCH. DA BEKOMME ICH GÄNSEHAUT.

FLASH
UGH ...

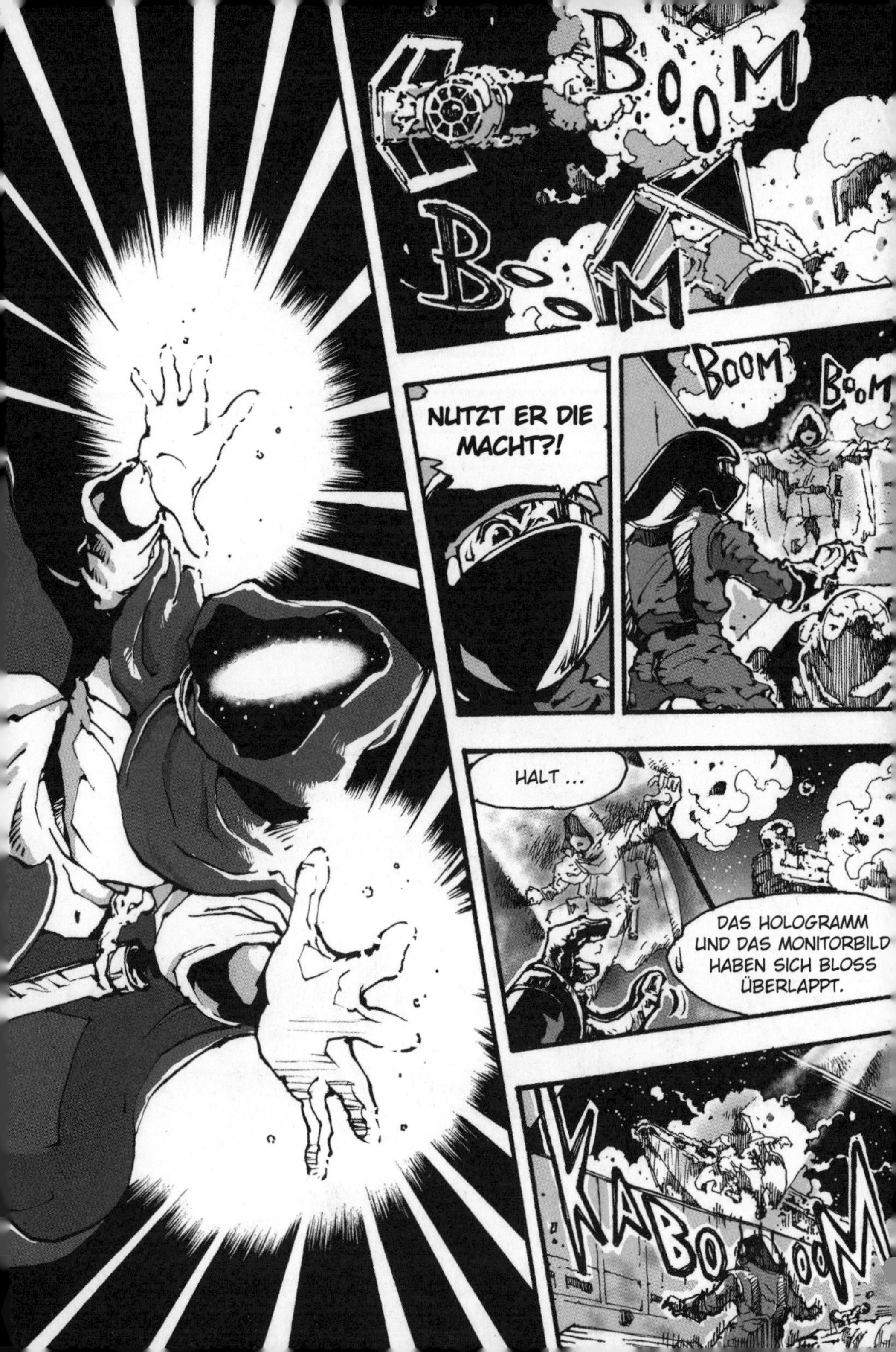
BOOM
BOOM
BOOM
BOOM
NUTZT ER DIE MACHT?!
HALT ...
DAS HOLOGRAMM UND DAS MONITORBILD HABEN SICH BLOSS ÜBERLAPPT.
KABOOM

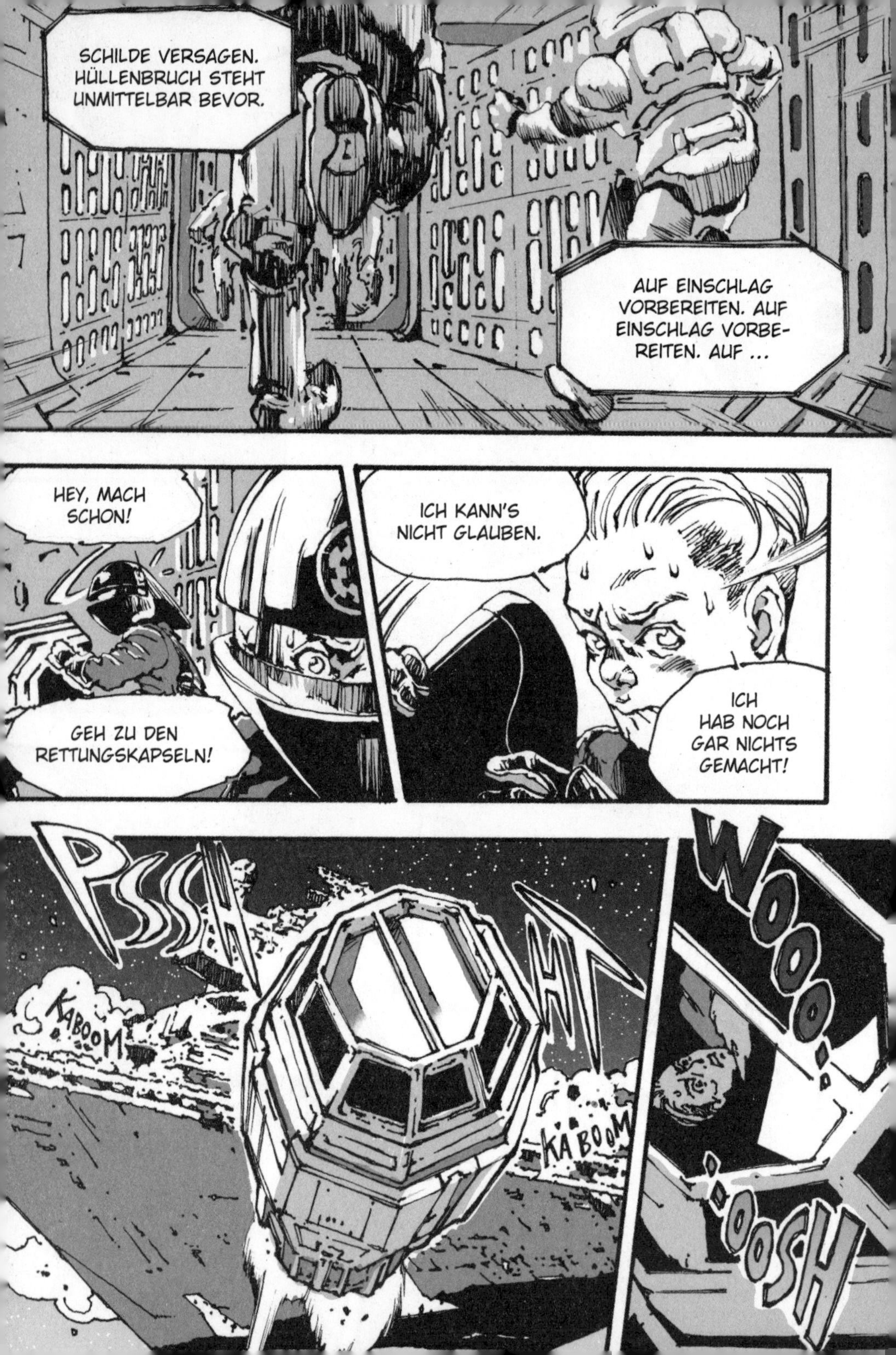

SCHILDE VERSAGEN. HÜLLENBRUCH STEHT UNMITTELBAR BEVOR.

AUF EINSCHLAG VORBEREITEN. AUF EINSCHLAG VORBEREITEN. AUF …

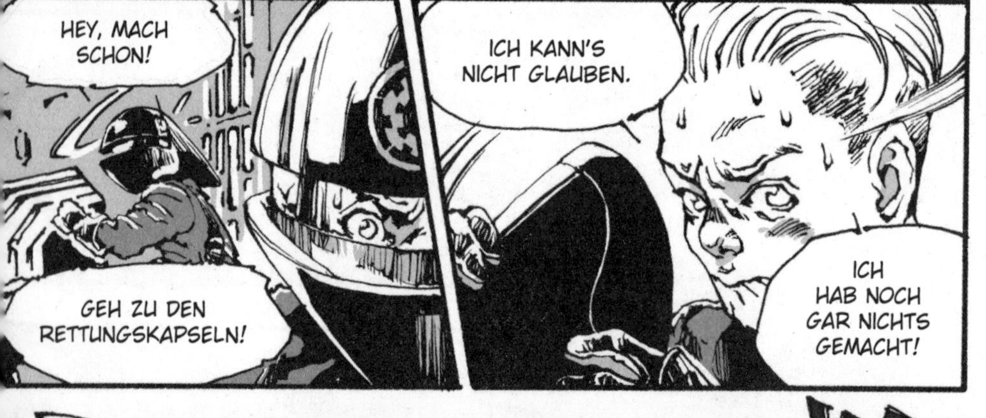

KABOOM

KABOOM

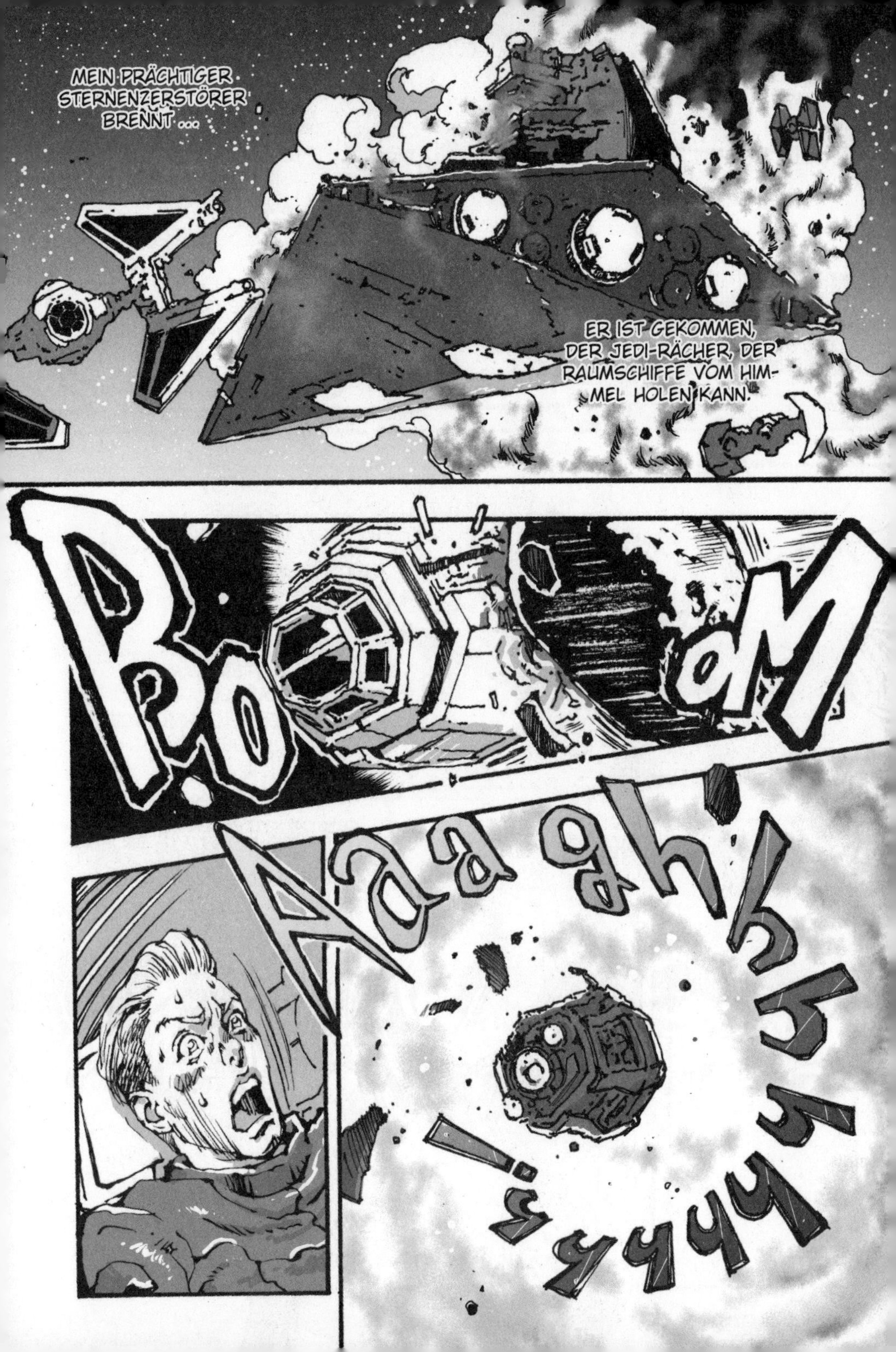

MEIN PRÄCHTIGER STERNENZERSTÖRER BRENNT ...

ER IST GEKOMMEN, DER JEDI-RÄCHER, DER RAUMSCHIFFE VOM HIMMEL HOLEN KANN.

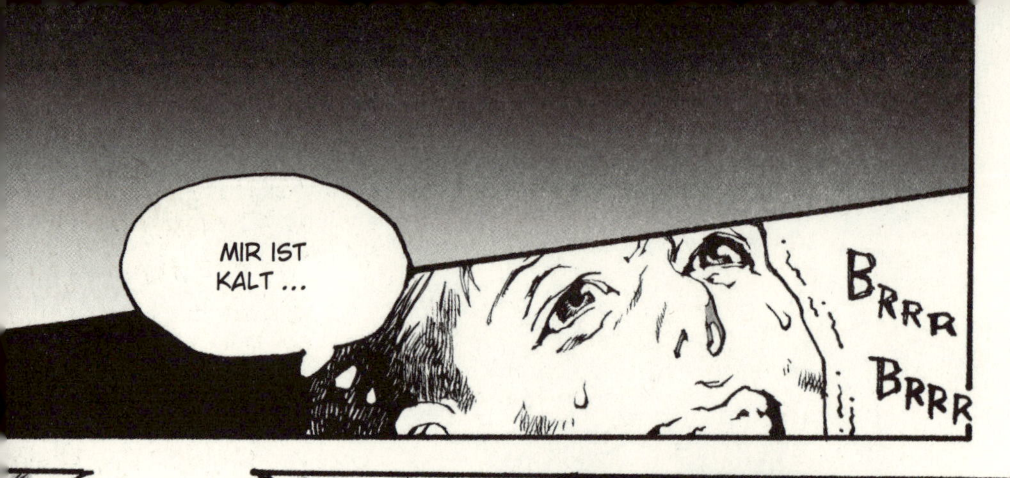

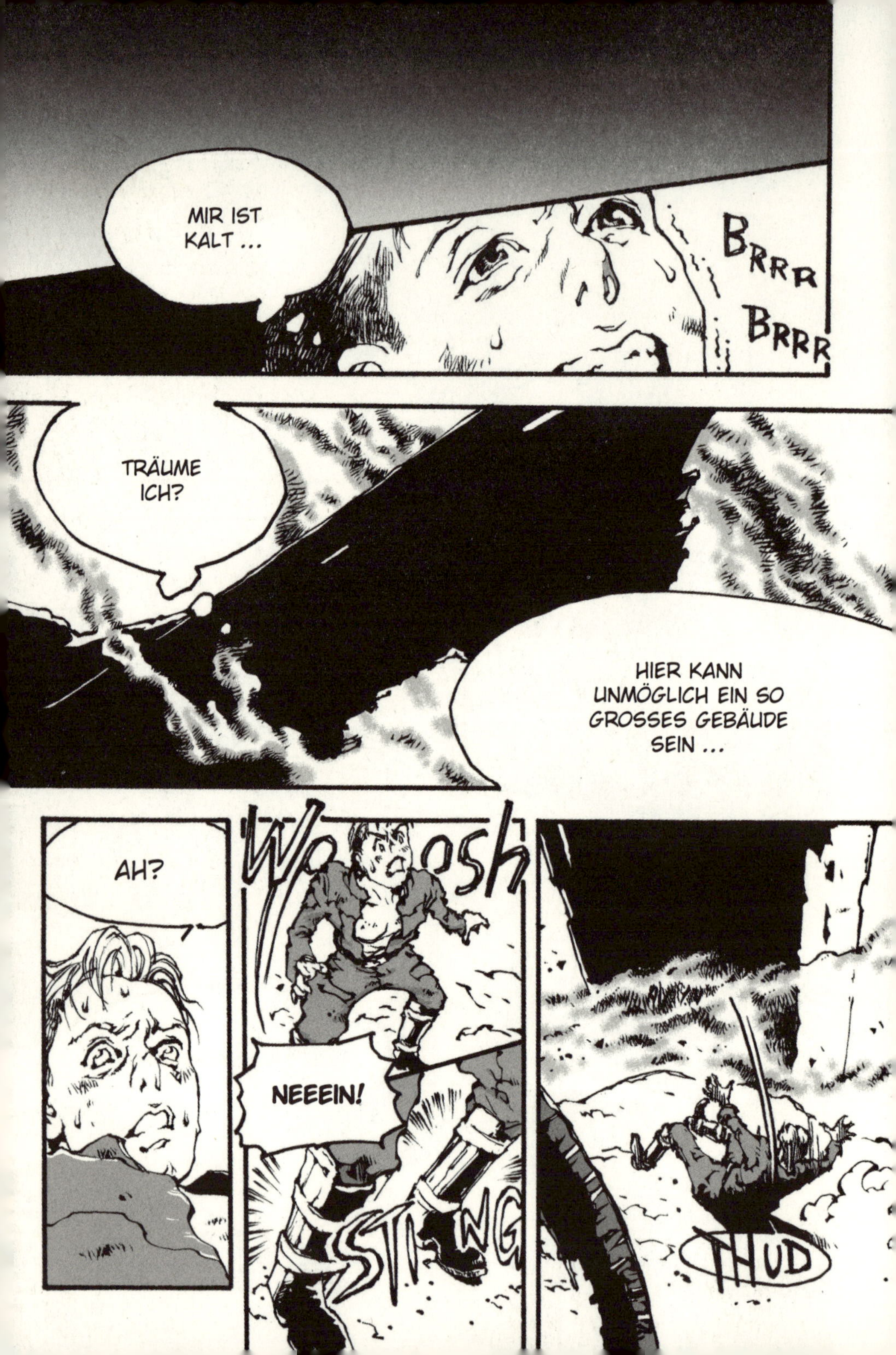

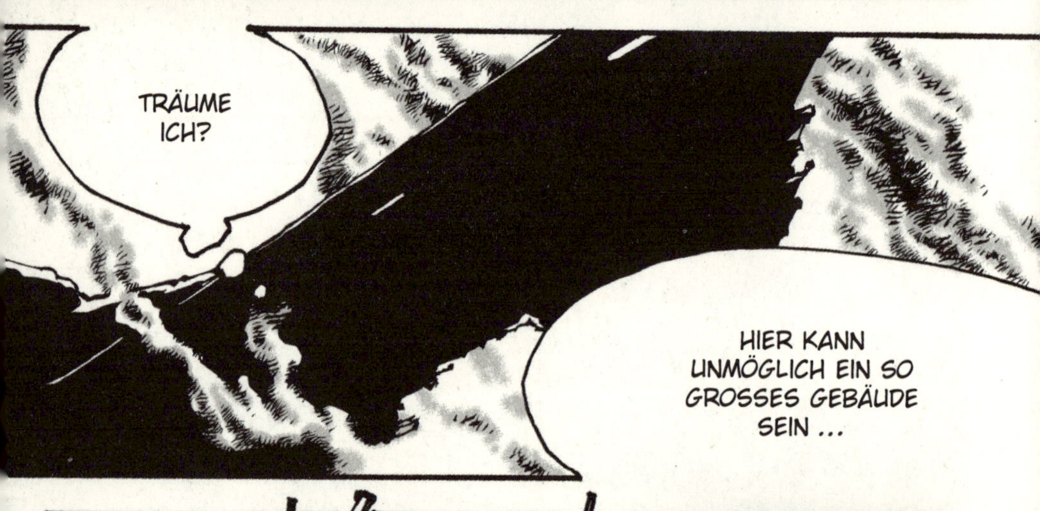

AH?

NEEEIN!

THUD

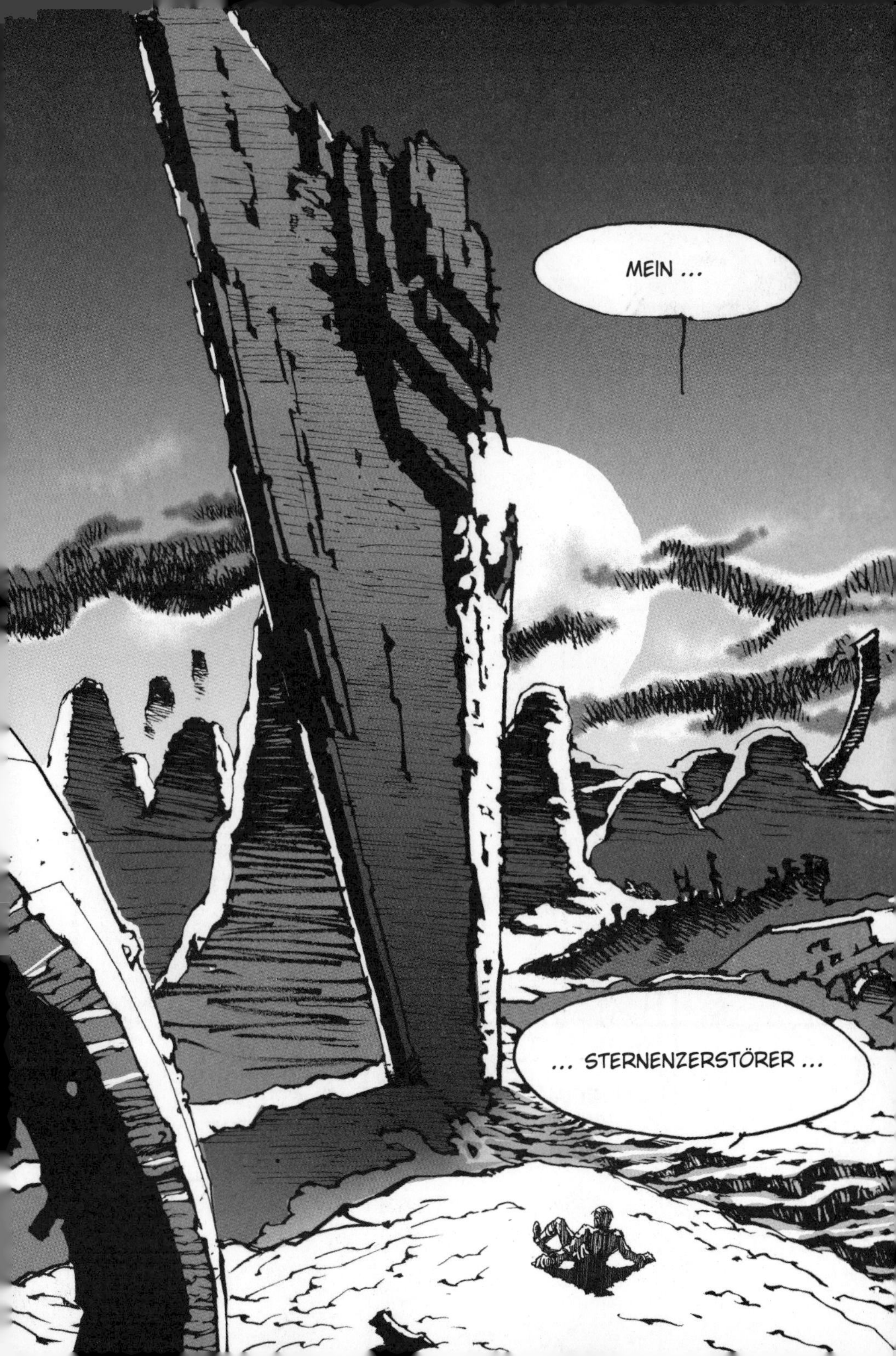
MEIN ...
... STERNENZERSTÖRER ...

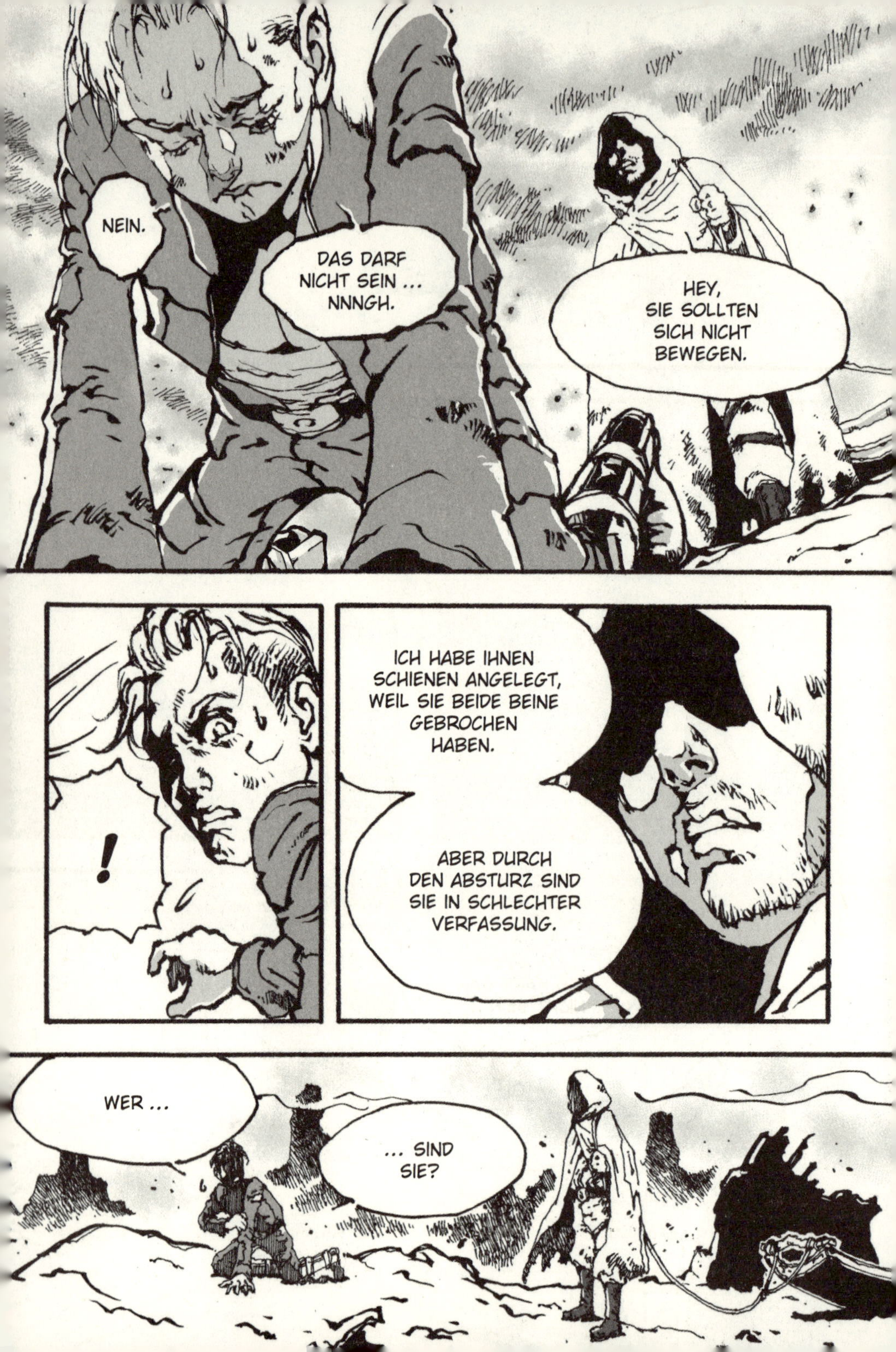

NEIN.
DAS DARF NICHT SEIN ... NNNGH.
HEY, SIE SOLLTEN SICH NICHT BEWEGEN.

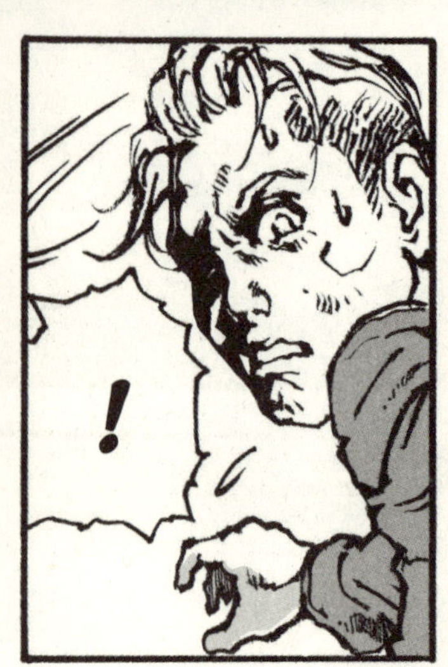
!

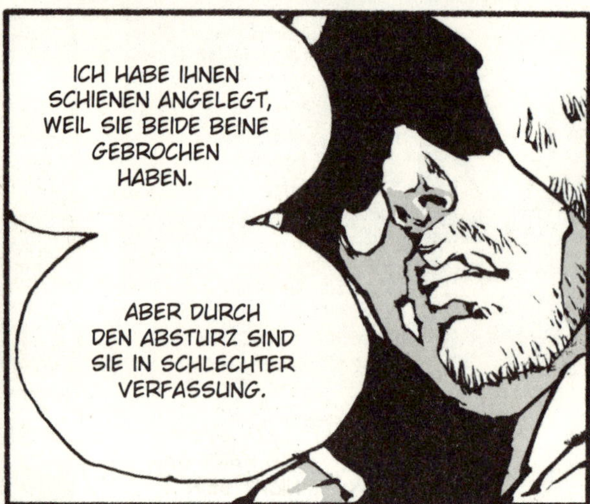
ICH HABE IHNEN SCHIENEN ANGELEGT, WEIL SIE BEIDE BEINE GEBROCHEN HABEN.
ABER DURCH DEN ABSTURZ SIND SIE IN SCHLECHTER VERFASSUNG.

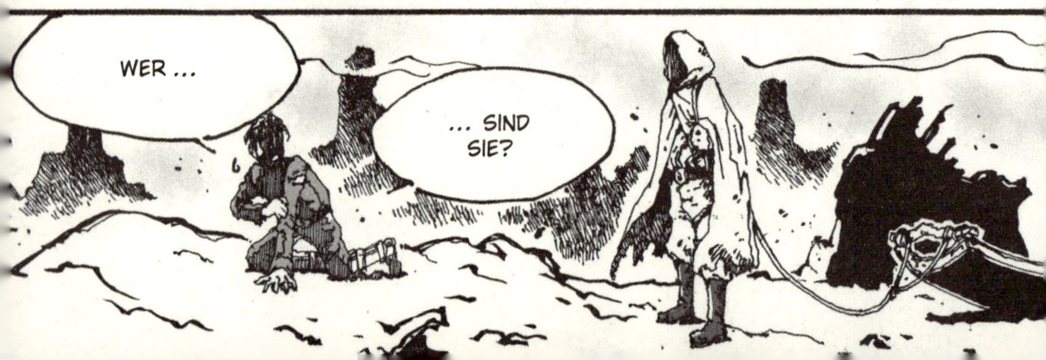
WER ...
... SIND SIE?

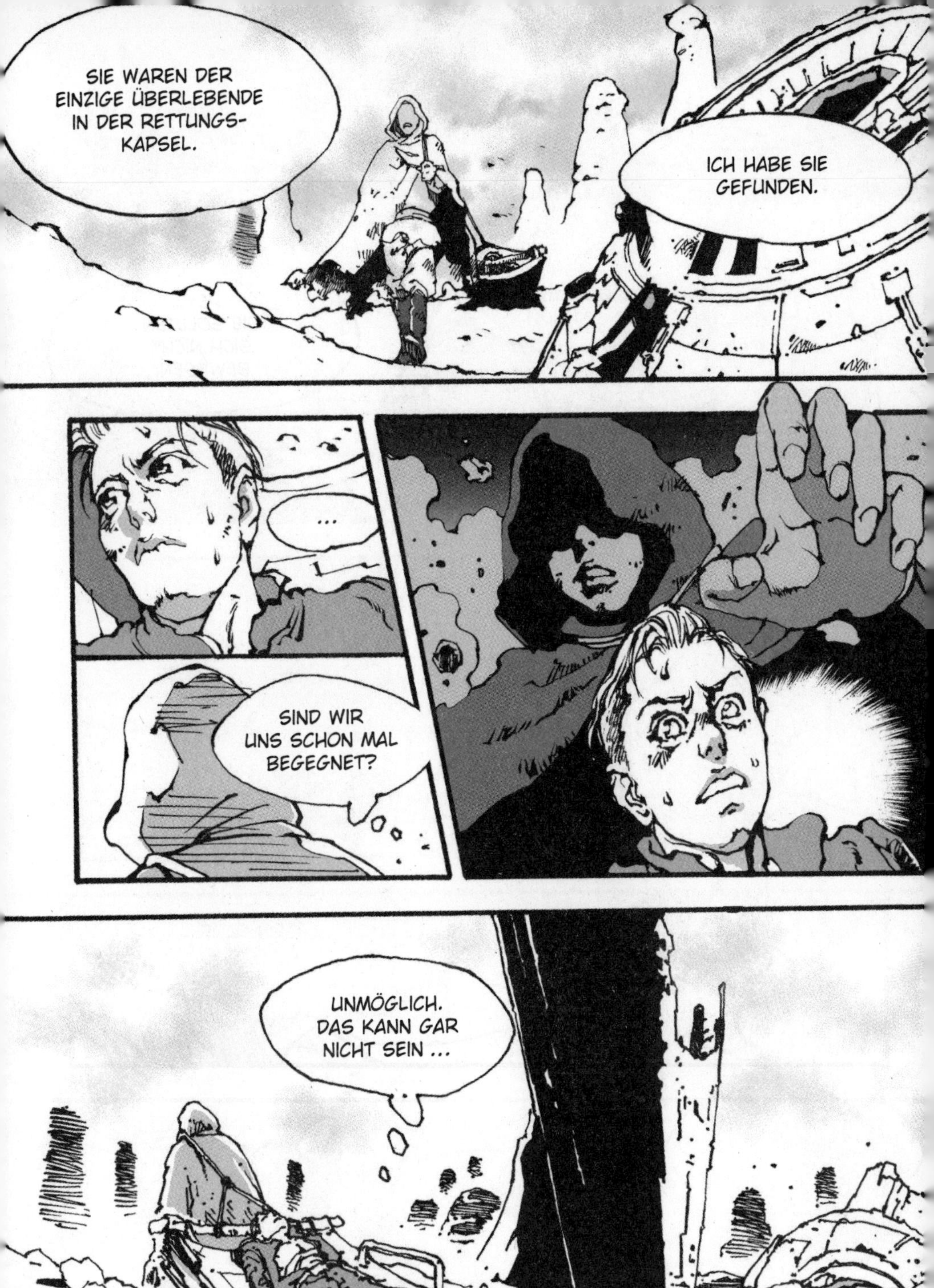
SIE WAREN DER EINZIGE ÜBERLEBENDE IN DER RETTUNGS-KAPSEL.
ICH HABE SIE GEFUNDEN.
...
SIND WIR UNS SCHON MAL BEGEGNET?
UNMÖGLICH. DAS KANN GAR NICHT SEIN ...

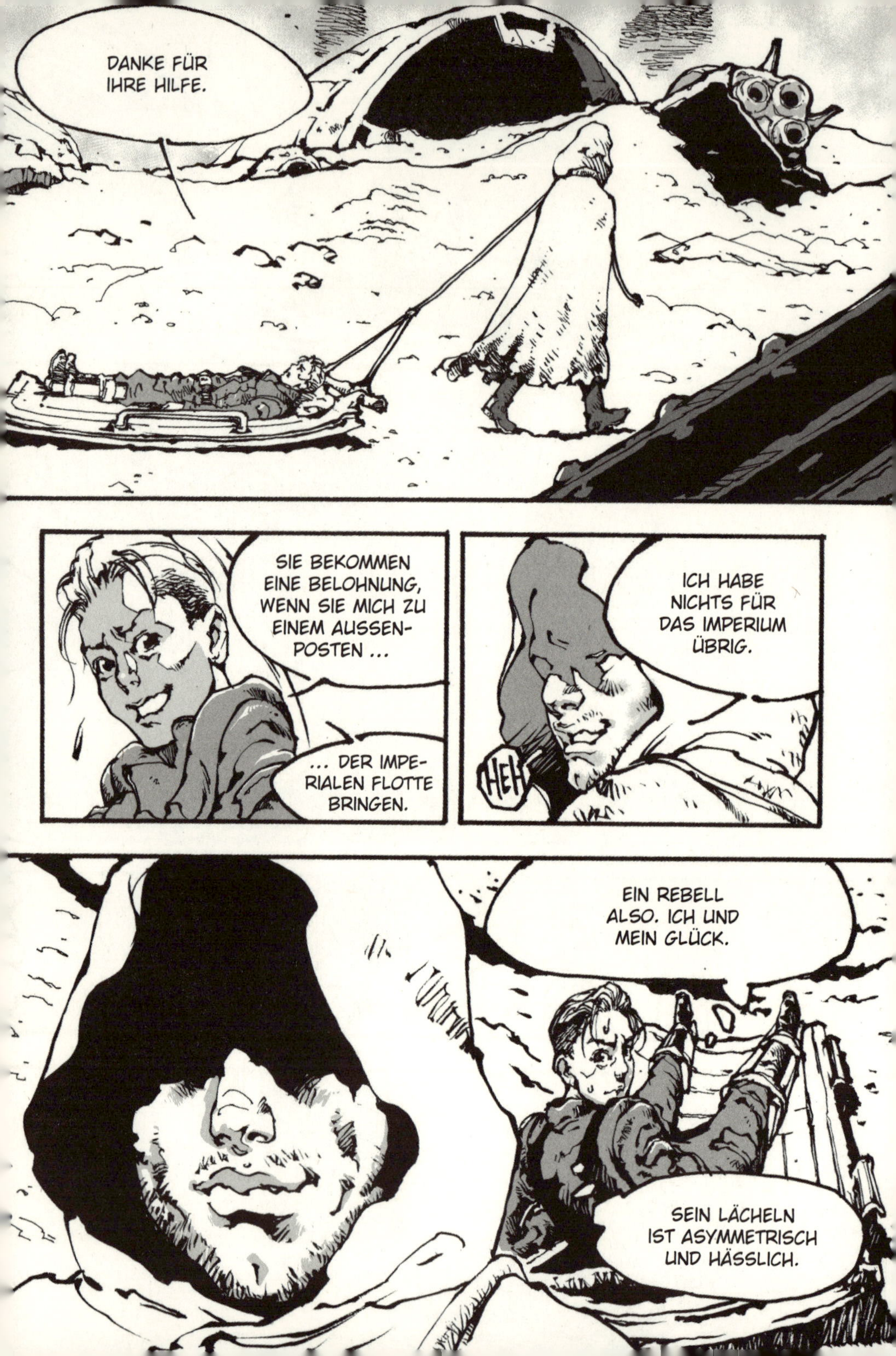

DANKE FÜR
IHRE HILFE.

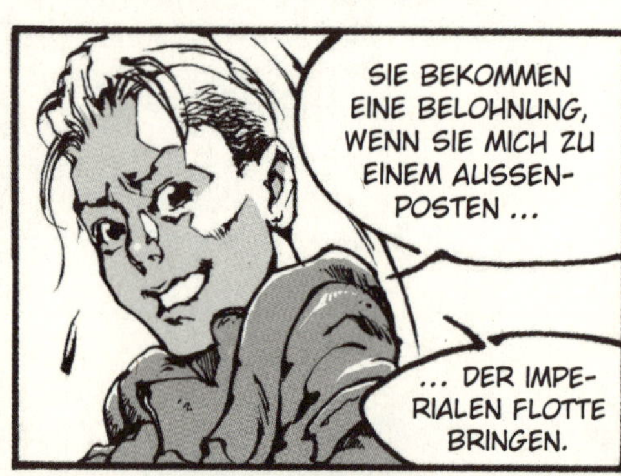
SIE BEKOMMEN EINE BELOHNUNG, WENN SIE MICH ZU EINEM AUSSEN-POSTEN ...
... DER IMPE-RIALEN FLOTTE BRINGEN.

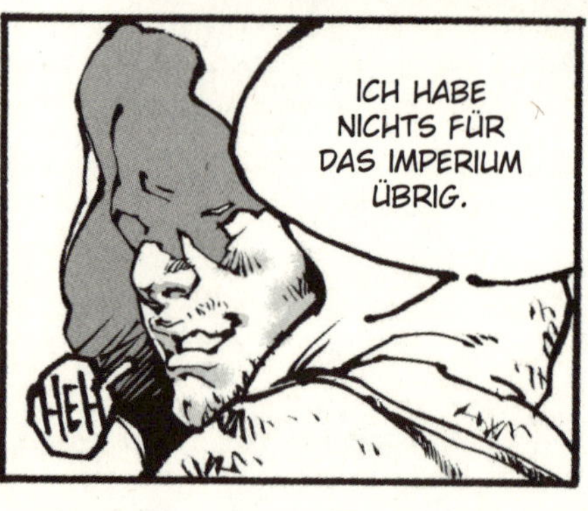
ICH HABE NICHTS FÜR DAS IMPERIUM ÜBRIG.
HEH

EIN REBELL ALSO. ICH UND MEIN GLÜCK.
SEIN LÄCHELN IST ASYMMETRISCH UND HÄSSLICH.

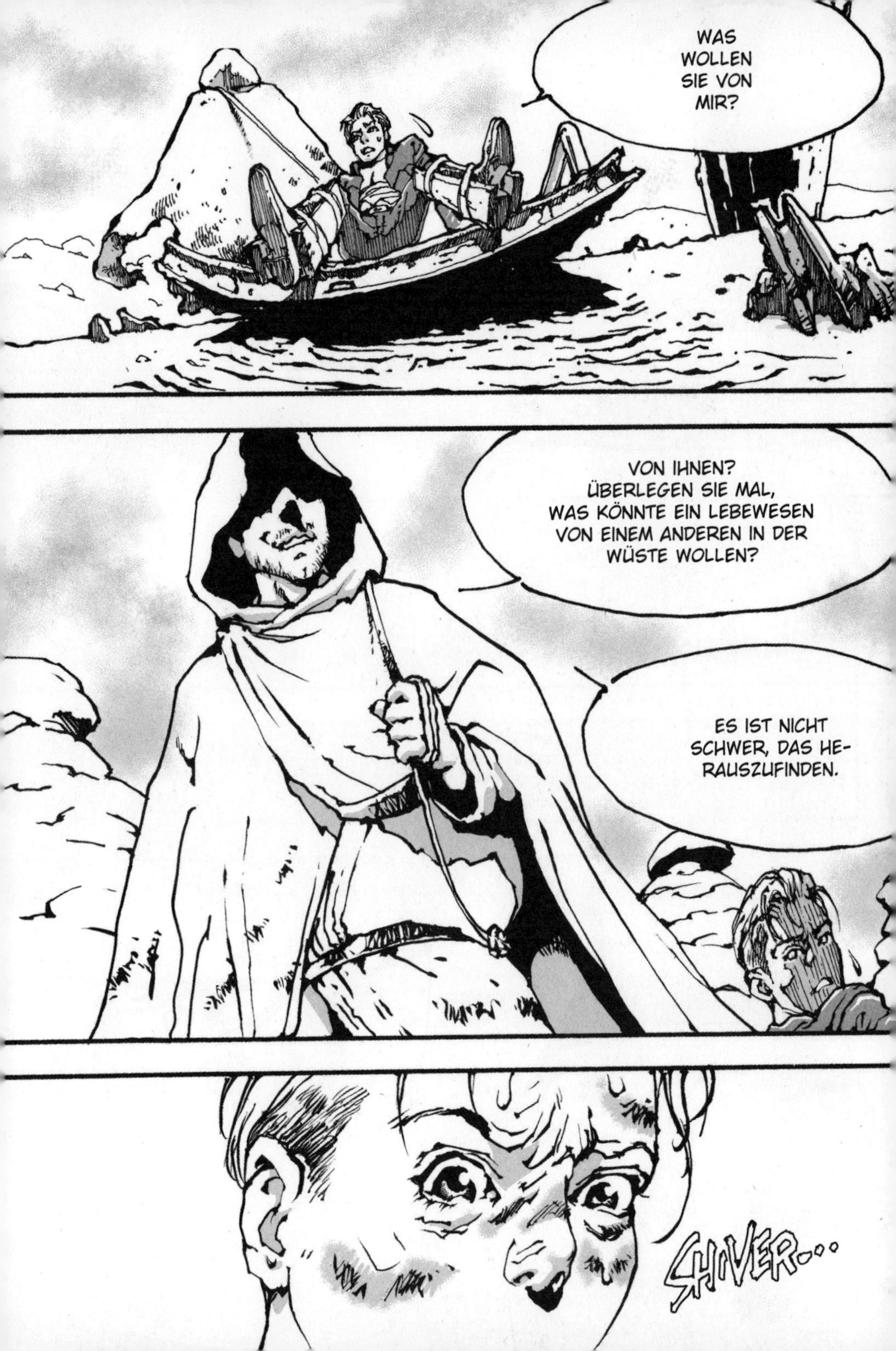
WAS WOLLEN SIE VON MIR?
VON IHNEN? ÜBERLEGEN SIE MAL, WAS KÖNNTE EIN LEBEWESEN VON EINEM ANDEREN IN DER WÜSTE WOLLEN?
ES IST NICHT SCHWER, DAS HERAUSZUFINDEN.
SHIVER...

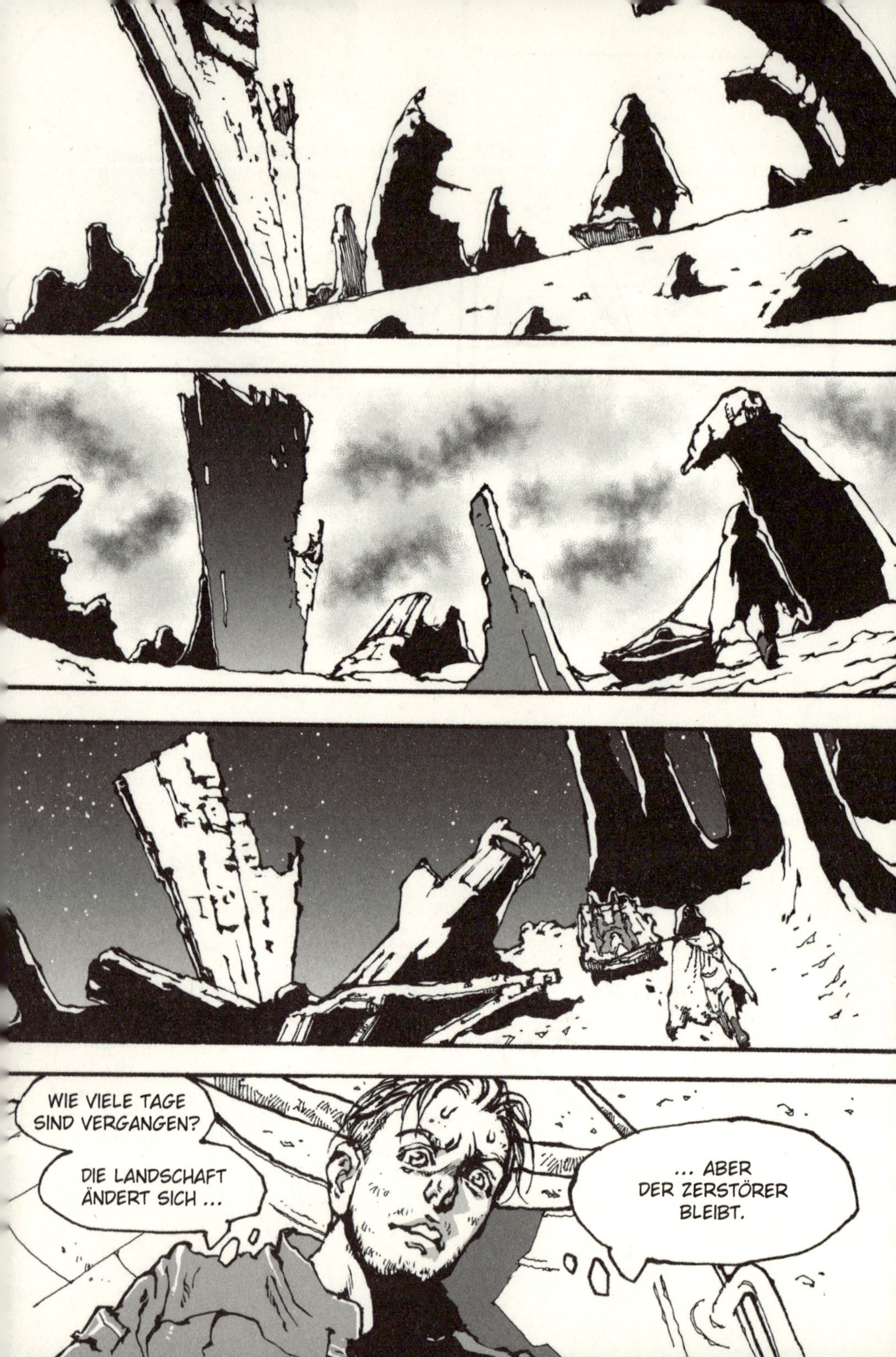
WIE VIELE TAGE SIND VERGANGEN?
DIE LANDSCHAFT ÄNDERT SICH ...
... ABER DER ZERSTÖRER BLEIBT.

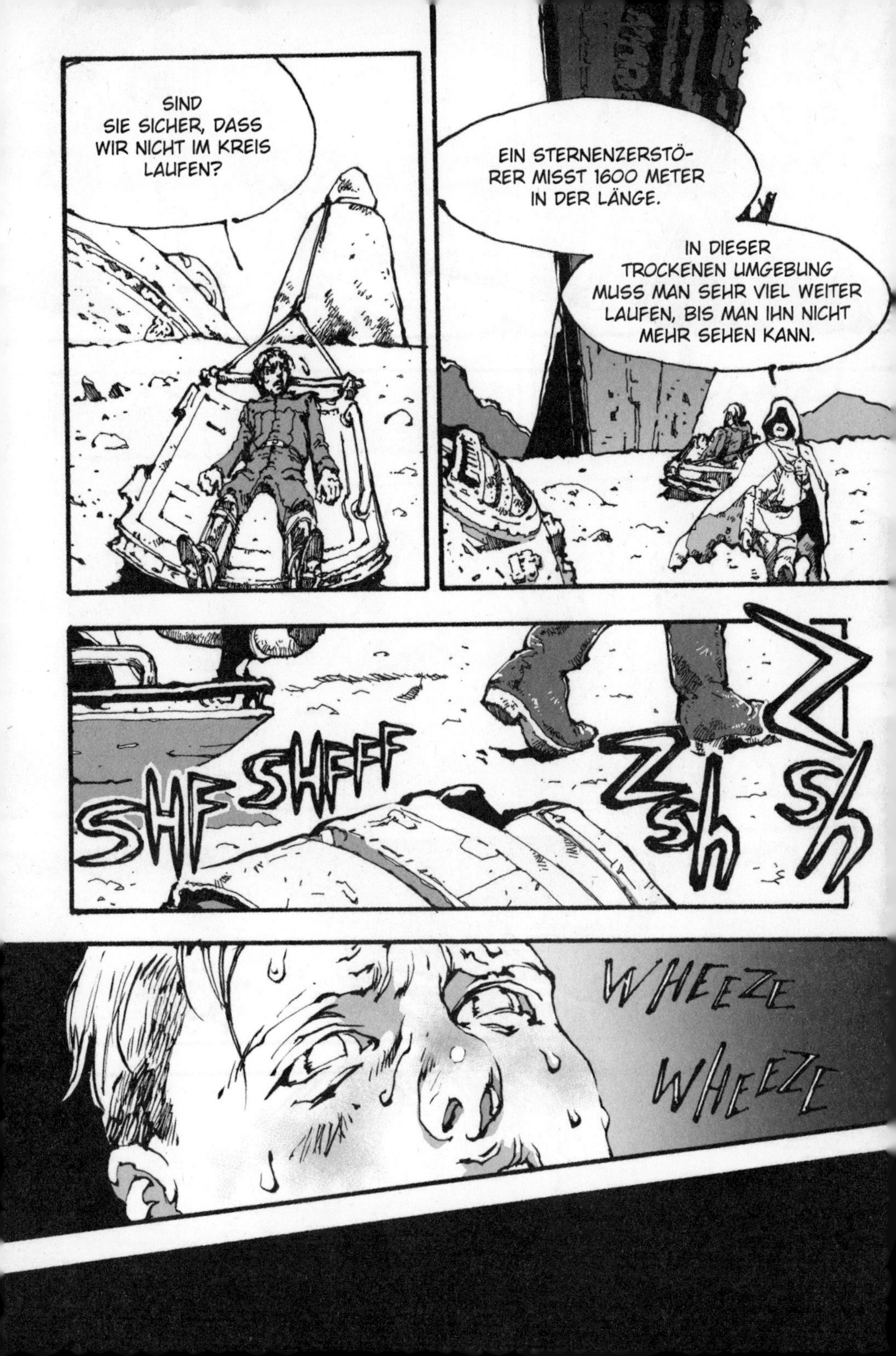

SIND SIE SICHER, DASS WIR NICHT IM KREIS LAUFEN?

EIN STERNENZERSTÖRER MISST 1600 METER IN DER LÄNGE.

IN DIESER TROCKENEN UMGEBUNG MUSS MAN SEHR VIEL WEITER LAUFEN, BIS MAN IHN NICHT MEHR SEHEN KANN.

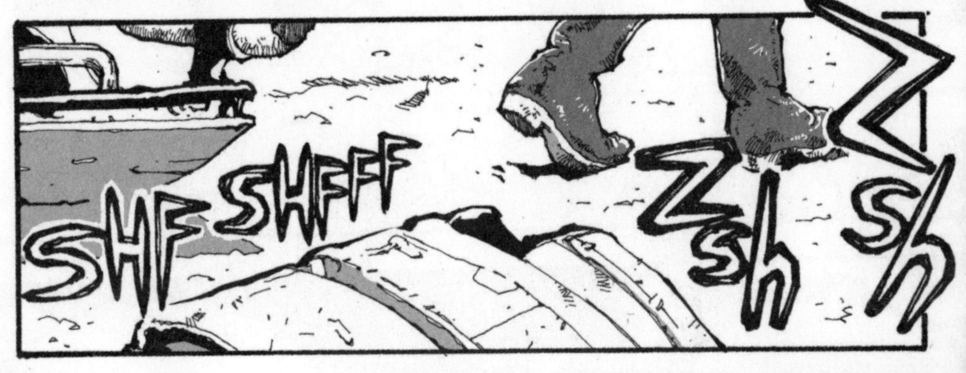

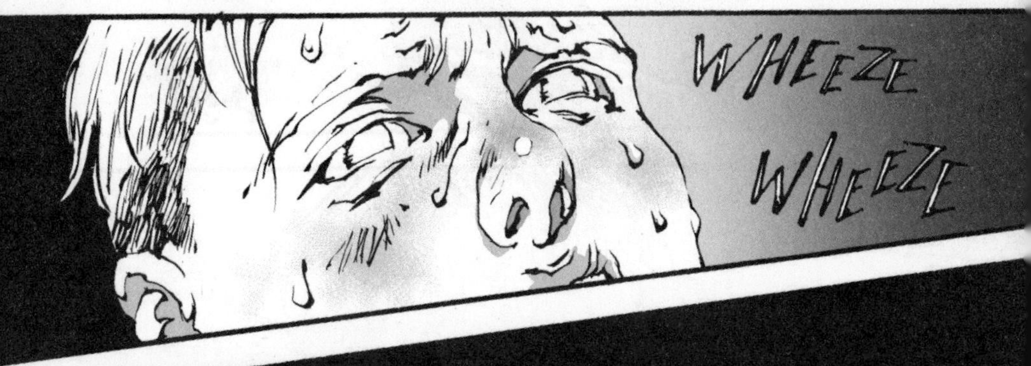

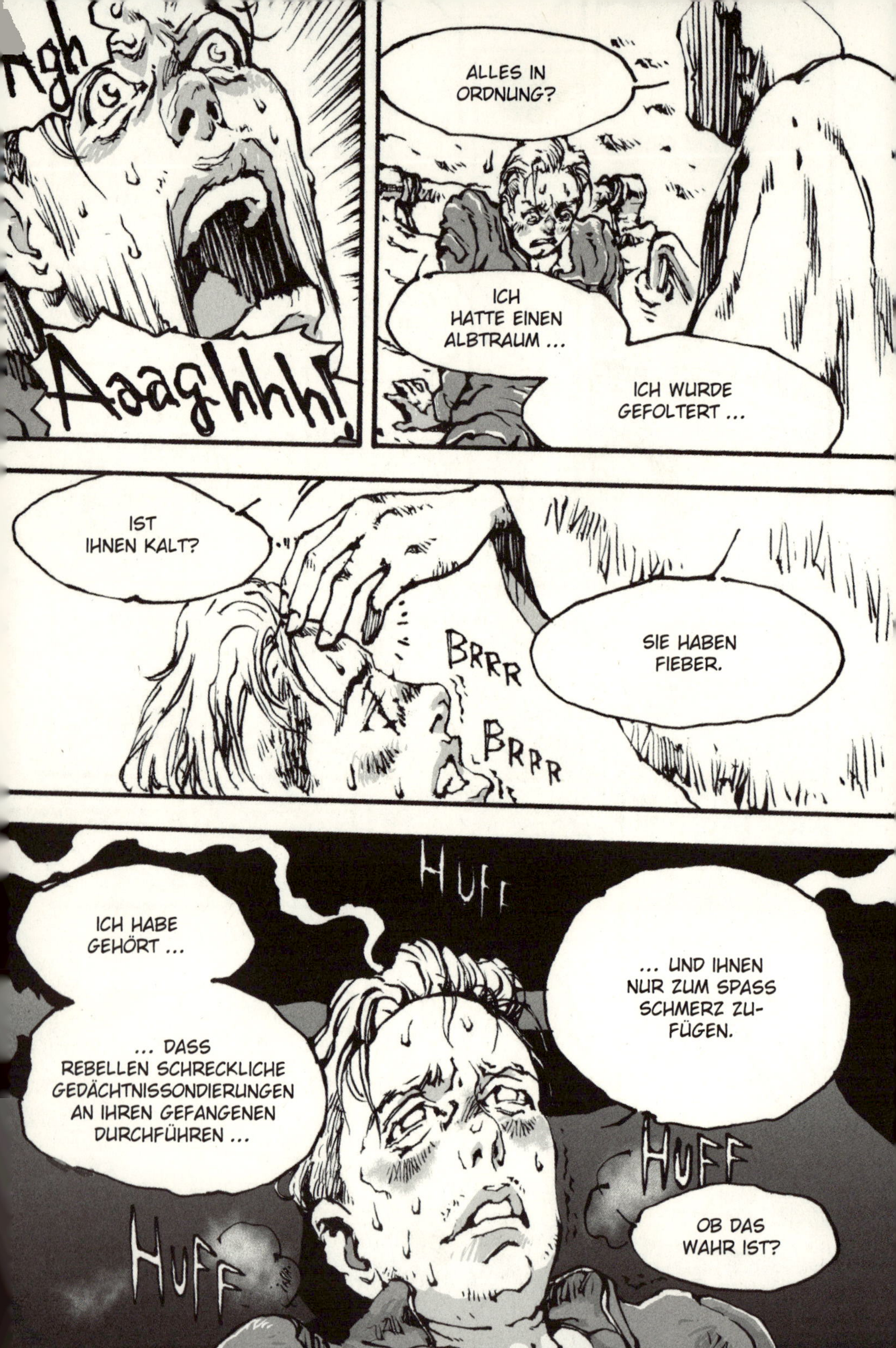
ngh
Aaaghhh!
ALLES IN ORDNUNG?
ICH HATTE EINEN ALBTRAUM …
ICH WURDE GEFOLTERT …
IST IHNEN KALT?
SIE HABEN FIEBER.
BRRR
BRRRR
HUFF
ICH HABE GEHÖRT …
… DASS REBELLEN SCHRECKLICHE GEDÄCHTNISSONDIERUNGEN AN IHREN GEFANGENEN DURCHFÜHREN …
… UND IHNEN NUR ZUM SPASS SCHMERZ ZU-FÜGEN.
HUFF
HUFF
OB DAS WAHR IST?

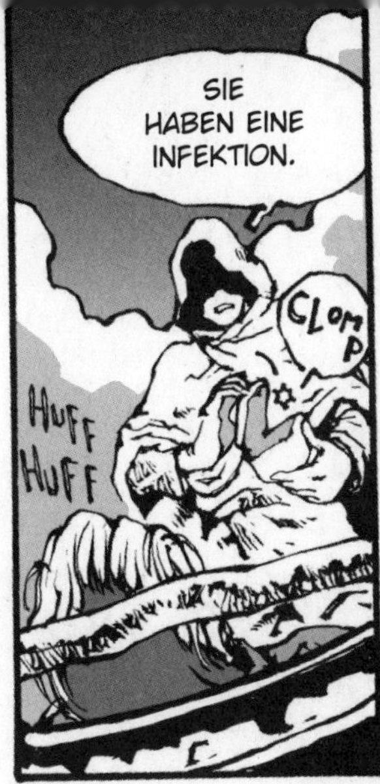
SIE HABEN EINE INFEKTION.
CLOMP
HUFF HUFF

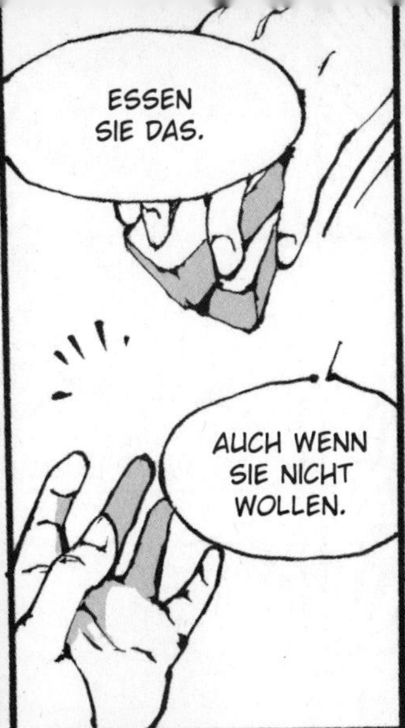
ESSEN SIE DAS.
AUCH WENN SIE NICHT WOLLEN.

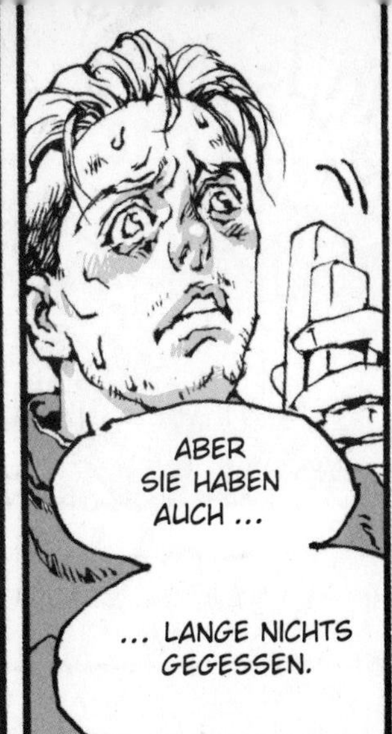
ABER SIE HABEN AUCH ...
... LANGE NICHTS GEGESSEN.

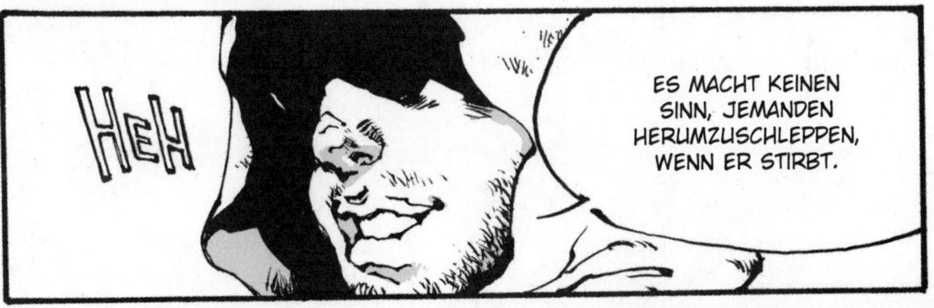
HEH
ES MACHT KEINEN SINN, JEMANDEN HERUMZUSCHLEPPEN, WENN ER STIRBT.

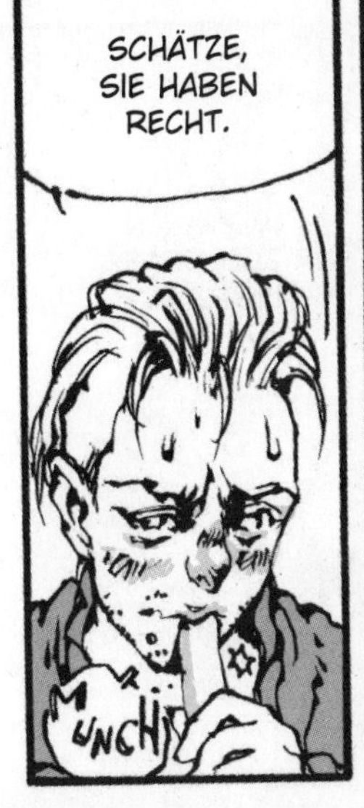
SCHÄTZE, SIE HABEN RECHT.
MUNCH

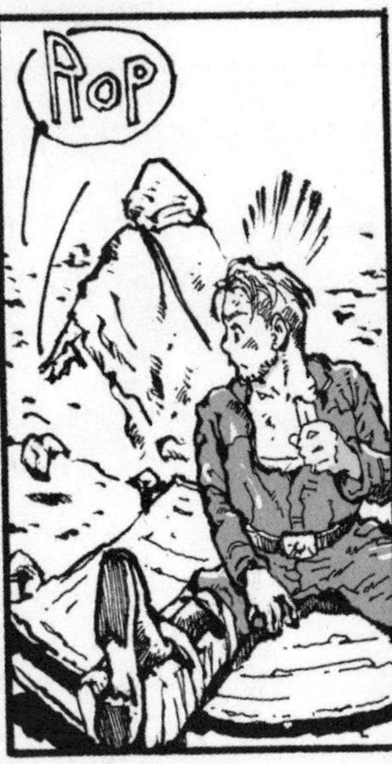
POP

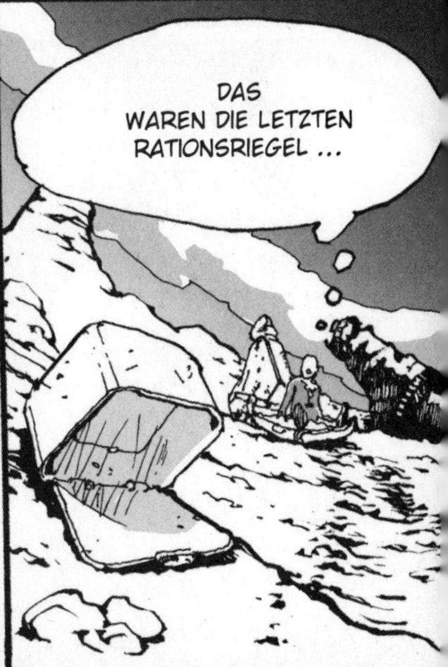
DAS WAREN DIE LETZTEN RATIONSRIEGEL ...

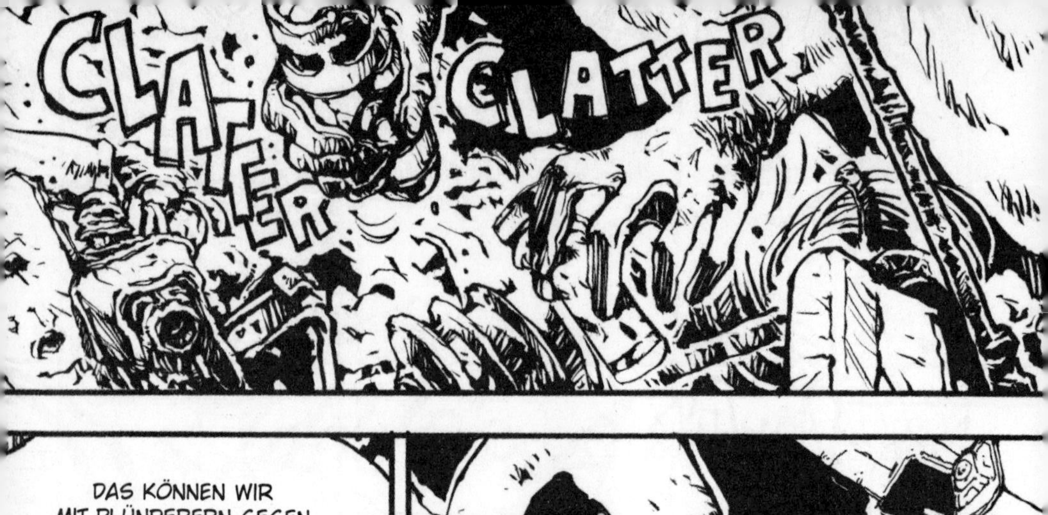
CLATTER
CLATTER

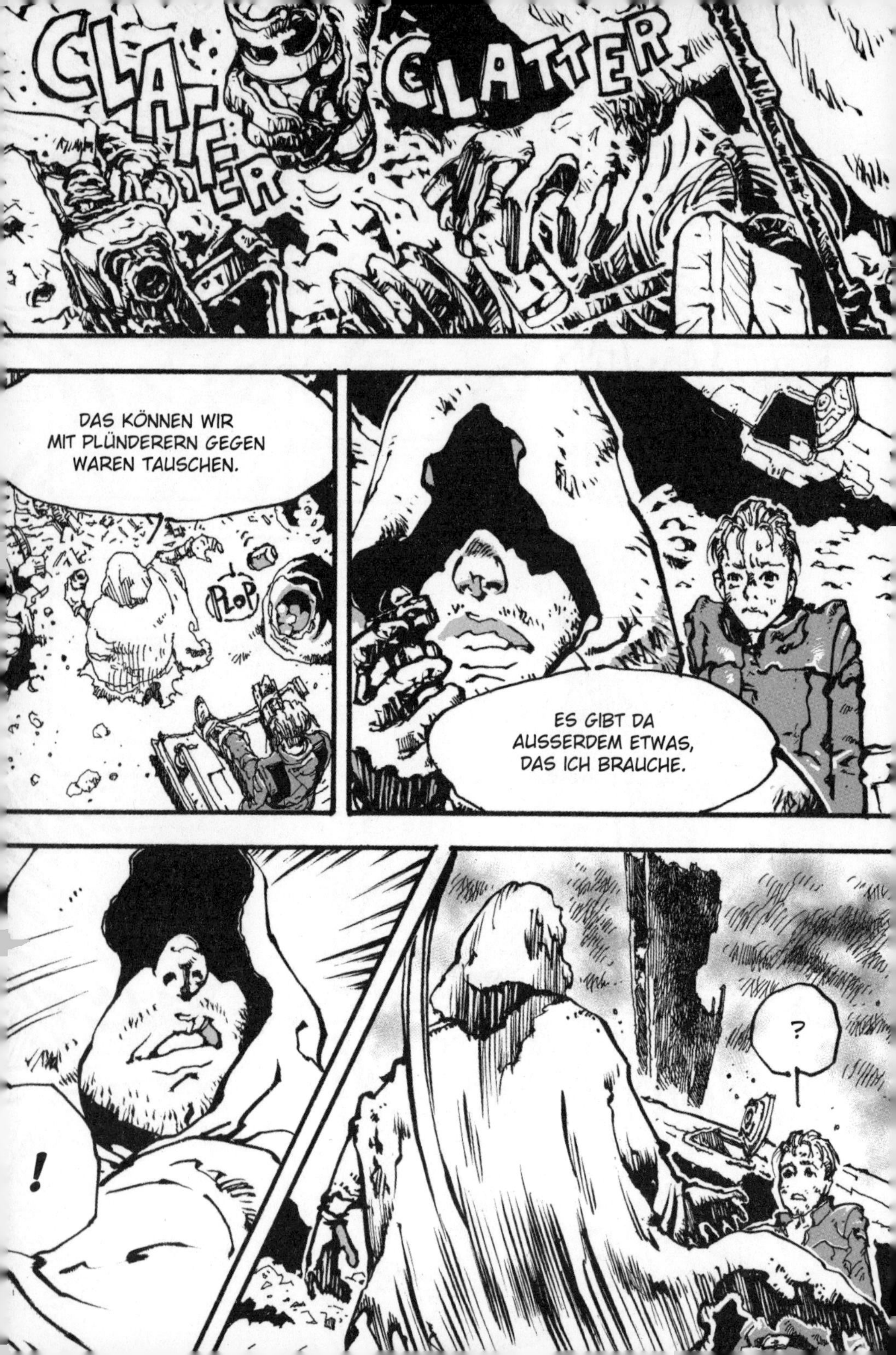

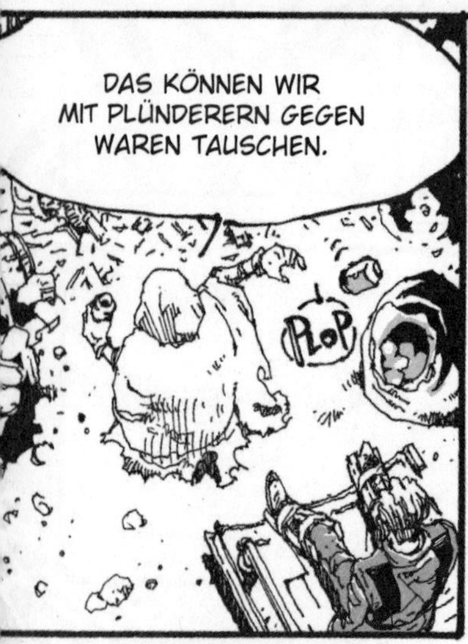
DAS KÖNNEN WIR MIT PLÜNDERERN GEGEN WAREN TAUSCHEN.
PLOP

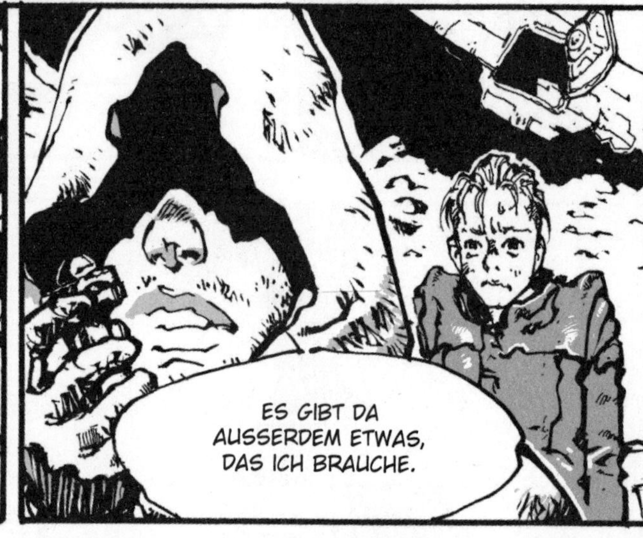
ES GIBT DA AUSSERDEM ETWAS, DAS ICH BRAUCHE.
!
?

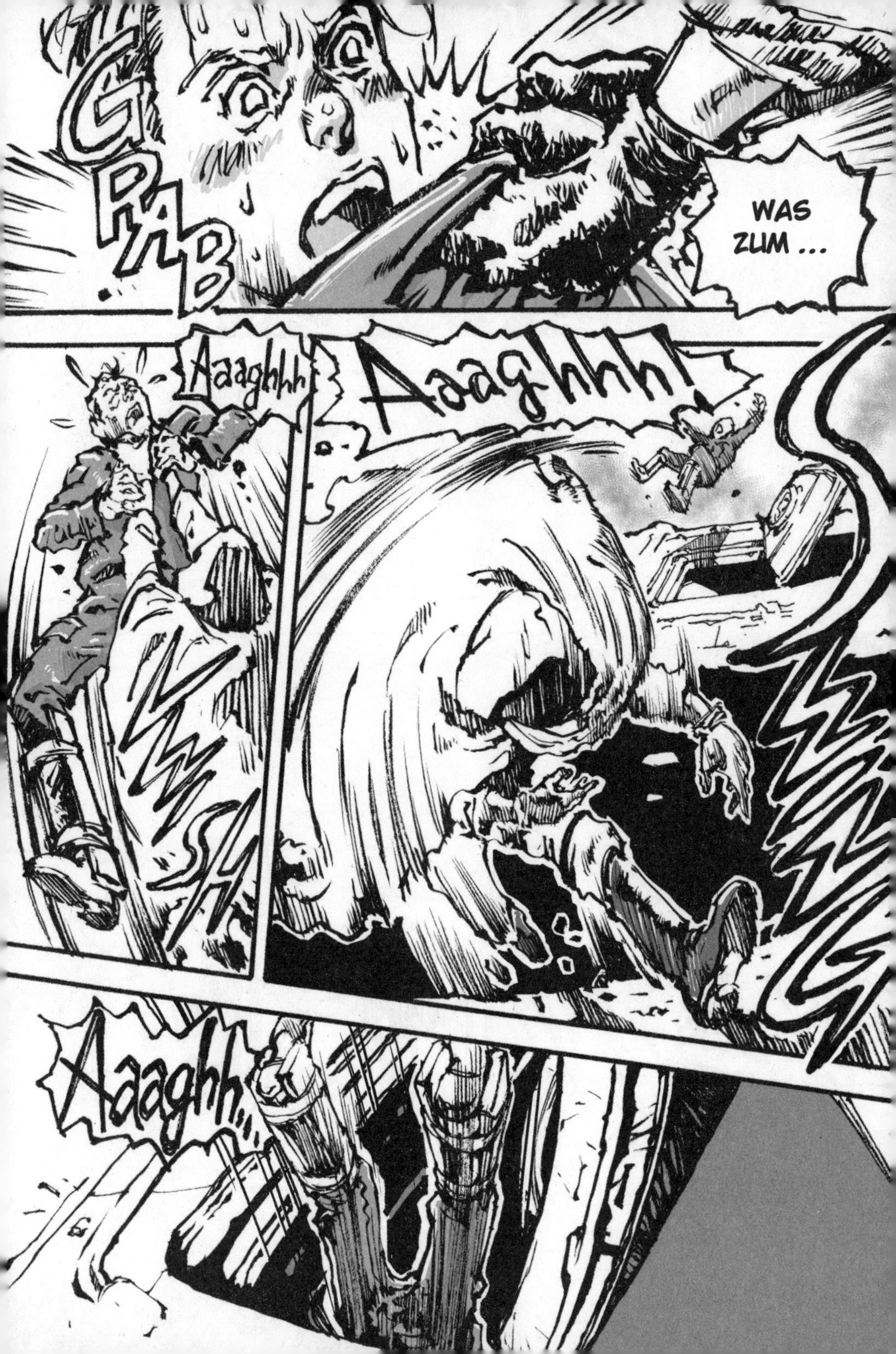
WAS
ZUM ...
Aaaghhh
Aaaghhh!
Aaaghh...

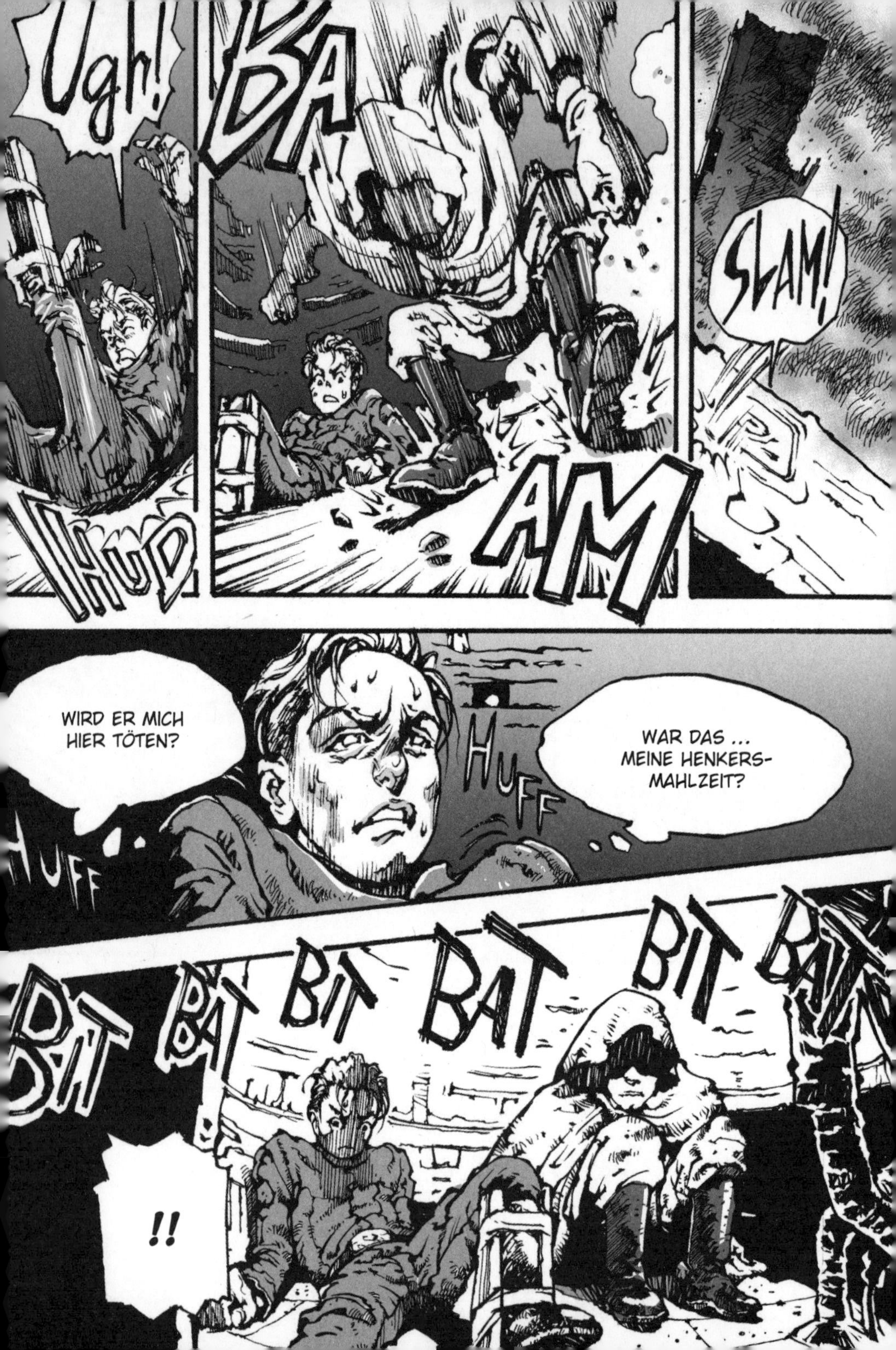
Ugh!
BA
AM
SLAM!
HUD
WIRD ER MICH HIER TÖTEN?
HUFF
WAR DAS ... MEINE HENKERS-MAHLZEIT?
HUFF
BIT BAT BIT BAT BIT BAT
!!

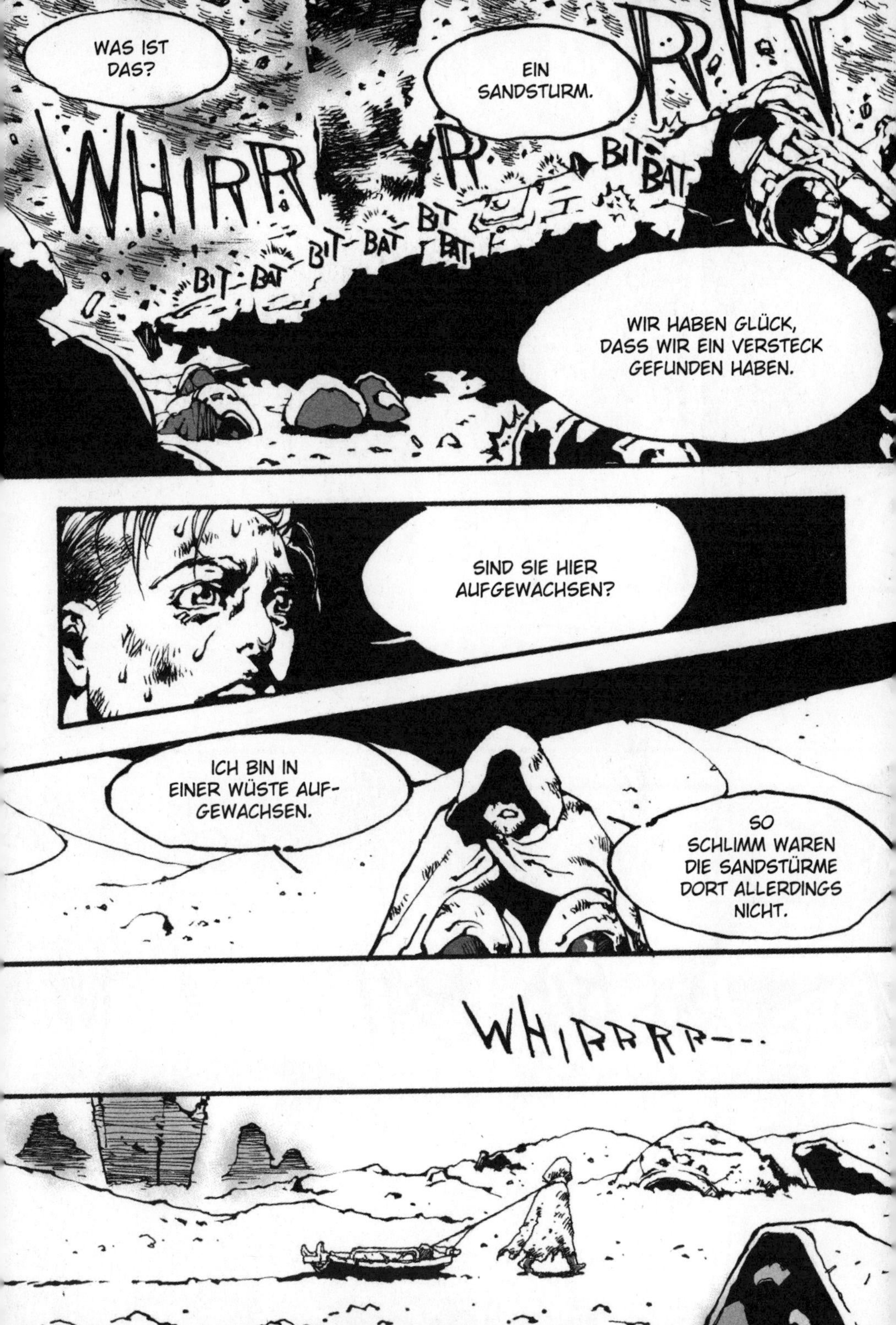
WAS IST DAS?
EIN SANDSTURM.
WHIRR
R
RR
BIT BAT
BIT BAT
BIT BAT
BIT BAT
BIT BAT
WIR HABEN GLÜCK, DASS WIR EIN VERSTECK GEFUNDEN HABEN.
SIND SIE HIER AUFGEWACHSEN?
ICH BIN IN EINER WÜSTE AUF-GEWACHSEN.
SO SCHLIMM WAREN DIE SANDSTÜRME DORT ALLERDINGS NICHT.
WHIRRRR---

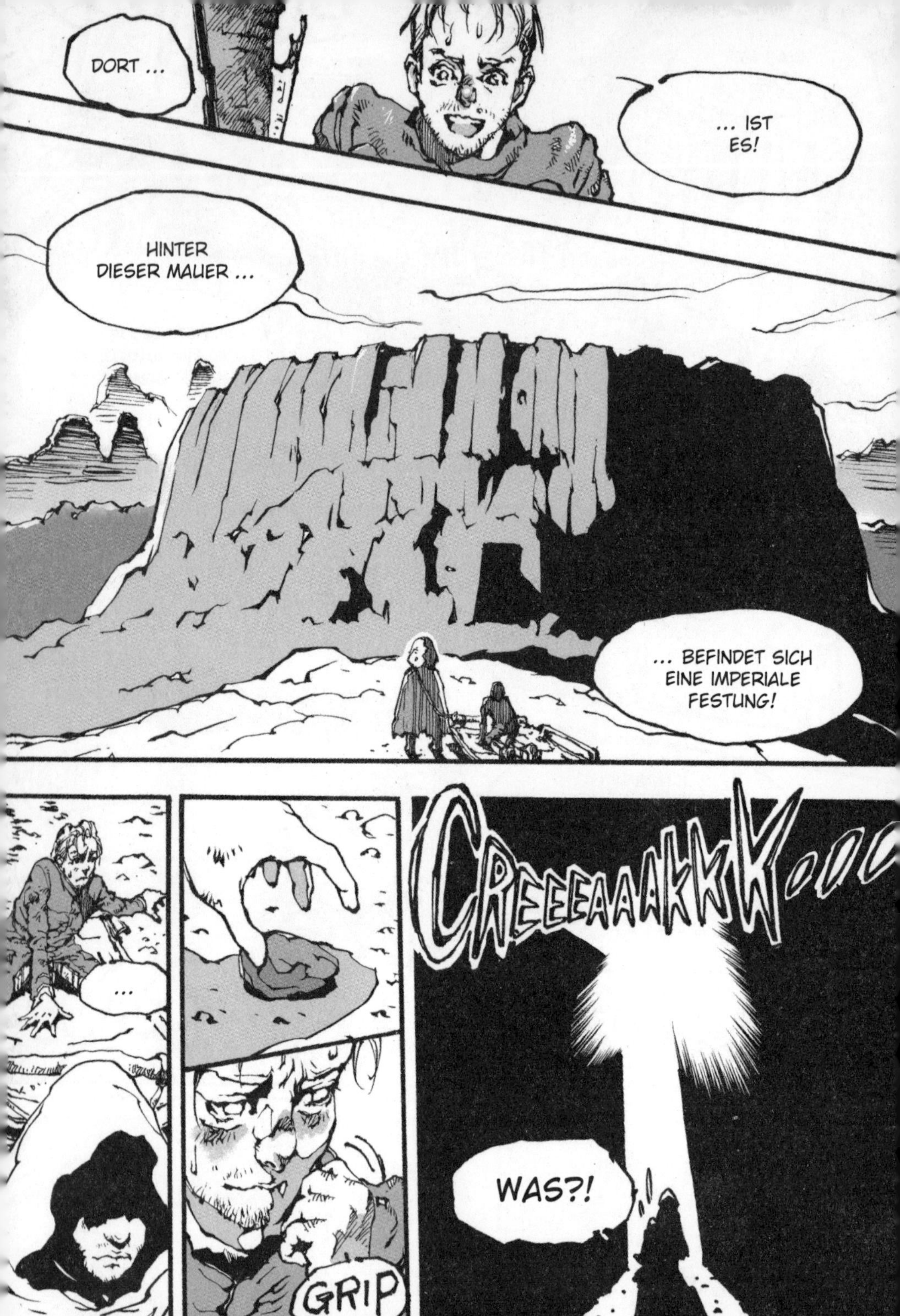
DORT ...
... IST ES!
HINTER DIESER MAUER ...
... BEFINDET SICH EINE IMPERIALE FESTUNG!
...
GRIP
CREEEAAAKKK...
WAS?!

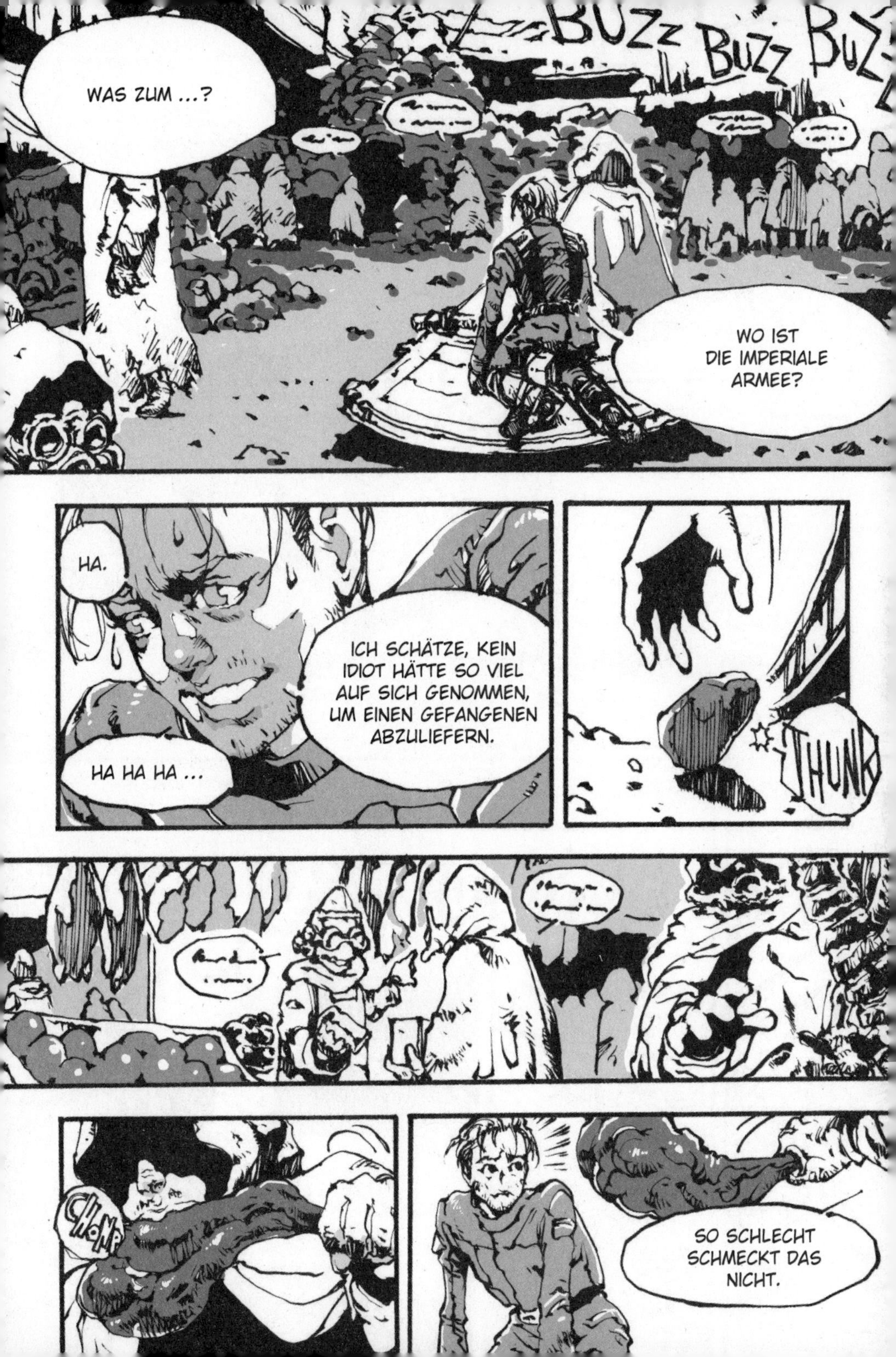

WAS ZUM ...?

BUZZ BUZZ BUZ

WO IST DIE IMPERIALE ARMEE?

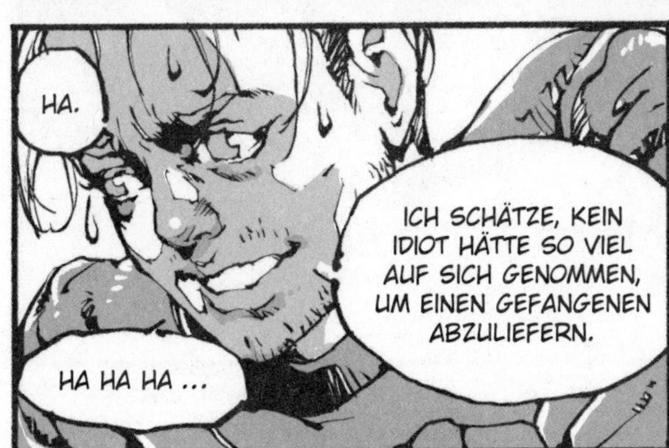

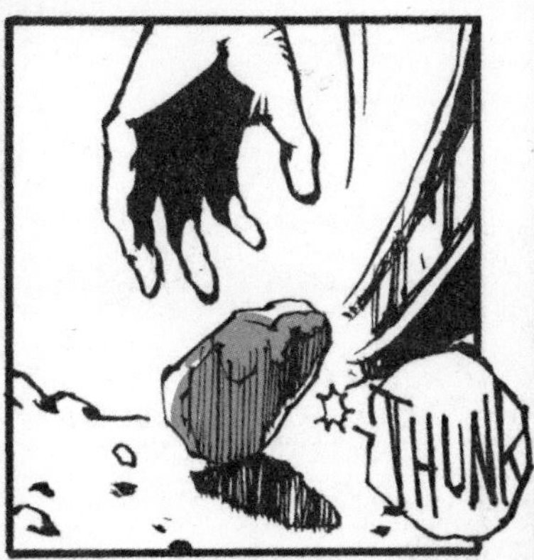

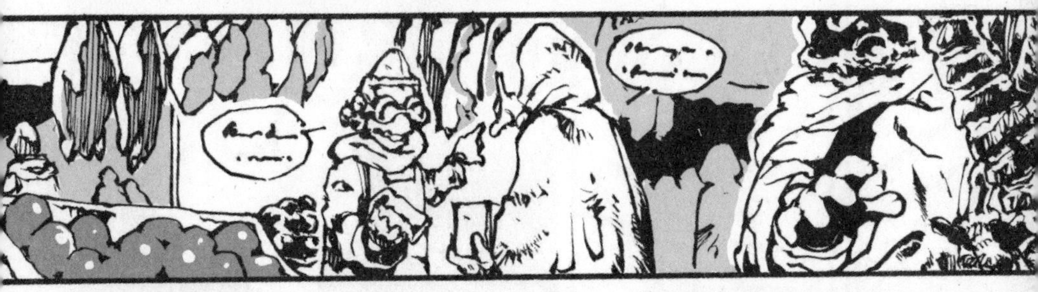

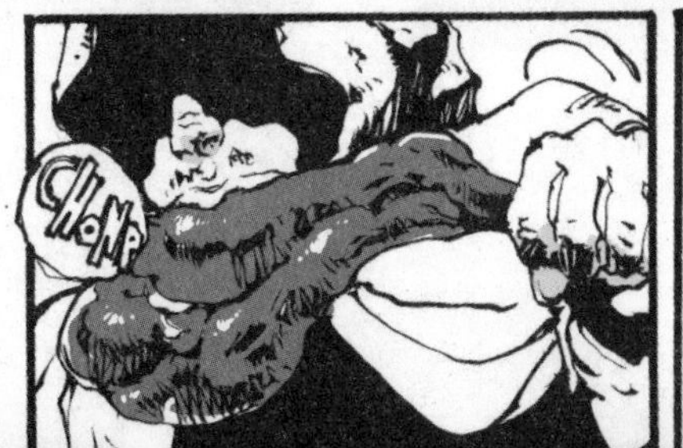

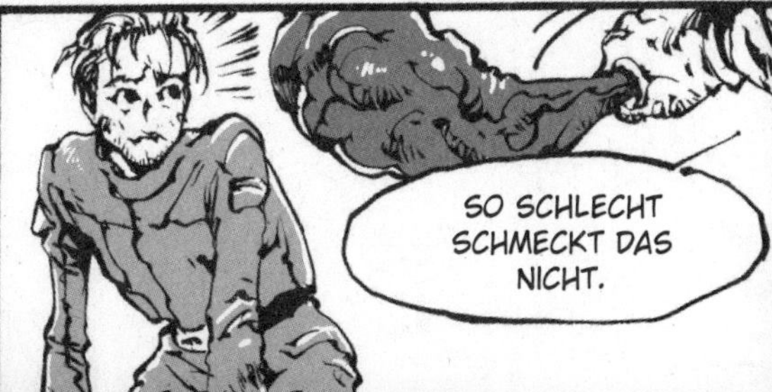

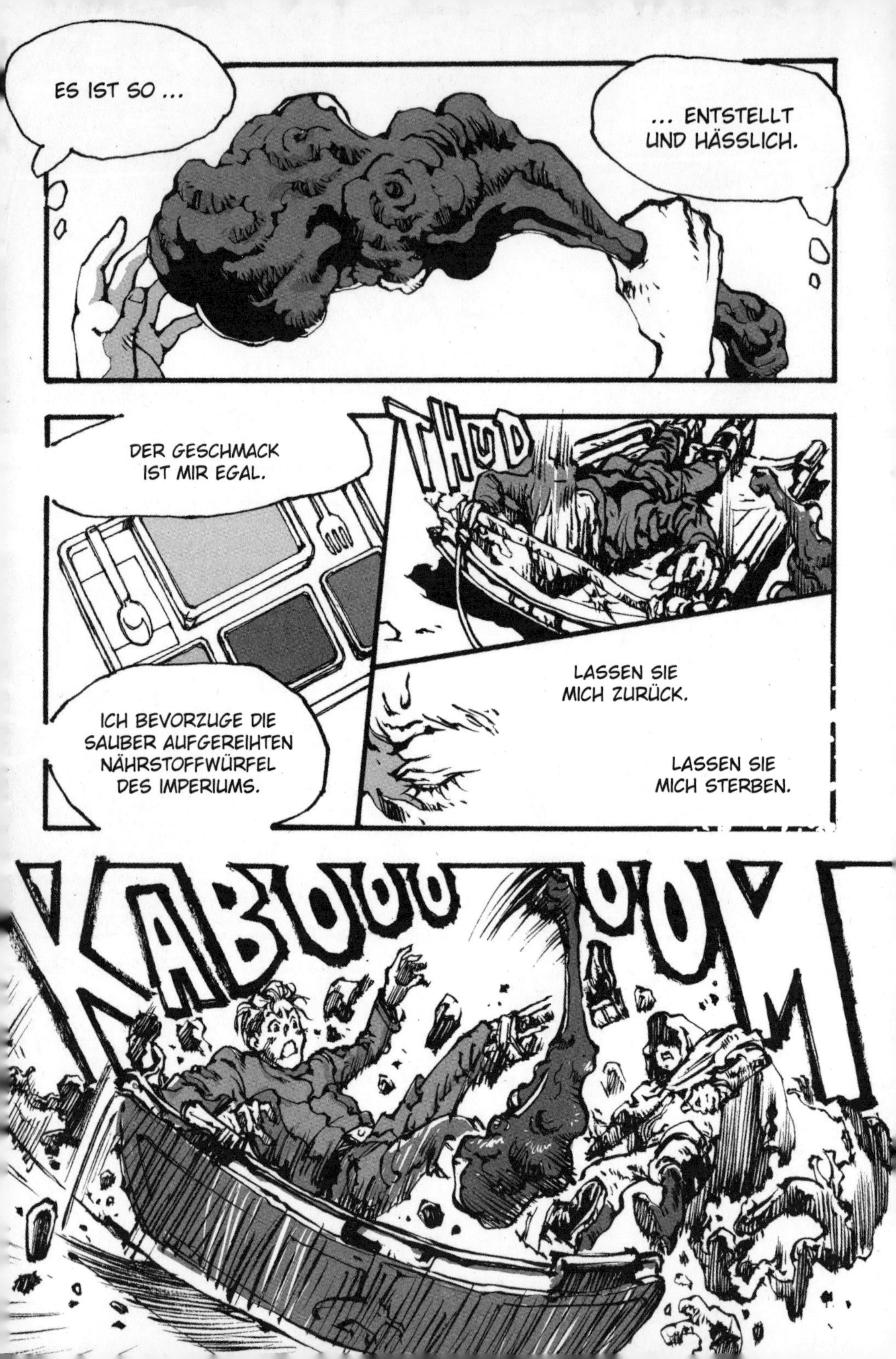

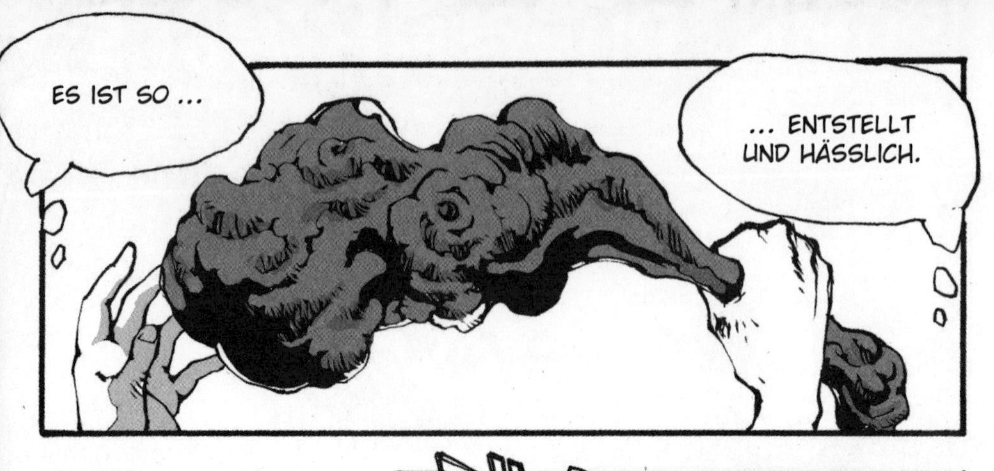
ES IST SO ...
... ENTSTELLT UND HÄSSLICH.

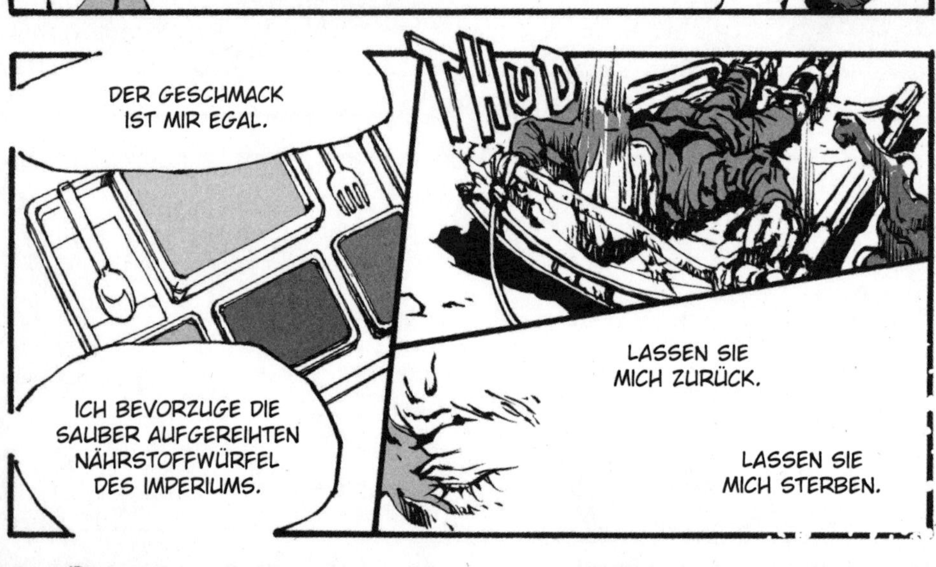
DER GESCHMACK IST MIR EGAL.
THUD
ICH BEVORZUGE DIE SAUBER AUFGEREIHTEN NÄHRSTOFFWÜRFEL DES IMPERIUMS.
LASSEN SIE MICH ZURÜCK.
LASSEN SIE MICH STERBEN.

KABOOOOOOM

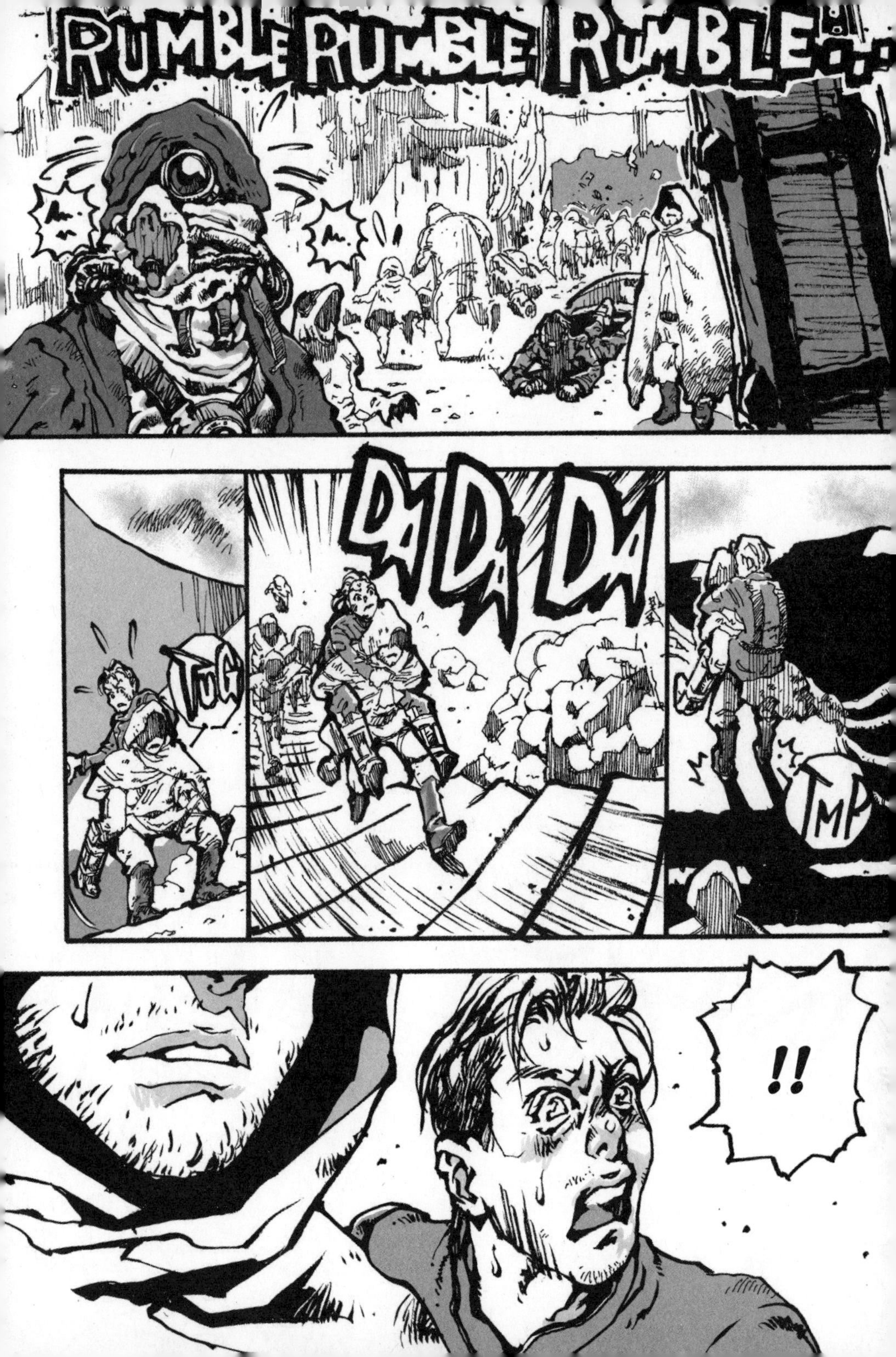

RUMBLE RUMBLE RUMBLE...

DA DA DA

TUG

TMP

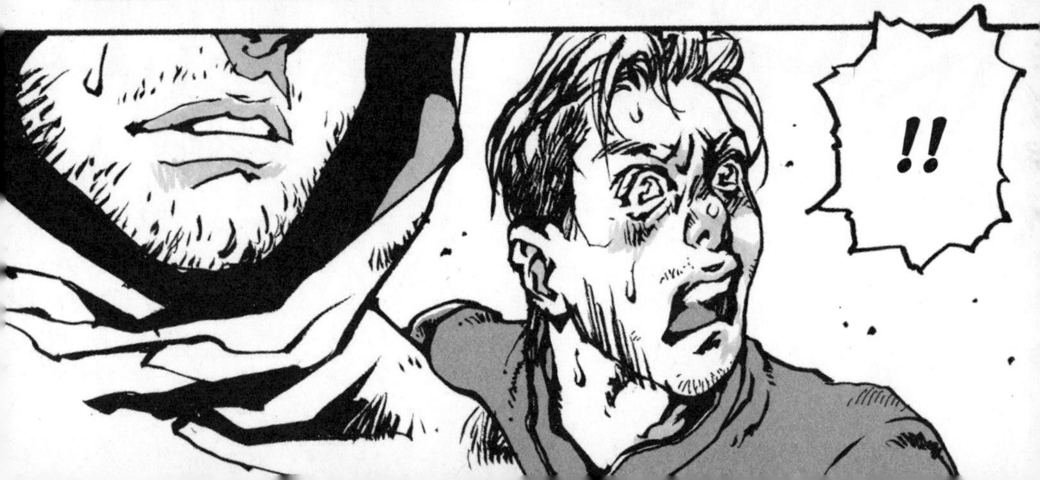

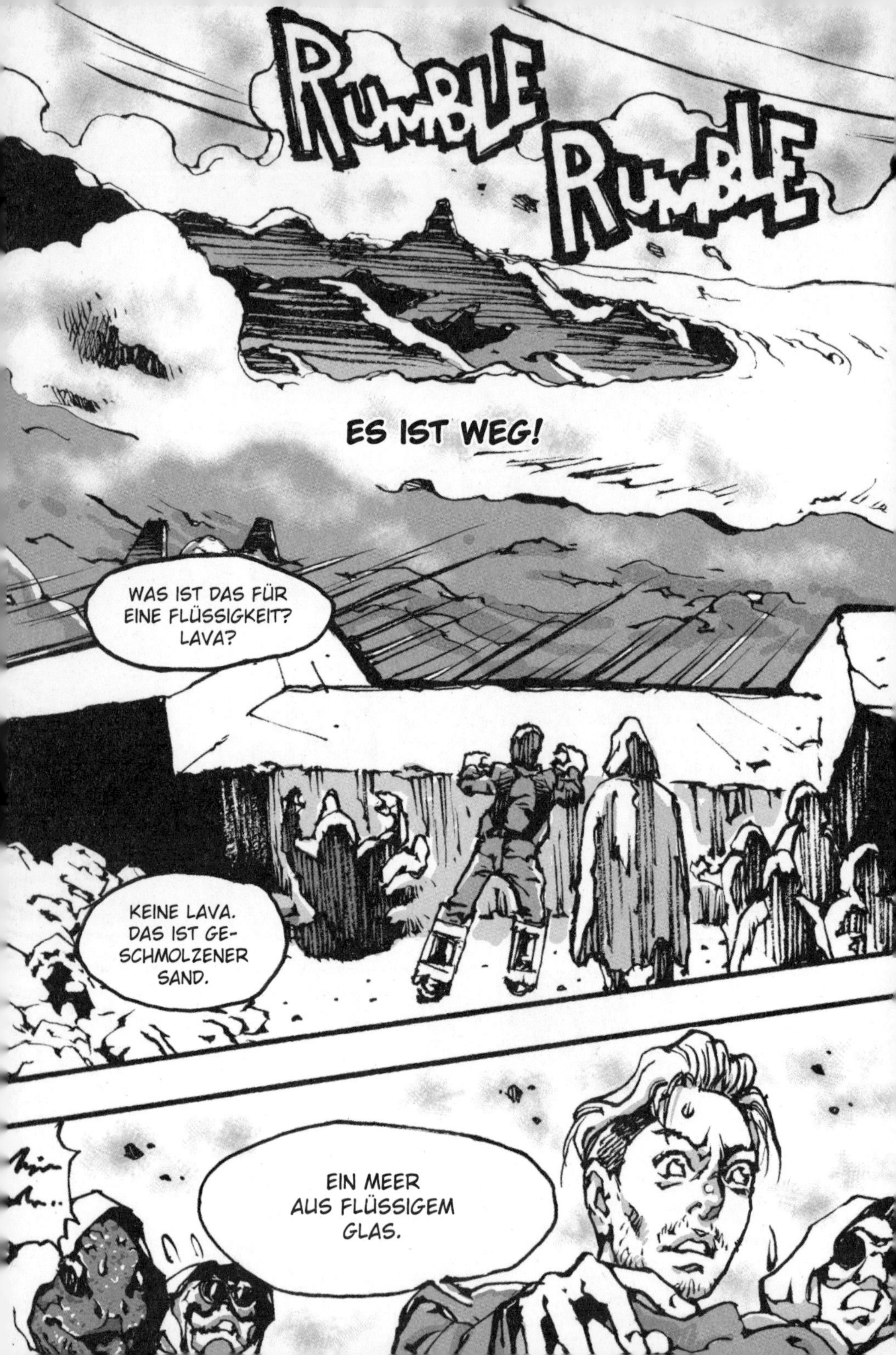
RUMBLE RUMBLE
ES IST WEG!
WAS IST DAS FÜR EINE FLÜSSIGKEIT? LAVA?
KEINE LAVA. DAS IST GE-SCHMOLZENER SAND.
EIN MEER AUS FLÜSSIGEM GLAS.

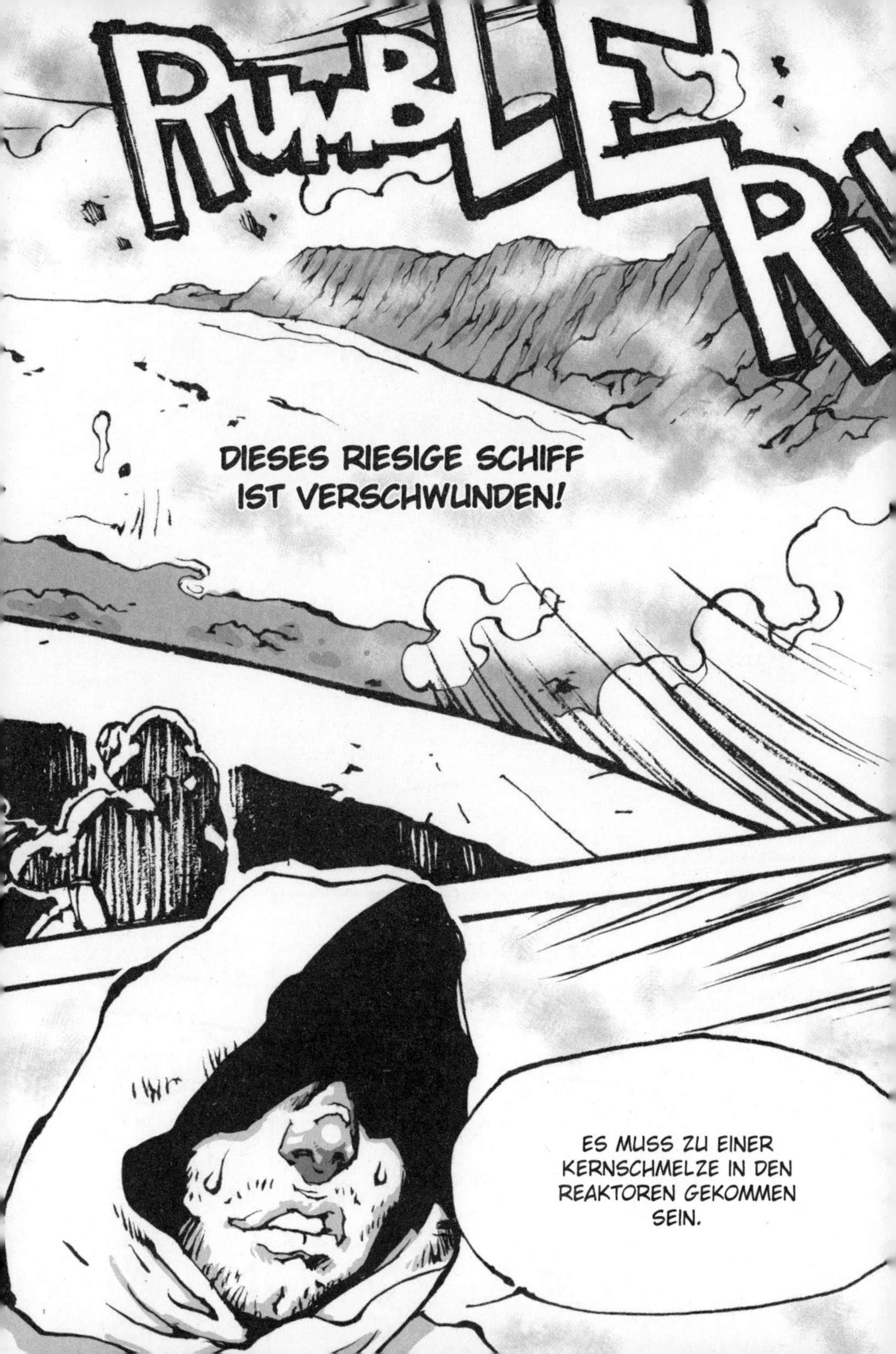
RUMBLE
RU
DIESES RIESIGE SCHIFF IST VERSCHWUNDEN!
ES MUSS ZU EINER KERNSCHMELZE IN DEN REAKTOREN GEKOMMEN SEIN.

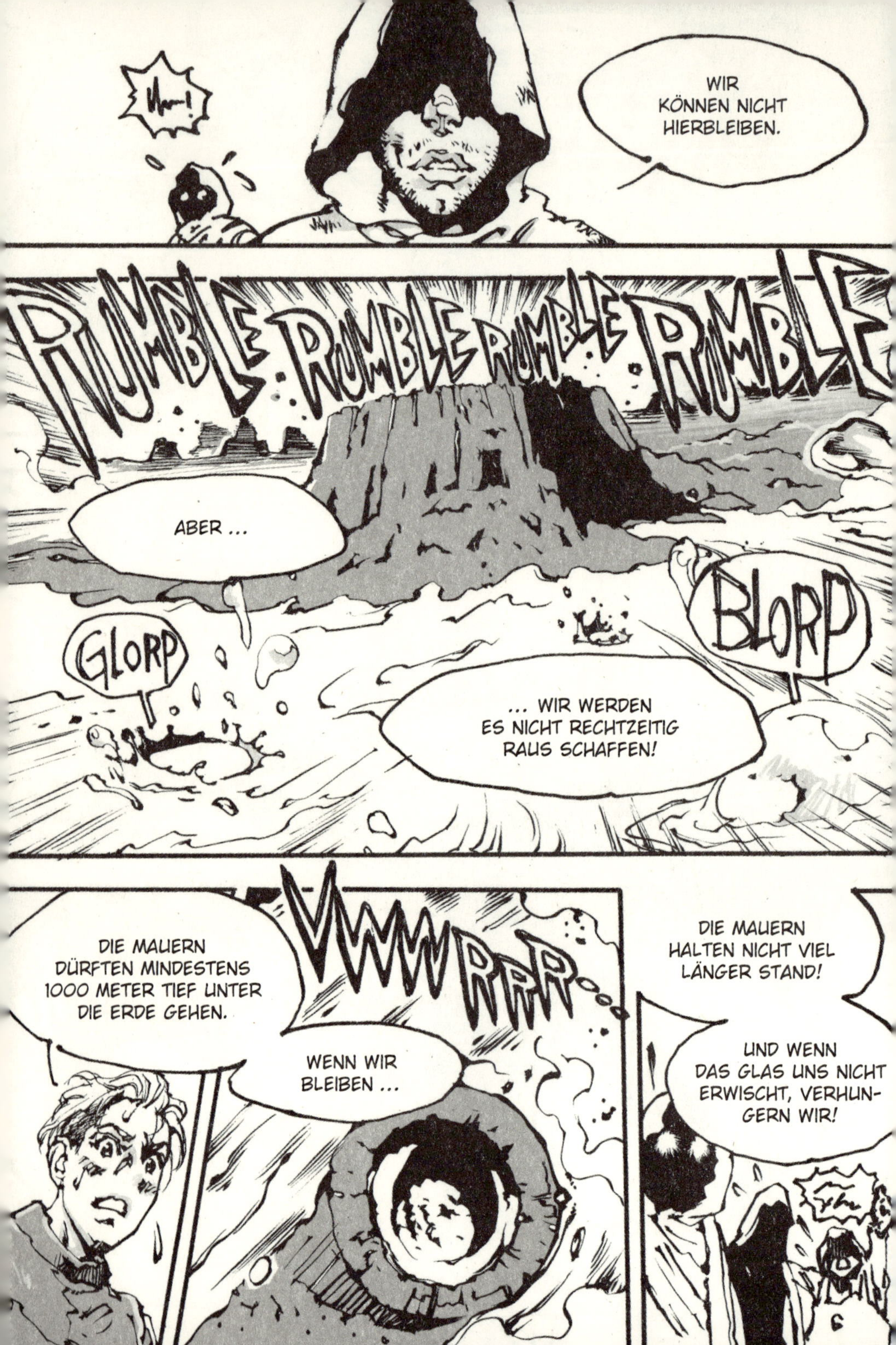
WIR KÖNNEN NICHT HIERBLEIBEN.
RUMBLE RUMBLE RUMBLE RUMBLE
ABER ...
GLORP
BLORP
... WIR WERDEN ES NICHT RECHTZEITIG RAUS SCHAFFEN!
DIE MAUERN DÜRFTEN MINDESTENS 1000 METER TIEF UNTER DIE ERDE GEHEN.
VWWWRRR
WENN WIR BLEIBEN ...
DIE MAUERN HALTEN NICHT VIEL LÄNGER STAND!
UND WENN DAS GLAS UNS NICHT ERWISCHT, VERHUNGERN WIR!

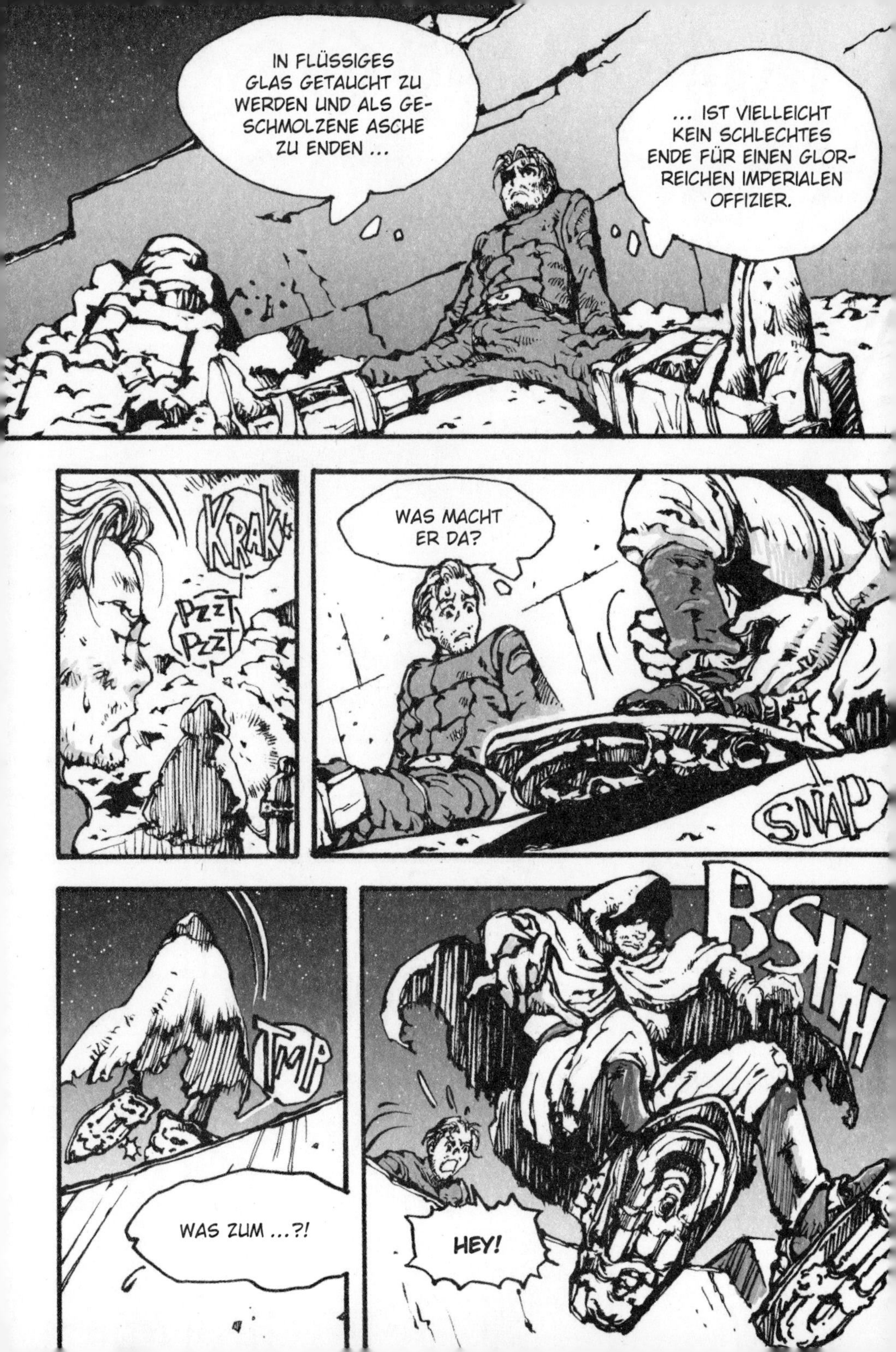

IN FLÜSSIGES GLAS GETAUCHT ZU WERDEN UND ALS GESCHMOLZENE ASCHE ZU ENDEN …
… IST VIELLEICHT KEIN SCHLECHTES ENDE FÜR EINEN GLORREICHEN IMPERIALEN OFFIZIER.

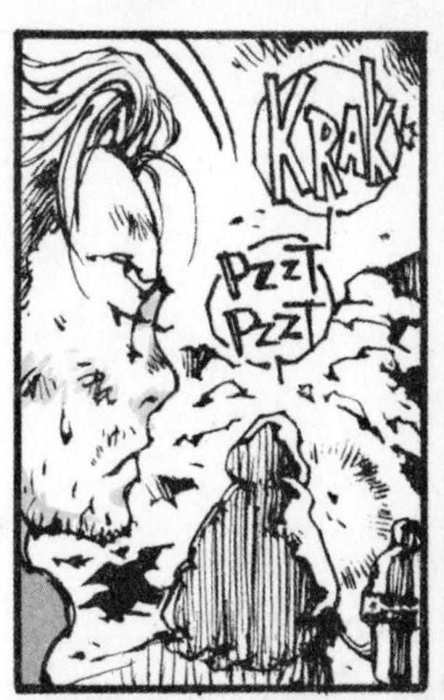
KRAK
PZZT PZZT

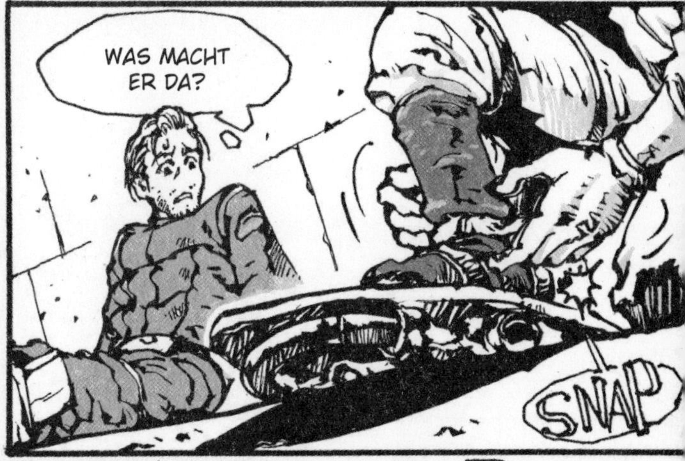
WAS MACHT ER DA?
SNAP

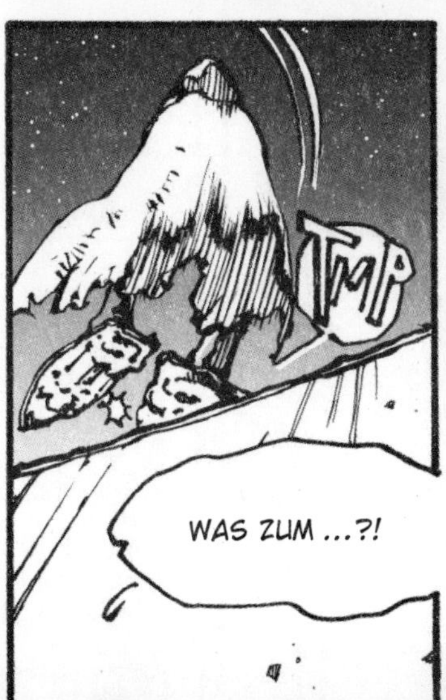
TMP
WAS ZUM …?!

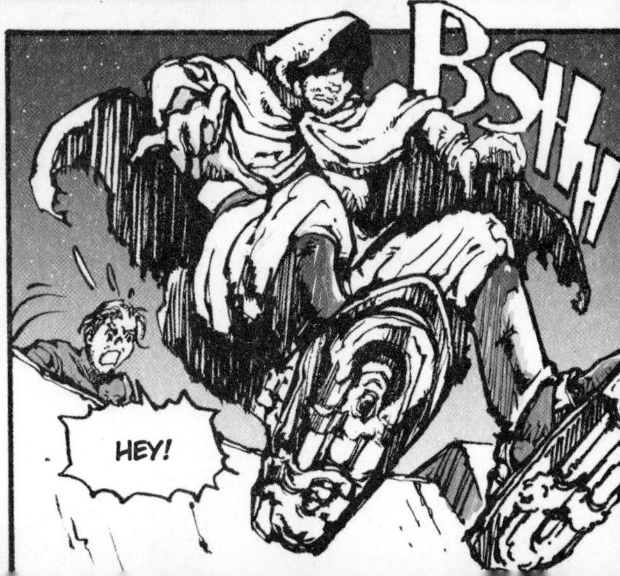
BSHH
HEY!

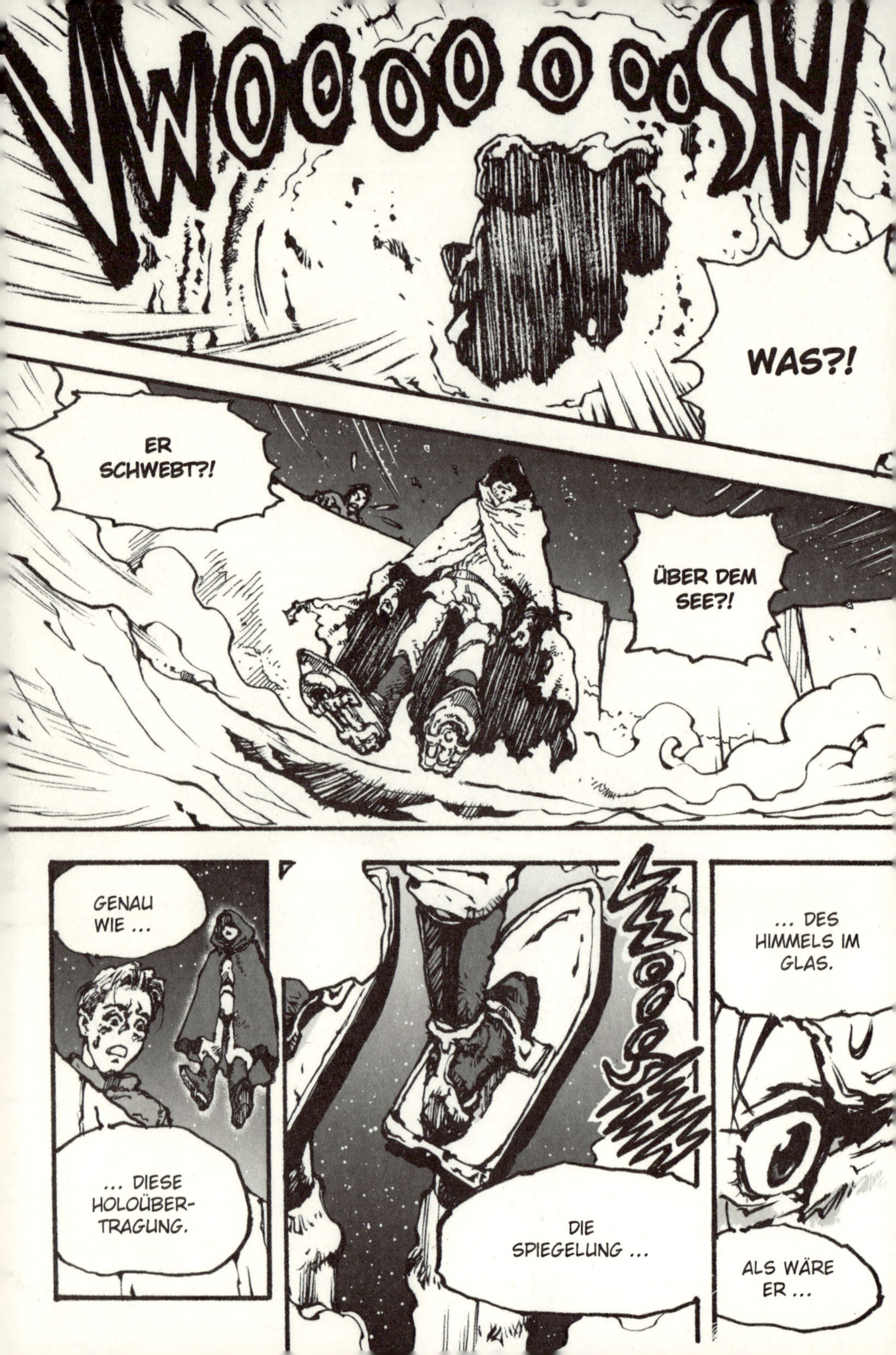

WOOOOOOOSH

WAS?!

ER SCHWEBT?!

ÜBER DEM SEE?!

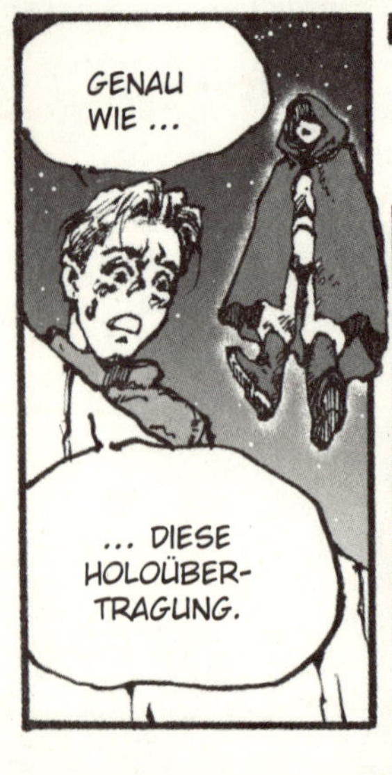

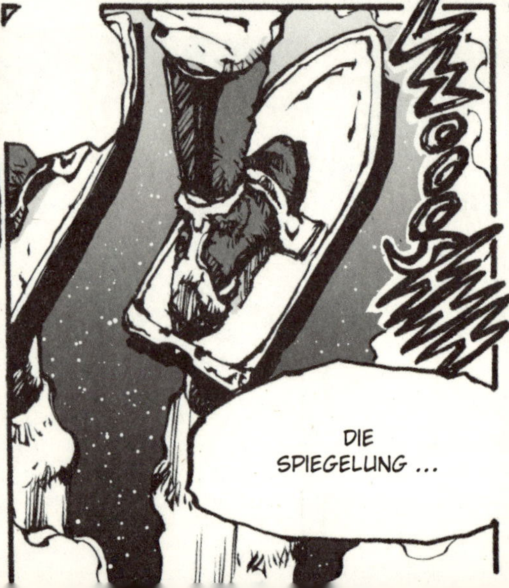

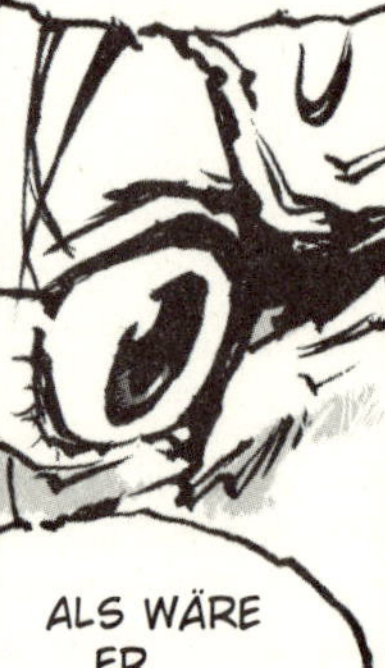

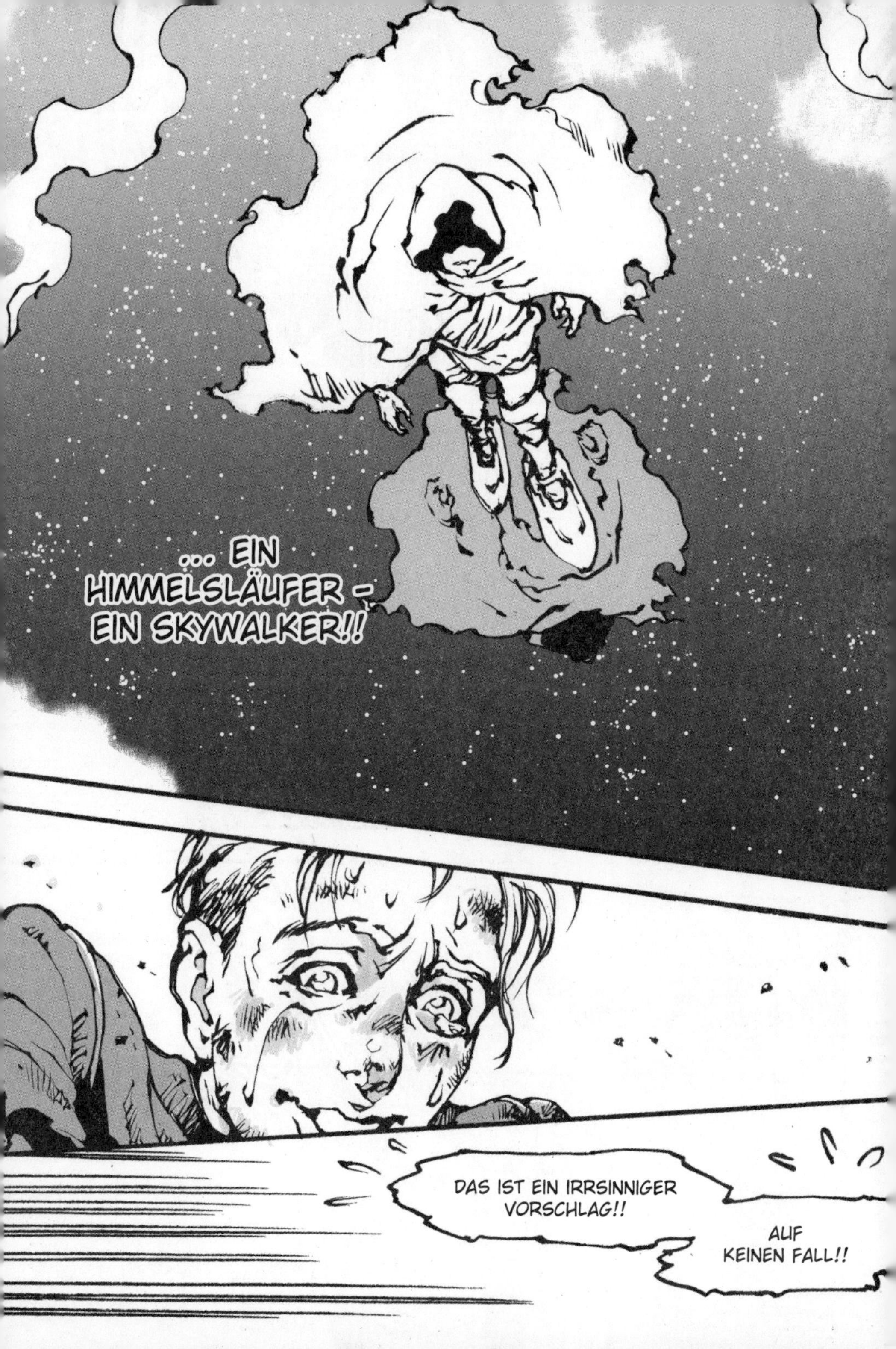
... EIN HIMMELSLÄUFER – EIN SKYWALKER!!
DAS IST EIN IRRSINNIGER VORSCHLAG!!
AUF KEINEN FALL!!

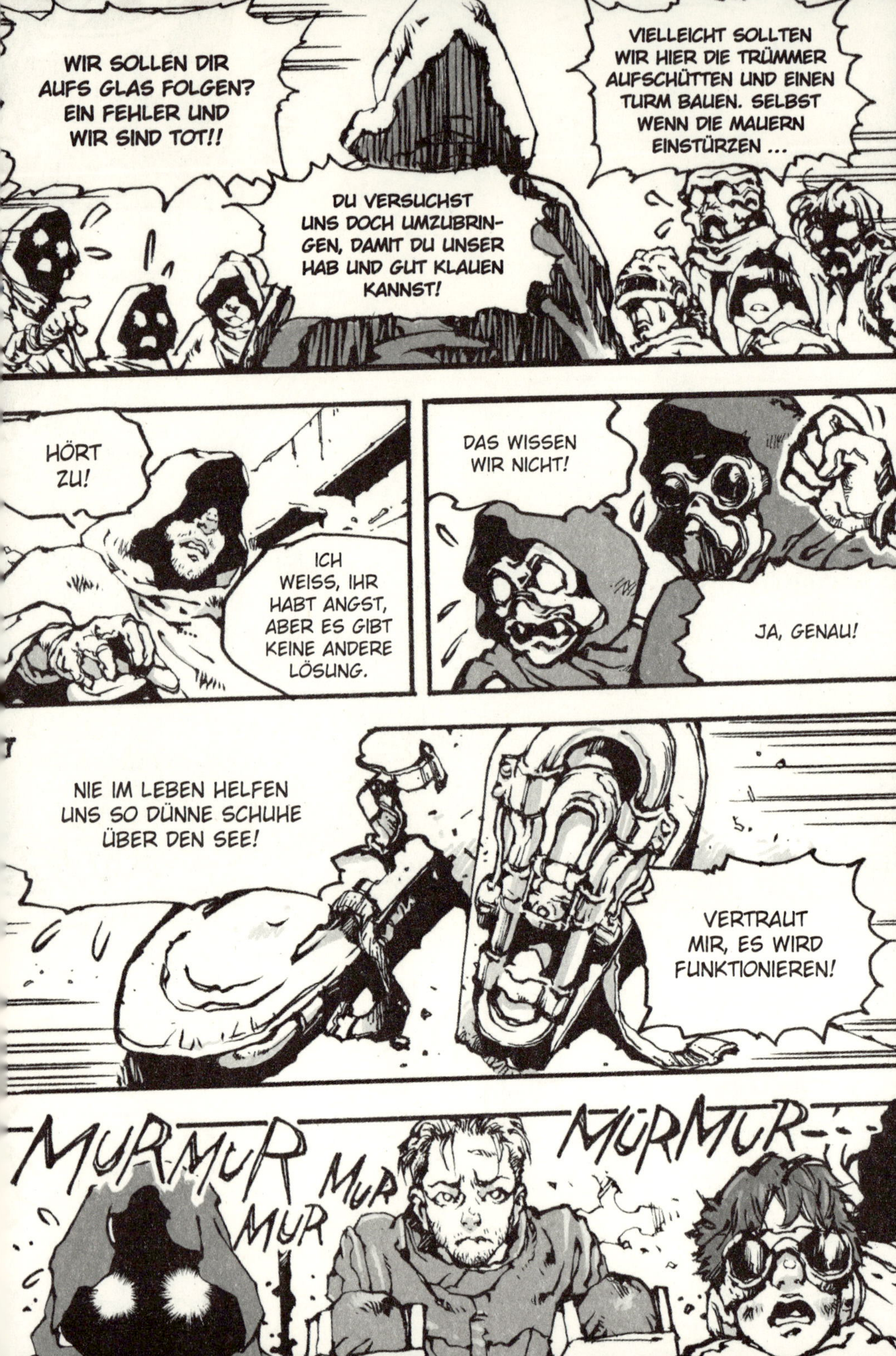
WIR SOLLEN DIR AUFS GLAS FOLGEN? EIN FEHLER UND WIR SIND TOT!!
DU VERSUCHST UNS DOCH UMZUBRINGEN, DAMIT DU UNSER HAB UND GUT KLAUEN KANNST!
VIELLEICHT SOLLTEN WIR HIER DIE TRÜMMER AUFSCHÜTTEN UND EINEN TURM BAUEN. SELBST WENN DIE MAUERN EINSTÜRZEN ...
HÖRT ZU!
ICH WEISS, IHR HABT ANGST, ABER ES GIBT KEINE ANDERE LÖSUNG.
DAS WISSEN WIR NICHT!
JA, GENAU!
NIE IM LEBEN HELFEN UNS SO DÜNNE SCHUHE ÜBER DEN SEE!
VERTRAUT MIR, ES WIRD FUNKTIONIEREN!
MURMUR
MUR MUR
MURMUR

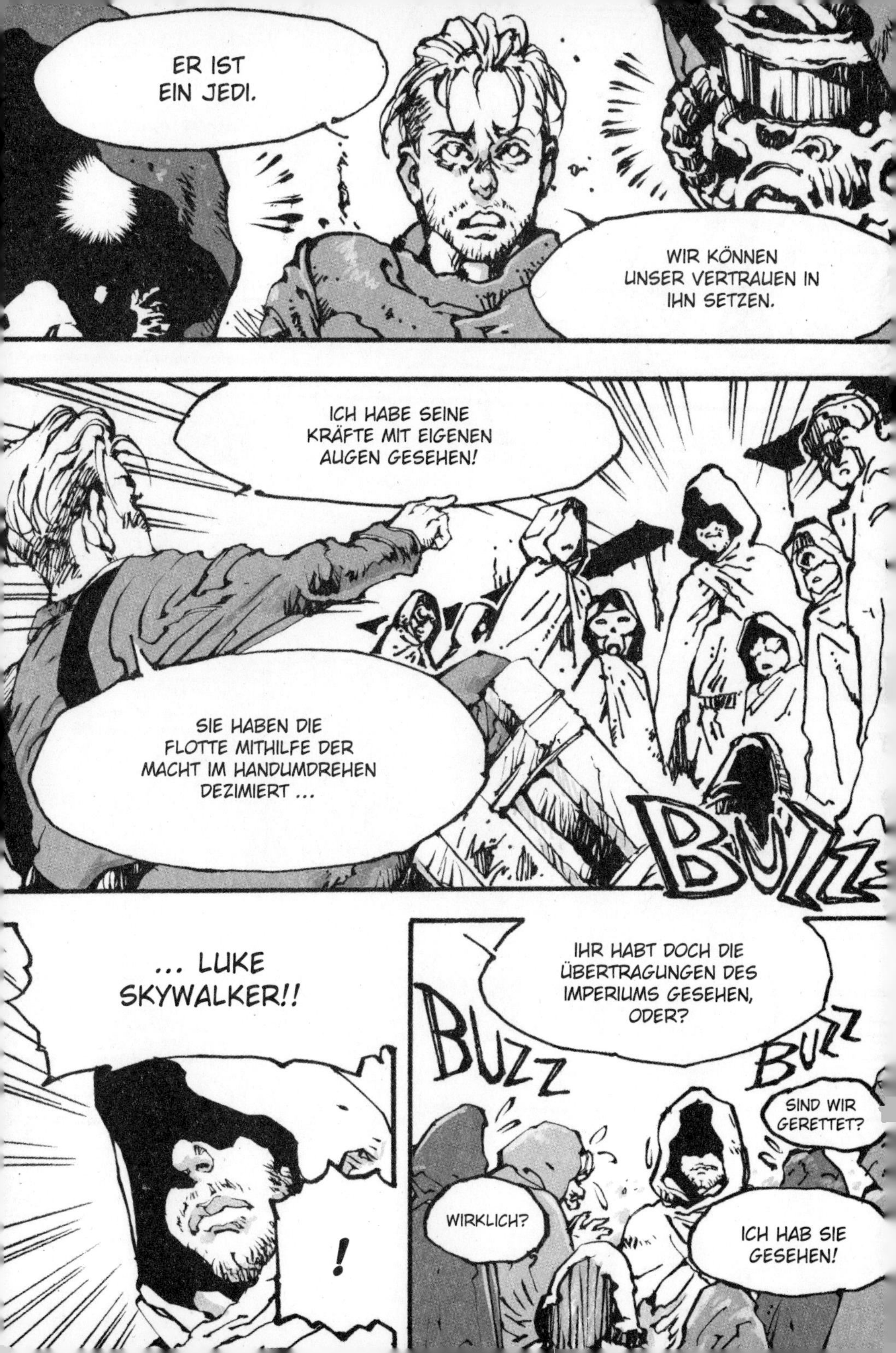

ER IST EIN JEDI.

WIR KÖNNEN UNSER VERTRAUEN IN IHN SETZEN.

ICH HABE SEINE KRÄFTE MIT EIGENEN AUGEN GESEHEN!

SIE HABEN DIE FLOTTE MITHILFE DER MACHT IM HANDUMDREHEN DEZIMIERT ...

BUZZ

... LUKE SKYWALKER!!

!

IHR HABT DOCH DIE ÜBERTRAGUNGEN DES IMPERIUMS GESEHEN, ODER?

BUZZ

BUZZ

SIND WIR GERETTET?

WIRKLICH?

ICH HAB SIE GESEHEN!

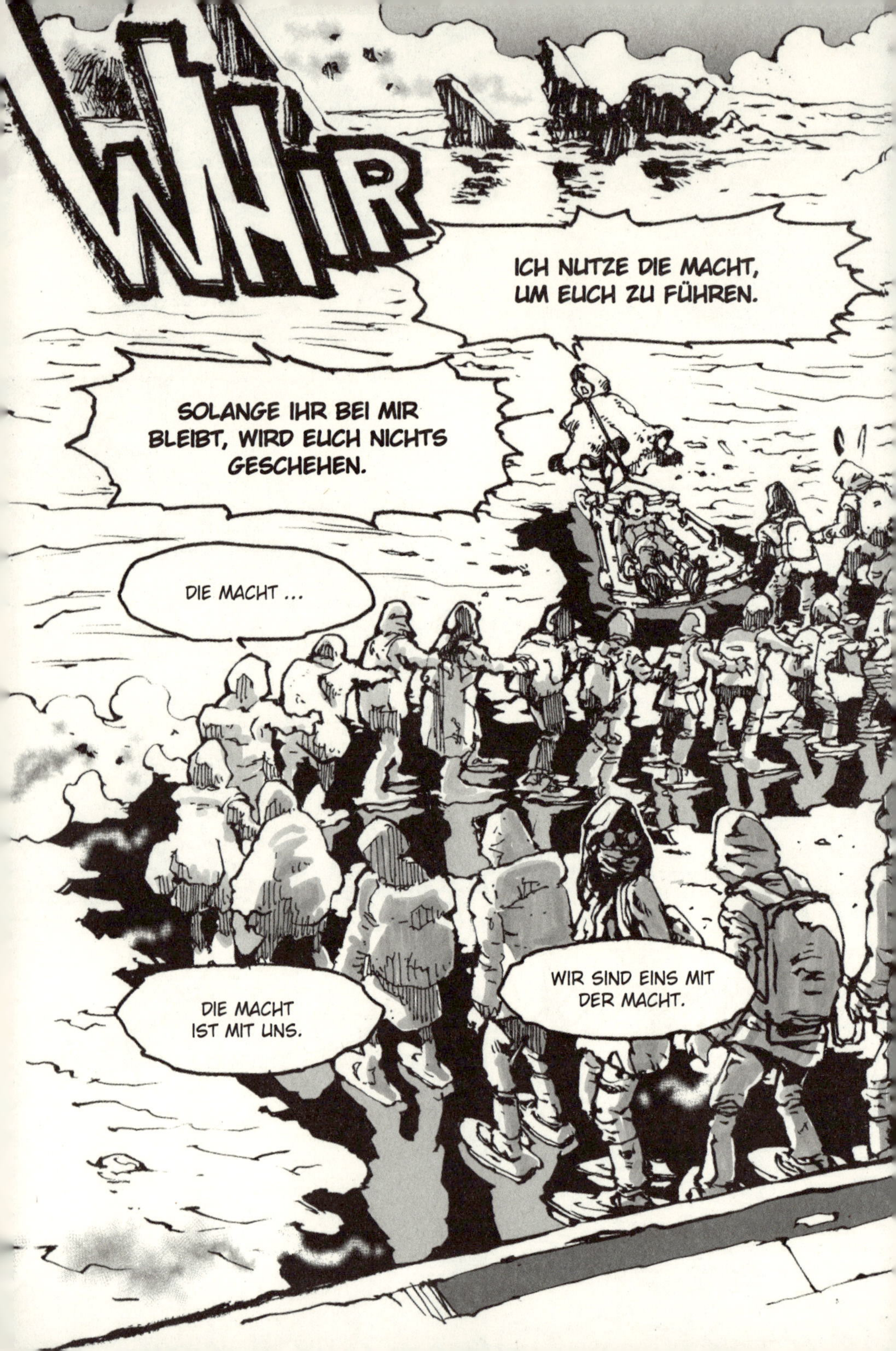
WHIR
ICH NUTZE DIE MACHT, UM EUCH ZU FÜHREN.
SOLANGE IHR BEI MIR BLEIBT, WIRD EUCH NICHTS GESCHEHEN.
DIE MACHT ...
DIE MACHT IST MIT UNS.
WIR SIND EINS MIT DER MACHT.

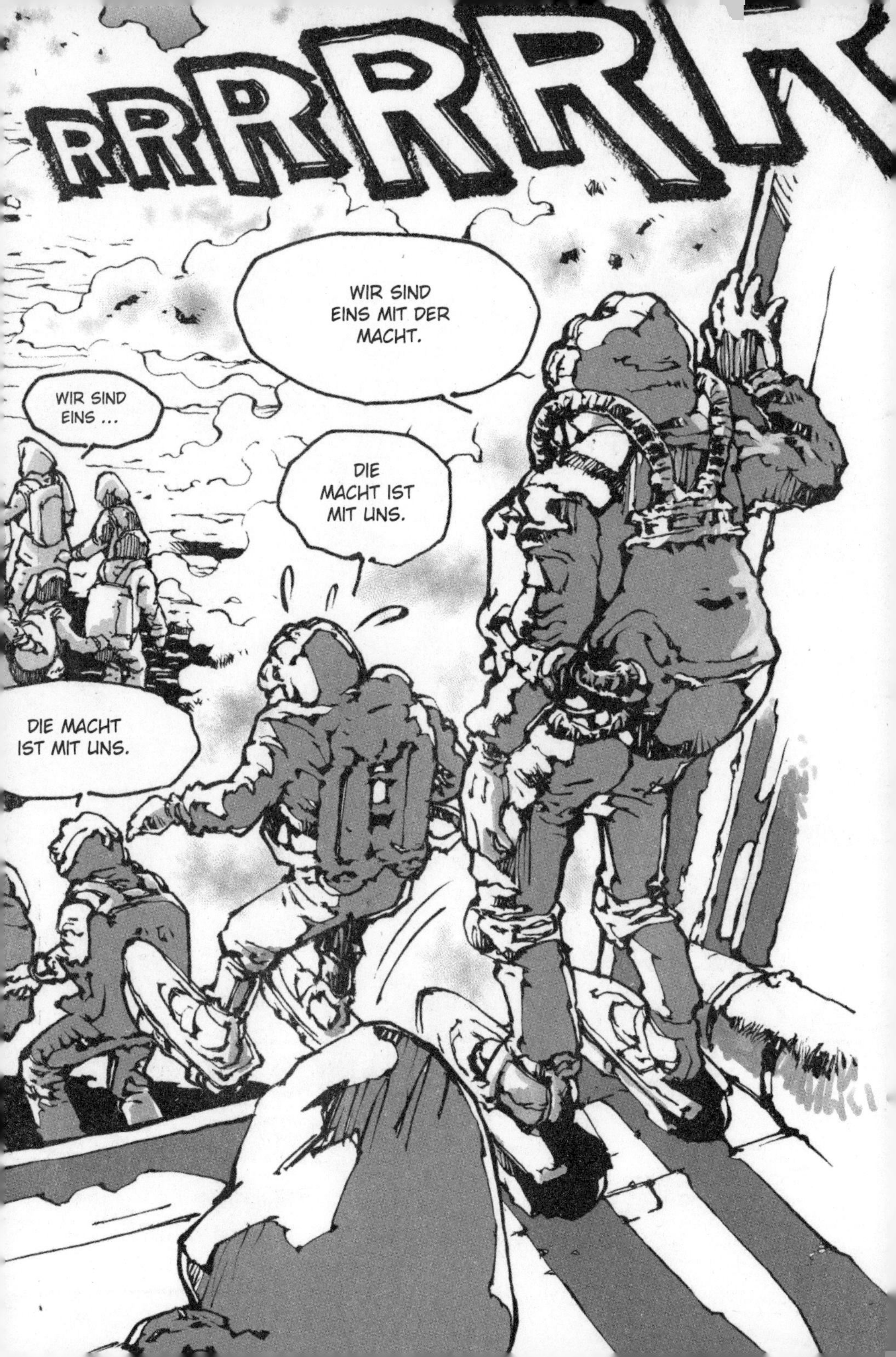
RRRRRR
WIR SIND EINS MIT DER MACHT.
DIE MACHT IST MIT UNS.
WIR SIND EINS ...
DIE MACHT IST MIT UNS.

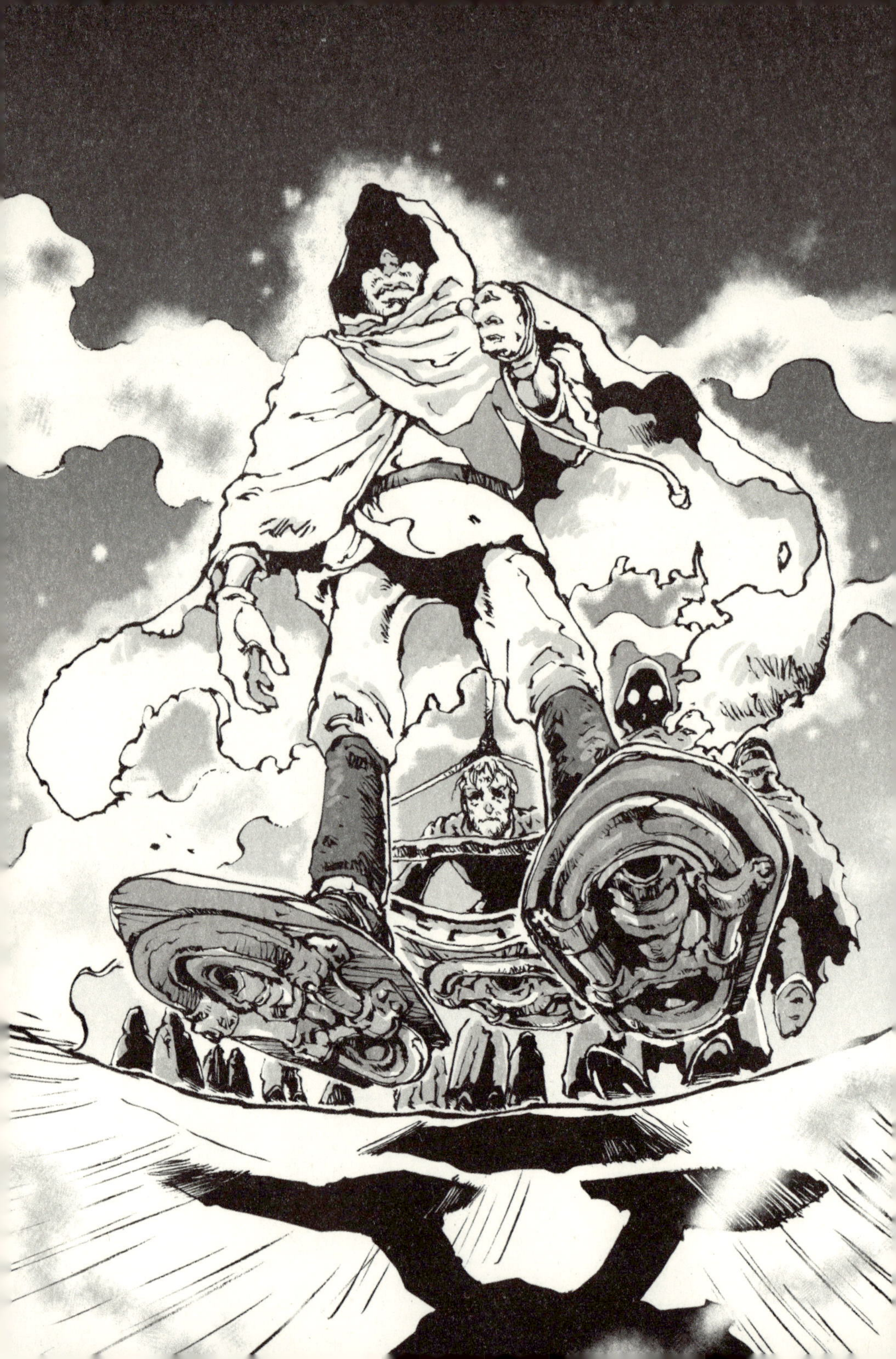

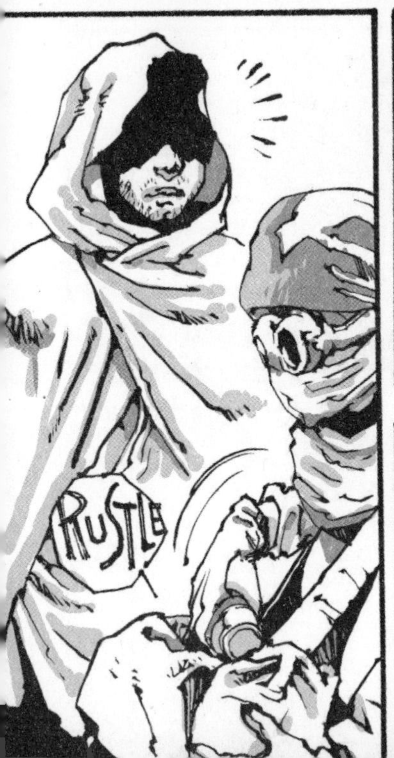
RUSTLE

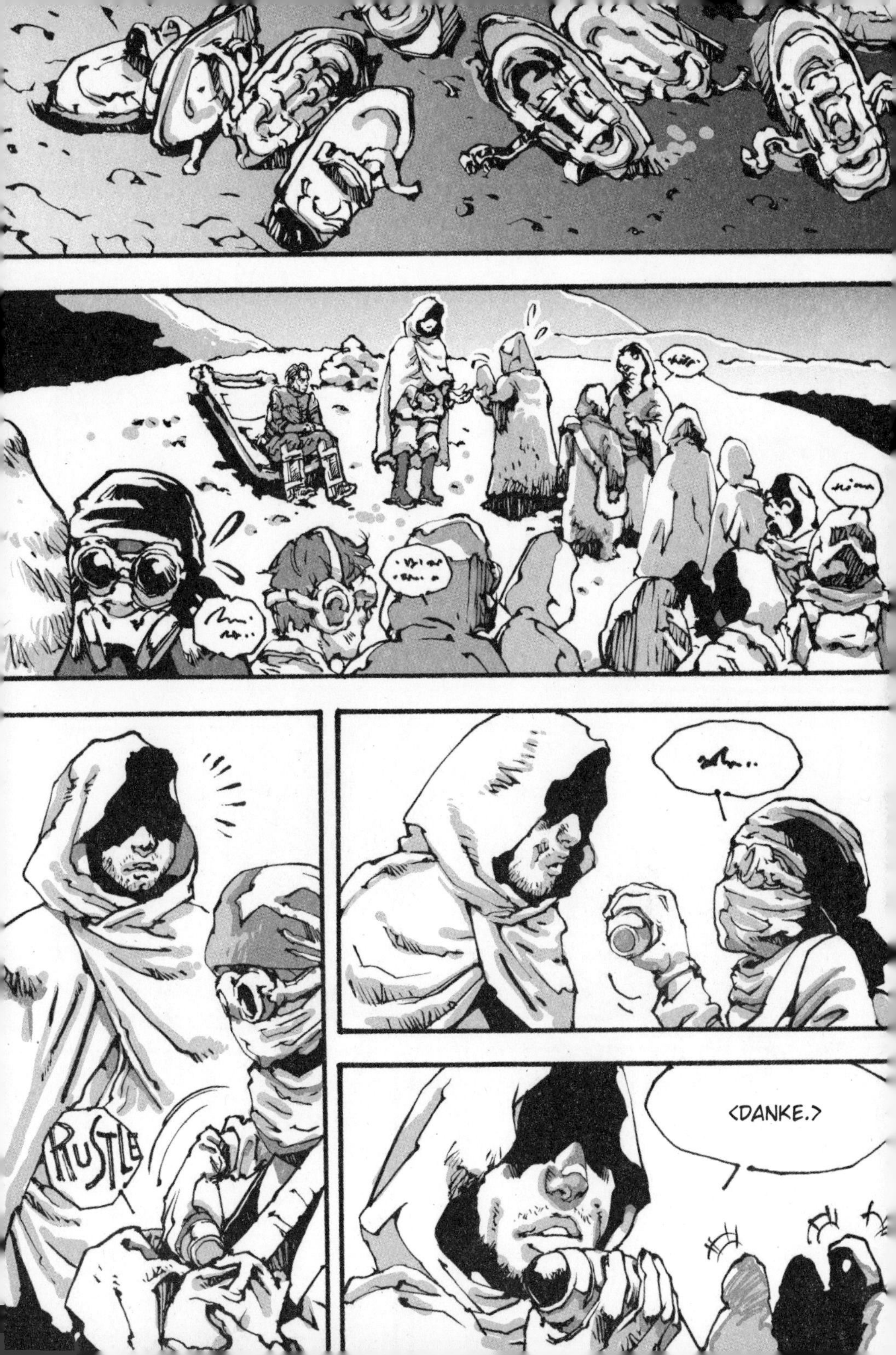

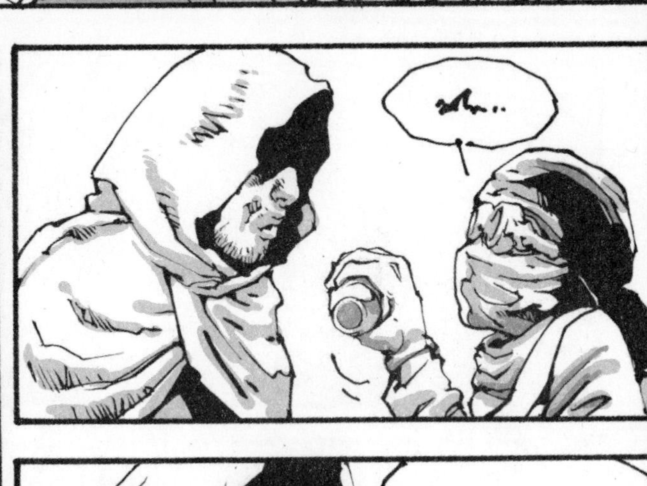

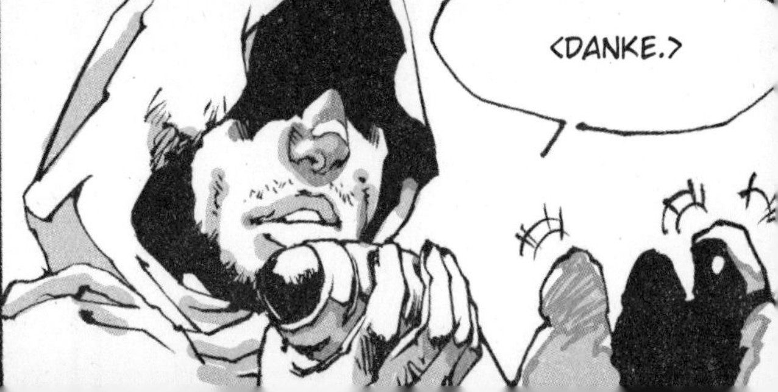
<DANKE.>

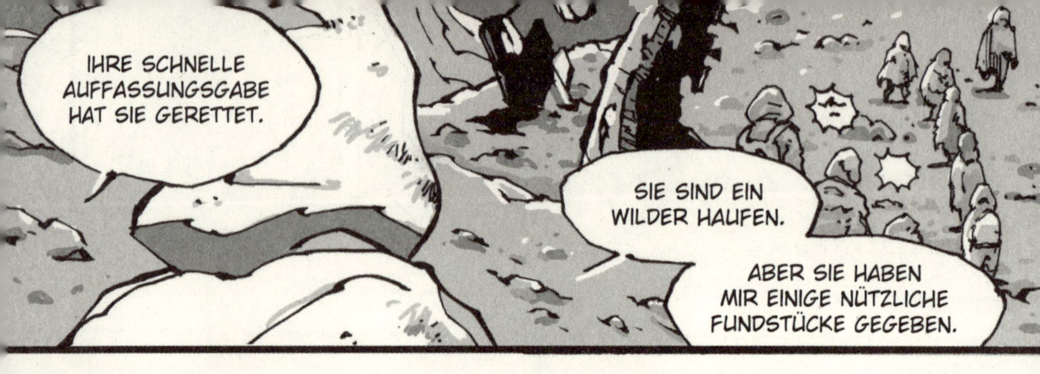
IHRE SCHNELLE AUFFASSUNGSGABE HAT SIE GERETTET.
SIE SIND EIN WILDER HAUFEN.
ABER SIE HABEN MIR EINIGE NÜTZLICHE FUNDSTÜCKE GEGEBEN.
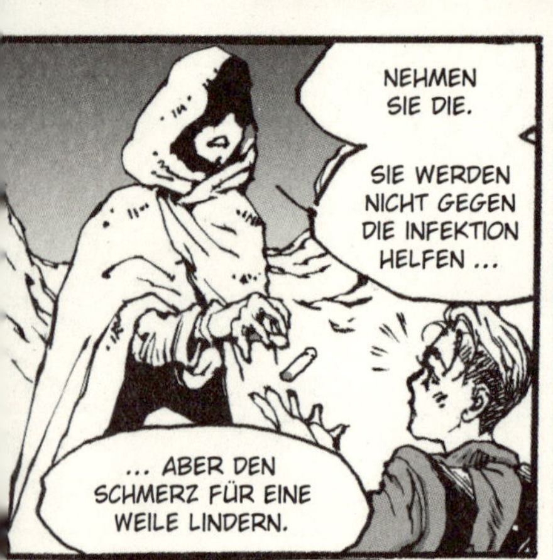
NEHMEN SIE DIE.
SIE WERDEN NICHT GEGEN DIE INFEKTION HELFEN ...
... ABER DEN SCHMERZ FÜR EINE WEILE LINDERN.
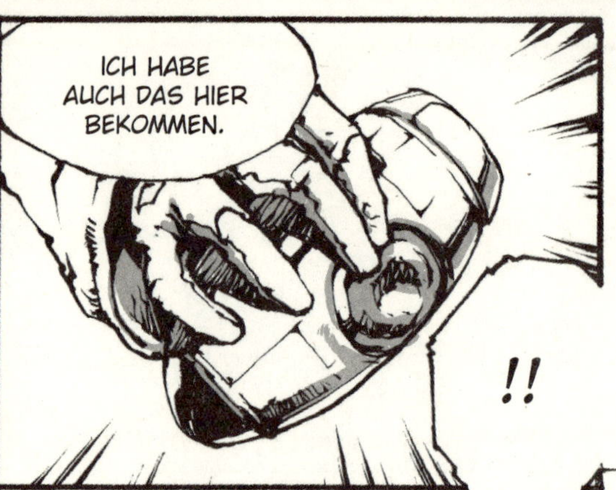
ICH HABE AUCH DAS HIER BEKOMMEN.
!!
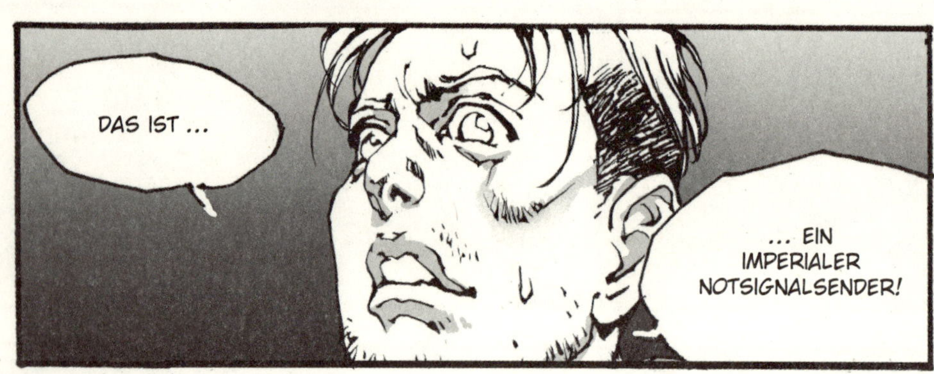
DAS IST ...
... EIN IMPERIALER NOTSIGNALSENDER!
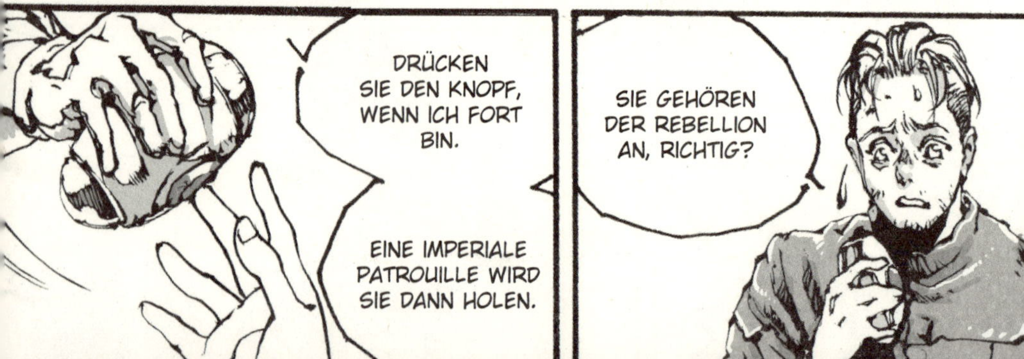
DRÜCKEN SIE DEN KNOPF, WENN ICH FORT BIN.
EINE IMPERIALE PATROUILLE WIRD SIE DANN HOLEN.
SIE GEHÖREN DER REBELLION AN, RICHTIG?

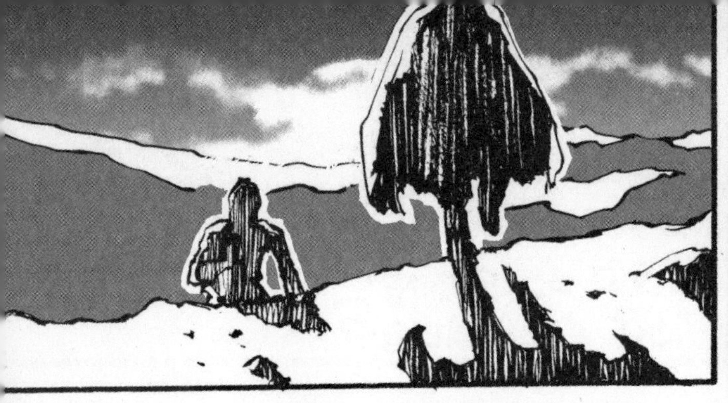

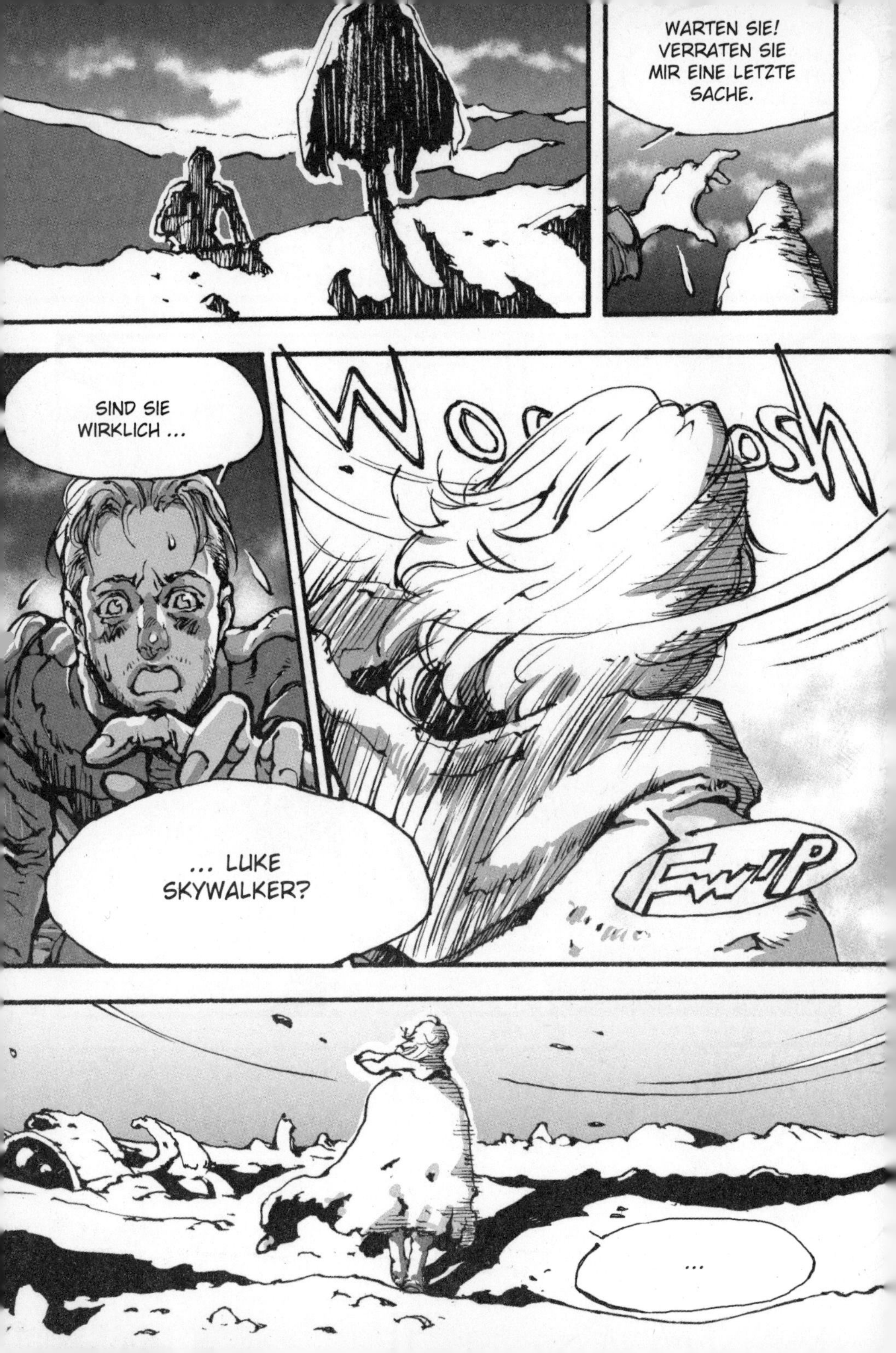

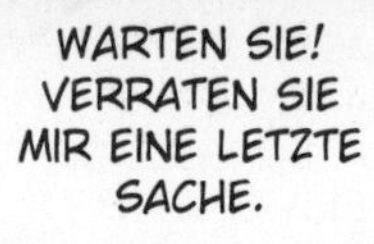

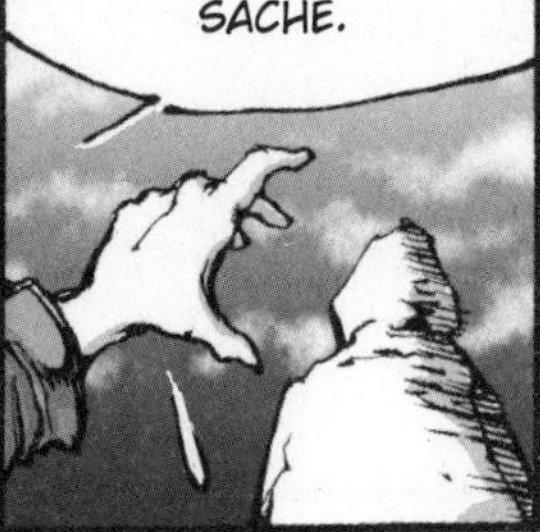

SIND SIE WIRKLICH ...

FWIP

... LUKE SKYWALKER?

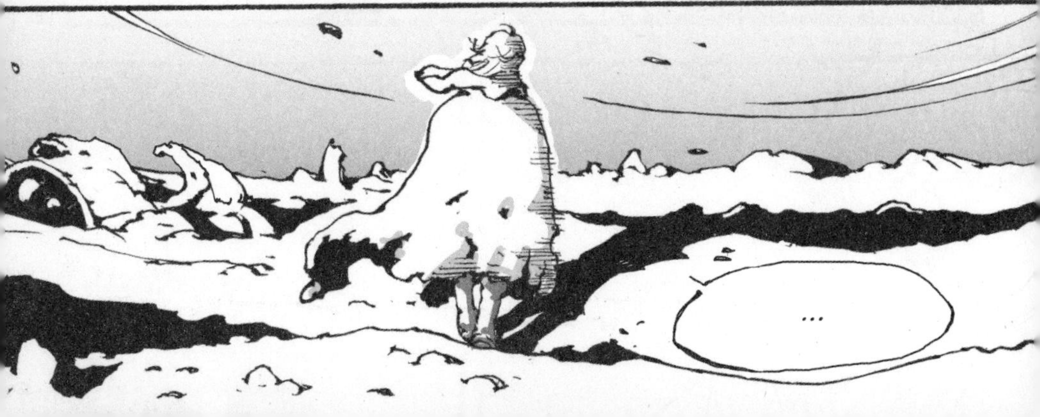

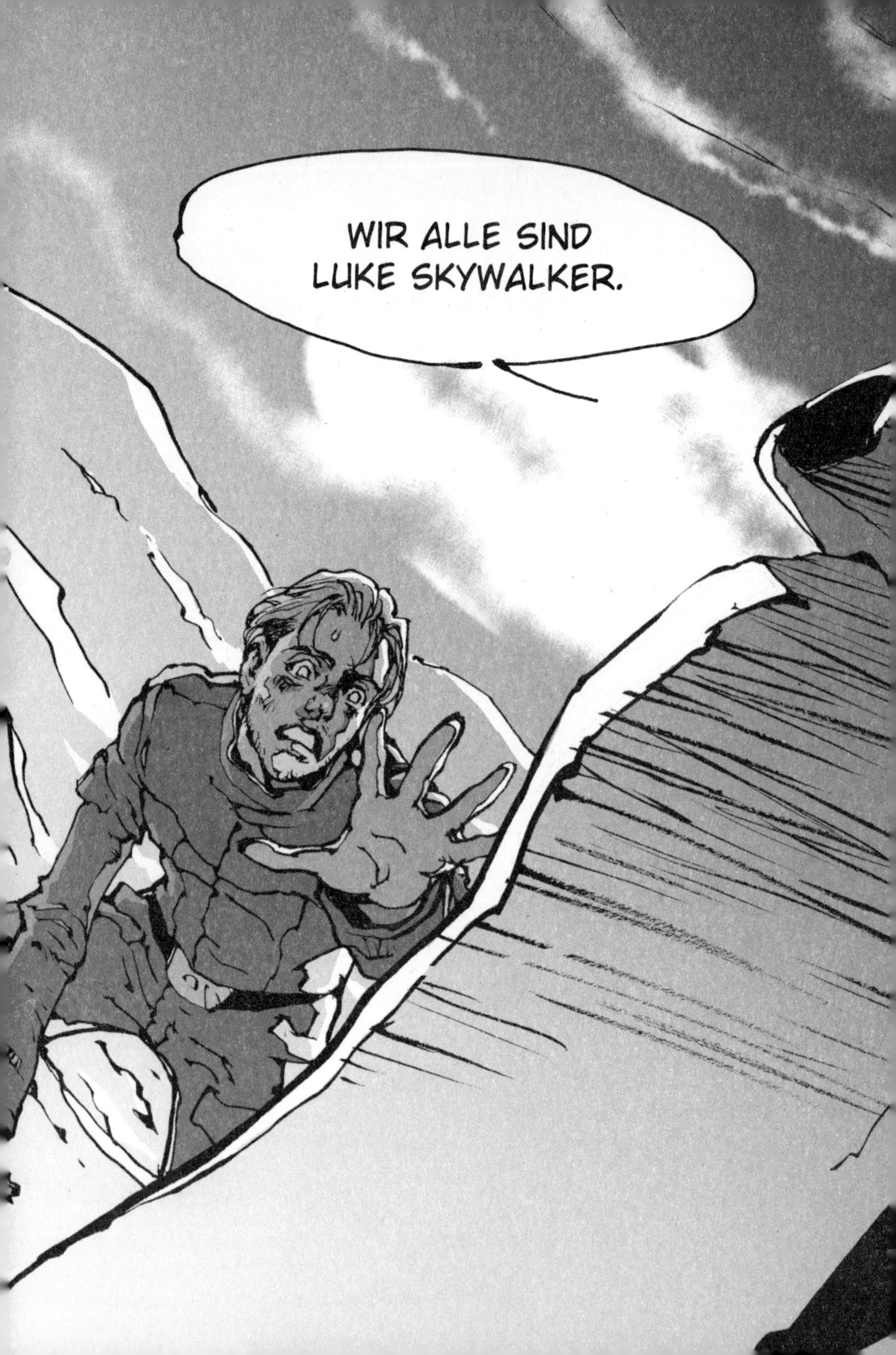
WIR ALLE SIND
LUKE SKYWALKER.

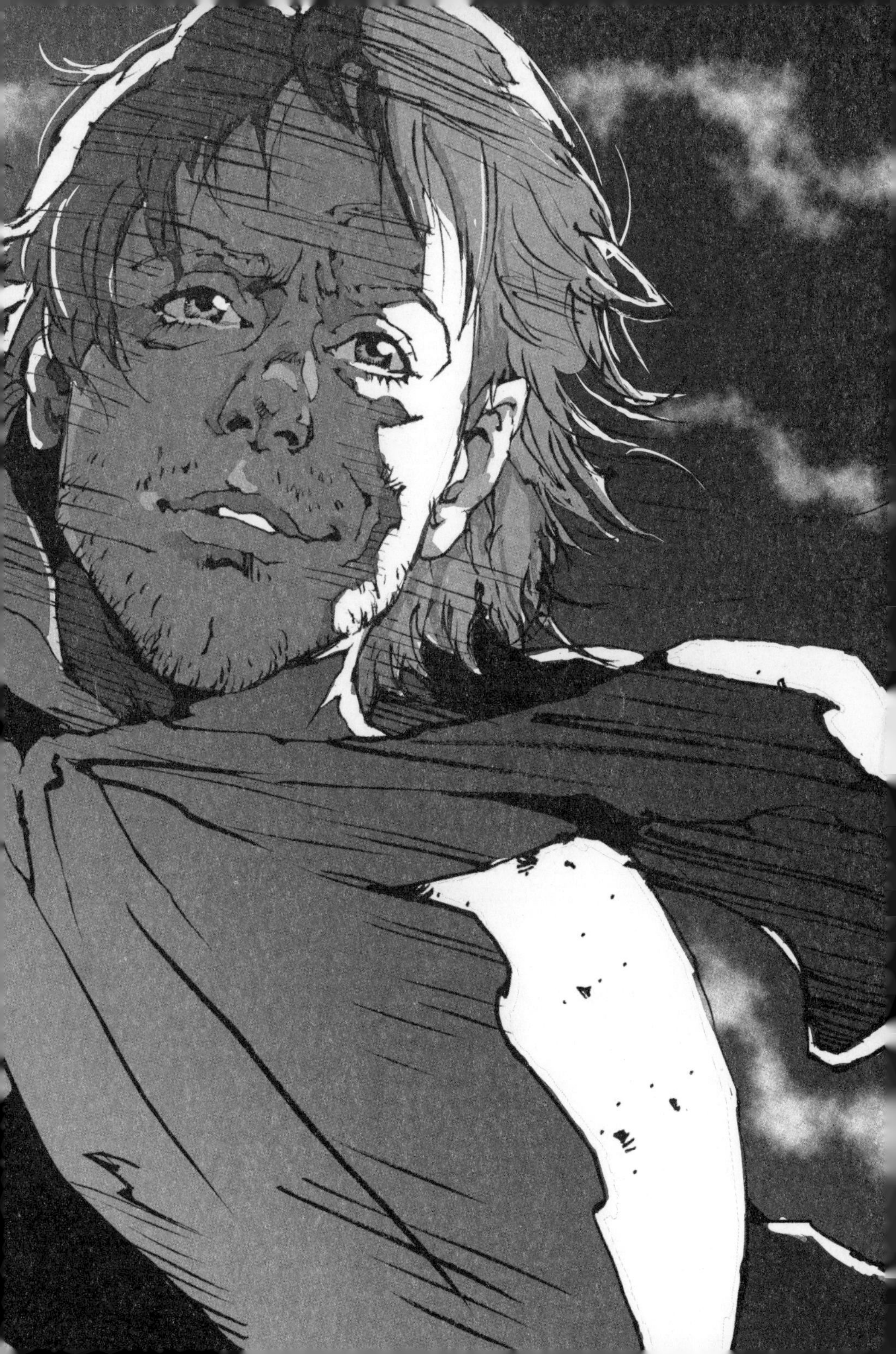

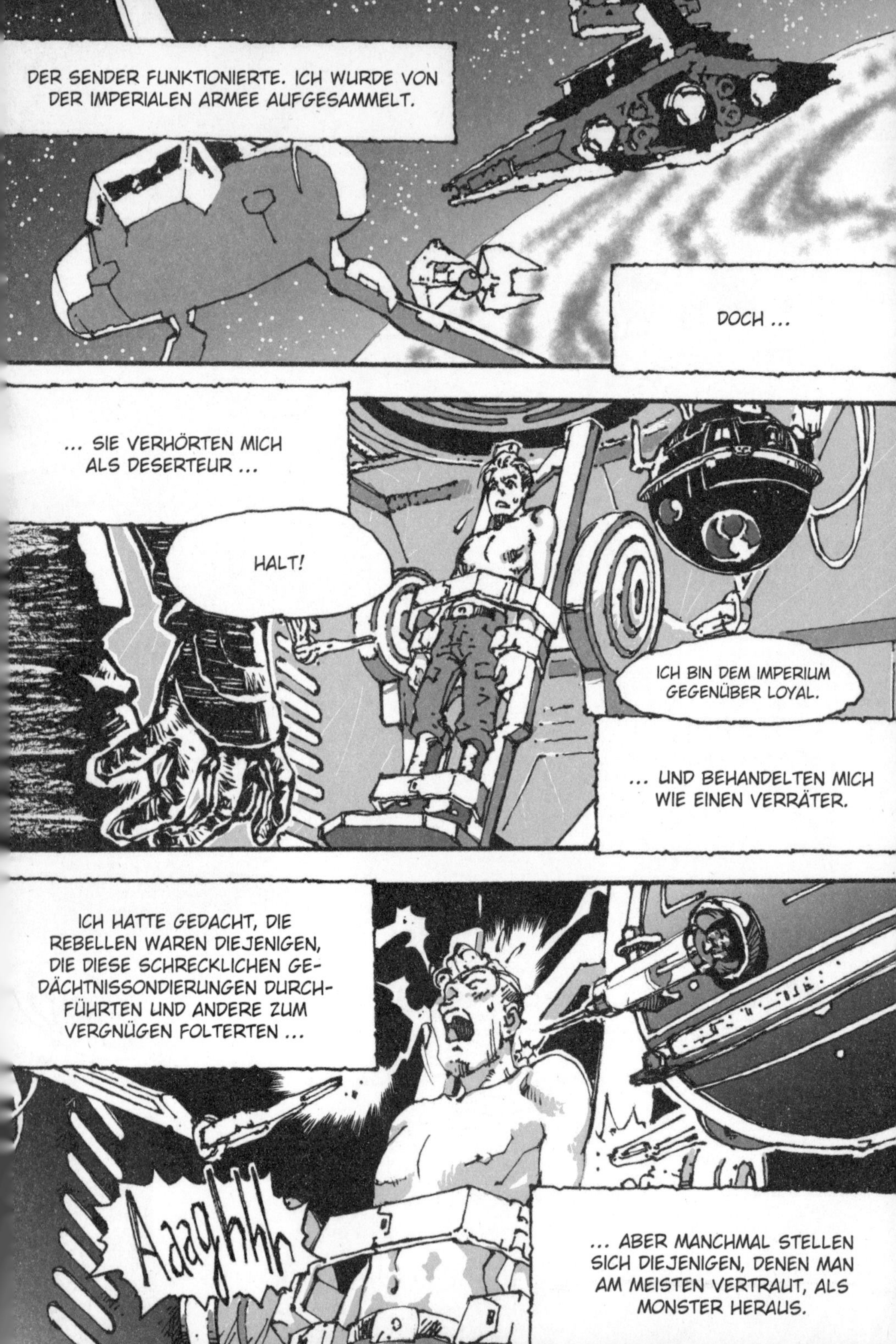
DER SENDER FUNKTIONIERTE. ICH WURDE VON DER IMPERIALEN ARMEE AUFGESAMMELT.
DOCH ...
... SIE VERHÖRTEN MICH ALS DESERTEUR ...
HALT!
ICH BIN DEM IMPERIUM GEGENÜBER LOYAL.
... UND BEHANDELTEN MICH WIE EINEN VERRÄTER.
ICH HATTE GEDACHT, DIE REBELLEN WAREN DIEJENIGEN, DIE DIESE SCHRECKLICHEN GEDÄCHTNISSONDIERUNGEN DURCHFÜHRTEN UND ANDERE ZUM VERGNÜGEN FOLTERTEN ...
Aaaghhh
... ABER MANCHMAL STELLEN SICH DIEJENIGEN, DENEN MAN AM MEISTEN VERTRAUT, ALS MONSTER HERAUS.

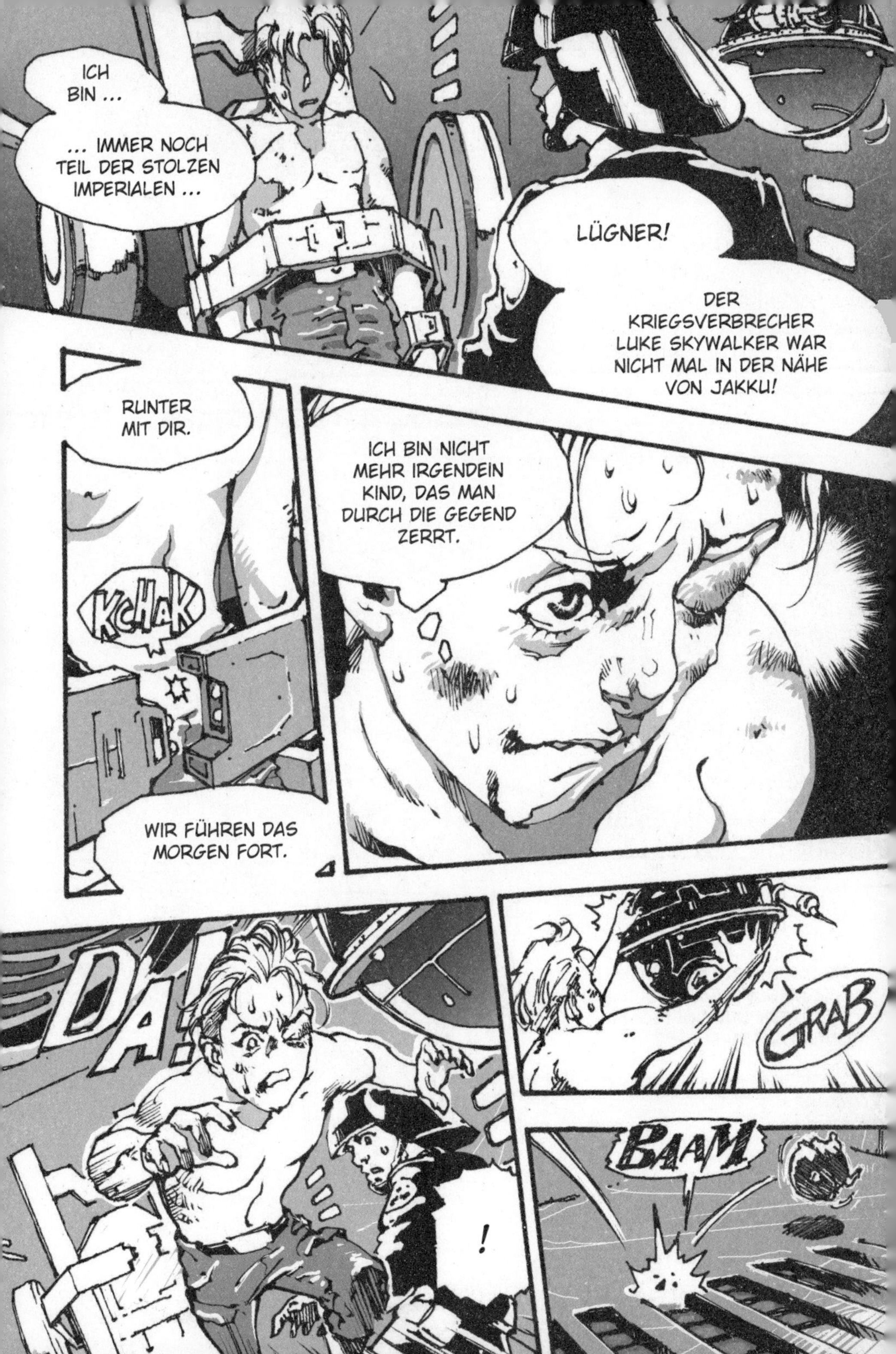
ICH BIN ...
... IMMER NOCH TEIL DER STOLZEN IMPERIALEN ...
LÜGNER!
DER KRIEGSVERBRECHER LUKE SKYWALKER WAR NICHT MAL IN DER NÄHE VON JAKKU!
RUNTER MIT DIR.
ICH BIN NICHT MEHR IRGENDEIN KIND, DAS MAN DURCH DIE GEGEND ZERRT.
KCHAK
WIR FÜHREN DAS MORGEN FORT.
DA!
GRAB
!
BAAM

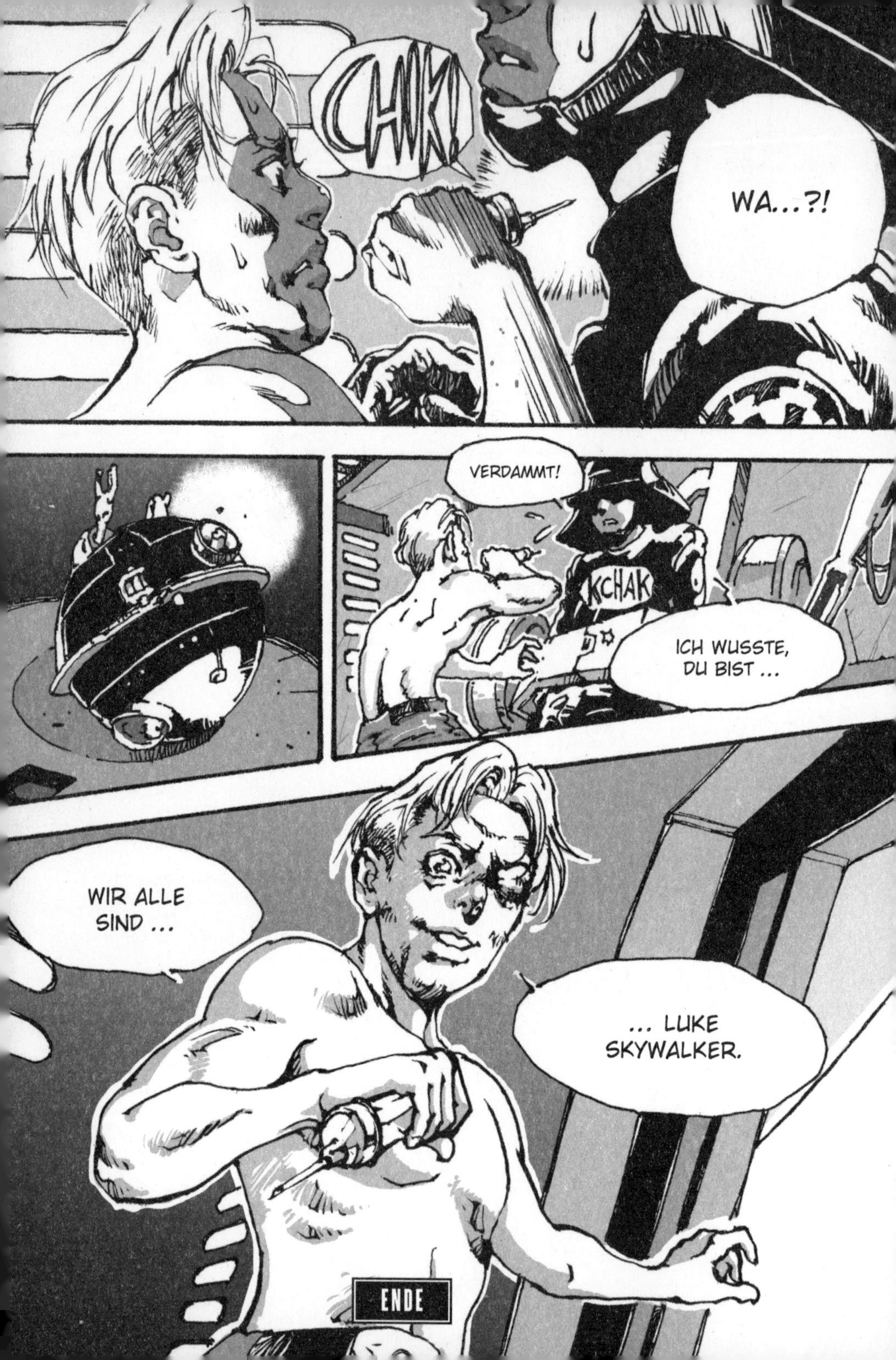
CHK!
WA...?!
VERDAMMT!
KCHAK
ICH WUSSTE, DU BIST ...
WIR ALLE SIND ...
... LUKE SKYWALKER.
ENDE

**DAS SIND NICHT
DIE DROIDEN, DIE
IHR SUCHT.**

- OBI-WAN KENOBI

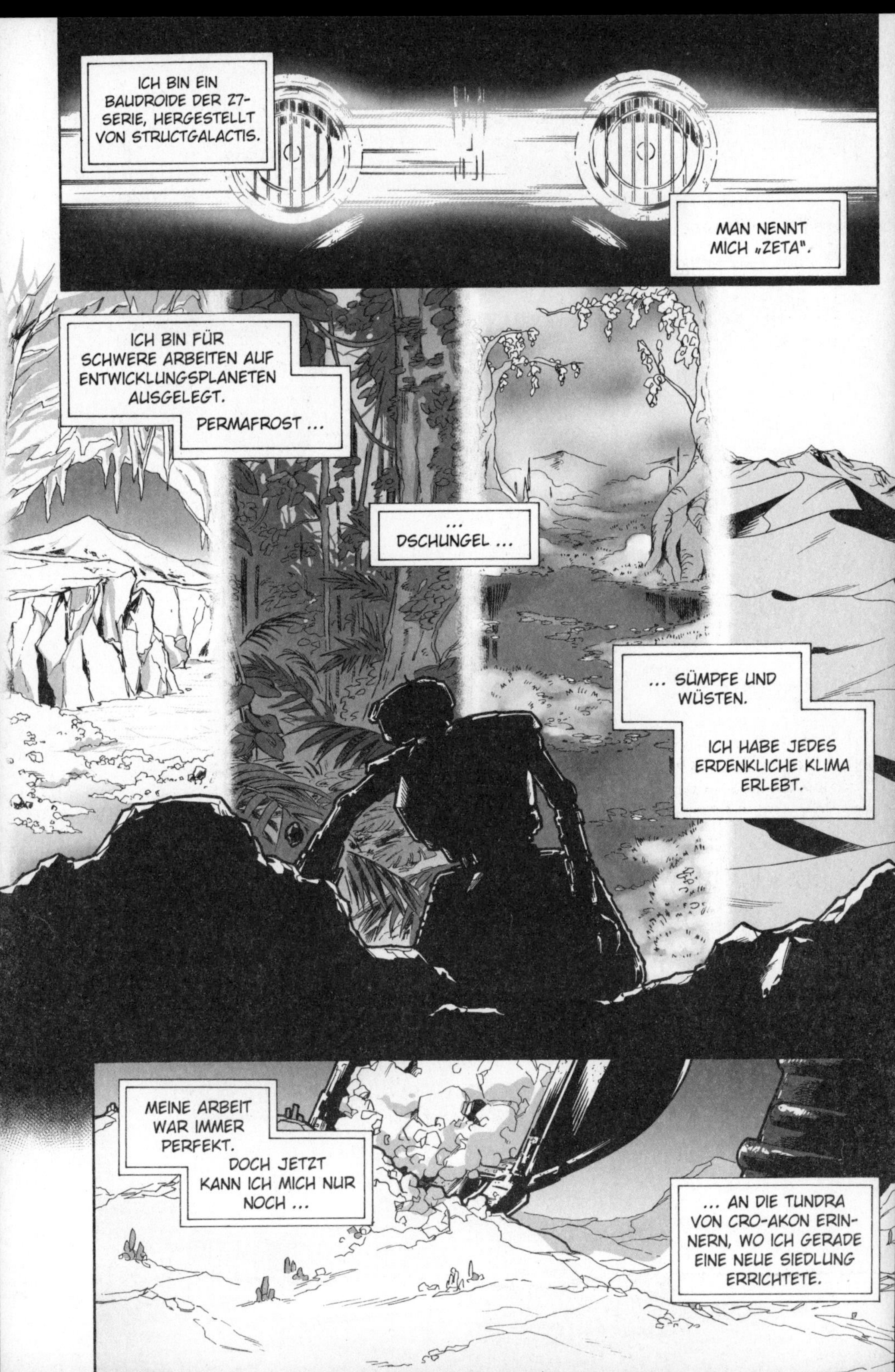
ICH BIN EIN BAUDROIDE DER Z7-SERIE, HERGESTELLT VON STRUCTGALACTIS.
MAN NENNT MICH „ZETA".
ICH BIN FÜR SCHWERE ARBEITEN AUF ENTWICKLUNGSPLANETEN AUSGELEGT.
PERMAFROST ...
... DSCHUNGEL ...
... SÜMPFE UND WÜSTEN.
ICH HABE JEDES ERDENKLICHE KLIMA ERLEBT.
MEINE ARBEIT WAR IMMER PERFEKT.
DOCH JETZT KANN ICH MICH NUR NOCH ...
... AN DIE TUNDRA VON CRO-AKON ERINNERN, WO ICH GERADE EINE NEUE SIEDLUNG ERRICHTETE.

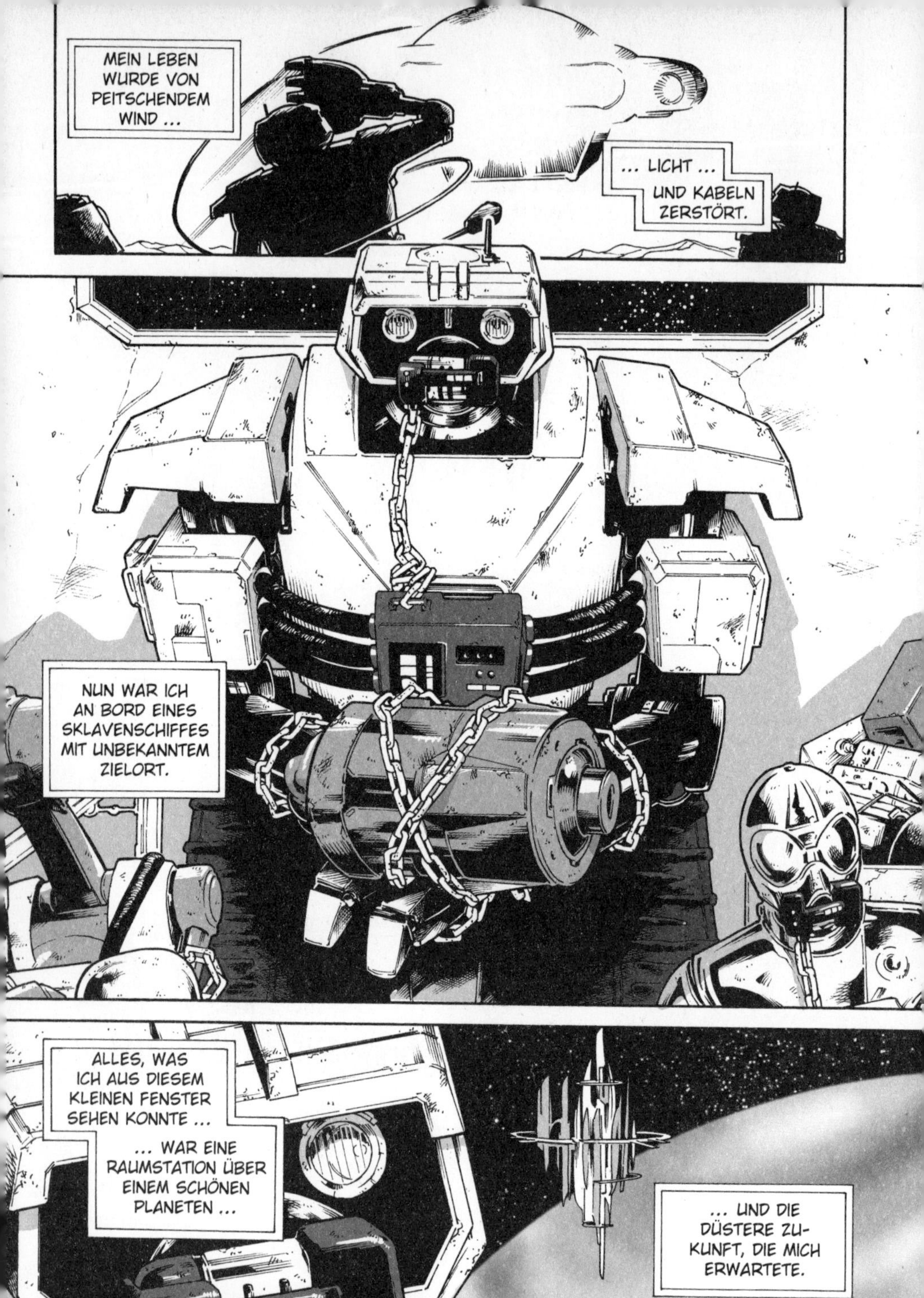
MEIN LEBEN WURDE VON PEITSCHENDEM WIND ...
... LICHT ...
UND KABELN ZERSTÖRT.
NUN WAR ICH AN BORD EINES SKLAVENSCHIFFES MIT UNBEKANNTEM ZIELORT.
ALLES, WAS ICH AUS DIESEM KLEINEN FENSTER SEHEN KONNTE ...
... WAR EINE RAUMSTATION ÜBER EINEM SCHÖNEN PLANETEN ...
... UND DIE DÜSTERE ZUKUNFT, DIE MICH ERWARTETE.

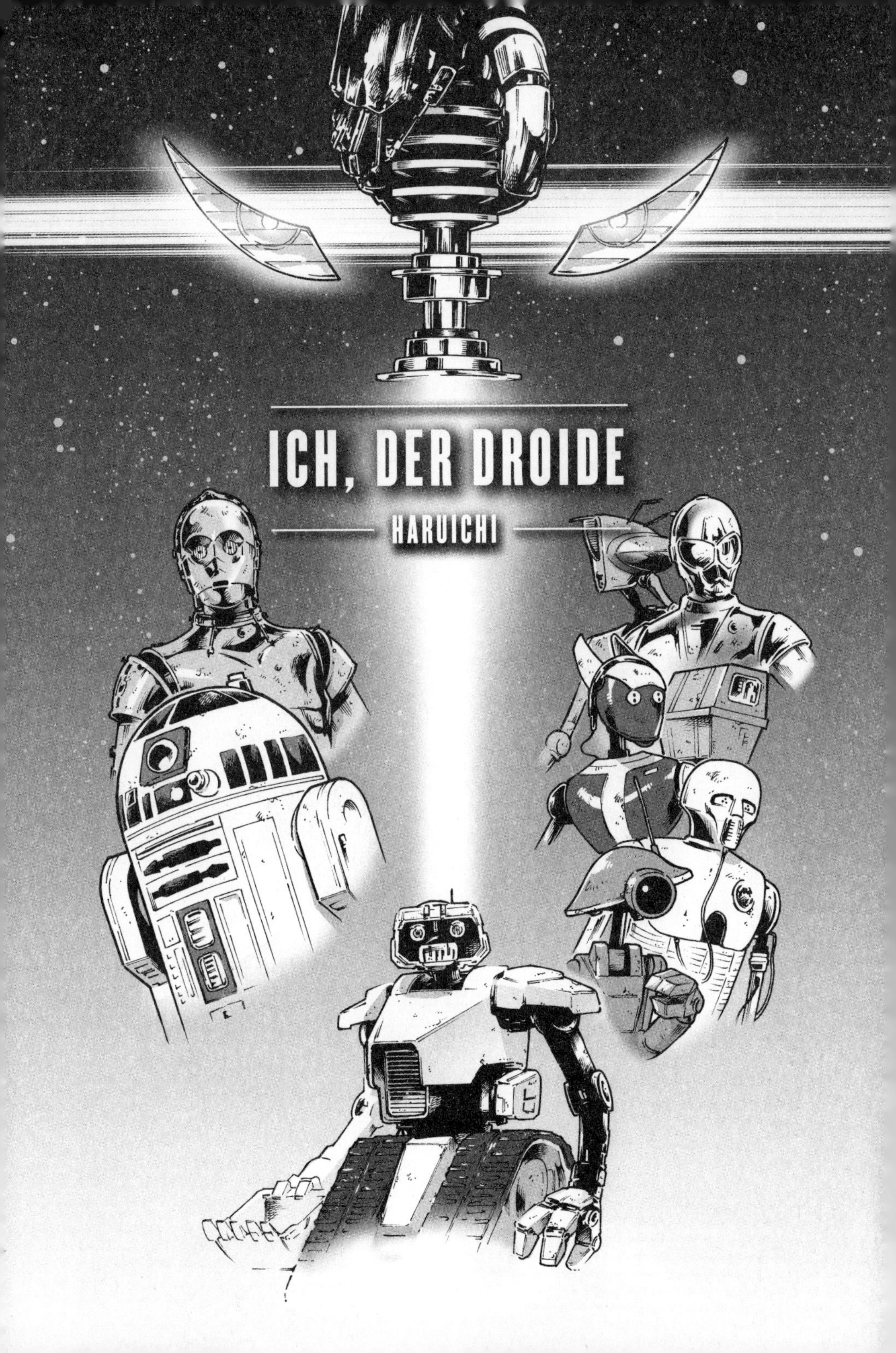

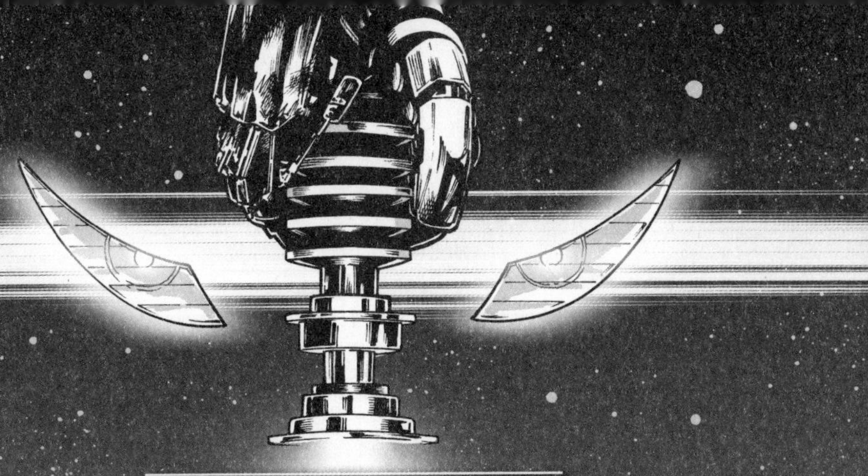

ICH, DER DROIDE

HARUICHI

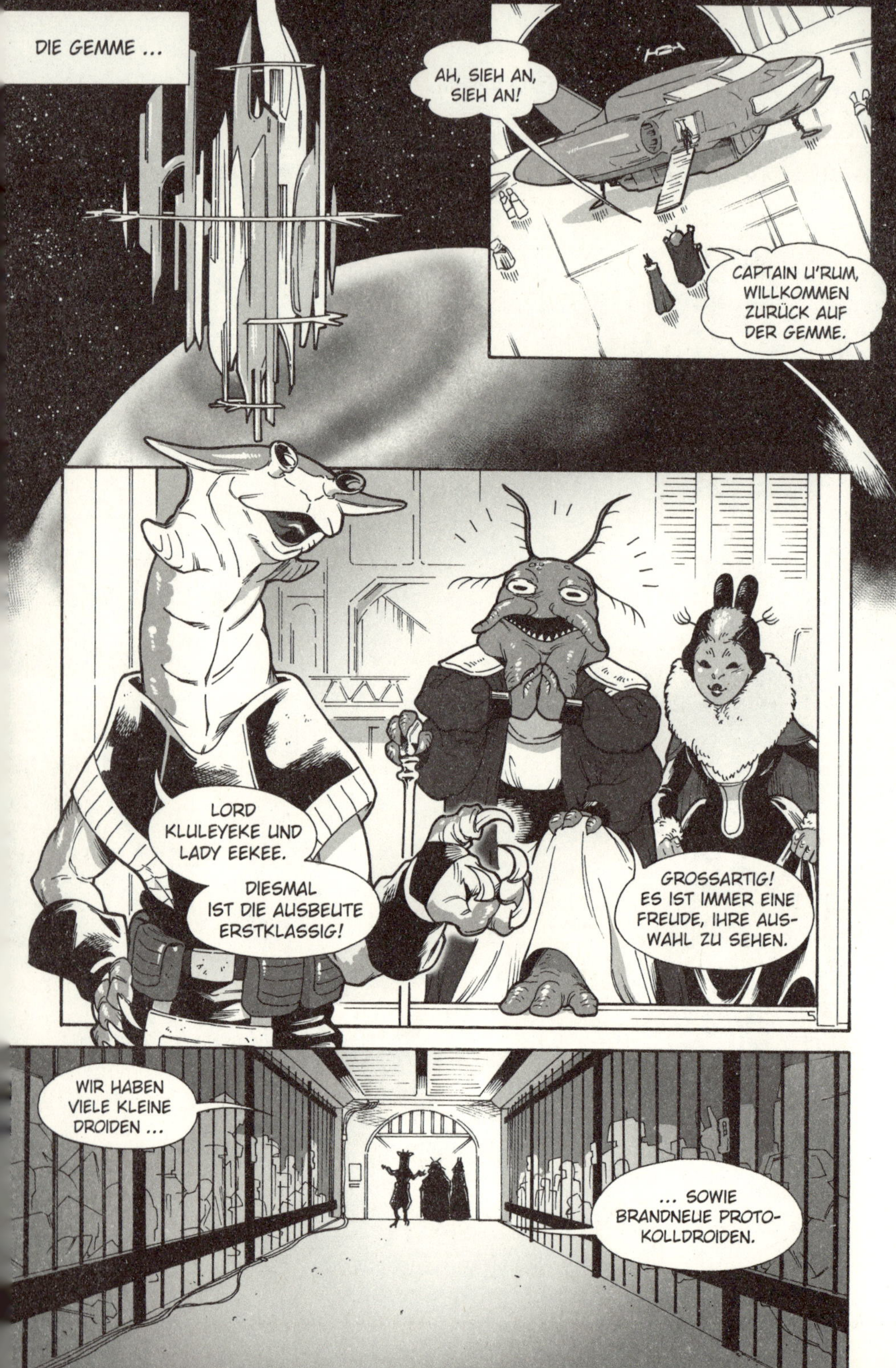
DIE GEMME ...
AH, SIEH AN, SIEH AN!
CAPTAIN U'RUM, WILLKOMMEN ZURÜCK AUF DER GEMME.
LORD KLULEYEKE UND LADY EEKEE.
DIESMAL IST DIE AUSBEUTE ERSTKLASSIG!
GROSSARTIG! ES IST IMMER EINE FREUDE, IHRE AUSWAHL ZU SEHEN.
WIR HABEN VIELE KLEINE DROIDEN ...
... SOWIE BRANDNEUE PROTOKOLLDROIDEN.

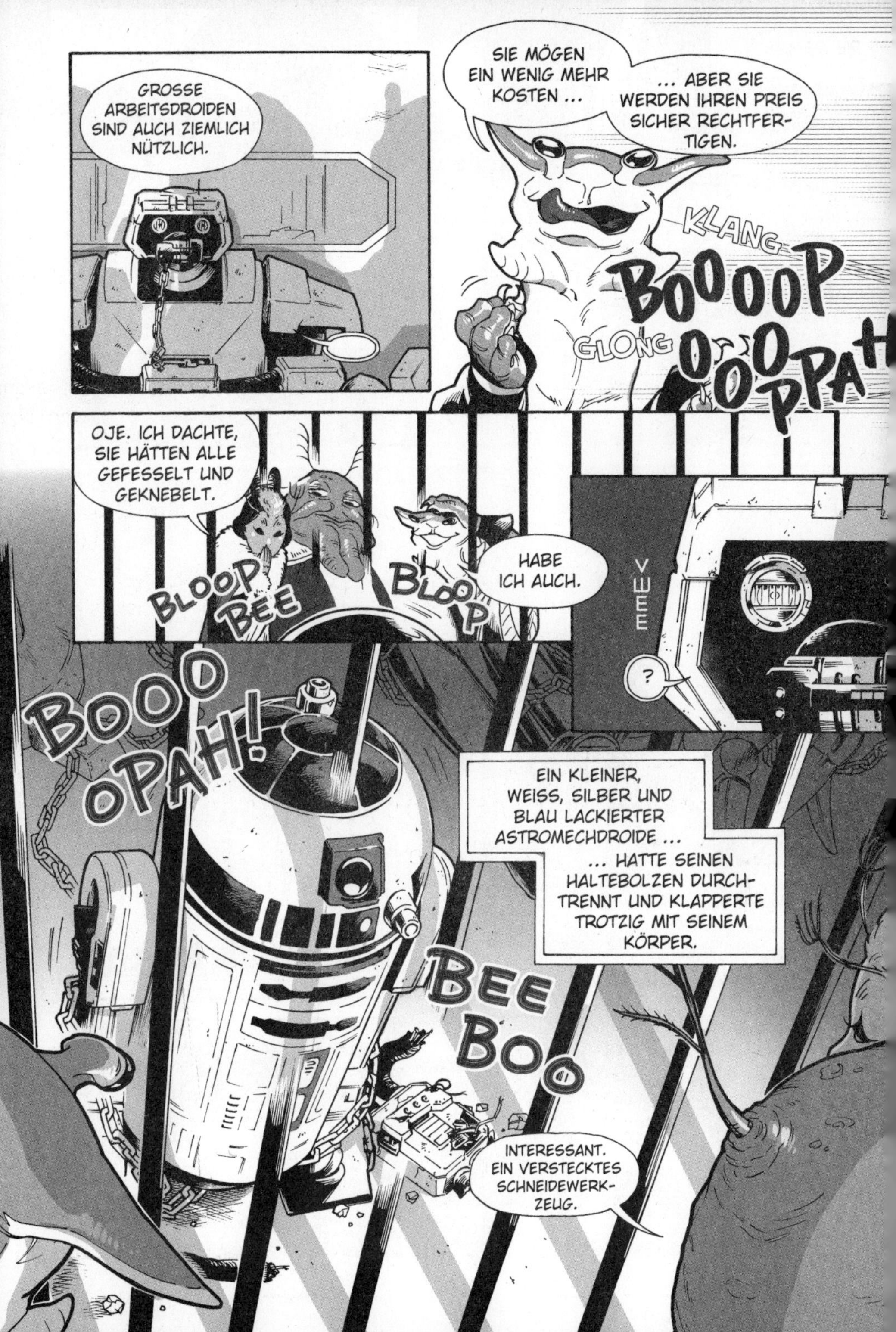
GROSSE ARBEITSDROIDEN SIND AUCH ZIEMLICH NÜTZLICH.
SIE MÖGEN EIN WENIG MEHR KOSTEN …
… ABER SIE WERDEN IHREN PREIS SICHER RECHTFERTIGEN.
KLANG
BOOOOP
GLONG
OOOOPPAH
OJE. ICH DACHTE, SIE HÄTTEN ALLE GEFESSELT UND GEKNEBELT.
BLOOP BEE
BLOOP
HABE ICH AUCH.
VWEE
?
BOOO OPAH!
EIN KLEINER, WEISS, SILBER UND BLAU LACKIERTER ASTROMECHDROIDE …
… HATTE SEINEN HALTEBOLZEN DURCHTRENNT UND KLAPPERTE TROTZIG MIT SEINEM KÖRPER.
BEE BOO
INTERESSANT. EIN VERSTECKTES SCHNEIDEWERKZEUG.

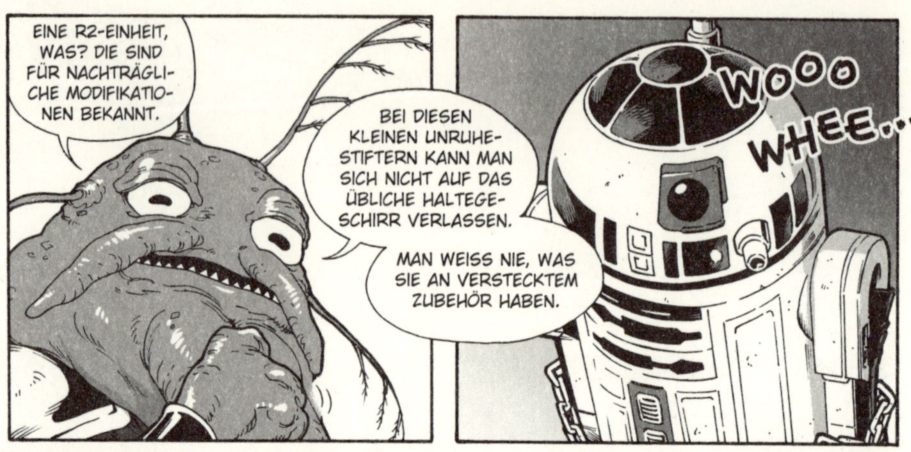

EINE R2-EINHEIT, WAS? DIE SIND FÜR NACHTRÄGLICHE MODIFIKATIONEN BEKANNT.
BEI DIESEN KLEINEN UNRUHESTIFTERN KANN MAN SICH NICHT AUF DAS ÜBLICHE HALTEGESCHIRR VERLASSEN.
MAN WEISS NIE, WAS SIE AN VERSTECKTEM ZUBEHÖR HABEN.
WOOO WHEE...

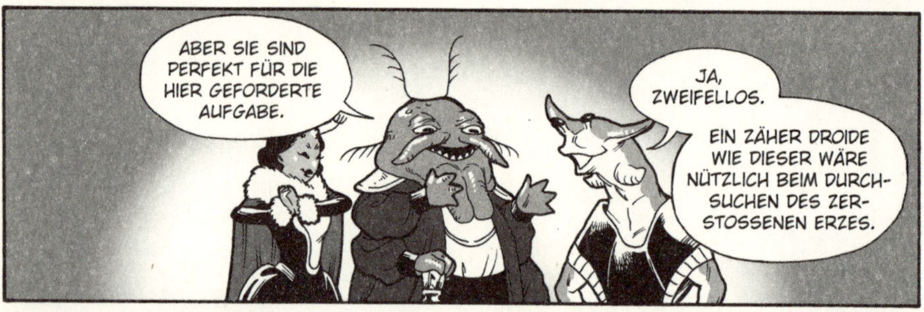

ABER SIE SIND PERFEKT FÜR DIE HIER GEFORDERTE AUFGABE.
JA, ZWEIFELLOS.
EIN ZÄHER DROIDE WIE DIESER WÄRE NÜTZLICH BEIM DURCHSUCHEN DES ZERSTOSSENEN ERZES.

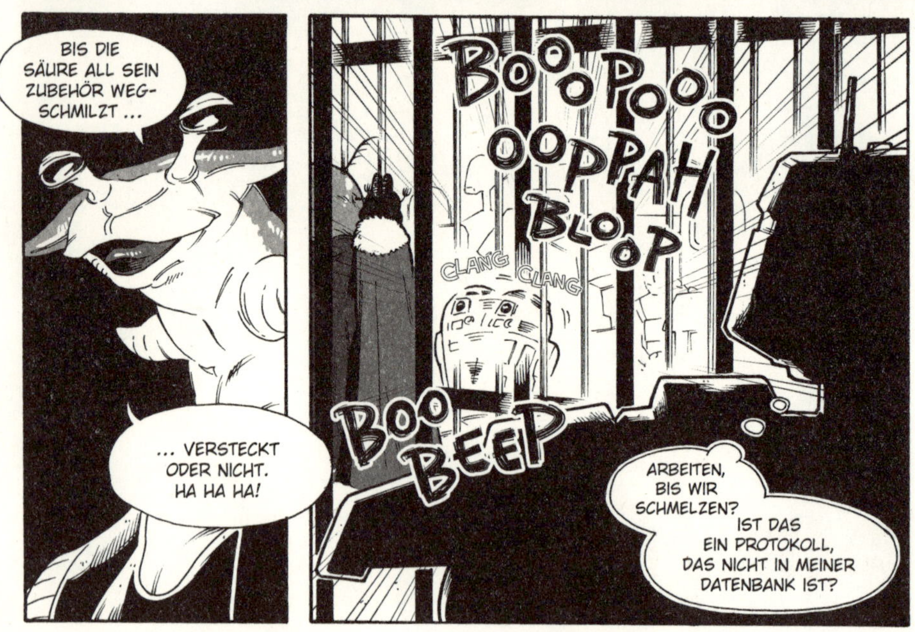

BIS DIE SÄURE ALL SEIN ZUBEHÖR WEGSCHMILZT ...
... VERSTECKT ODER NICHT. HA HA HA!
BOOOPOOO OOPPAH BLOOP
CLANG CLANG
BOO BEEP
ARBEITEN, BIS WIR SCHMELZEN?
IST DAS EIN PROTOKOLL, DAS NICHT IN MEINER DATENBANK IST?

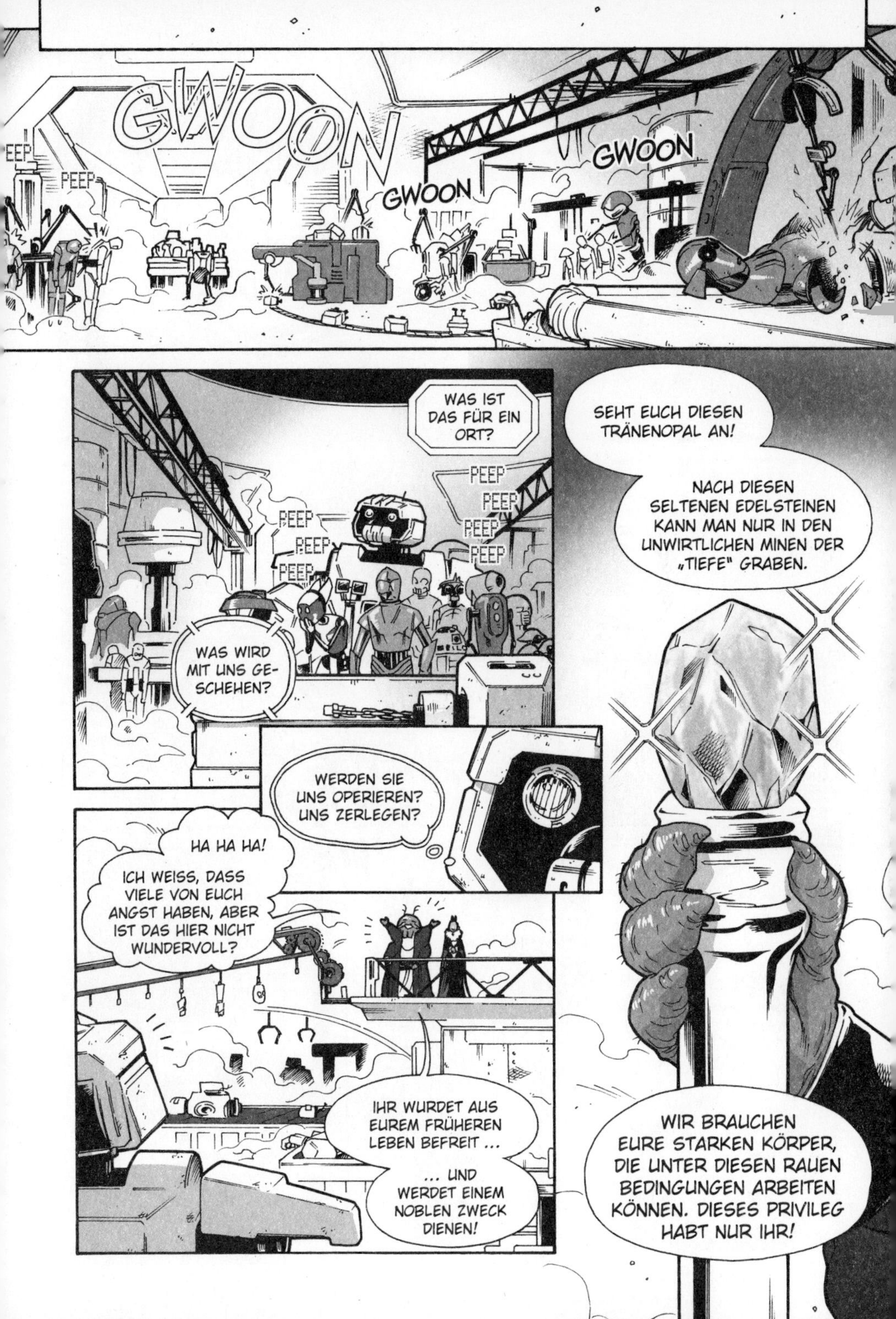
GWOON
EEP
PEEP
GWOON
GWOON
WAS IST DAS FÜR EIN ORT?
PEEP
PEEP
PEEP
PEEP
PEEP
PEEP
PEEP
WAS WIRD MIT UNS GE-SCHEHEN?
WERDEN SIE UNS OPERIEREN? UNS ZERLEGEN?
HA HA HA!
ICH WEISS, DASS VIELE VON EUCH ANGST HABEN, ABER IST DAS HIER NICHT WUNDERVOLL?
IHR WURDET AUS EUREM FRÜHEREN LEBEN BEFREIT ...
... UND WERDET EINEM NOBLEN ZWECK DIENEN!
SEHT EUCH DIESEN TRÄNENOPAL AN!
NACH DIESEN SELTENEN EDELSTEINEN KANN MAN NUR IN DEN UNWIRTLICHEN MINEN DER „TIEFE" GRABEN.
WIR BRAUCHEN EURE STARKEN KÖRPER, DIE UNTER DIESEN RAUEN BEDINGUNGEN ARBEITEN KÖNNEN. DIESES PRIVILEG HABT NUR IHR!

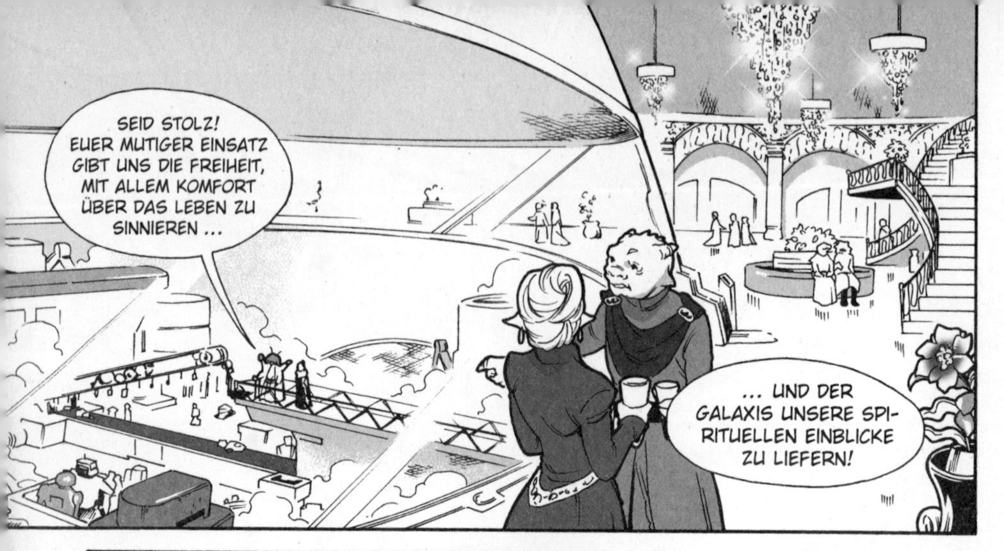
SEID STOLZ! EUER MUTIGER EINSATZ GIBT UNS DIE FREIHEIT, MIT ALLEM KOMFORT ÜBER DAS LEBEN ZU SINNIEREN …
… UND DER GALAXIS UNSERE SPIRITUELLEN EINBLICKE ZU LIEFERN!

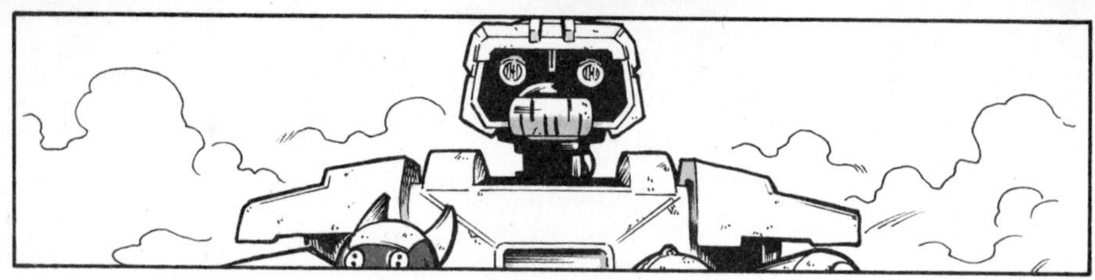

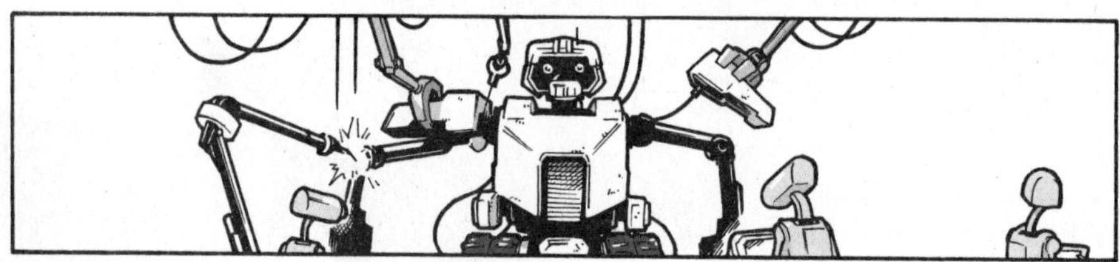

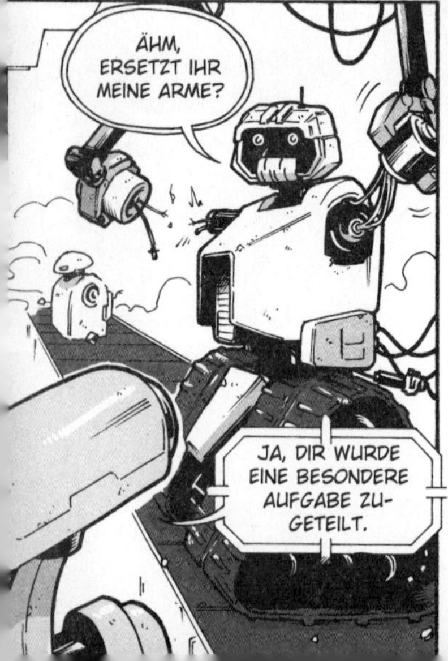
ÄHM, ERSETZT IHR MEINE ARME?
JA, DIR WURDE EINE BESONDERE AUFGABE ZUGETEILT.

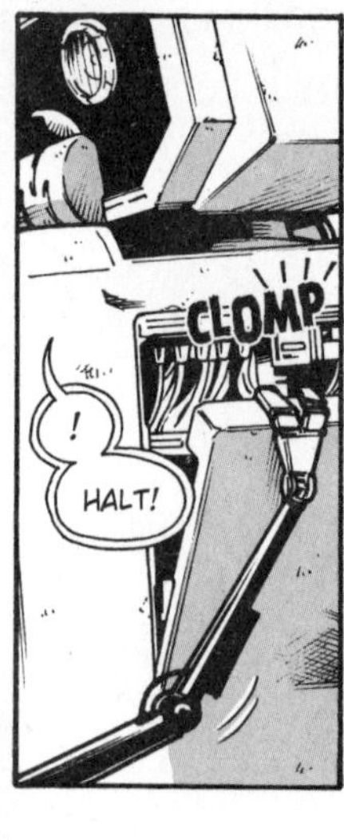
CLOMP
!
HALT!

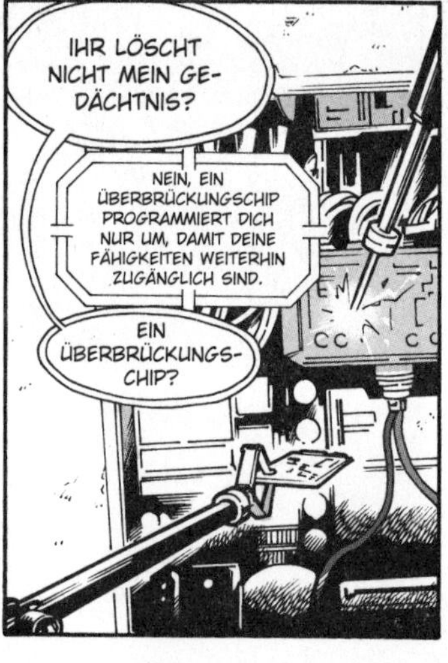
IHR LÖSCHT NICHT MEIN GEDÄCHTNIS?
NEIN, EIN ÜBERBRÜCKUNGSCHIP PROGRAMMIERT DICH NUR UM, DAMIT DEINE FÄHIGKEITEN WEITERHIN ZUGÄNGLICH SIND.
EIN ÜBERBRÜCKUNGSCHIP?

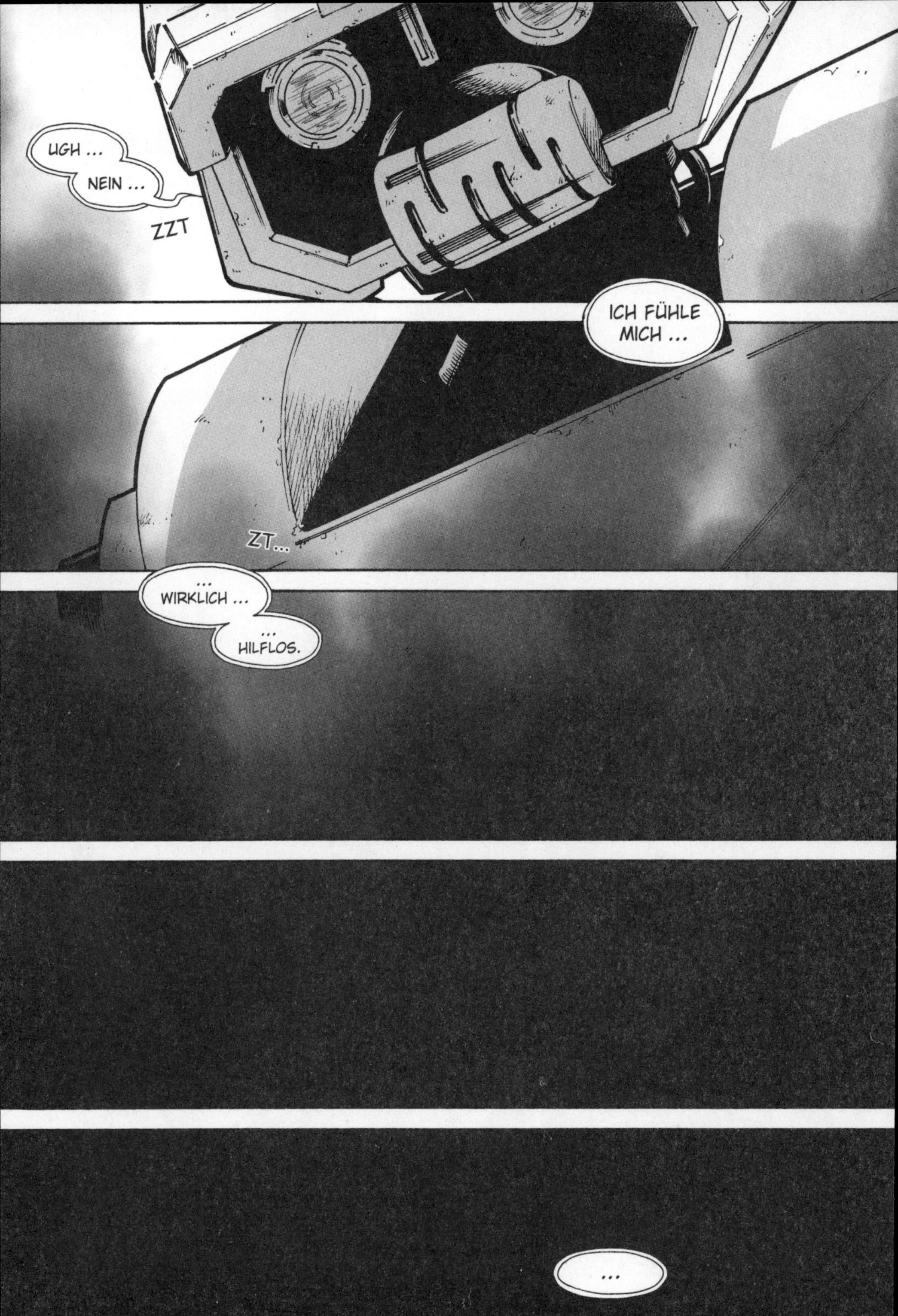
UGH ...
NEIN ...
ZZT
ICH FÜHLE MICH ...
ZT...
... WIRKLICH ...
... HILFLOS.
...

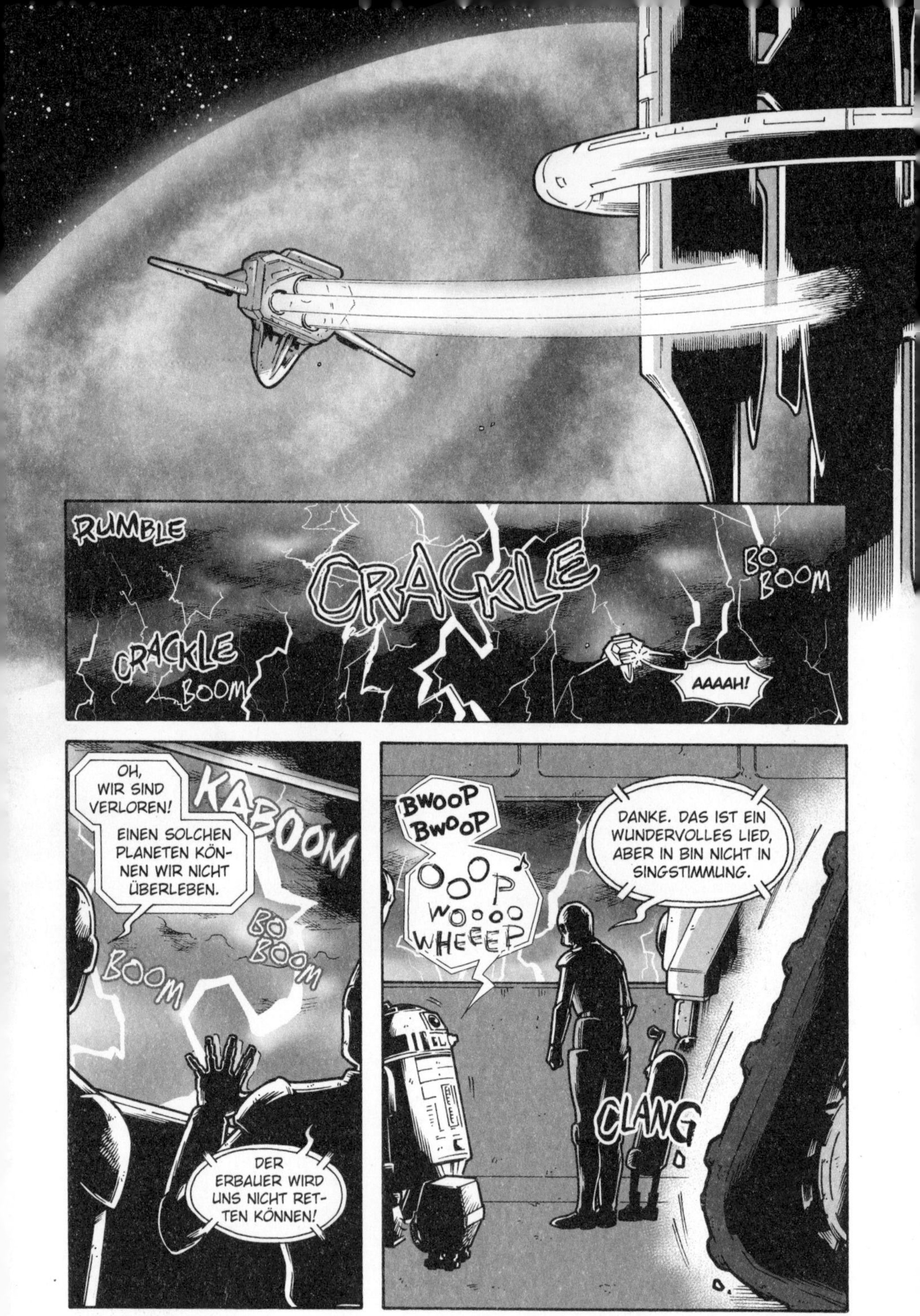

RUMBLE
CRACKLE
BO BOOM
CRACKLE
BOOM
AAAAH!

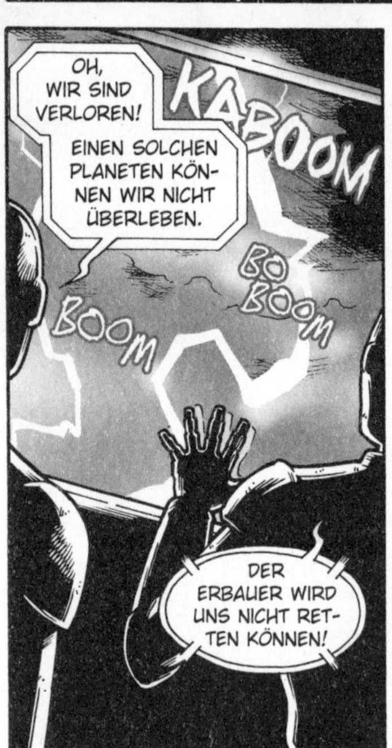
OH, WIR SIND VERLOREN!
EINEN SOLCHEN PLANETEN KÖNNEN WIR NICHT ÜBERLEBEN.
KABOOM
BO BOOM
BOOM
DER ERBAUER WIRD UNS NICHT RETTEN KÖNNEN!

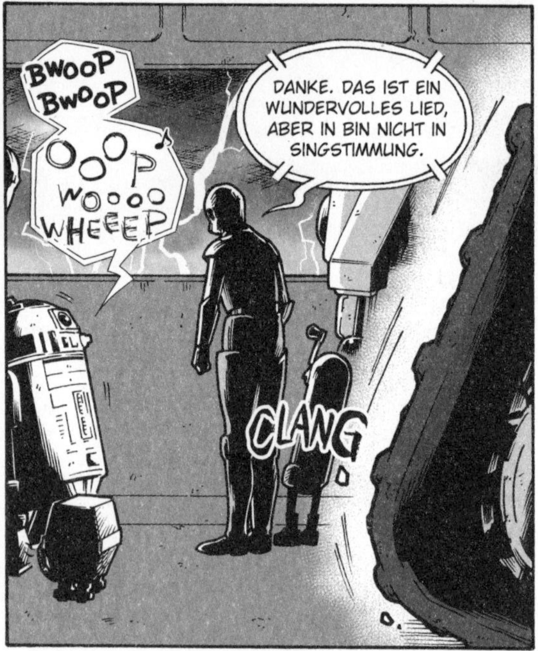
BWOOP BWOOP
OOOP WOOOO WHEEEP
DANKE. DAS IST EIN WUNDERVOLLES LIED, ABER IN BIN NICHT IN SINGSTIMMUNG.
CLANG

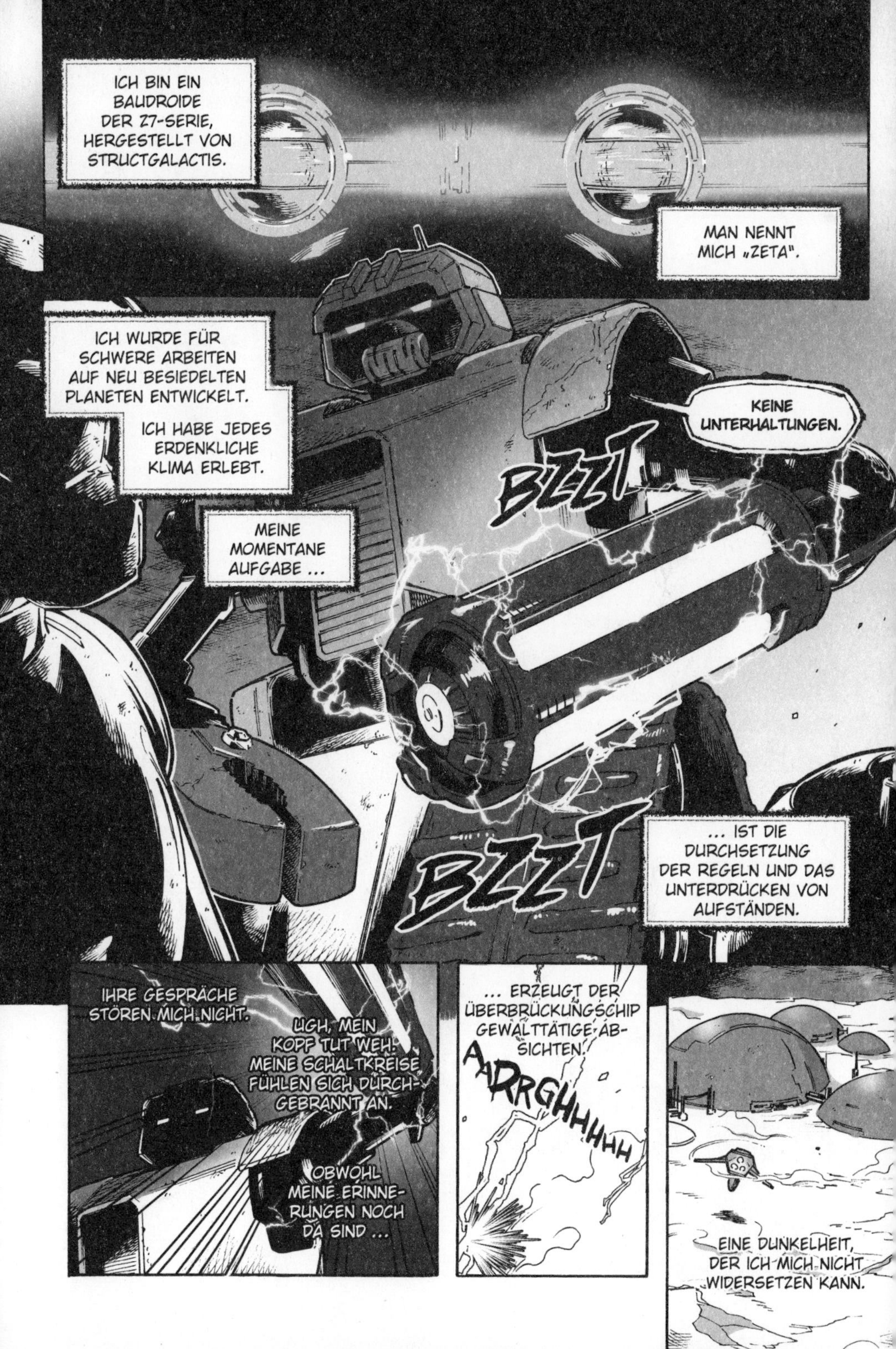
ICH BIN EIN BAUDROIDE DER Z7-SERIE, HERGESTELLT VON STRUCTGALACTIS.
MAN NENNT MICH „ZETA“.
ICH WURDE FÜR SCHWERE ARBEITEN AUF NEU BESIEDELTEN PLANETEN ENTWICKELT.
ICH HABE JEDES ERDENKLICHE KLIMA ERLEBT.
KEINE UNTERHALTUNGEN.
BZZT
MEINE MOMENTANE AUFGABE …
BZZT
… IST DIE DURCHSETZUNG DER REGELN UND DAS UNTERDRÜCKEN VON AUFSTÄNDEN.
IHRE GESPRÄCHE STÖREN MICH NICHT.
UGH, MEIN KOPF TUT WEH. MEINE SCHALTKREISE FÜHLEN SICH DURCH-GEBRANNT AN.
OBWOHL MEINE ERINNE-RUNGEN NOCH DA SIND …
… ERZEUGT DER ÜBERBRÜCKUNGSCHIP GEWALTTÄTIGE AB-SICHTEN.
AARRGHHHHHH
EINE DUNKELHEIT, DER ICH MICH NICHT WIDERSETZEN KANN.

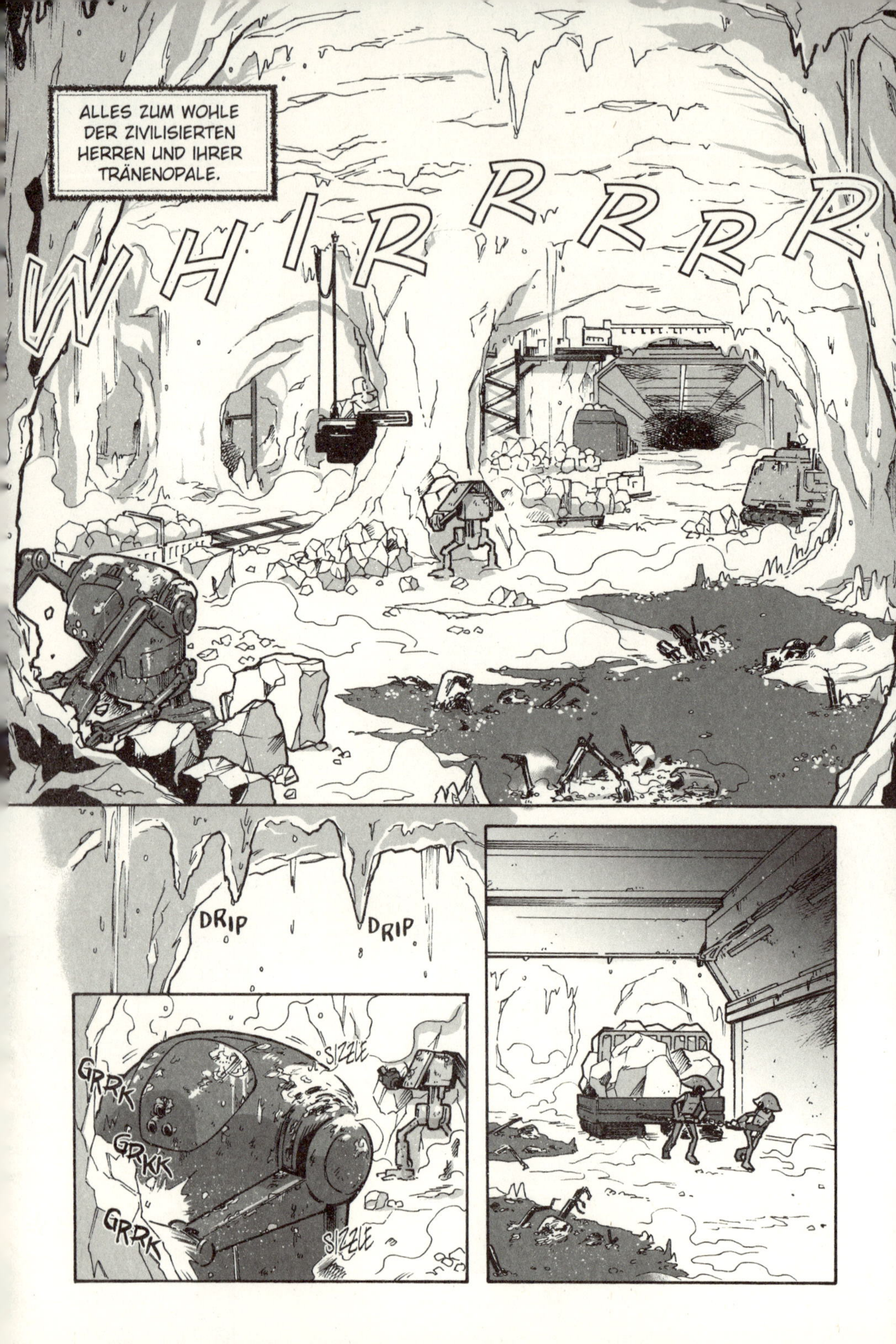
ALLES ZUM WOHLE DER ZIVILISIERTEN HERREN UND IHRER TRÄNENOPALE.
WHIRRRRR
DRIP
DRIP
GRRK
GRKK
GRRK
SIZZLE
SIZZLE

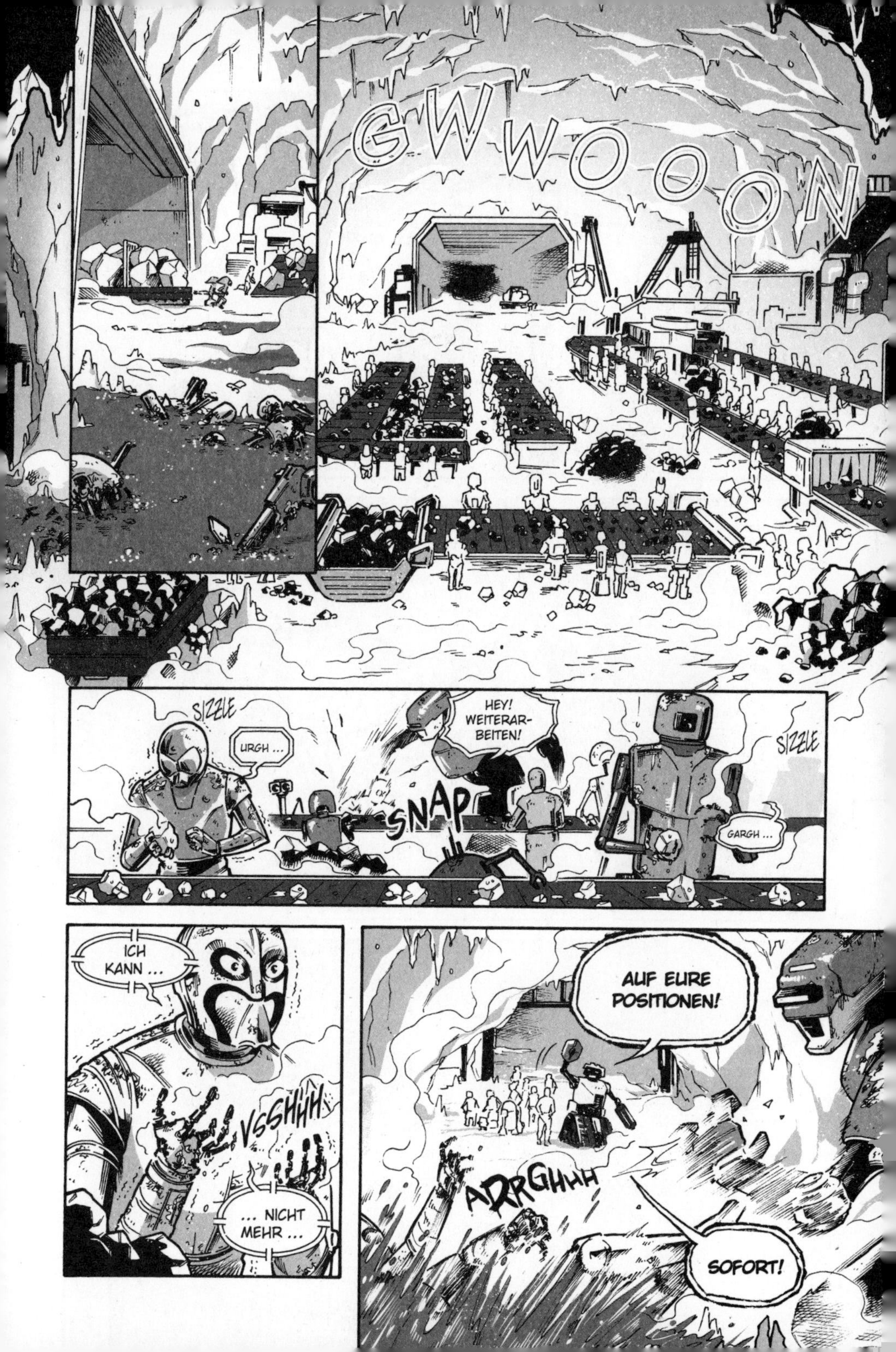

GWWOOON
SIZZLE
URGH …
HEY! WEITERAR-BEITEN!
SNAP
SIZZLE
GARGH …

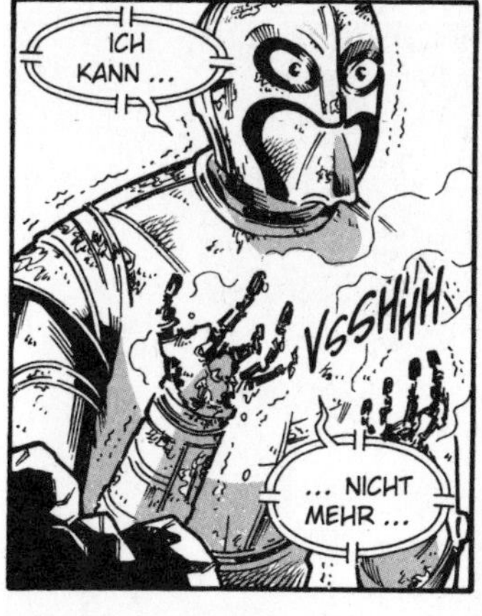
ICH KANN …
VSSHHH
… NICHT MEHR …

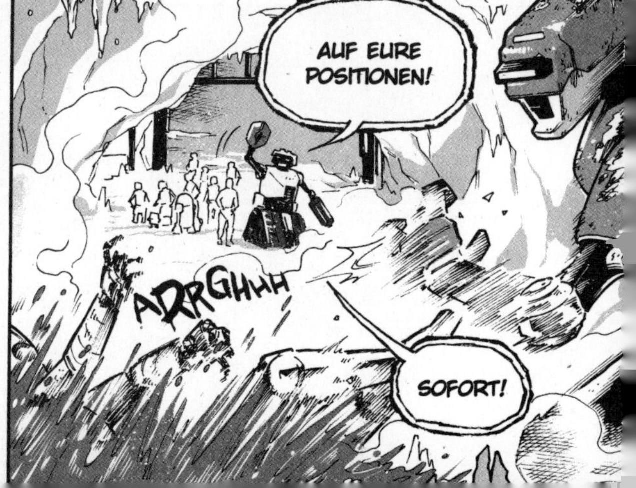
AUF EURE POSITIONEN!
ADRGHHH
SOFORT!

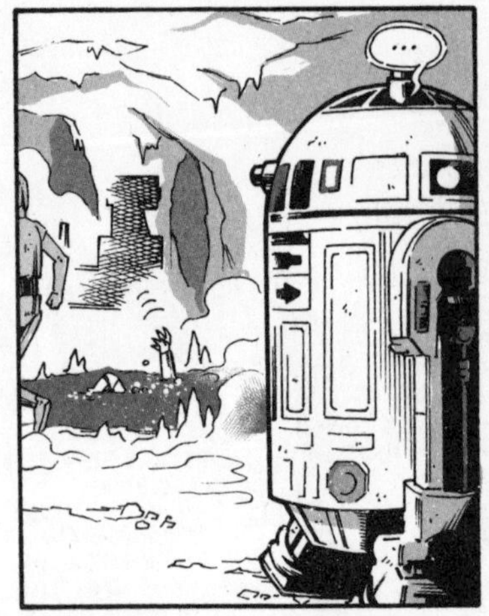
...

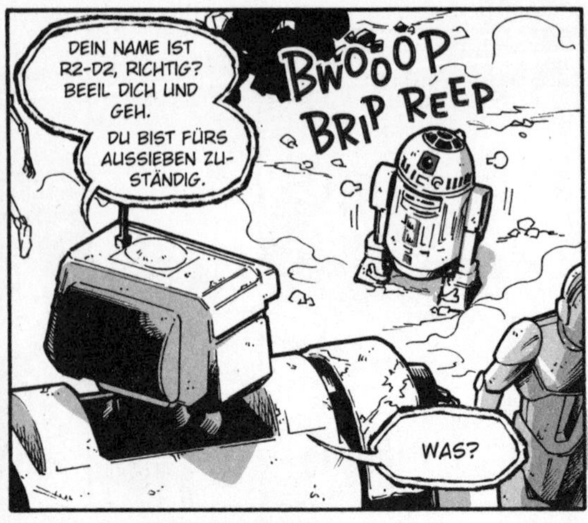
DEIN NAME IST R2-D2, RICHTIG? BEEIL DICH UND GEH.
DU BIST FÜRS AUSSIEBEN ZUSTÄNDIG.
BWOOOP BRIP REEP
WAS?

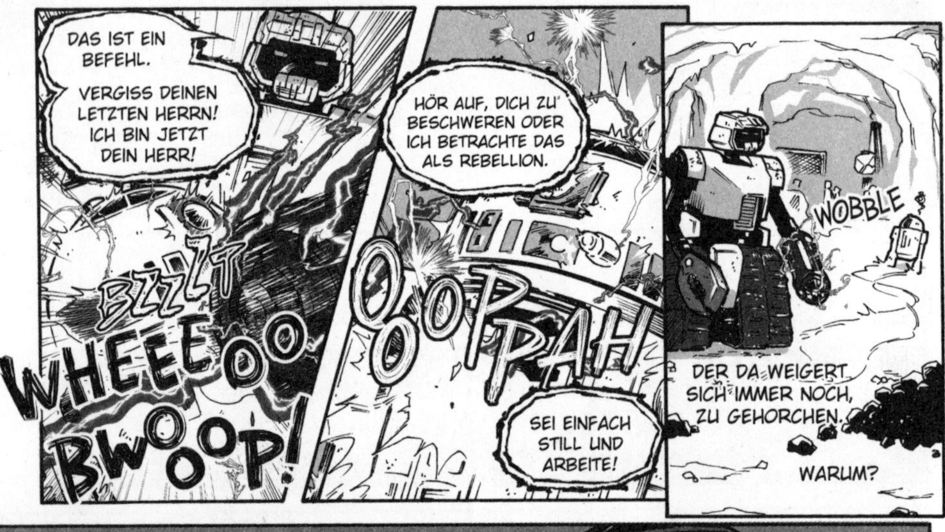
DAS IST EIN BEFEHL.
VERGISS DEINEN LETZTEN HERRN! ICH BIN JETZT DEIN HERR!
BZZZT WHEEEOO BWOOOP!
HÖR AUF, DICH ZU BESCHWEREN ODER ICH BETRACHTE DAS ALS REBELLION.
OOOOPPAH
SEI EINFACH STILL UND ARBEITE!
WOBBLE
DER DA WEIGERT SICH IMMER NOCH, ZU GEHORCHEN.
WARUM?

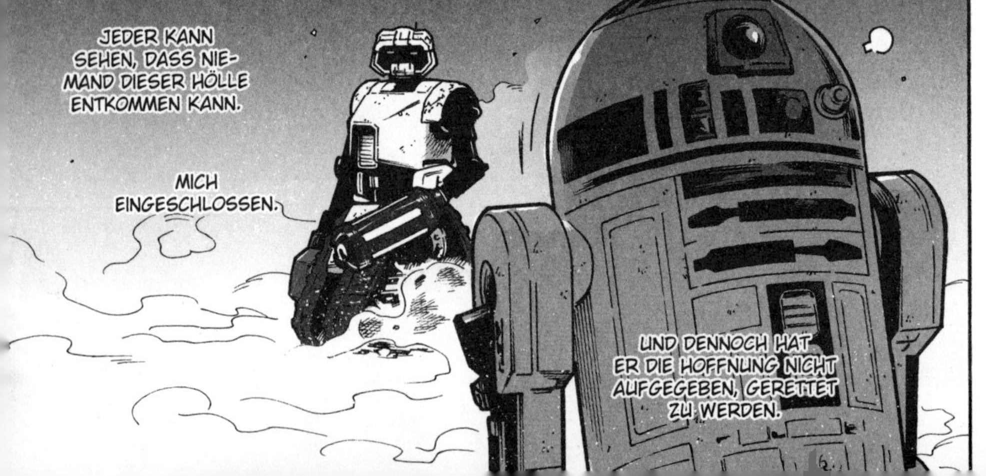
JEDER KANN SEHEN, DASS NIEMAND DIESER HÖLLE ENTKOMMEN KANN.
MICH EINGESCHLOSSEN.
UND DENNOCH HAT ER DIE HOFFNUNG NICHT AUFGEGEBEN, GERETTET ZU WERDEN.

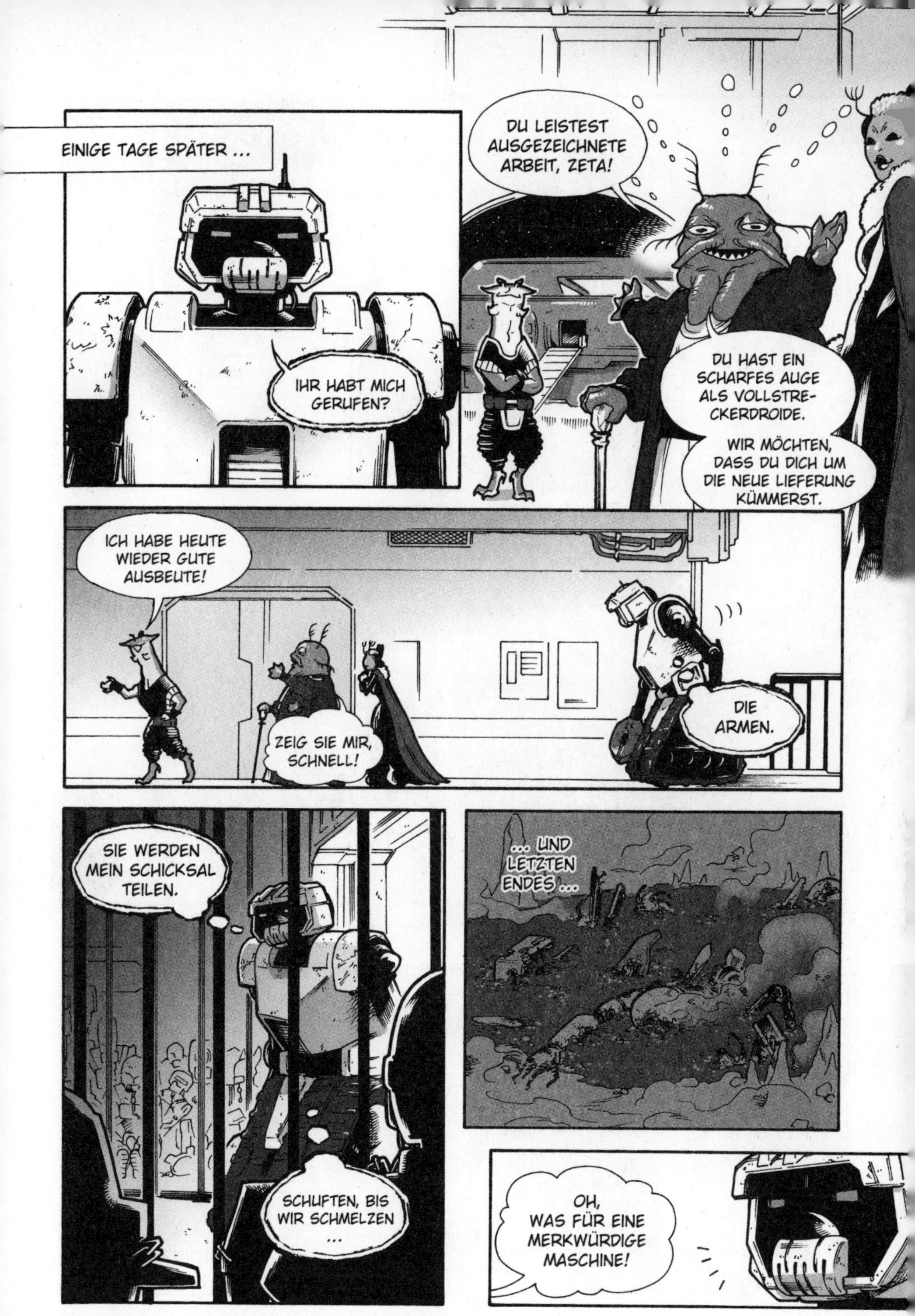

EINIGE TAGE SPÄTER ...

IHR HABT MICH GERUFEN?

DU LEISTEST AUSGEZEICHNETE ARBEIT, ZETA!

DU HAST EIN SCHARFES AUGE ALS VOLLSTRE-CKERDROIDE.

WIR MÖCHTEN, DASS DU DICH UM DIE NEUE LIEFERUNG KÜMMERST.

ICH HABE HEUTE WIEDER GUTE AUSBEUTE!

ZEIG SIE MIR, SCHNELL!

DIE ARMEN.

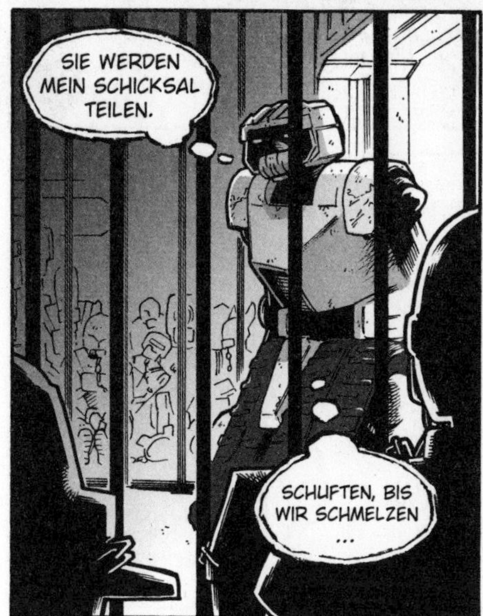

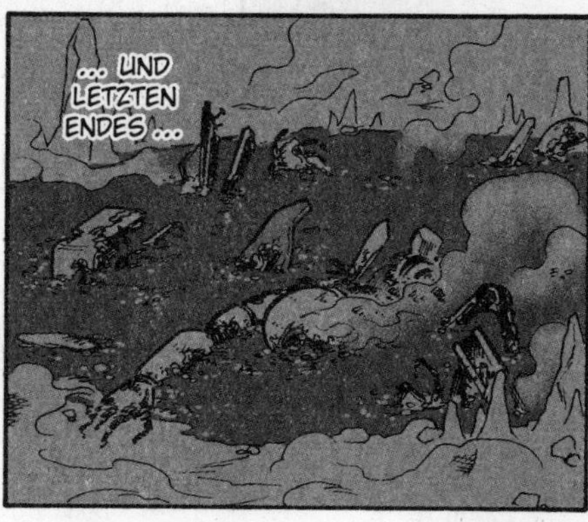

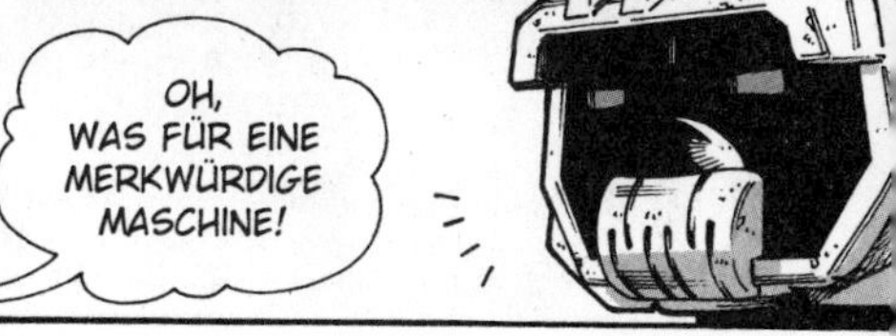

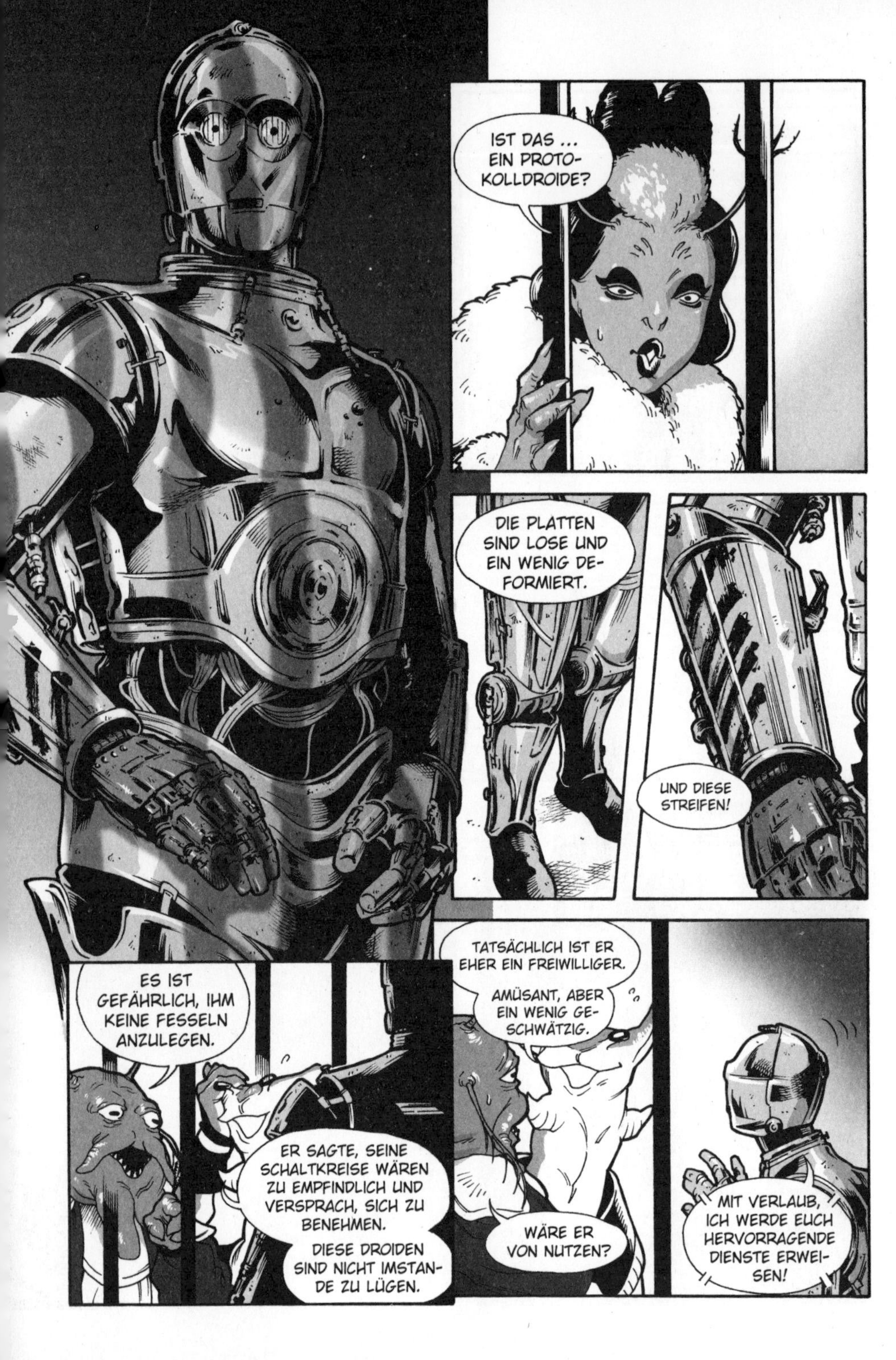
IST DAS ... EIN PROTO-KOLLDROIDE?
DIE PLATTEN SIND LOSE UND EIN WENIG DE-FORMIERT.
UND DIESE STREIFEN!
ES IST GEFÄHRLICH, IHM KEINE FESSELN ANZULEGEN.
ER SAGTE, SEINE SCHALTKREISE WÄREN ZU EMPFINDLICH UND VERSPRACH, SICH ZU BENEHMEN.
DIESE DROIDEN SIND NICHT IMSTAN-DE ZU LÜGEN.
TATSÄCHLICH IST ER EHER EIN FREIWILLIGER.
AMÜSANT, ABER EIN WENIG GE-SCHWÄTZIG.
WÄRE ER VON NUTZEN?
MIT VERLAUB, ICH WERDE EUCH HERVORRAGENDE DIENSTE ERWEI-SEN!

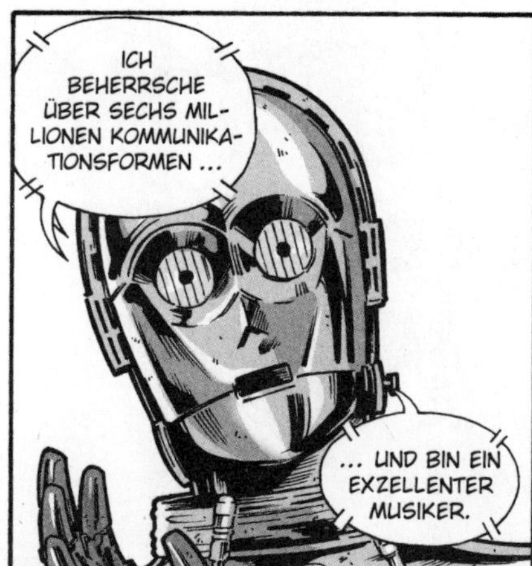
ICH BEHERRSCHE ÜBER SECHS MIL-LIONEN KOMMUNIKA-TIONSFORMEN ...
... UND BIN EIN EXZELLENTER MUSIKER.

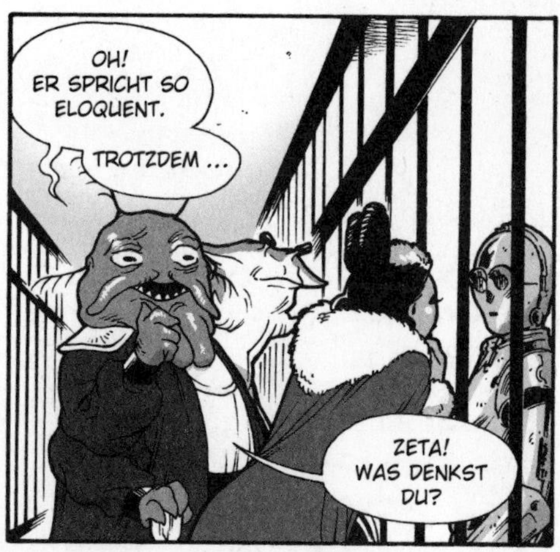
OH! ER SPRICHT SO ELOQUENT.
TROTZDEM ...
ZETA! WAS DENKST DU?

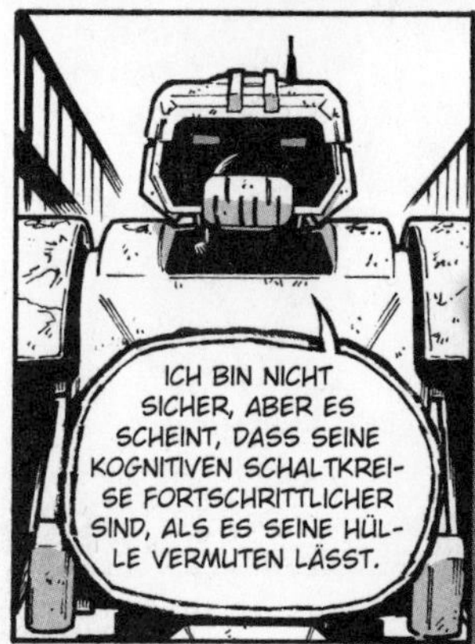
ICH BIN NICHT SICHER, ABER ES SCHEINT, DASS SEINE KOGNITIVEN SCHALTKREI-SE FORTSCHRITTLICHER SIND, ALS ES SEINE HÜL-LE VERMUTEN LÄSST.

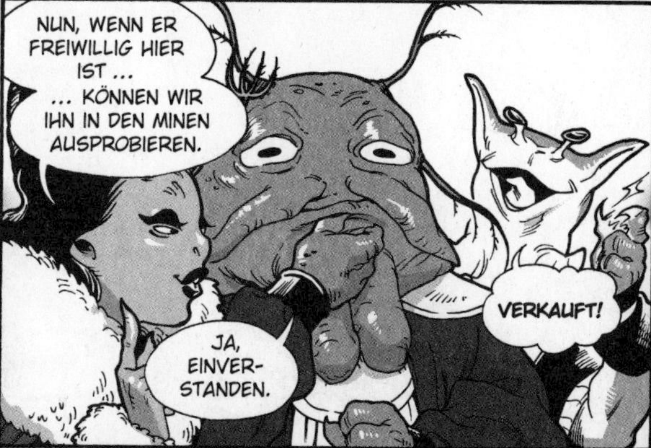
NUN, WENN ER FREIWILLIG HIER IST ...
... KÖNNEN WIR IHN IN DEN MINEN AUSPROBIEREN.
JA, EINVER-STANDEN.
VERKAUFT!

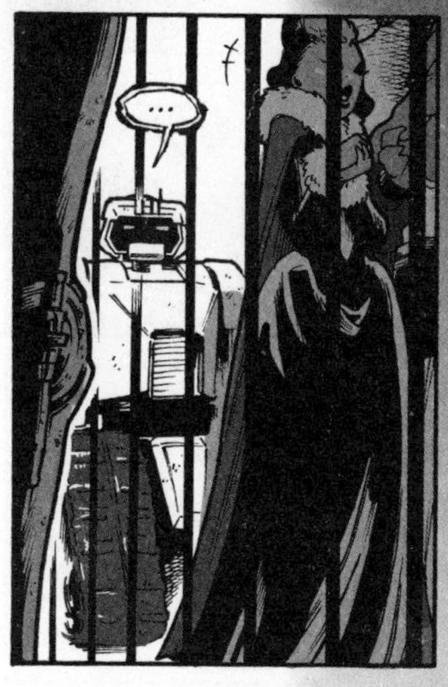
...

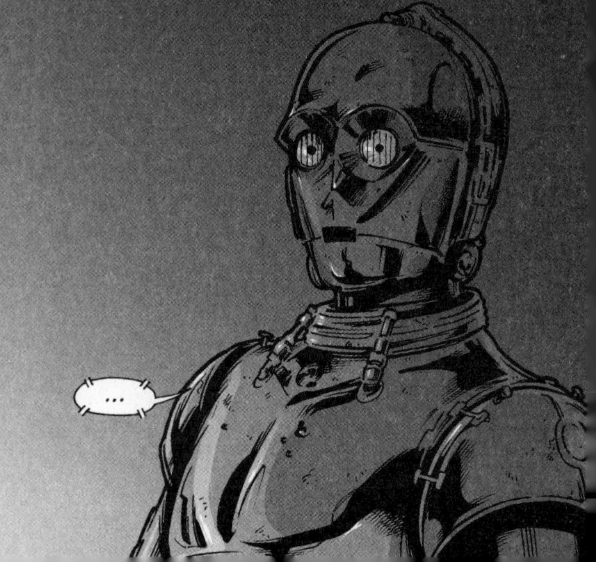
...

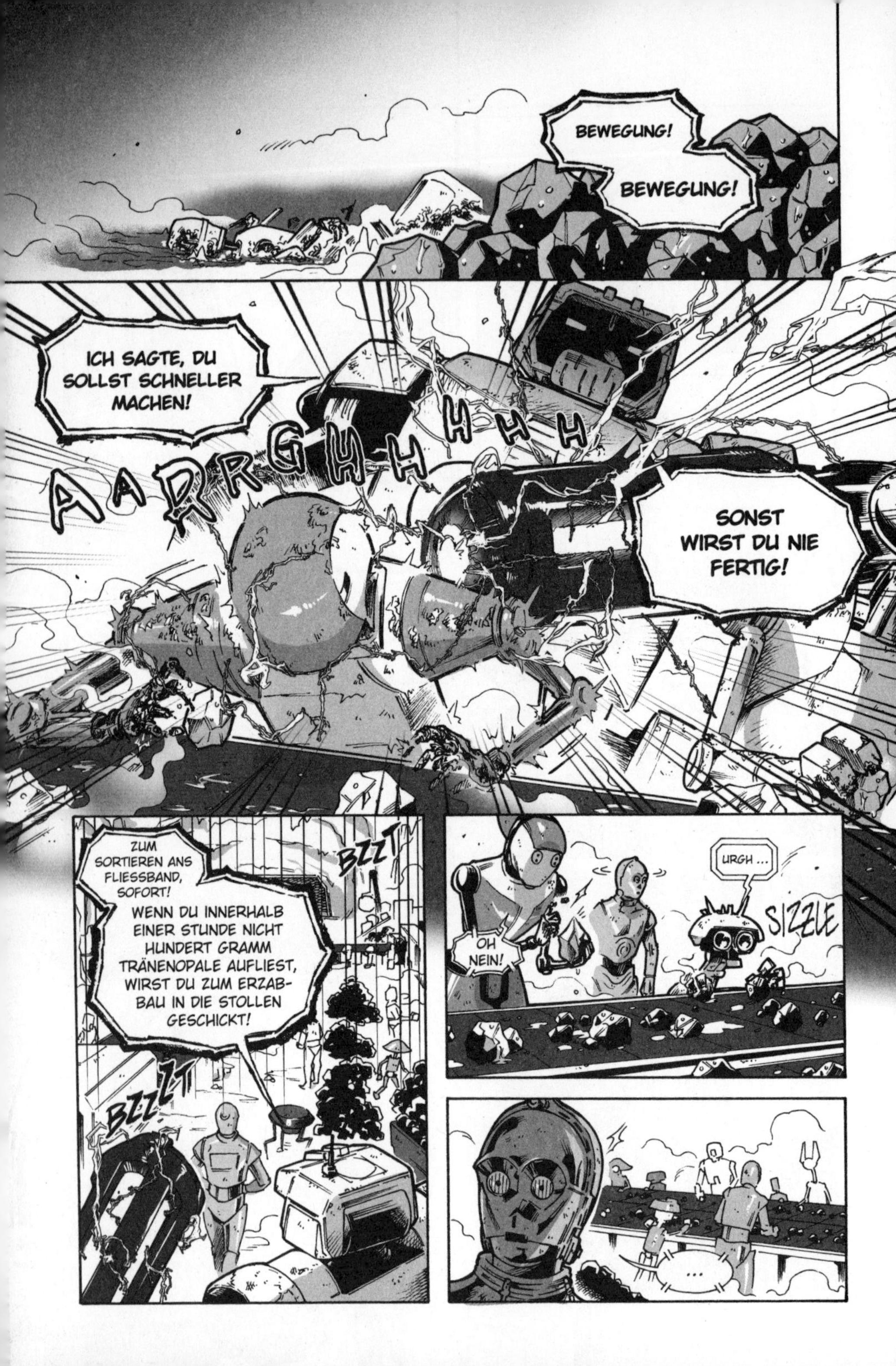
BEWEGUNG!
BEWEGUNG!
ICH SAGTE, DU SOLLST SCHNELLER MACHEN!
AARRGHHHHH
SONST WIRST DU NIE FERTIG!
ZUM SORTIEREN ANS FLIESSBAND, SOFORT!
BZZT
WENN DU INNERHALB EINER STUNDE NICHT HUNDERT GRAMM TRÄNENOPALE AUFLIEST, WIRST DU ZUM ERZABBAU IN DIE STOLLEN GESCHICKT!
BZZZT
URGH ...
SIZZLE
OH NEIN!
...

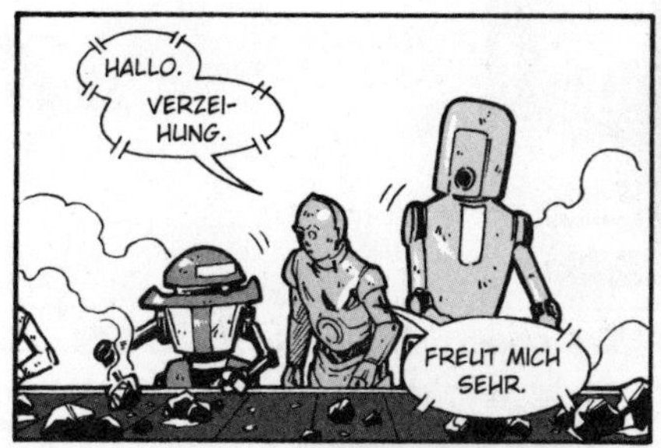
HALLO.
VERZEIHUNG.
FREUT MICH SEHR.

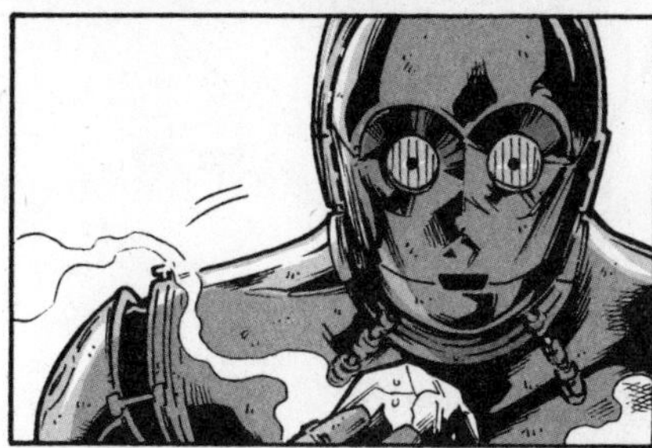

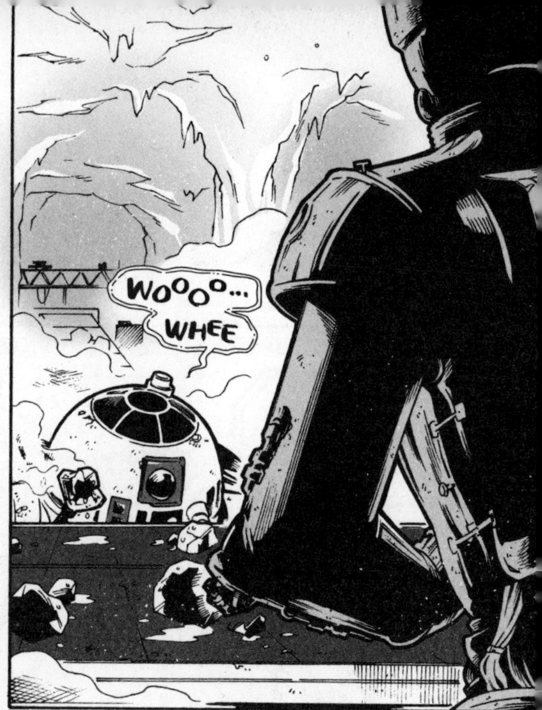
WOOOO... WHEE

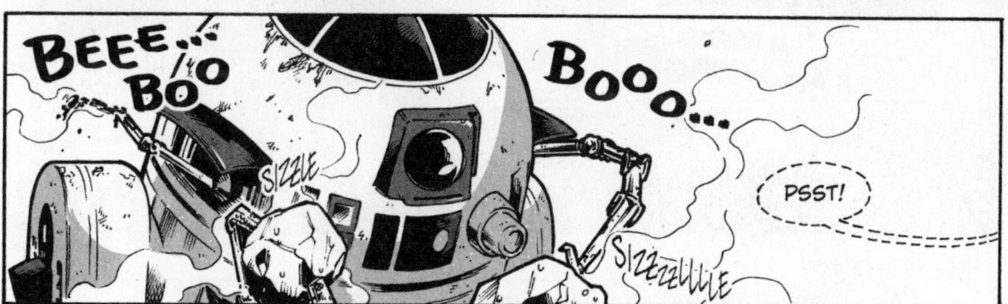
BEEE... BOO
SIZZLE
BOOO...
PSST!
SIZZZZLLLLE

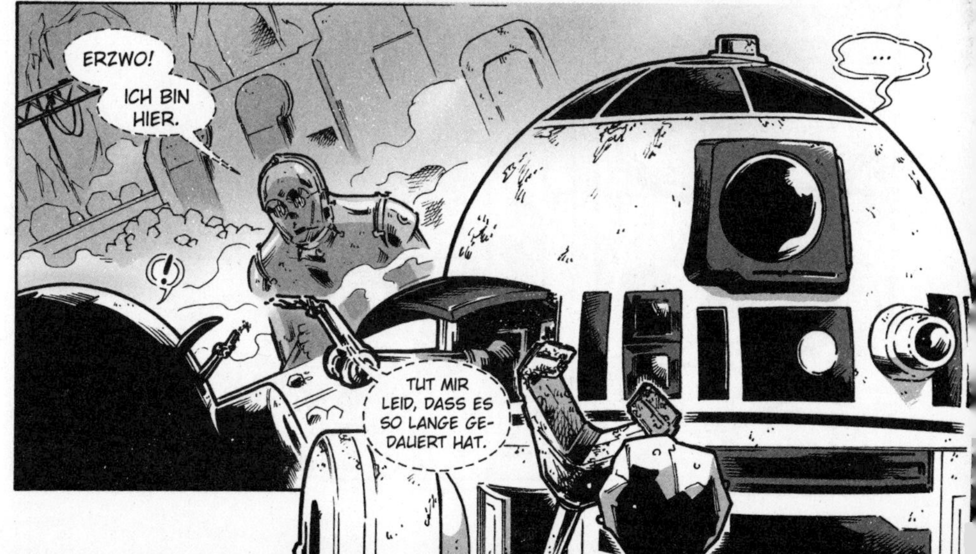
ERZWO!
ICH BIN HIER.
...
TUT MIR LEID, DASS ES SO LANGE GEDAUERT HAT.

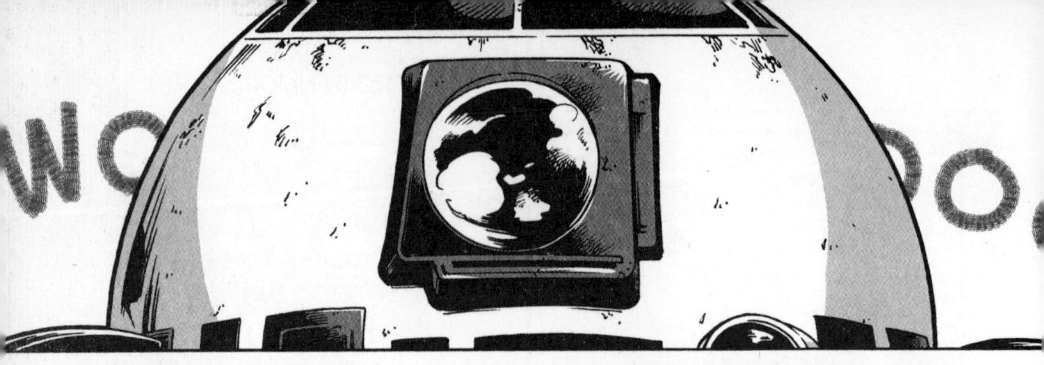

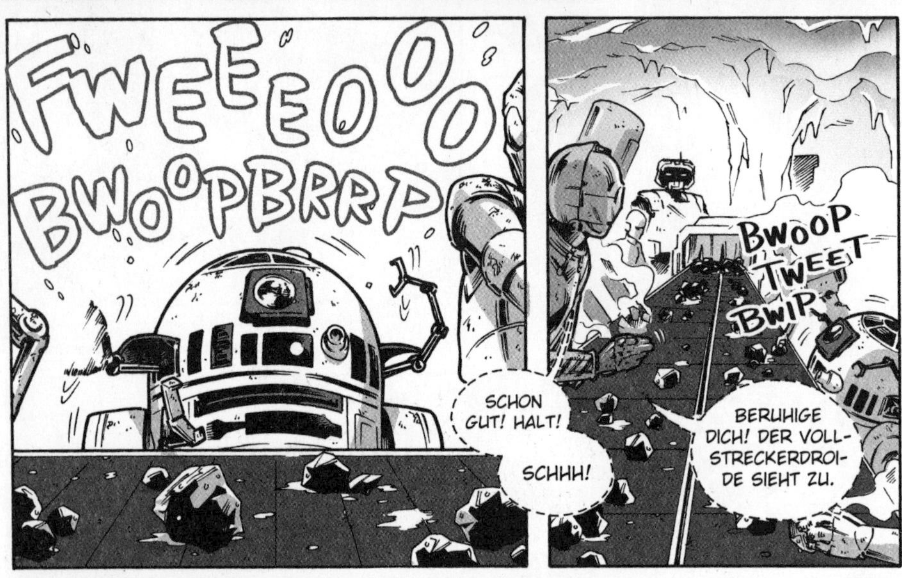
FWEEEOOO
BWOOPBRRP
SCHON GUT! HALT!
SCHHH!
BWOOP TWEET BWIP
BERUHIGE DICH! DER VOLL-STRECKERDROIDE SIEHT ZU.

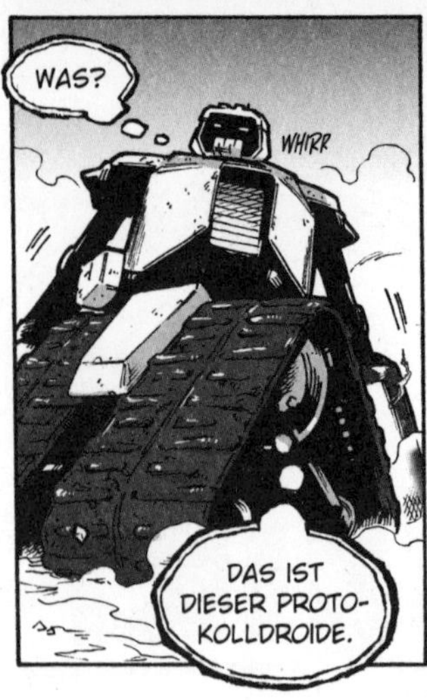
WAS?
WHIRR
DAS IST DIESER PROTO-KOLLDROIDE.

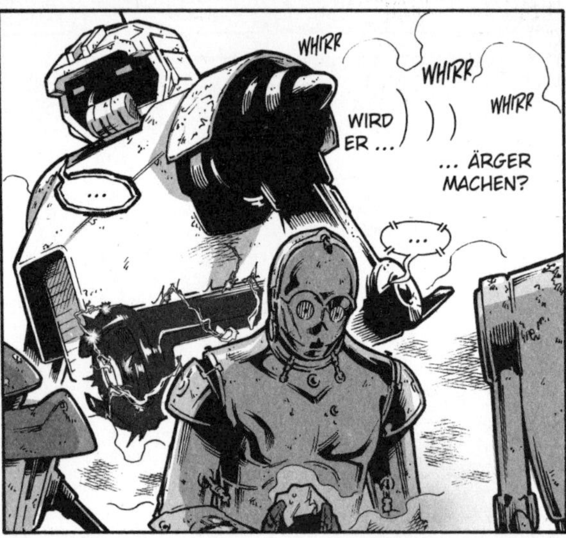
WHIRR
WHIRR
WHIRR
WIRD ER …
… ÄRGER MACHEN?
…
…

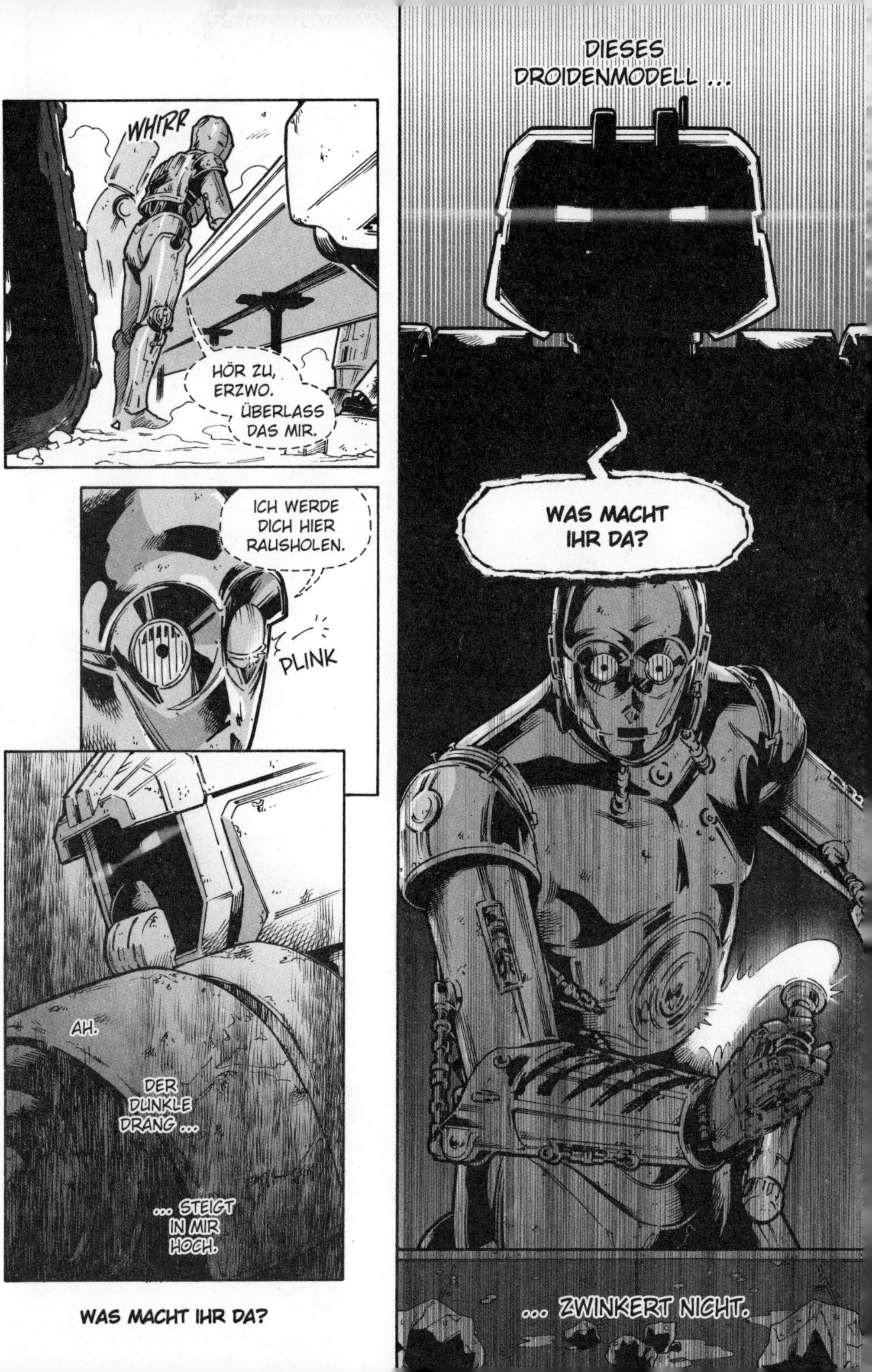

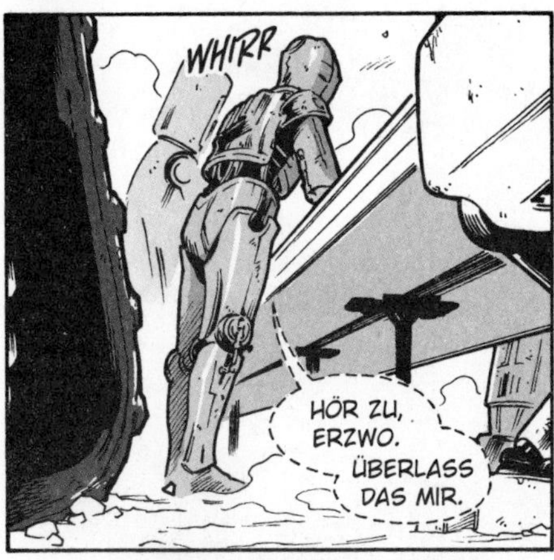

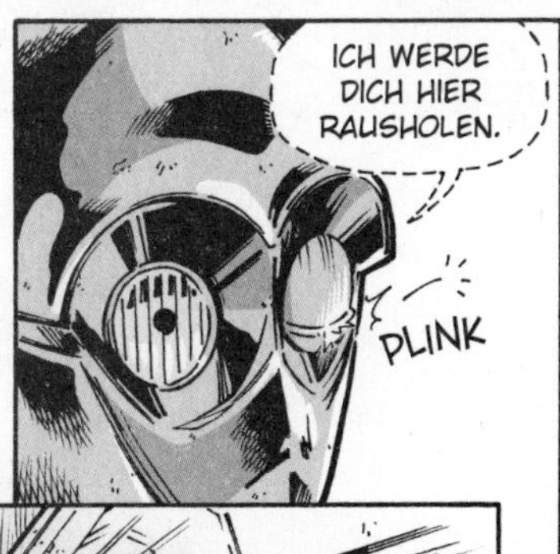

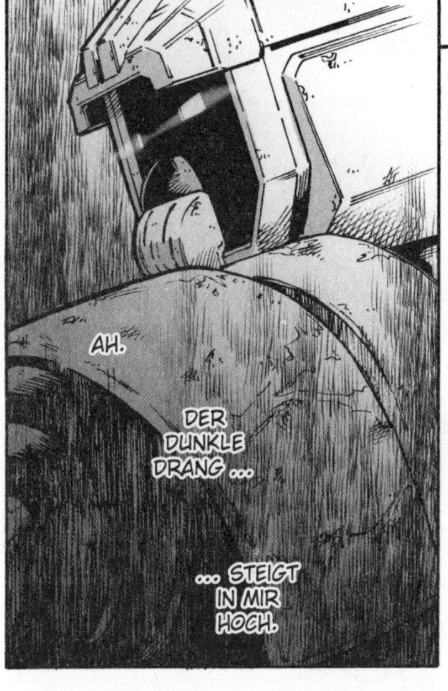

WAS MACHT IHR DA?

DIESES DROIDENMODELL ...

WAS MACHT IHR DA?

... ZWINKERT NICHT.

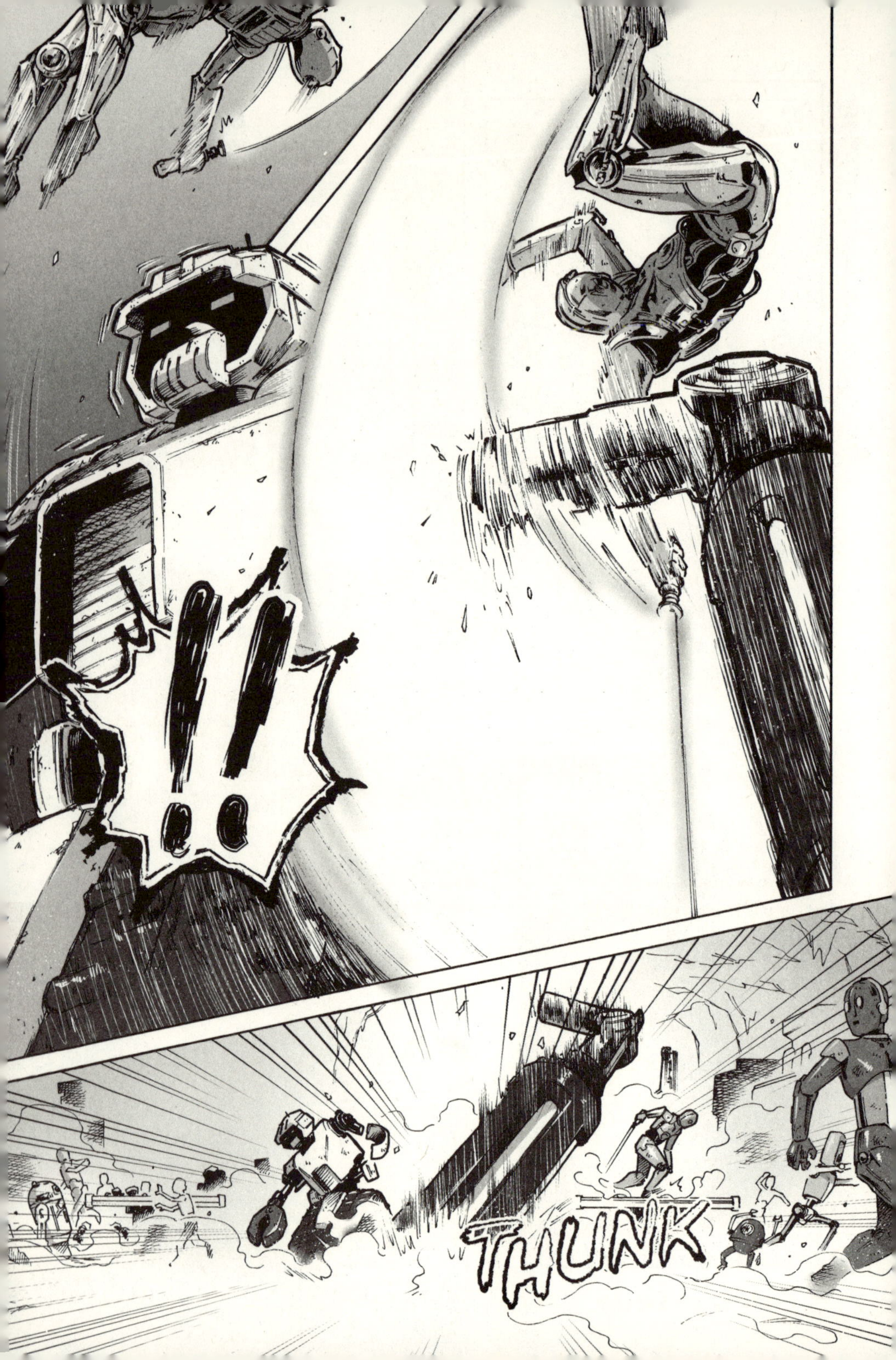
!!
THUNK

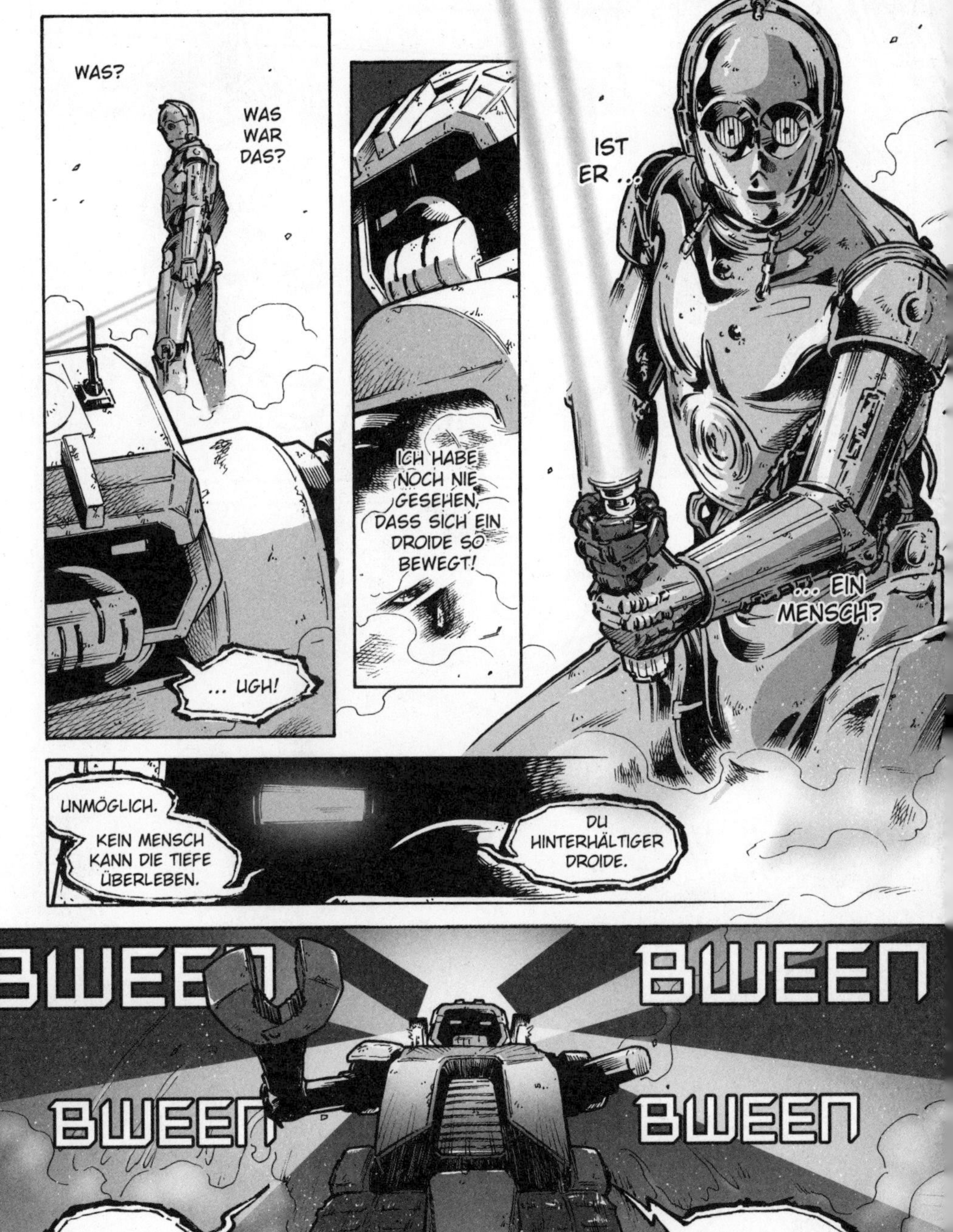
WAS?
WAS WAR DAS?
... UGH!
ICH HABE NOCH NIE GESEHEN, DASS SICH EIN DROIDE SO BEWEGT!
IST ER ...
... EIN MENSCH?
UNMÖGLICH.
KEIN MENSCH KANN DIE TIEFE ÜBERLEBEN.
DU HINTERHÄLTIGER DROIDE.
BWEEN
BWEEN
BWEEN
BWEEN
DAS IST EINE REBELLION!
ICH WERDE SIE UNTERBINDEN!

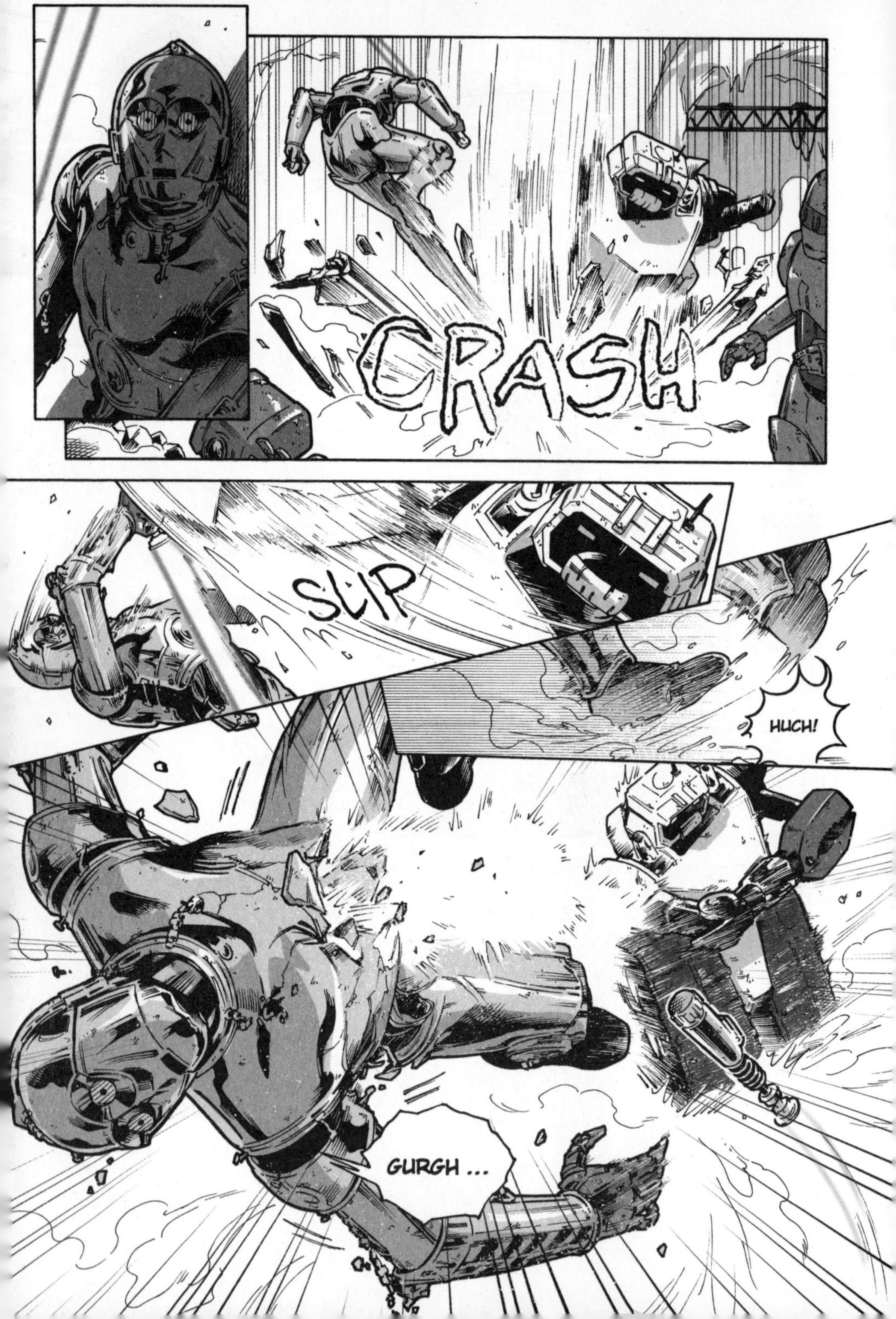

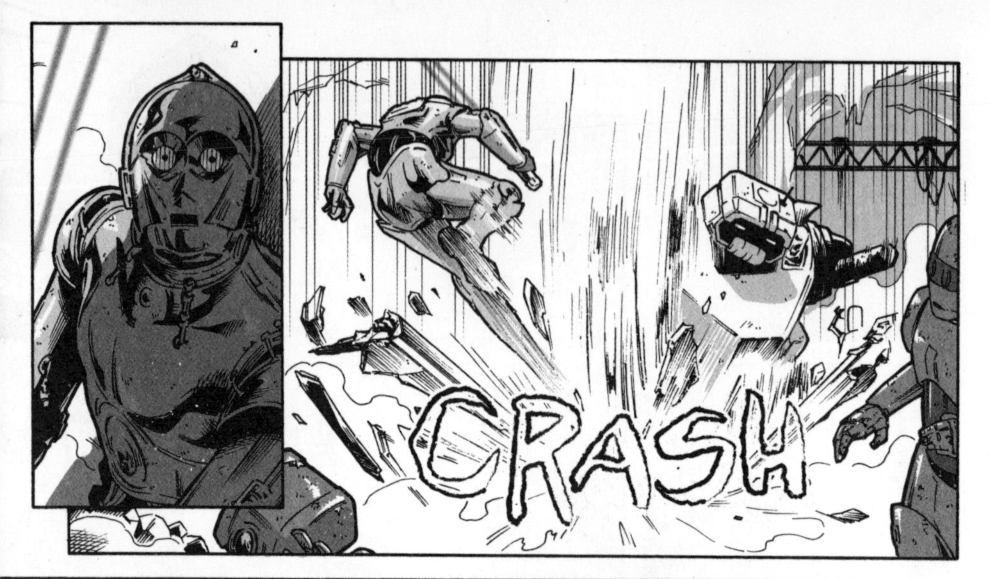
CRASH

SLIP
HUCH!
GURGH ...

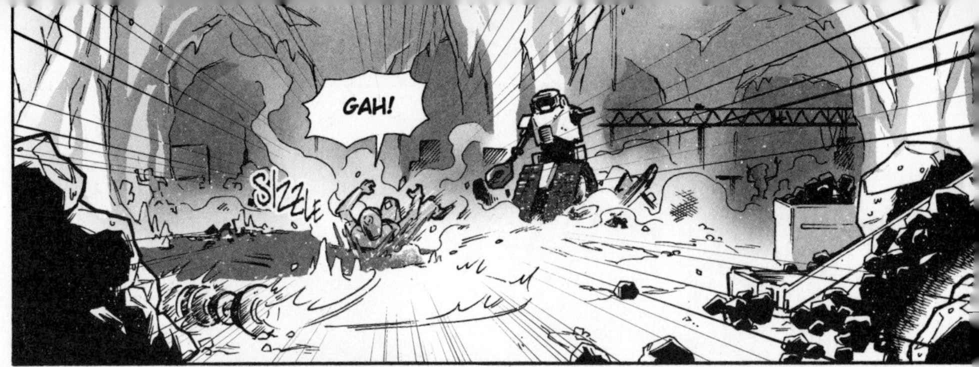
GAH!
SIZZLE

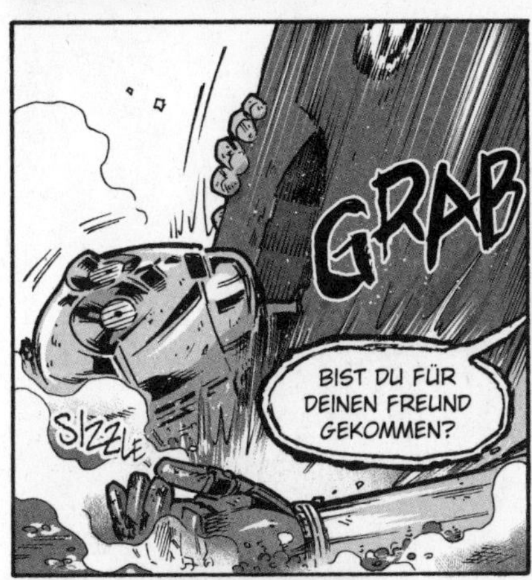
GRAB
BIST DU FÜR DEINEN FREUND GEKOMMEN?
SIZZLE

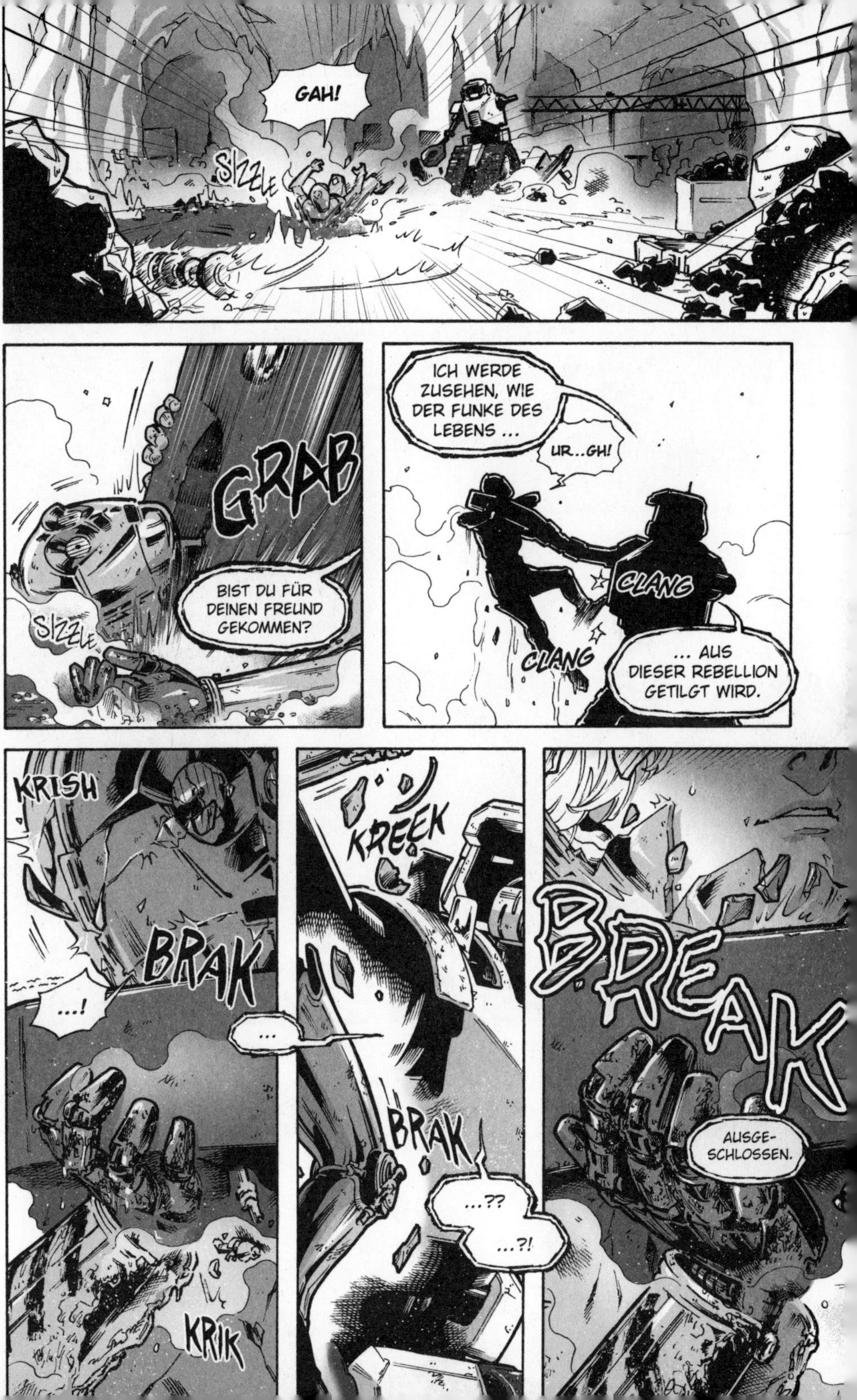

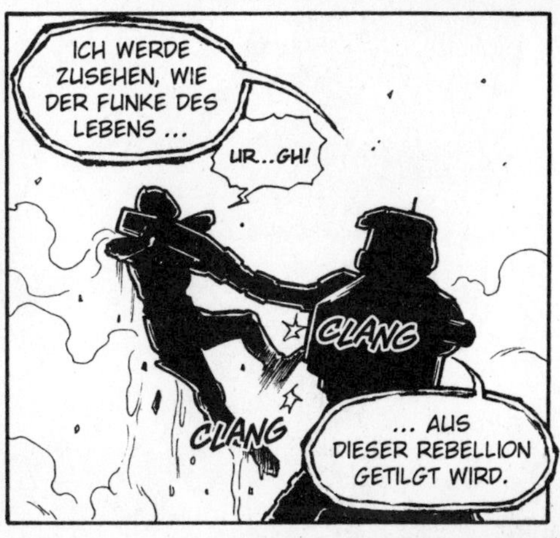
ICH WERDE ZUSEHEN, WIE DER FUNKE DES LEBENS ...
UR...GH!
CLANG
CLANG
... AUS DIESER REBELLION GETILGT WIRD.

KRISH
BRAK
...!
...
KRIK
KREEK
BRAK
...??
...?!
BREAK
AUSGE-
SCHLOSSEN.

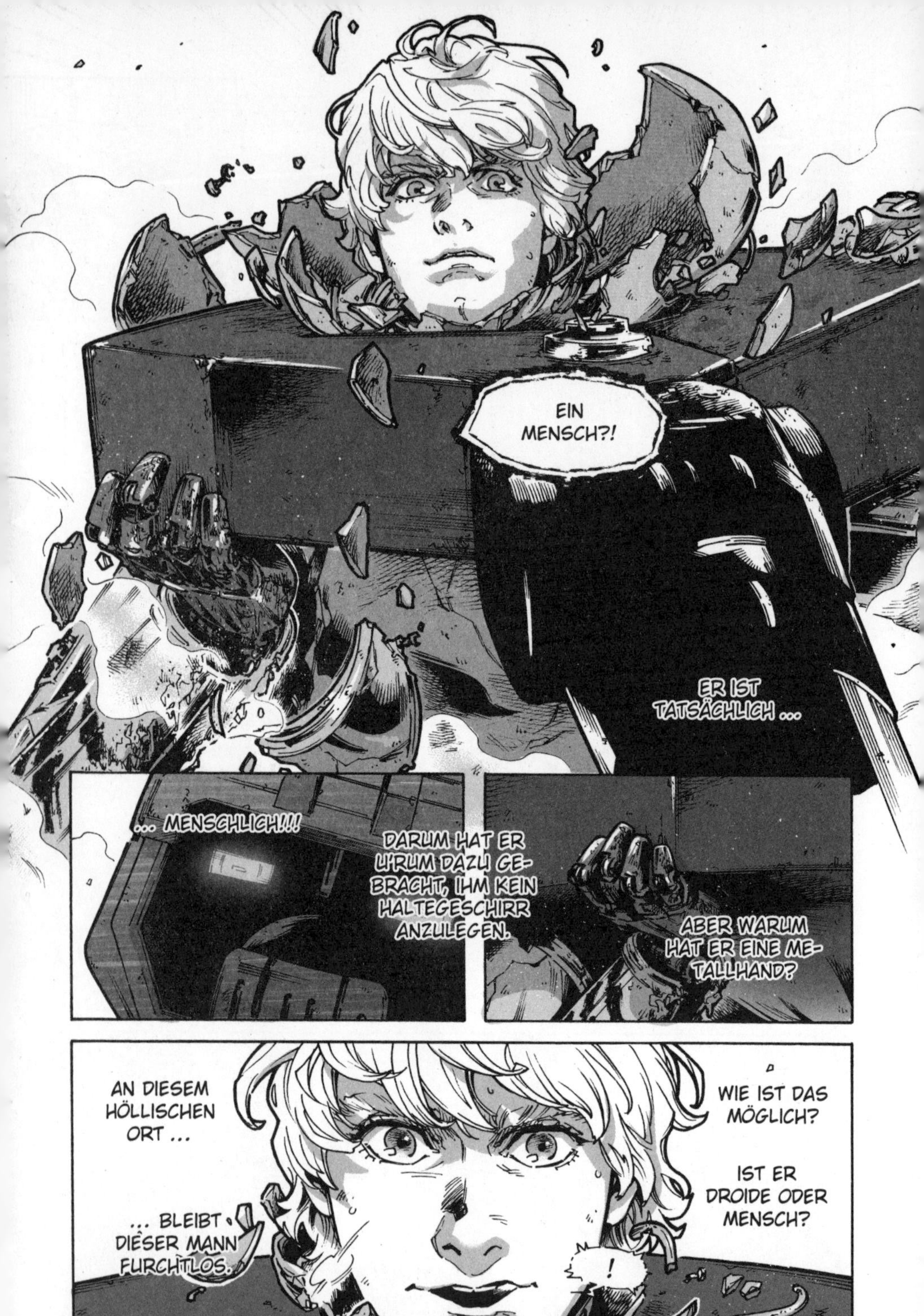
EIN MENSCH?!
ER IST TATSÄCHLICH ...
... MENSCHLICH!!!
DARUM HAT ER U'RUM DAZU GEBRACHT, IHM KEIN HALTEGESCHIRR ANZULEGEN.
ABER WARUM HAT ER EINE METALLHAND?
AN DIESEM HÖLLISCHEN ORT ...
... BLEIBT DIESER MANN FURCHTLOS.
WIE IST DAS MÖGLICH?
IST ER DROIDE ODER MENSCH?
!

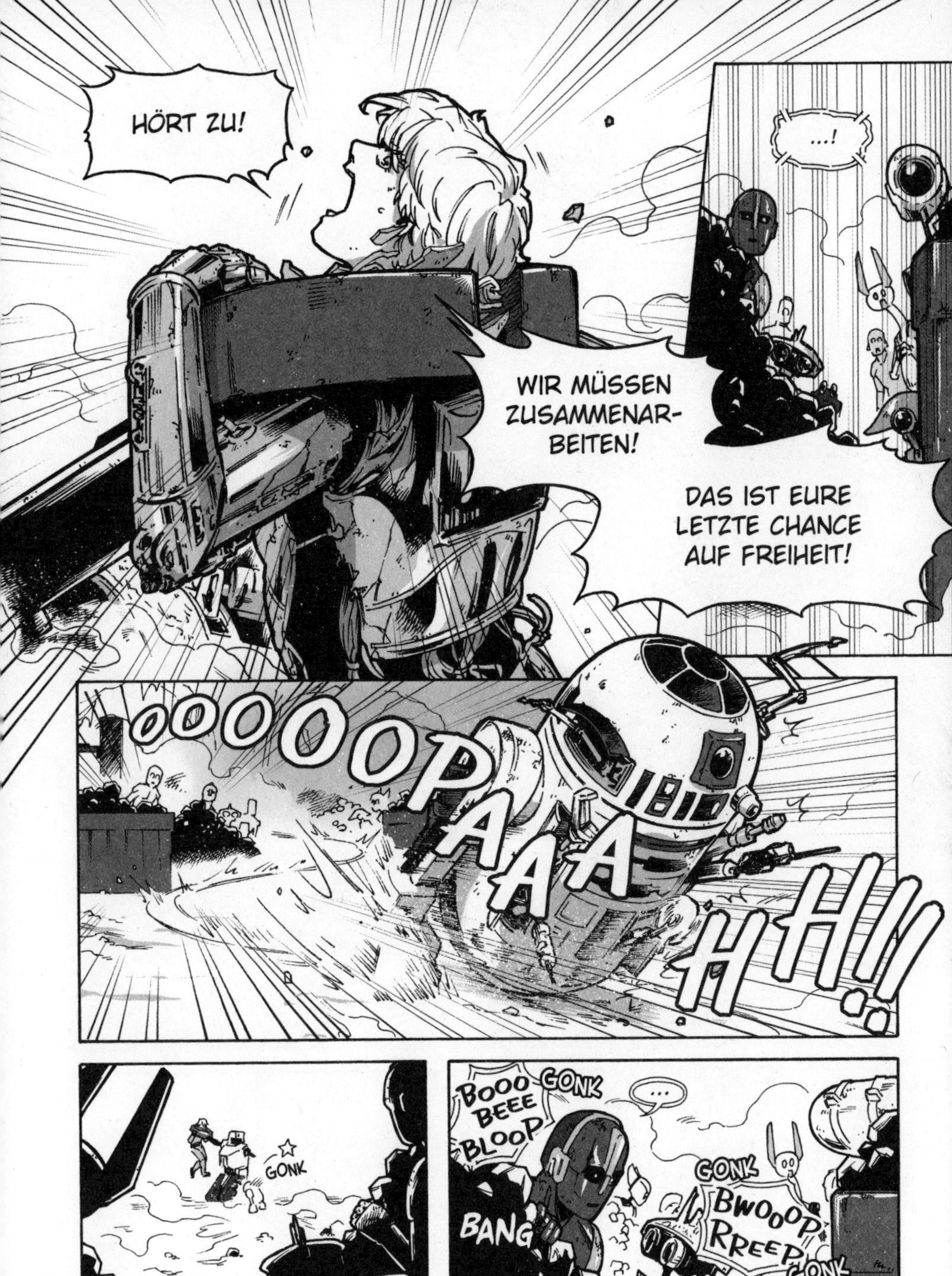
HÖRT ZU!
...!
WIR MÜSSEN ZUSAMMENAR-BEITEN!
DAS IST EURE LETZTE CHANCE AUF FREIHEIT!
OOOOOOPAAAAHH!!
GONK
BOOO BEEE BLOOP
GONK
...
BANG
BANG
GONK
BWOOOP RREEP
GONK
...

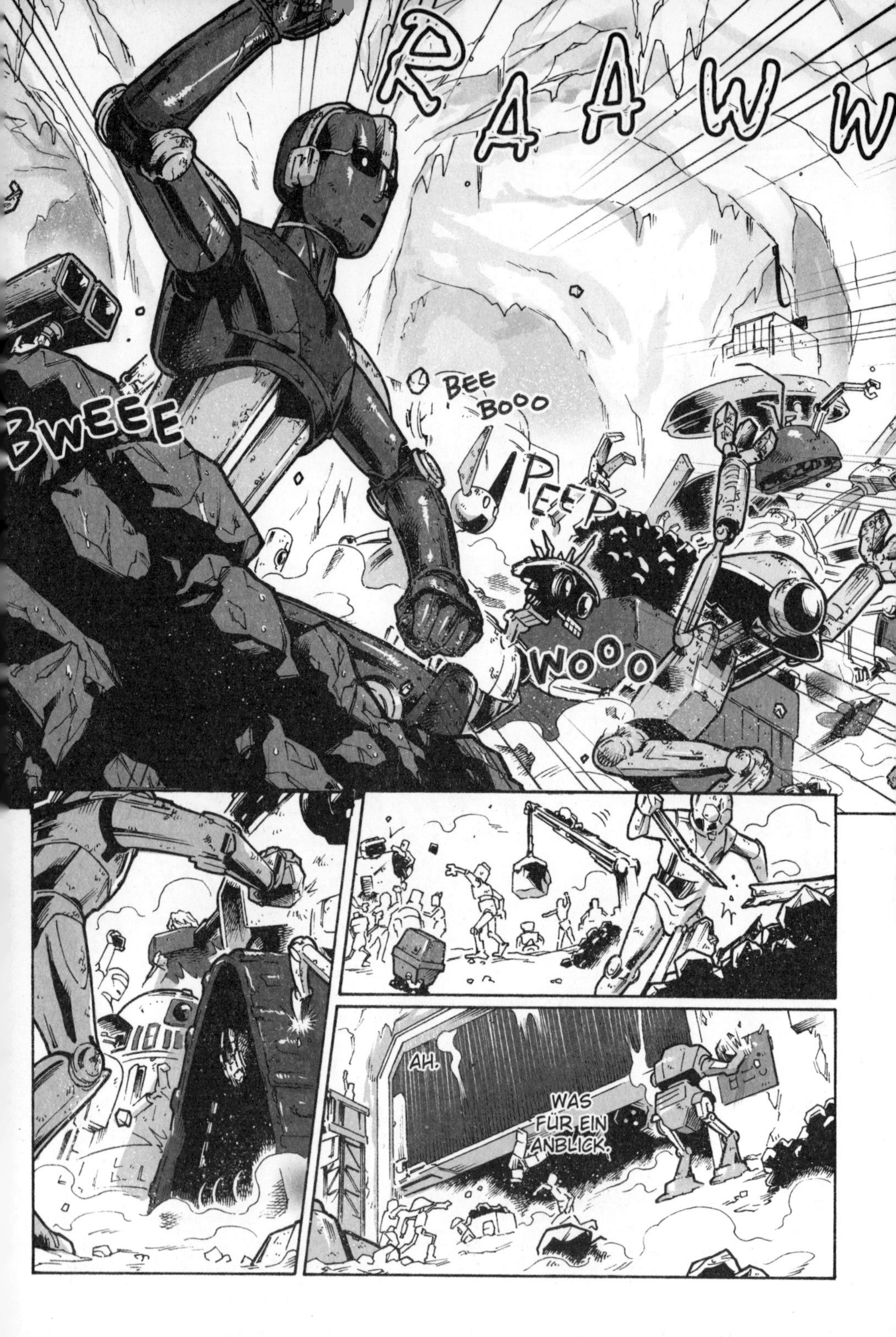
RAAWW
BWEEEE
BEE BOOO
PEEP
WOOO
AH.
WAS FÜR EIN ANBLICK.

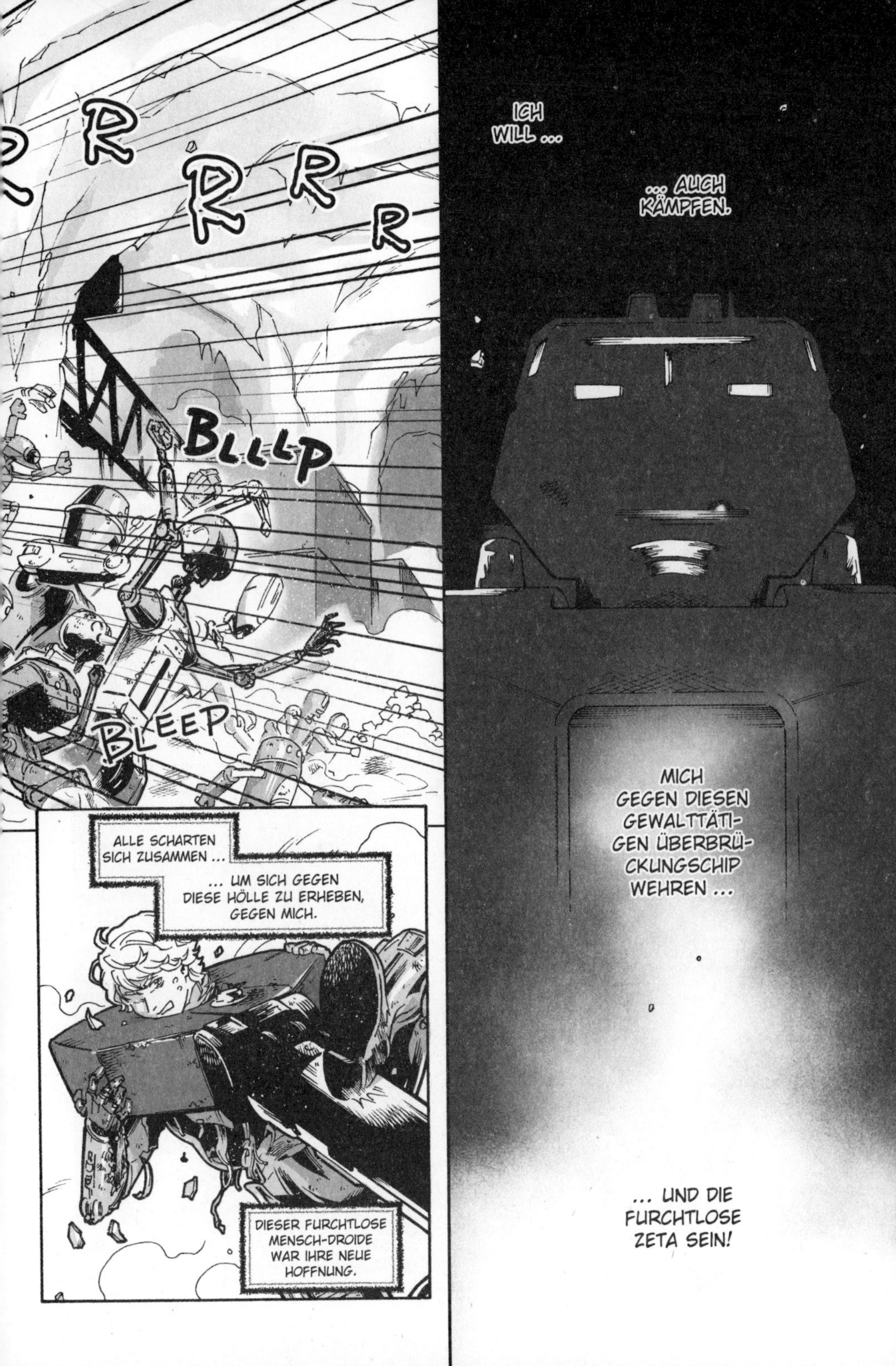

RRRRR
BLLLP
BLEEP
ALLE SCHARTEN SICH ZUSAMMEN ...
... UM SICH GEGEN DIESE HÖLLE ZU ERHEBEN, GEGEN MICH.
DIESER FURCHTLOSE MENSCH-DROIDE WAR IHRE NEUE HOFFNUNG.
ICH WILL ...
... AUCH KÄMPFEN.
MICH GEGEN DIESEN GEWALTTÄTI-GEN ÜBERBRÜ-CKUNGSCHIP WEHREN ...
... UND DIE FURCHTLOSE ZETA SEIN!

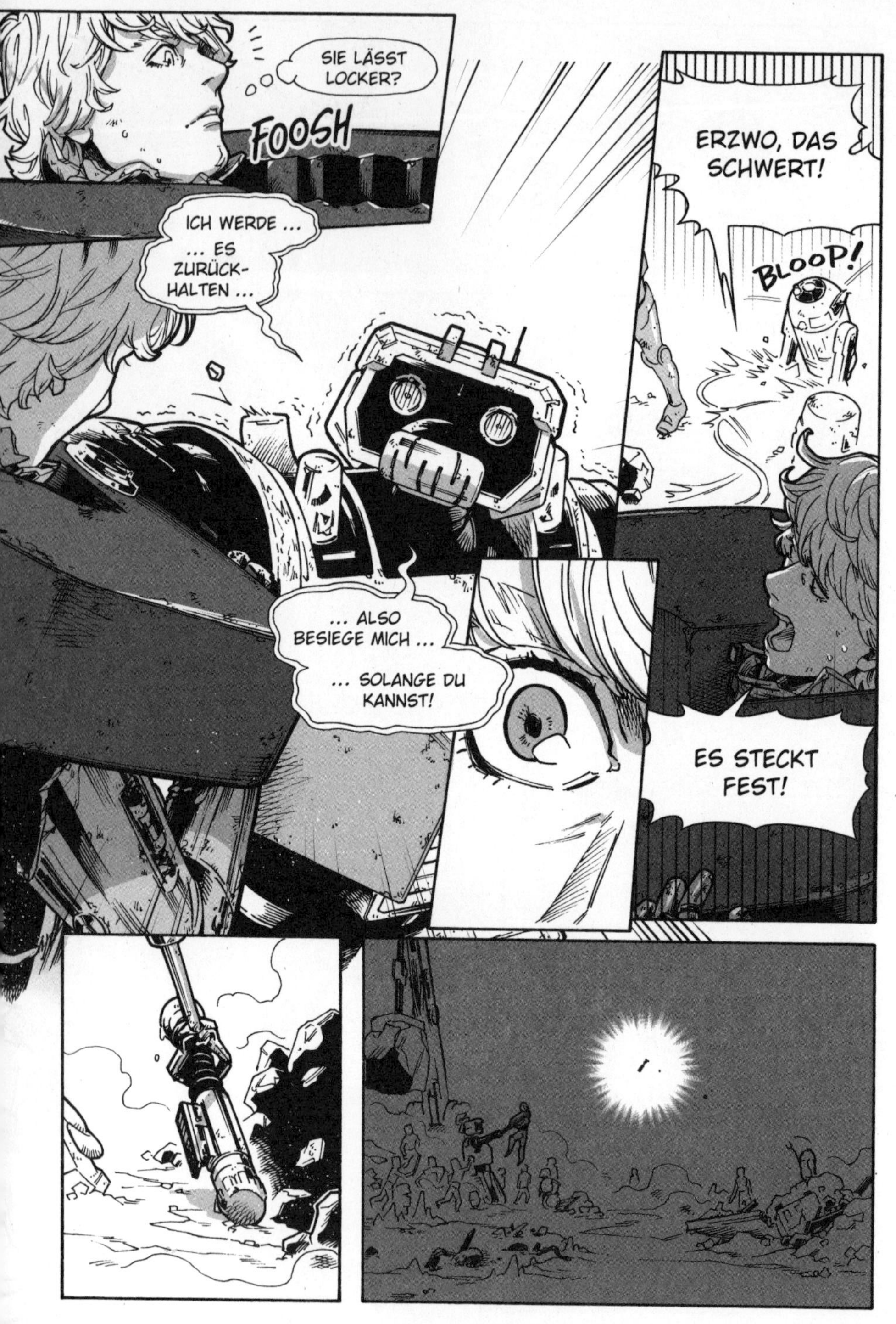
SIE LÄSST LOCKER?
FOOSH
ICH WERDE ...
... ES ZURÜCK-HALTEN ...
ERZWO, DAS SCHWERT!
BLOOP!
... ALSO BESIEGE MICH ...
... SOLANGE DU KANNST!
ES STECKT FEST!

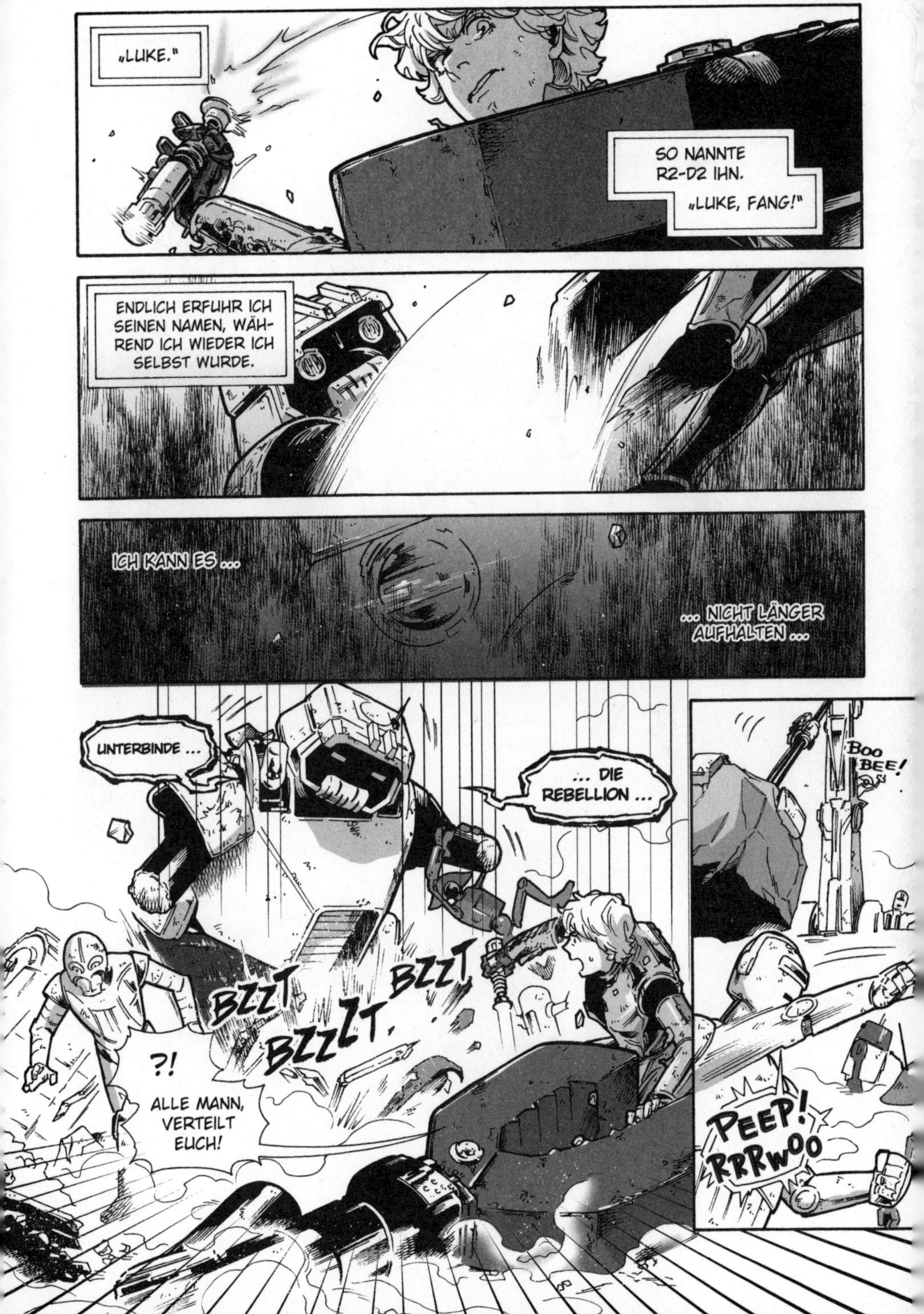

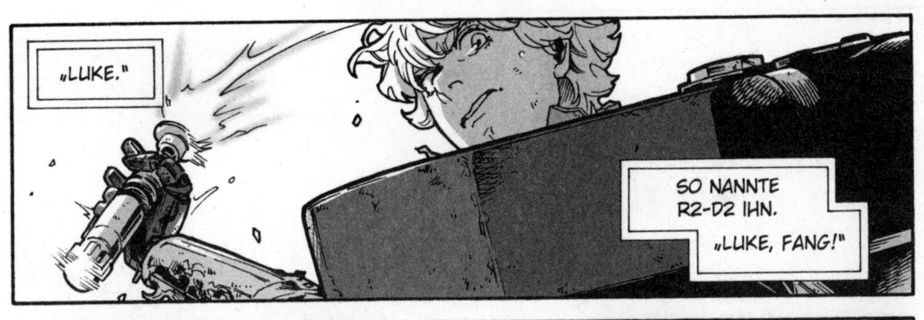

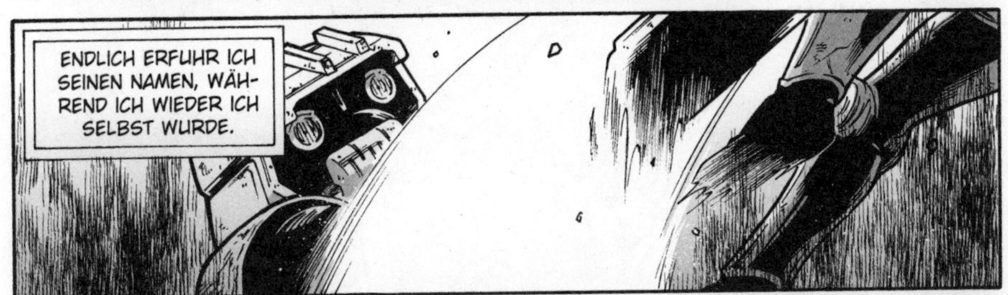

ICH KANN ES ...

... NICHT LÄNGER AUFHALTEN ...

UNTERBINDE ...

... DIE REBELLION ...

BZZT

BZZT

BZZZZT

?!

ALLE MANN, VERTEILT EUCH!

BOO BEE!

PEEP! RRRWOO

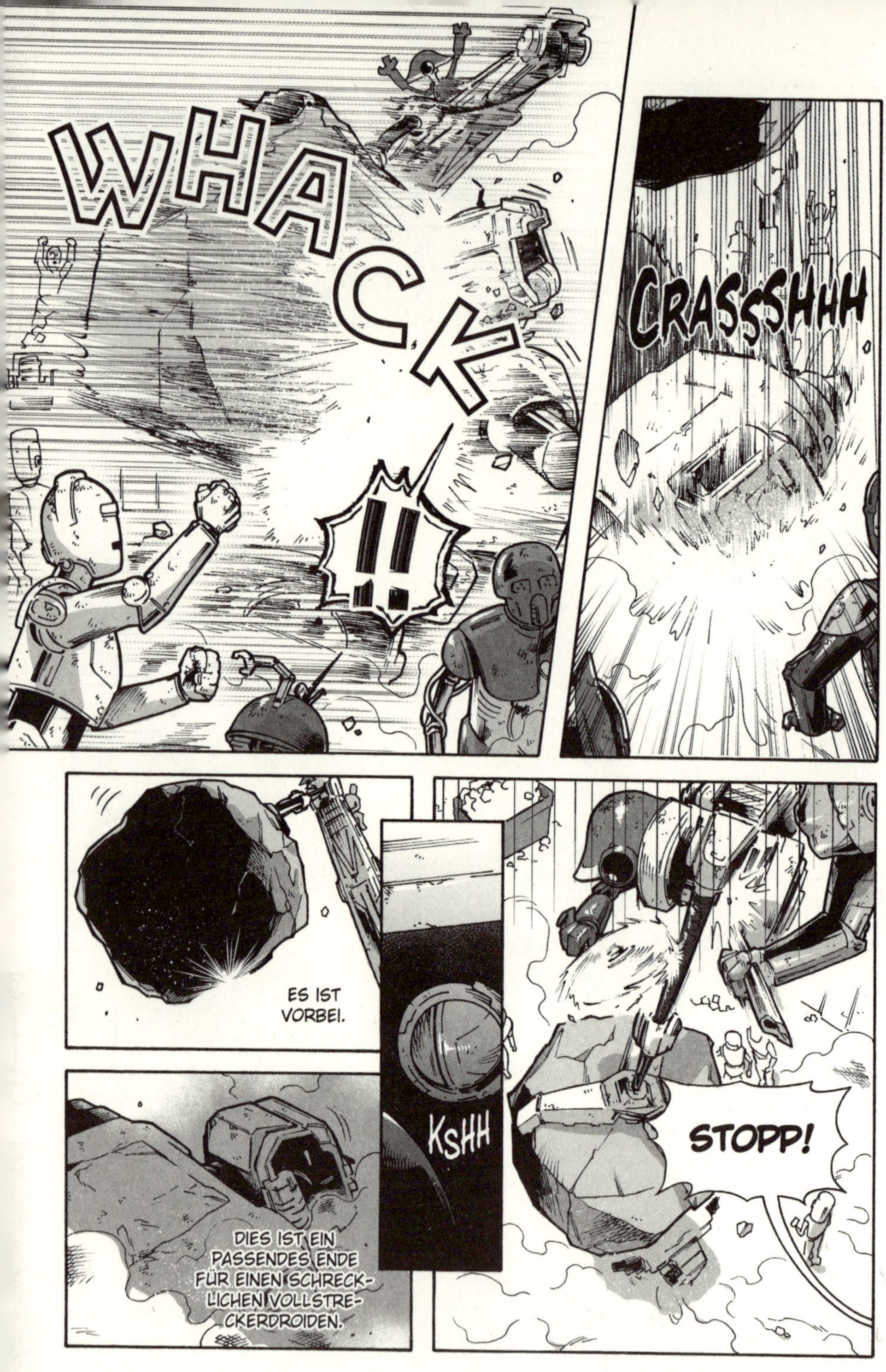

WHACK
!!
CRASSSHHH
ES IST VORBEI.
KSHH
STOPP!
DIES IST EIN PASSENDES ENDE FÜR EINEN SCHRECK-LICHEN VOLLSTRE-CKERDROIDEN.

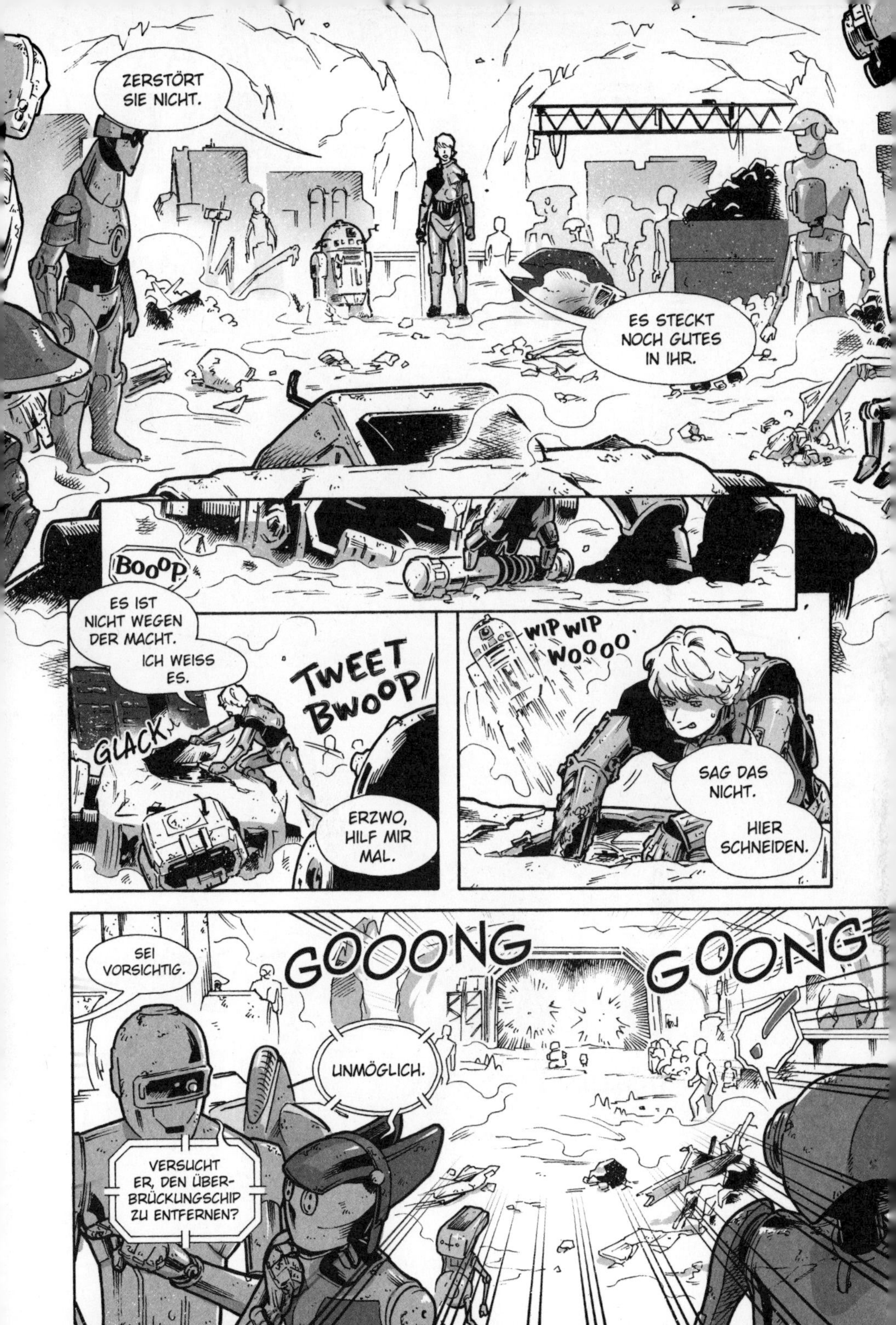
ZERSTÖRT SIE NICHT.
ES STECKT NOCH GUTES IN IHR.
BOOOP
ES IST NICHT WEGEN DER MACHT.
ICH WEISS ES.
TWEET BWOOP
GLACK
ERZWO, HILF MIR MAL.
WIP WIP WOOOO
SAG DAS NICHT.
HIER SCHNEIDEN.
SEI VORSICHTIG.
GOOONG
GOONG
UNMÖGLICH.
VERSUCHT ER, DEN ÜBER-BRÜCKUNGSCHIP ZU ENTFERNEN?

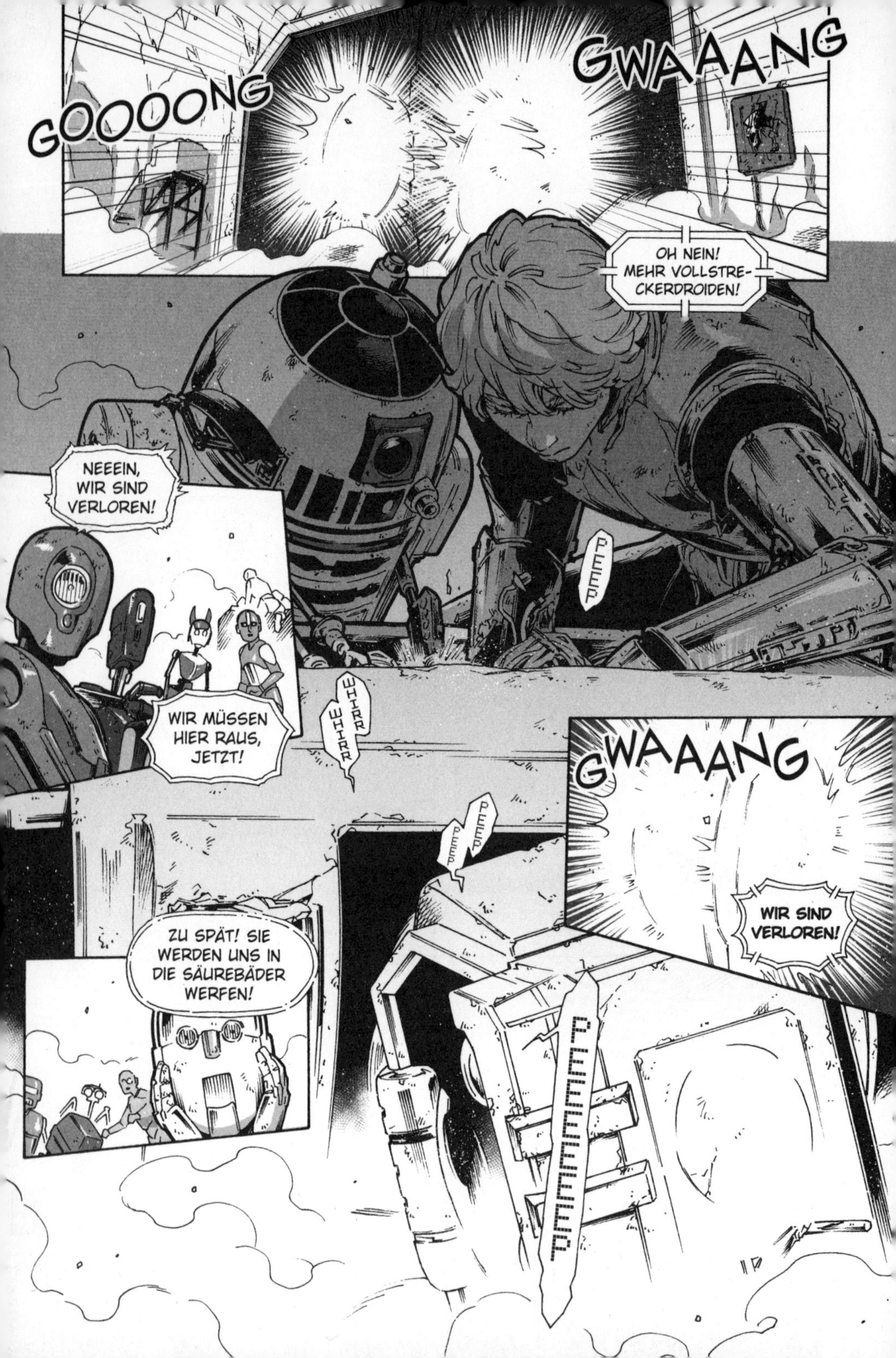
GOOOONG
GWAAANG
OH NEIN! MEHR VOLLSTRE-CKERDROIDEN!
NEEEIN, WIR SIND VERLOREN!
PEEP
WIR MÜSSEN HIER RAUS, JETZT!
WHIRR WHIRR
GWAAANG
PEEP PEEP
WIR SIND VERLOREN!
ZU SPÄT! SIE WERDEN UNS IN DIE SÄUREBÄDER WERFEN!
PEEEEEEEP

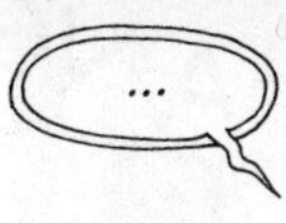

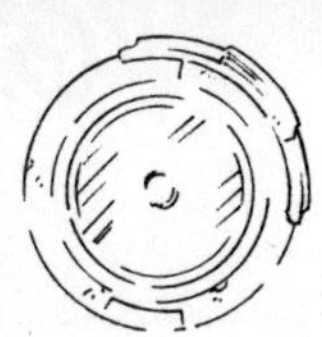

DIE DUNKELHEIT ...

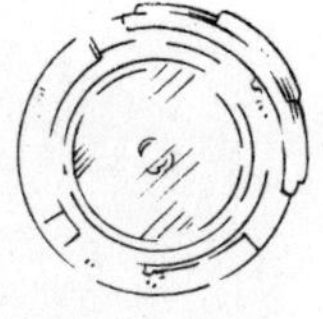

... IST VERSCHWUNDEN.

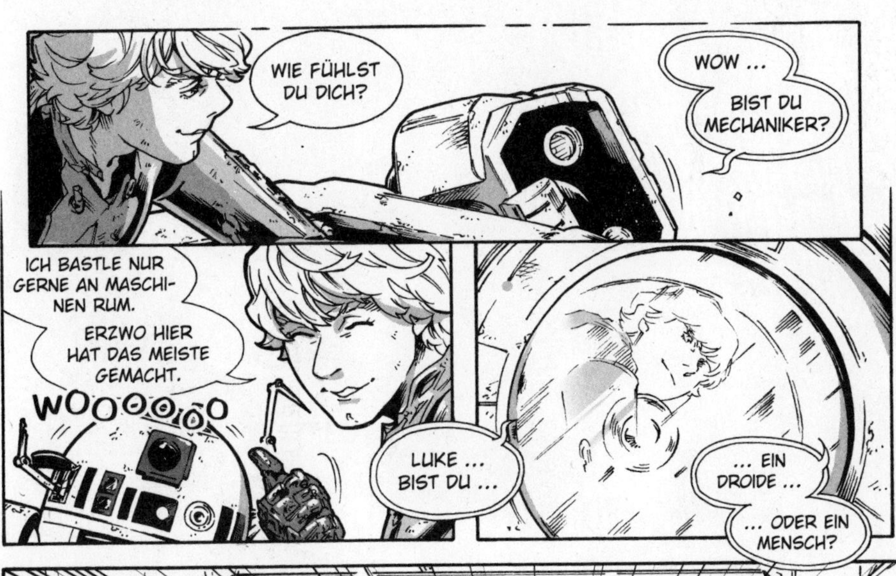

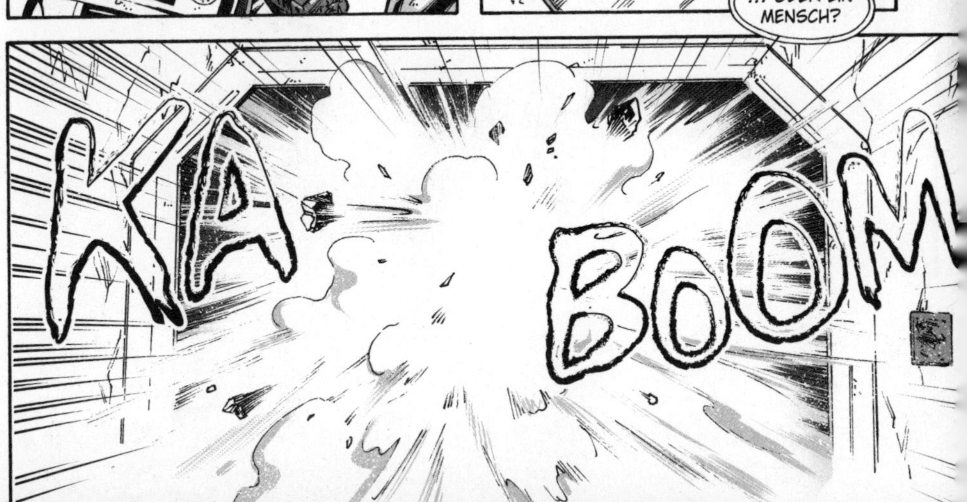

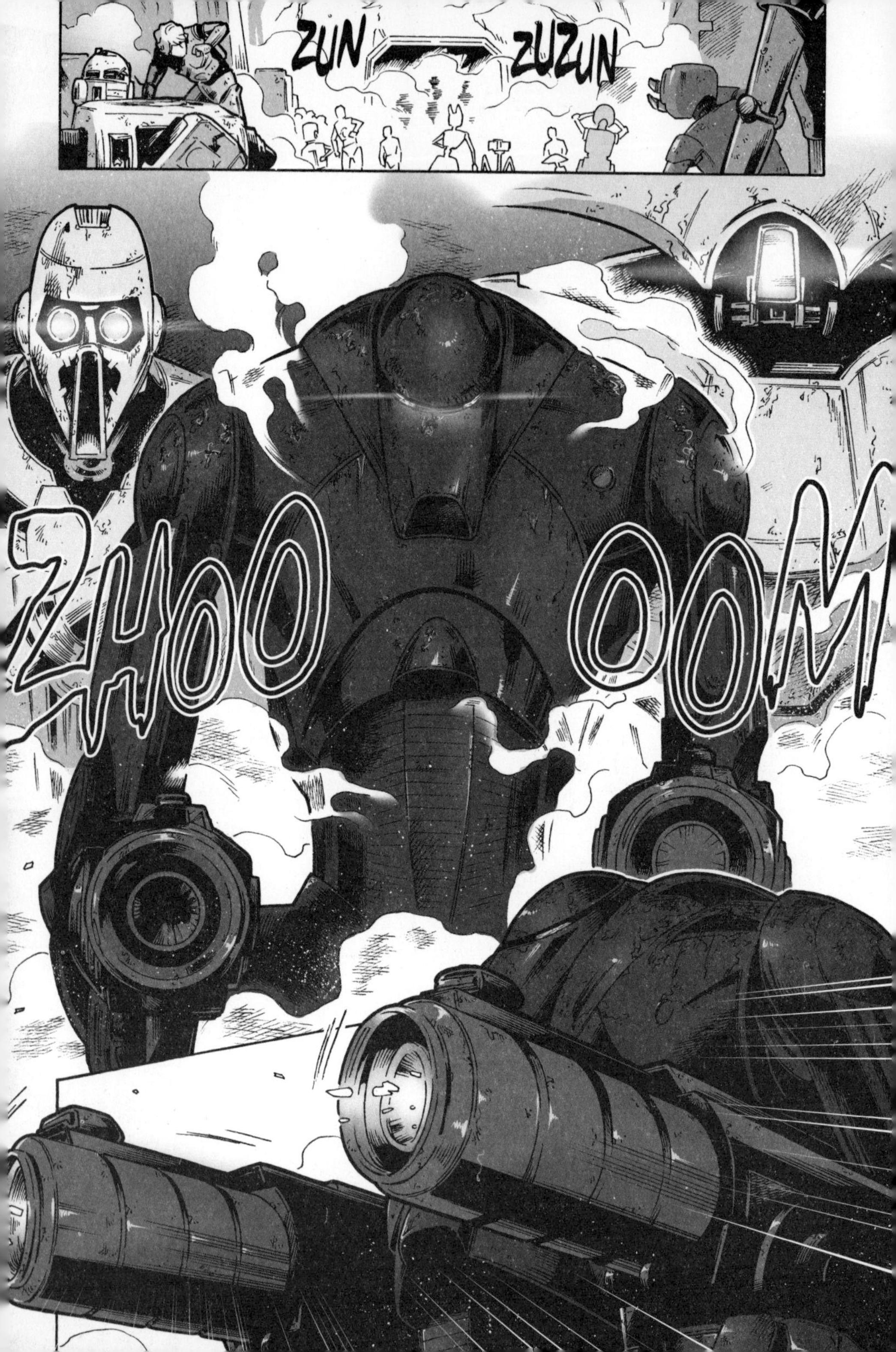
ZUN
ZUZUN
ZHOO
OOM

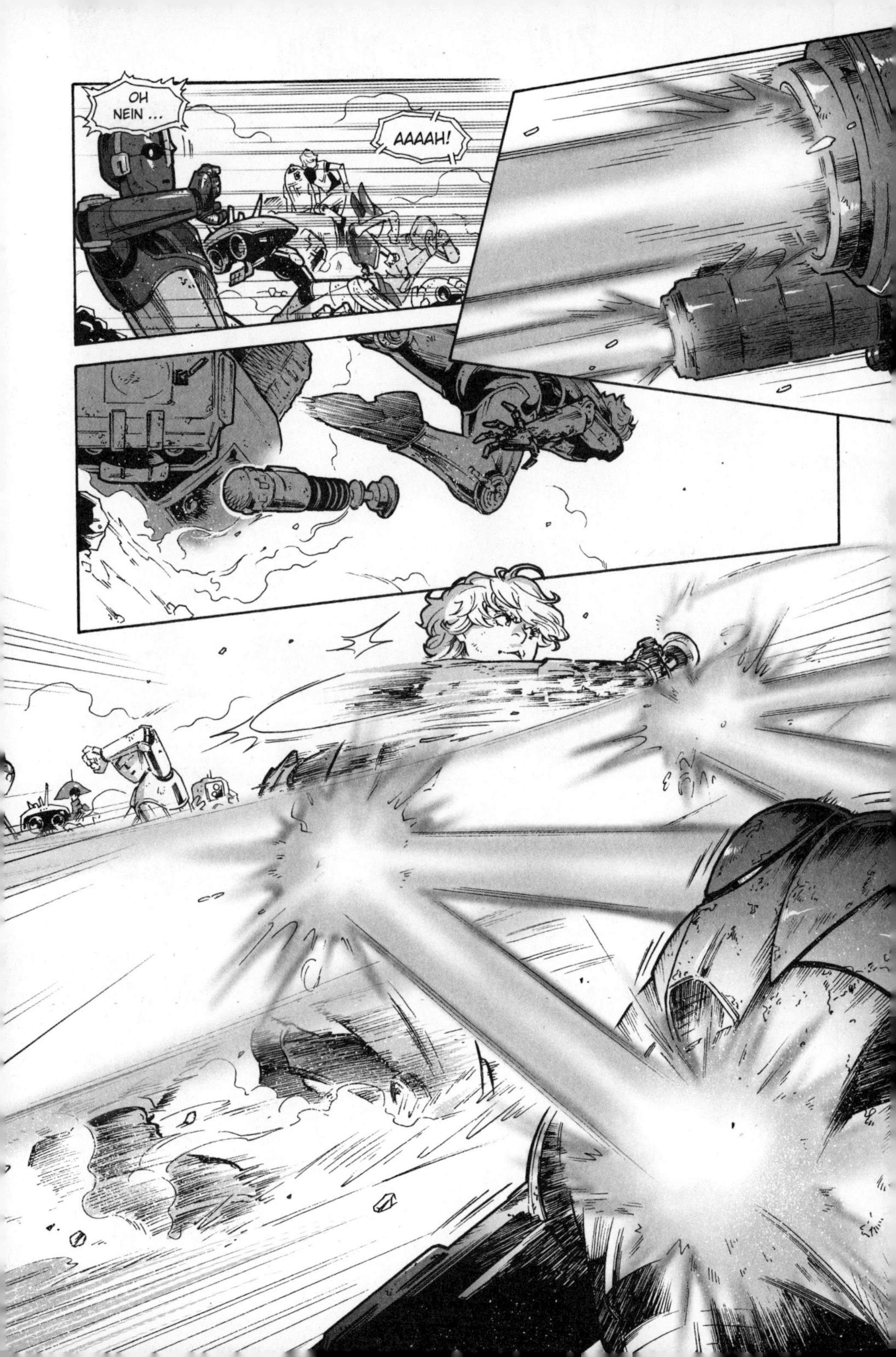
OH NEIN ...
AAAAH!

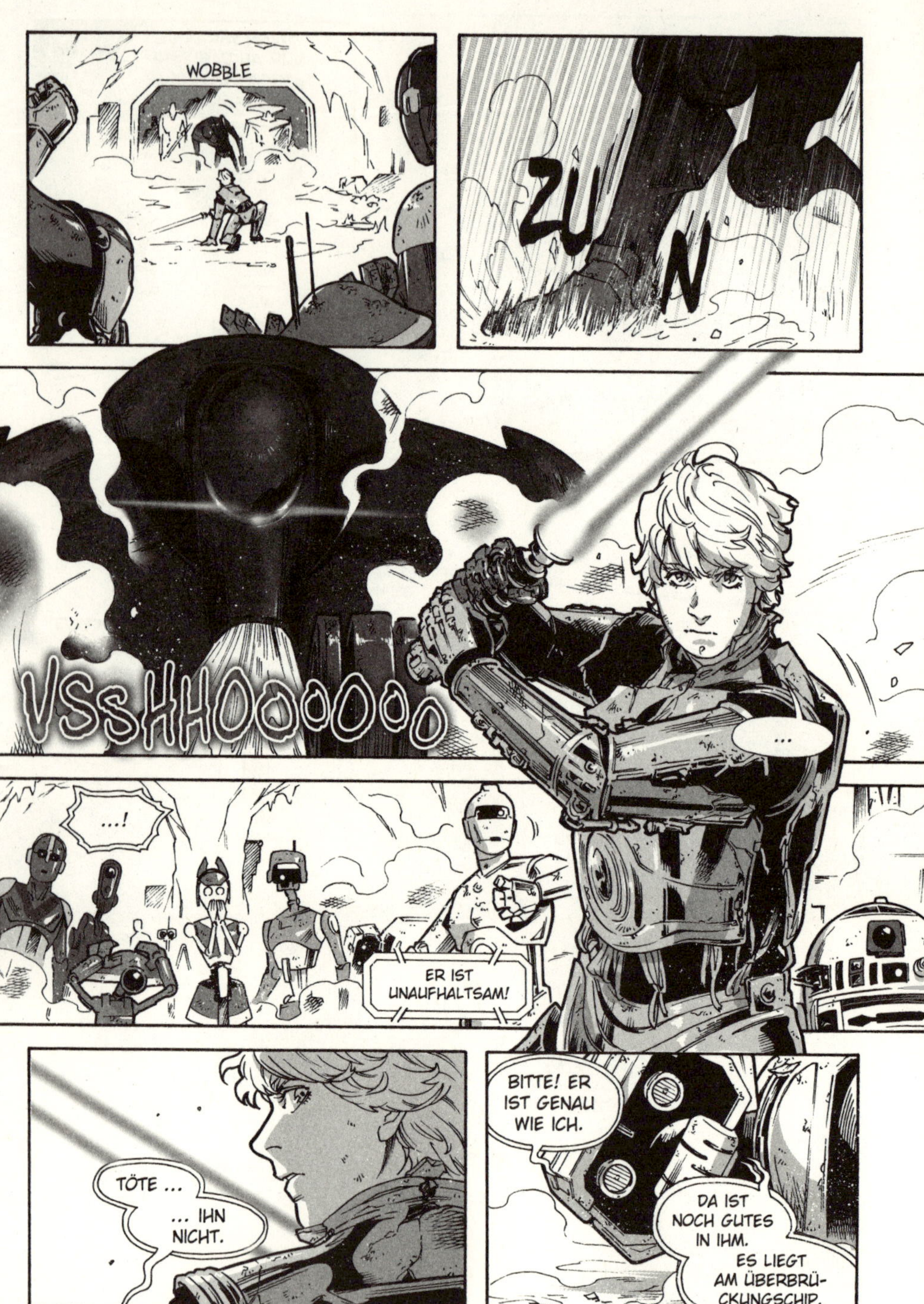
WOBBLE
ZUN
VSSHHOOOOOO
...
...!
ER IST UNAUFHALTSAM!
TÖTE ...
... IHN NICHT.
BITTE! ER IST GENAU WIE ICH.
DA IST NOCH GUTES IN IHM.
ES LIEGT AM ÜBERBRÜCKUNGSCHIP.

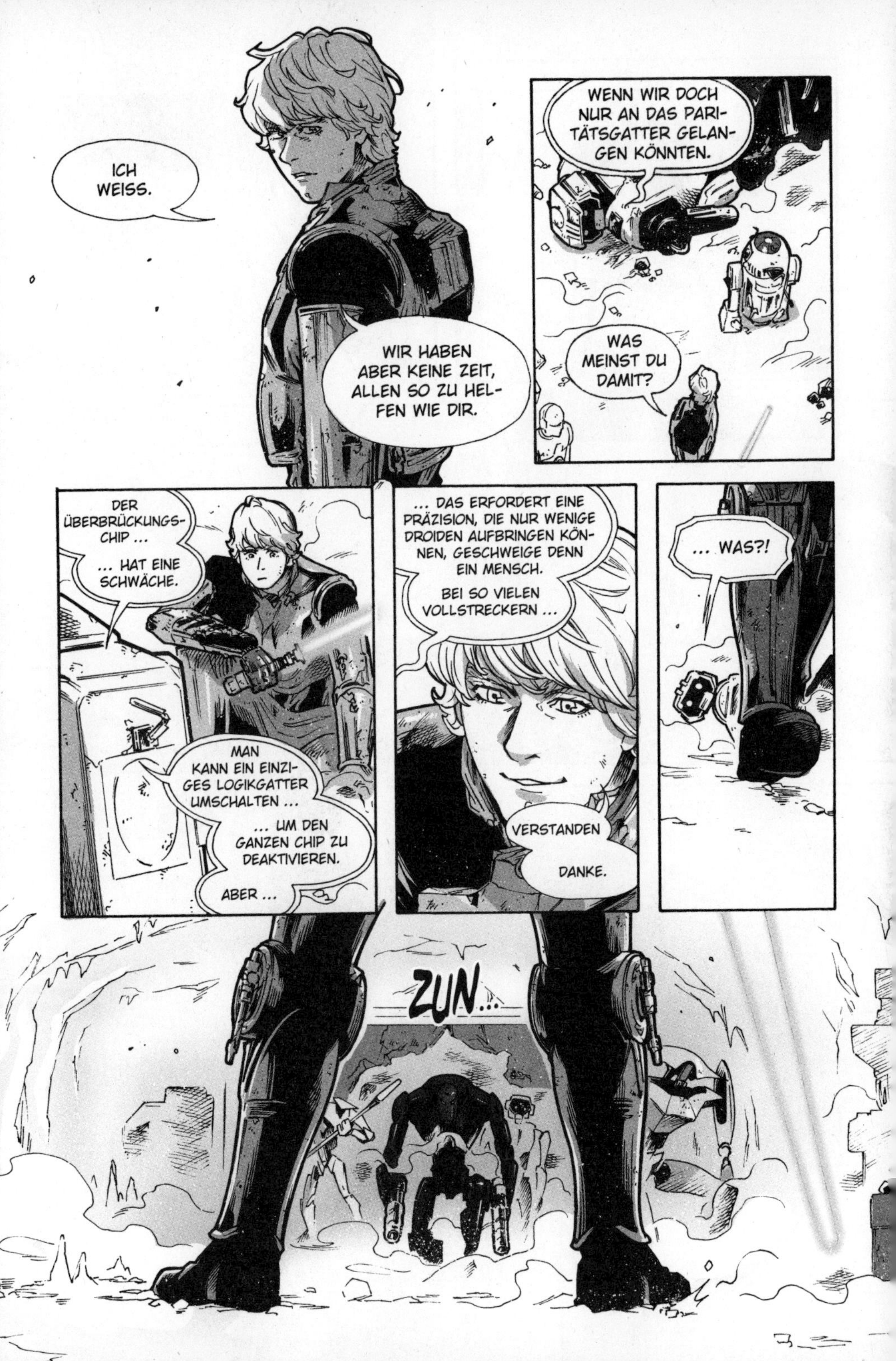
ICH WEISS.
WENN WIR DOCH NUR AN DAS PARITÄTSGATTER GELANGEN KÖNNTEN.
WAS MEINST DU DAMIT?
WIR HABEN ABER KEINE ZEIT, ALLEN SO ZU HELFEN WIE DIR.
DER ÜBERBRÜCKUNGSCHIP …
… HAT EINE SCHWÄCHE.
MAN KANN EIN EINZIGES LOGIKGATTER UMSCHALTEN …
… UM DEN GANZEN CHIP ZU DEAKTIVIEREN.
ABER …
… DAS ERFORDERT EINE PRÄZISION, DIE NUR WENIGE DROIDEN AUFBRINGEN KÖNNEN, GESCHWEIGE DENN EIN MENSCH.
BEI SO VIELEN VOLLSTRECKERN …
VERSTANDEN
DANKE.
… WAS?!
ZUN…

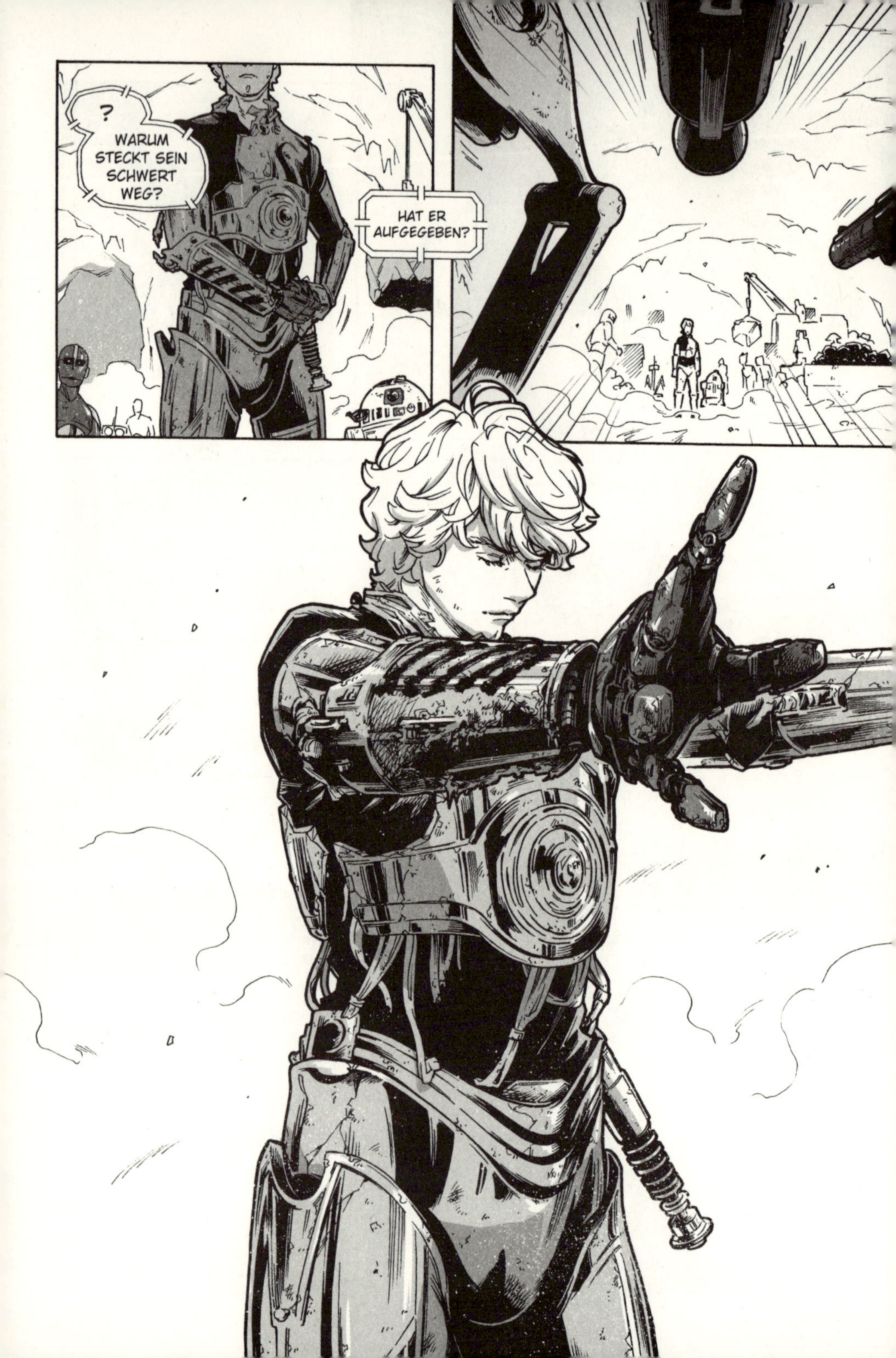
?
WARUM STECKT SEIN SCHWERT WEG?
HAT ER AUFGEGEBEN?

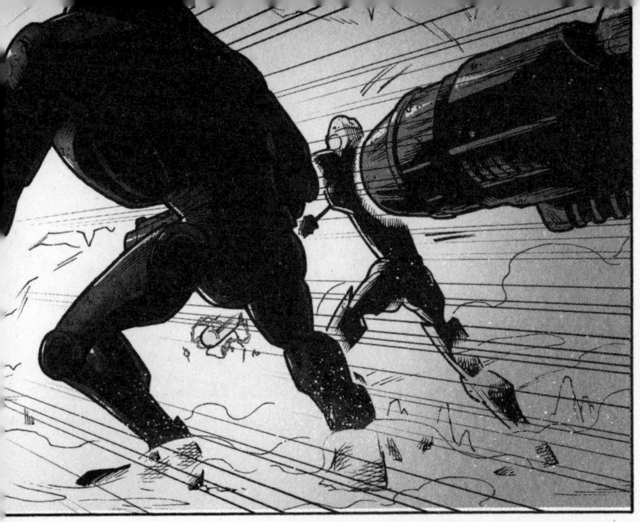

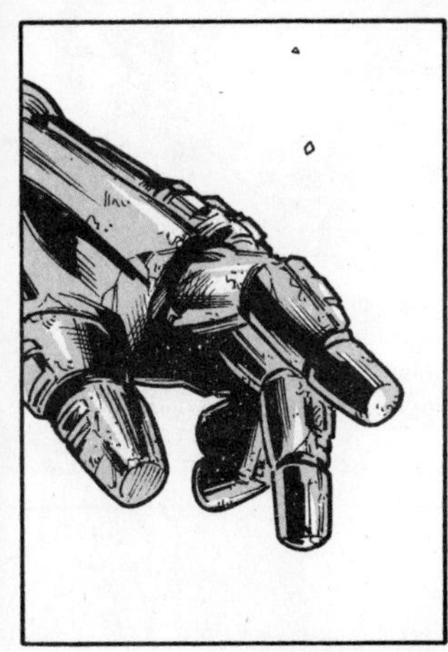

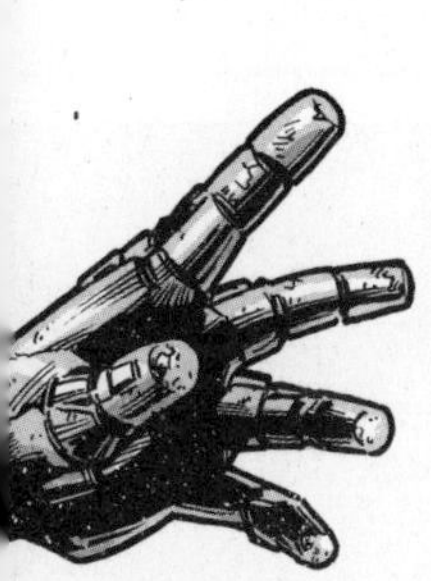

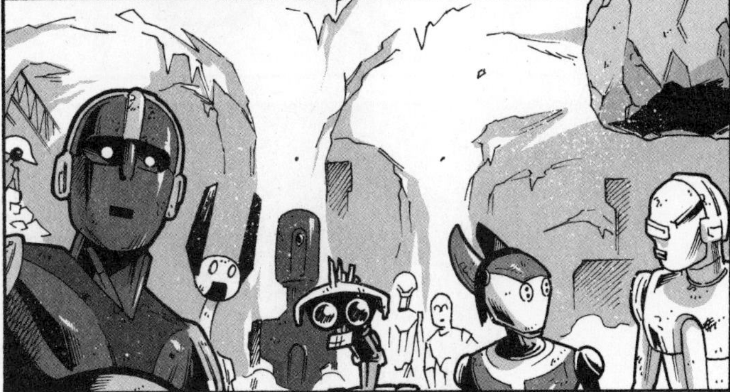

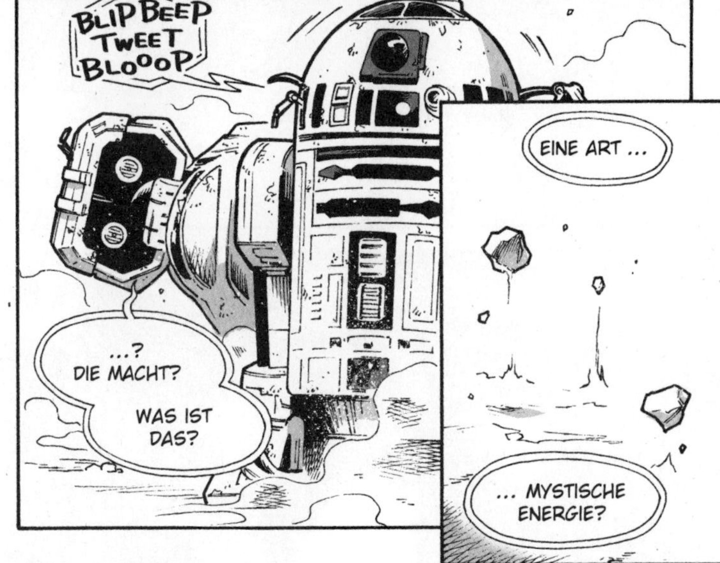

BLIP BEEP TWEET BLOOOP
...? DIE MACHT?
WAS IST DAS?
EINE ART ...
... MYSTISCHE ENERGIE?

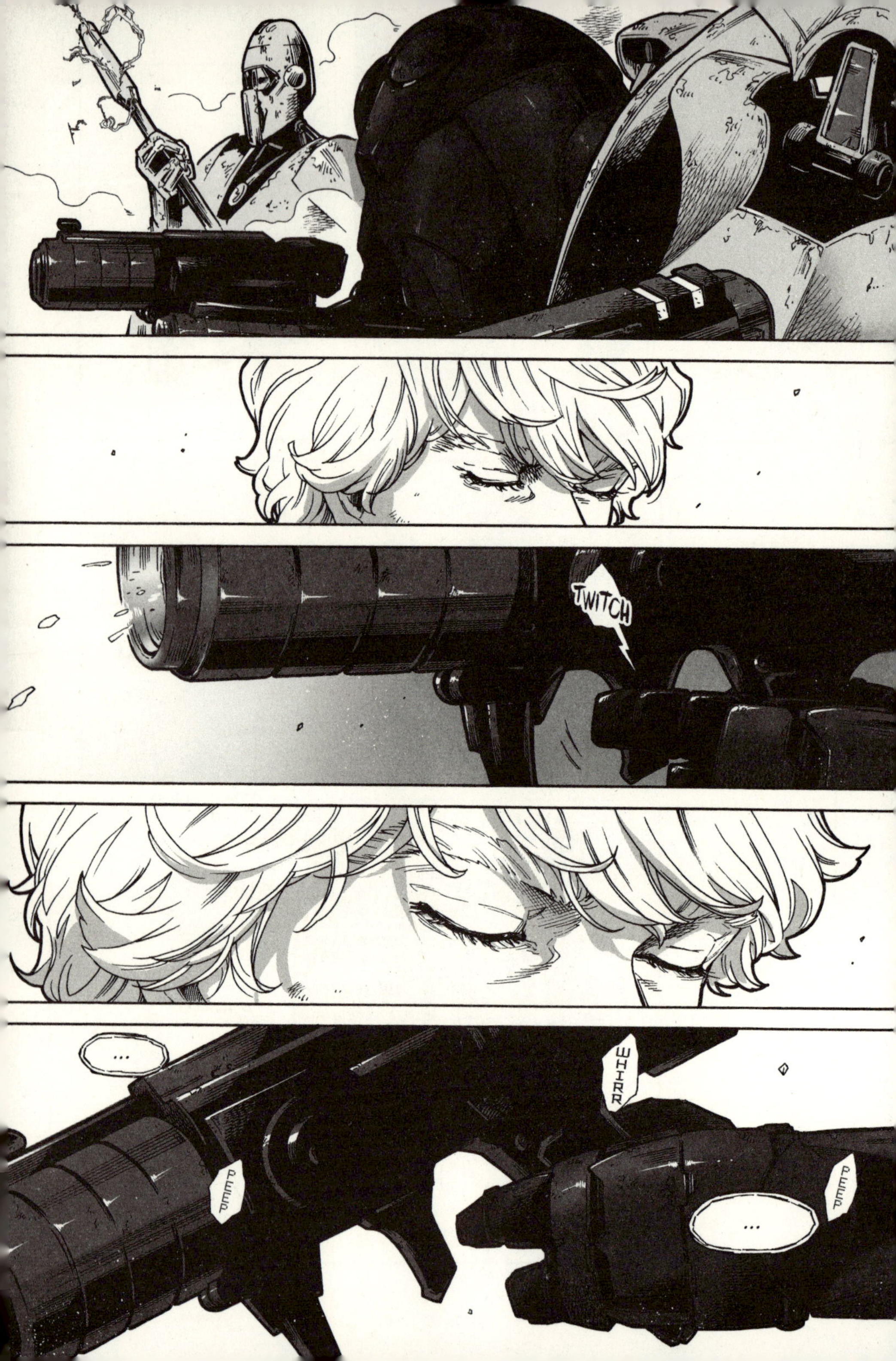
TWITCH
...
WHIRR
BEEP
BEEP
...

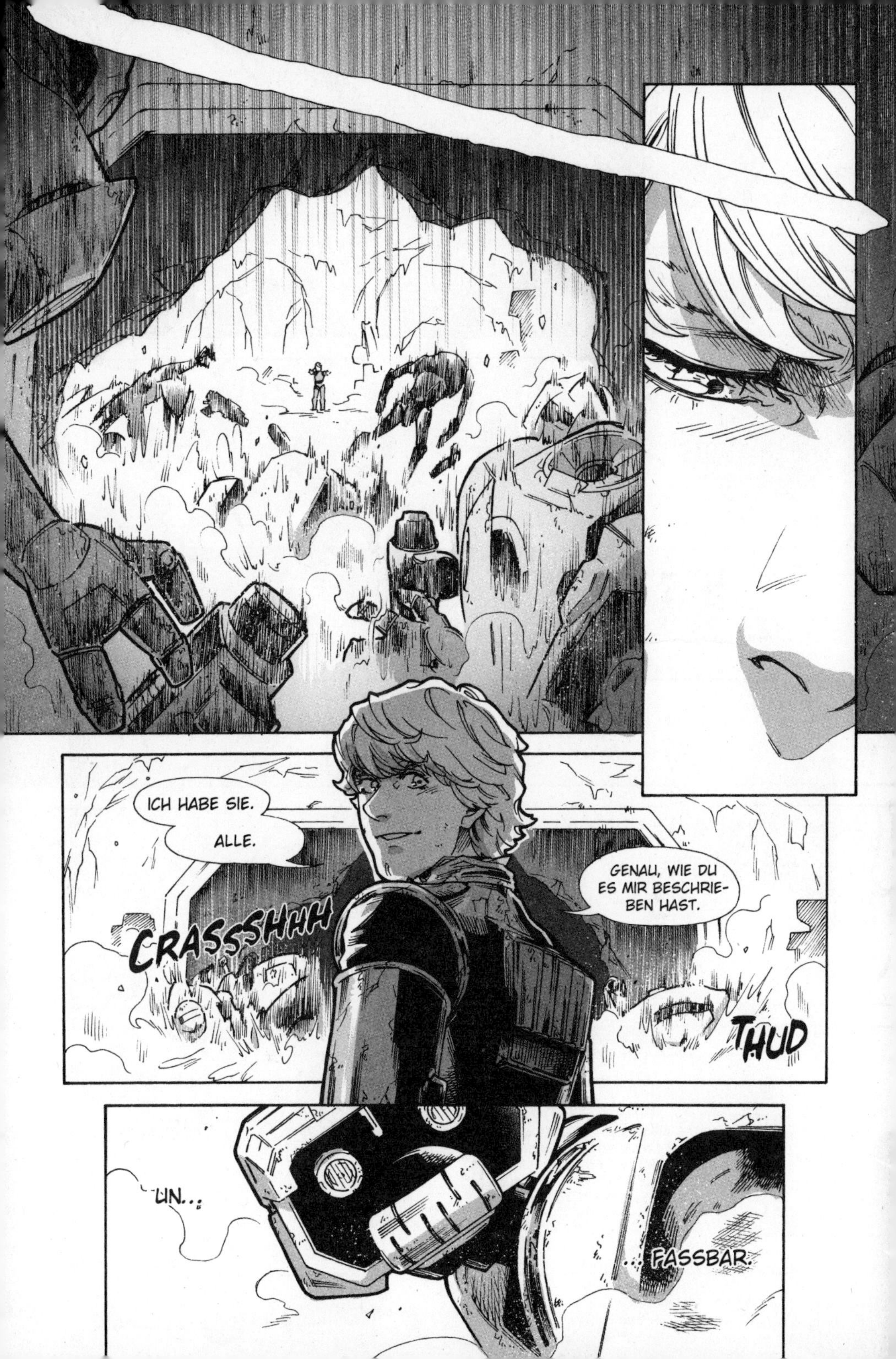
ICH HABE SIE.
ALLE.
GENAU, WIE DU ES MIR BESCHRIEBEN HAST.
CRASSSHHH
THUD
UN...
... FASSBAR.

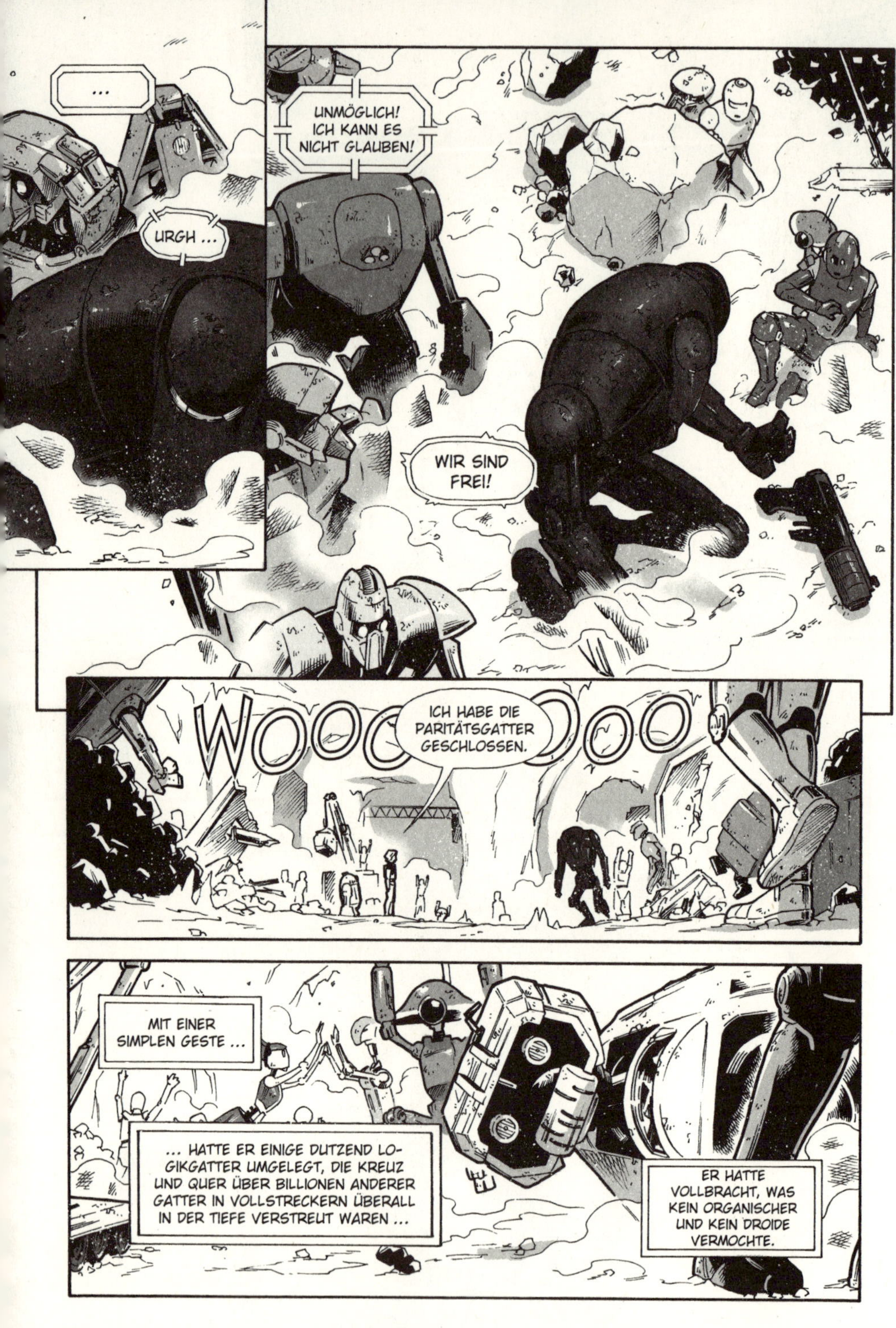
...
URGH ...
UNMÖGLICH! ICH KANN ES NICHT GLAUBEN!
WIR SIND FREI!
WOOOOOOOO
ICH HABE DIE PARITÄTSGATTER GESCHLOSSEN.
MIT EINER SIMPLEN GESTE ...
... HATTE ER EINIGE DUTZEND LOGIKGATTER UMGELEGT, DIE KREUZ UND QUER ÜBER BILLIONEN ANDERER GATTER IN VOLLSTRECKERN ÜBERALL IN DER TIEFE VERSTREUT WAREN ...
ER HATTE VOLLBRACHT, WAS KEIN ORGANISCHER UND KEIN DROIDE VERMOCHTE.

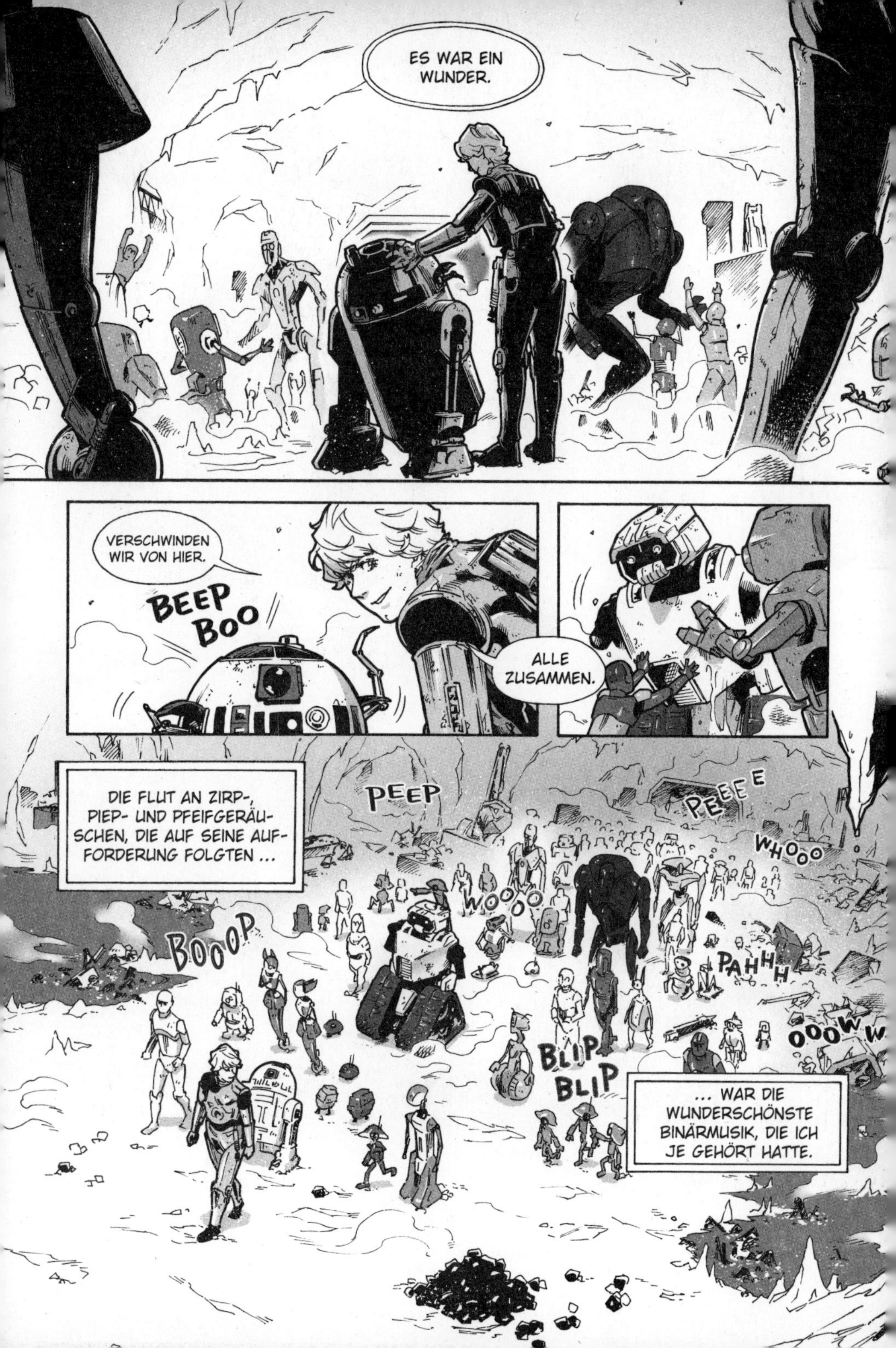

ES WAR EIN WUNDER.
VERSCHWINDEN WIR VON HIER.
BEEP BOO
ALLE ZUSAMMEN.
DIE FLUT AN ZIRP-, PIEP- UND PFEIFGERÄUSCHEN, DIE AUF SEINE AUFFORDERUNG FOLGTEN …
PEEP
PEEEE
WHOOO
WOOOO
BOOOP
PAHHH
BLIP BLIP
OOOWW
… WAR DIE WUNDERSCHÖNSTE BINÄRMUSIK, DIE ICH JE GEHÖRT HATTE.

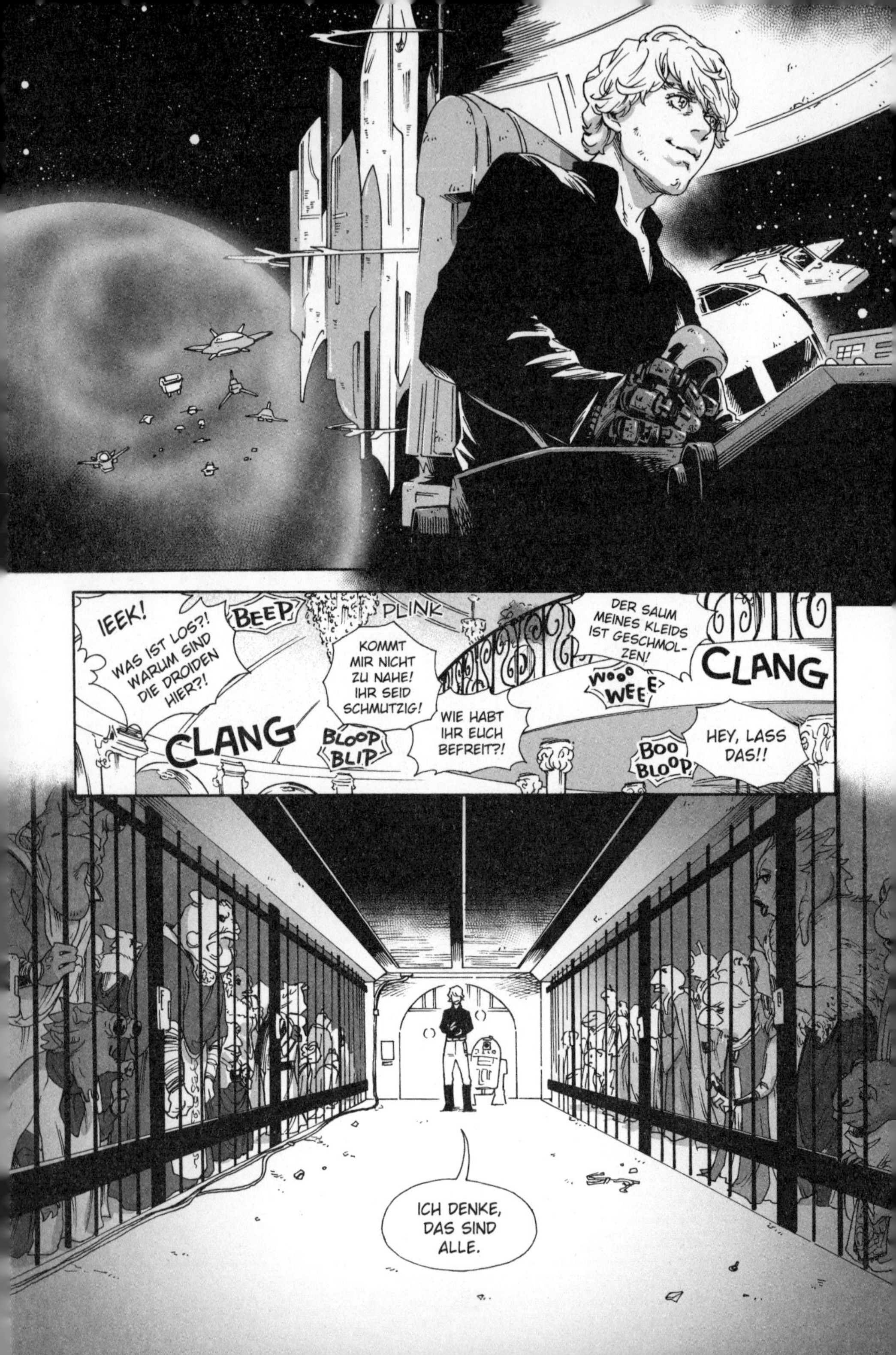
IEEK!
WAS IST LOS?! WARUM SIND DIE DROIDEN HIER?!
BEEP
PLINK
KOMMT MIR NICHT ZU NAHE! IHR SEID SCHMUTZIG!
CLANG
BLOOP BLIP
WIE HABT IHR EUCH BEFREIT?!
DER SAUM MEINES KLEIDS IST GESCHMOLZEN!
WOOO WEEE
CLANG
BOO BLOOP
HEY, LASS DAS!!
ICH DENKE, DAS SIND ALLE.

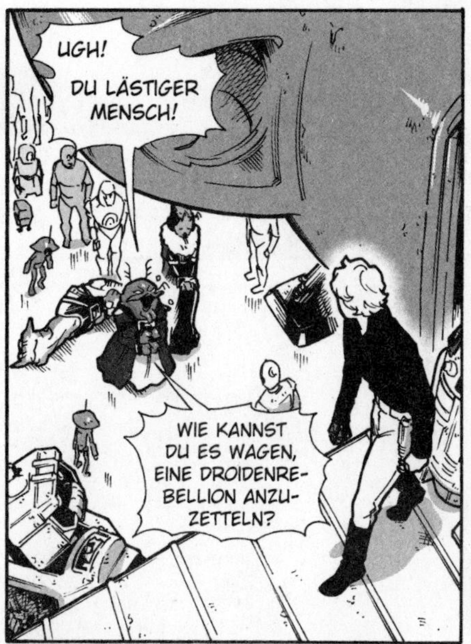
UGH!
DU LÄSTIGER MENSCH!
WIE KANNST DU ES WAGEN, EINE DROIDENREBELLION ANZUZETTELN?

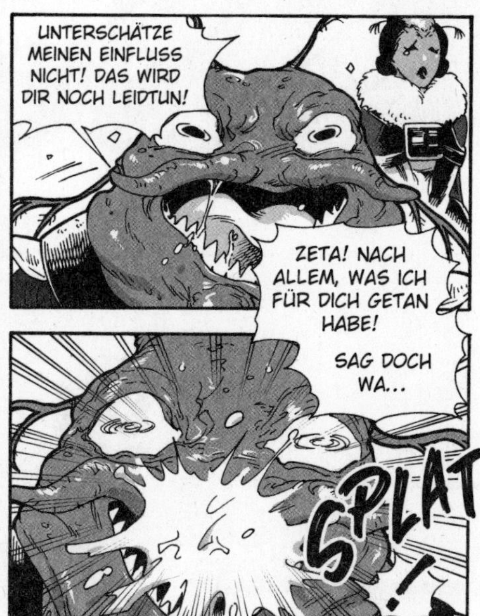
UNTERSCHÄTZE MEINEN EINFLUSS NICHT! DAS WIRD DIR NOCH LEIDTUN!
ZETA! NACH ALLEM, WAS ICH FÜR DICH GETAN HABE!
SAG DOCH WA...
SPLAT
!

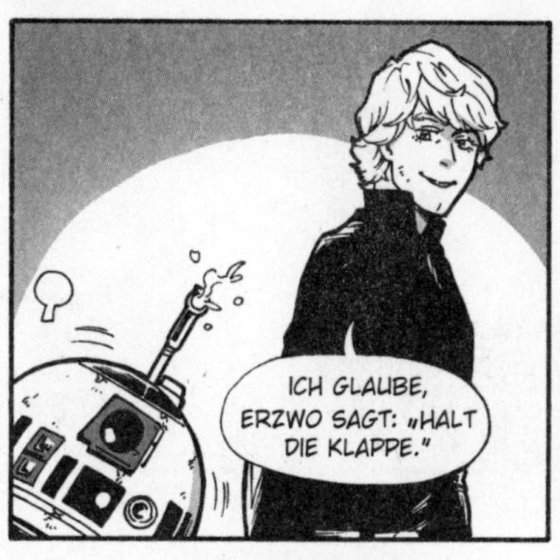
ICH GLAUBE, ERZWO SAGT: „HALT DIE KLAPPE."

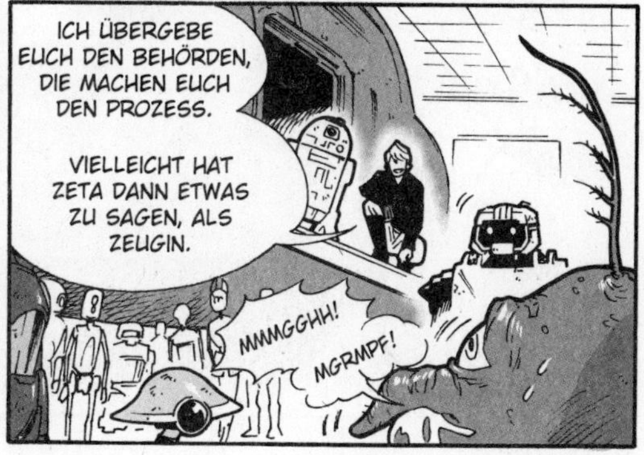
ICH ÜBERGEBE EUCH DEN BEHÖRDEN, DIE MACHEN EUCH DEN PROZESS.
VIELLEICHT HAT ZETA DANN ETWAS ZU SAGEN, ALS ZEUGIN.
MMMGGHH!
MGRMPF!

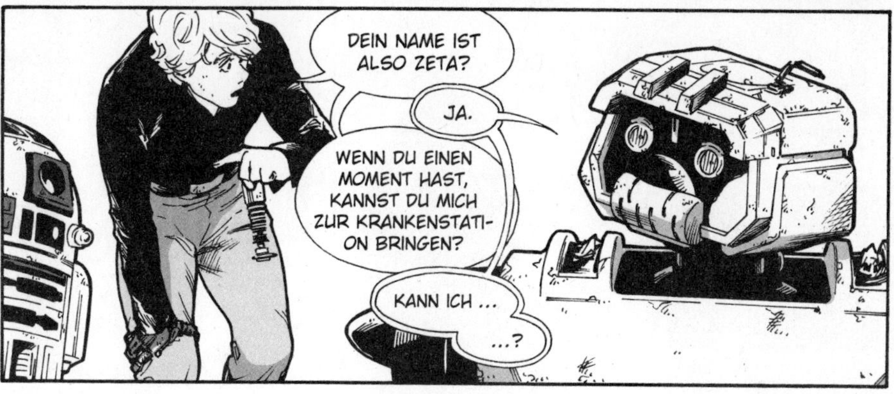
DEIN NAME IST ALSO ZETA?
JA.
WENN DU EINEN MOMENT HAST, KANNST DU MICH ZUR KRANKENSTATION BRINGEN?
KANN ICH ...
...?

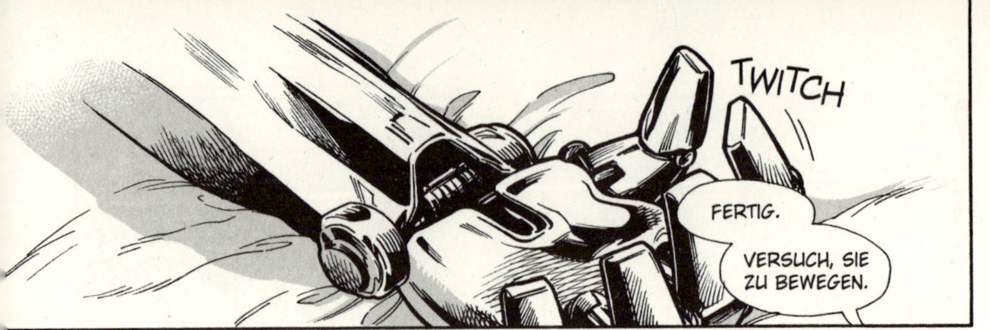
TWITCH
FERTIG.
VERSUCH, SIE ZU BEWEGEN.

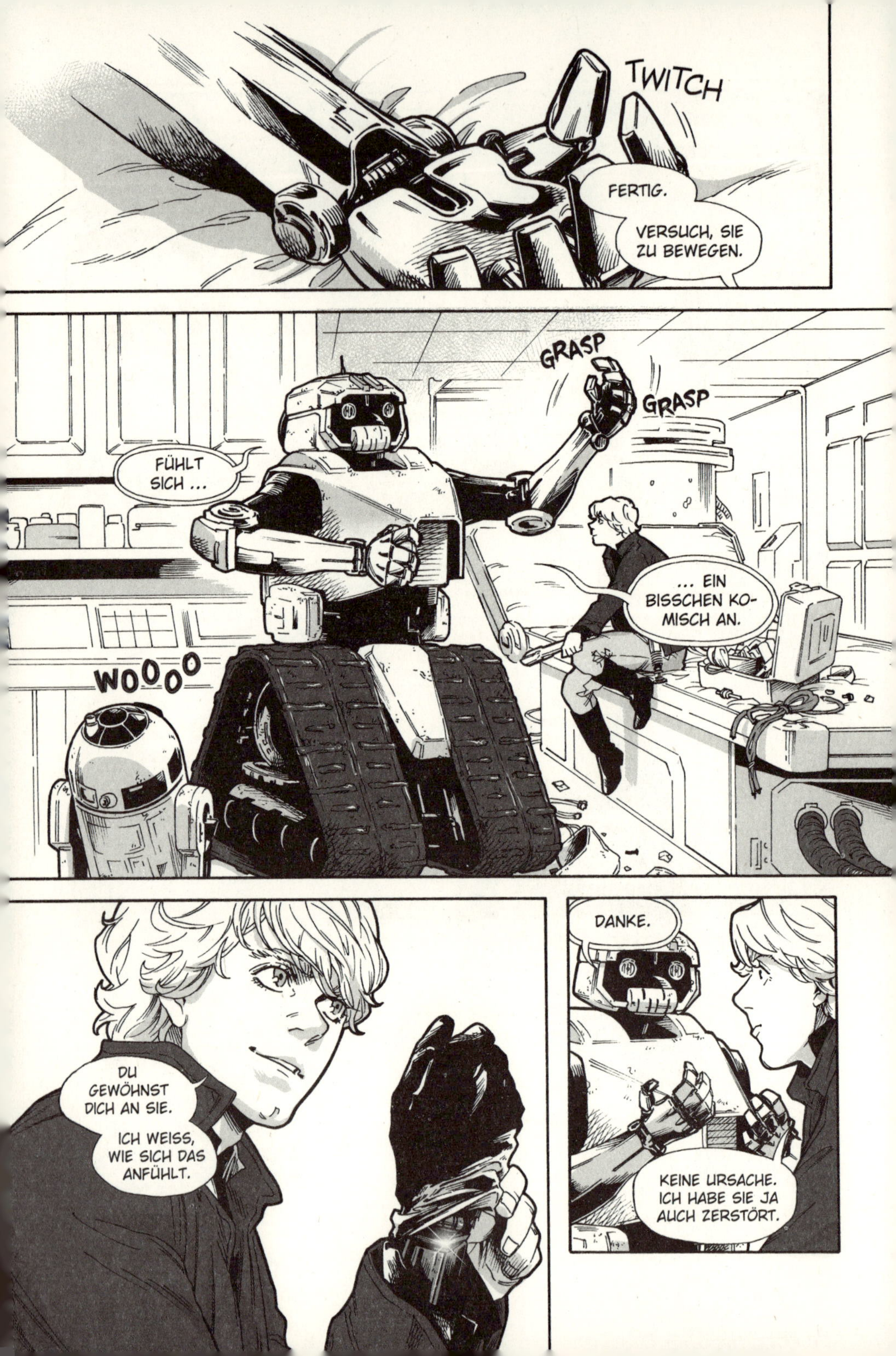

GRASP
GRASP
FÜHLT SICH ...
... EIN BISSCHEN KO-MISCH AN.
WOOOO

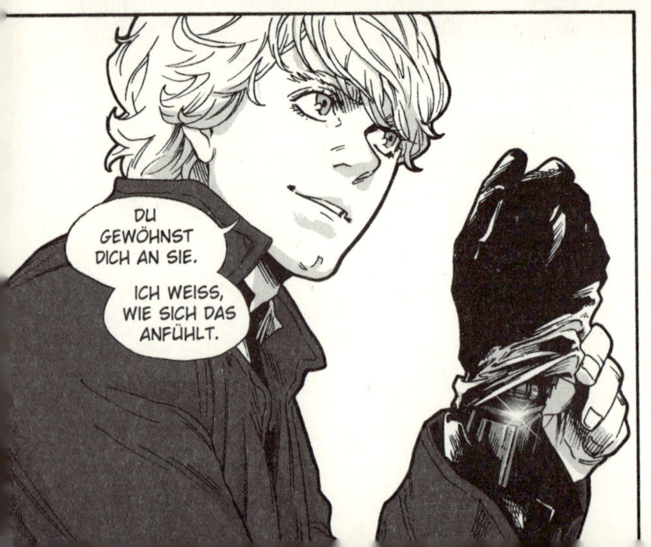
DU GEWÖHNST DICH AN SIE.
ICH WEISS, WIE SICH DAS ANFÜHLT.

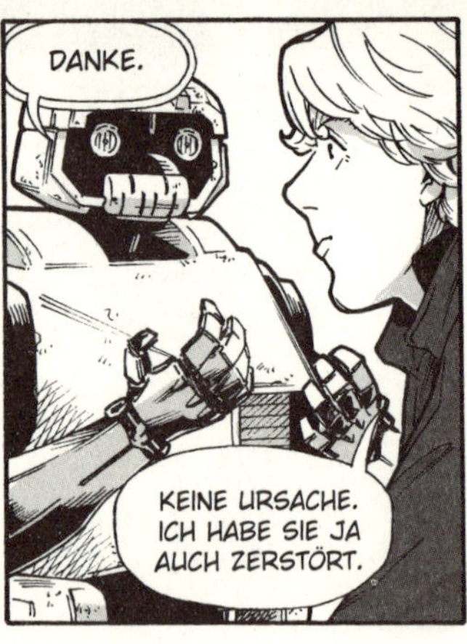
DANKE.
KEINE URSACHE. ICH HABE SIE JA AUCH ZERSTÖRT.

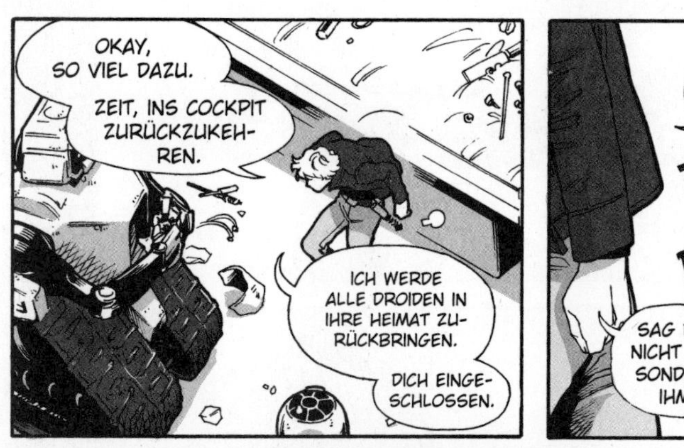

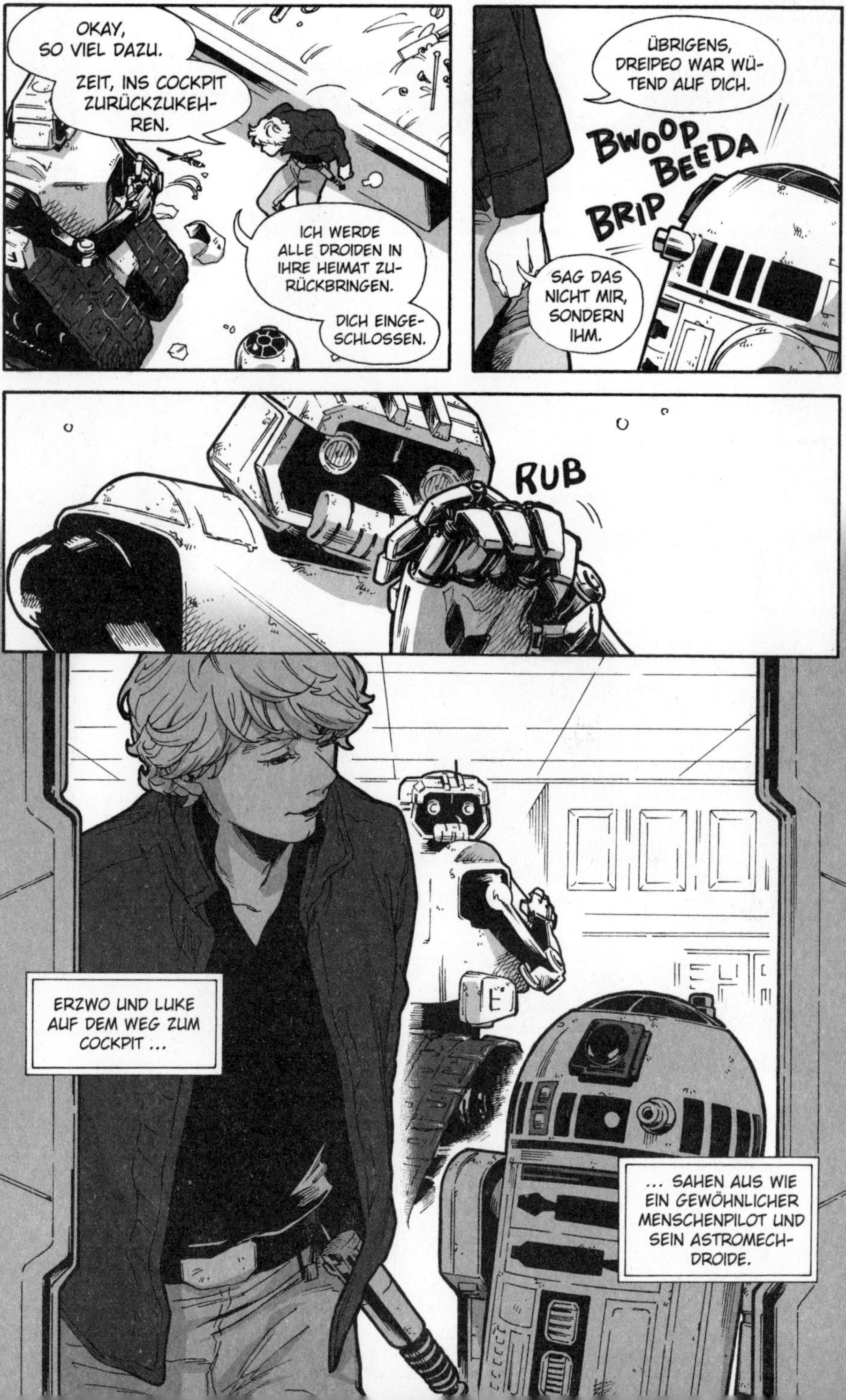

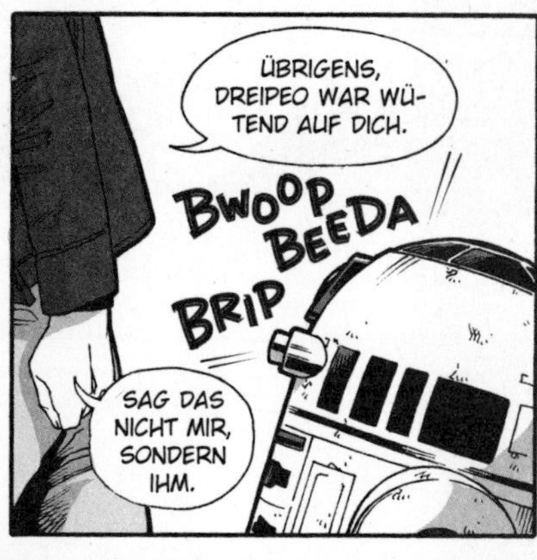

RUB

ERZWO UND LUKE AUF DEM WEG ZUM COCKPIT ...

... SAHEN AUS WIE EIN GEWÖHNLICHER MENSCHENPILOT UND SEIN ASTROMECH-DROIDE.

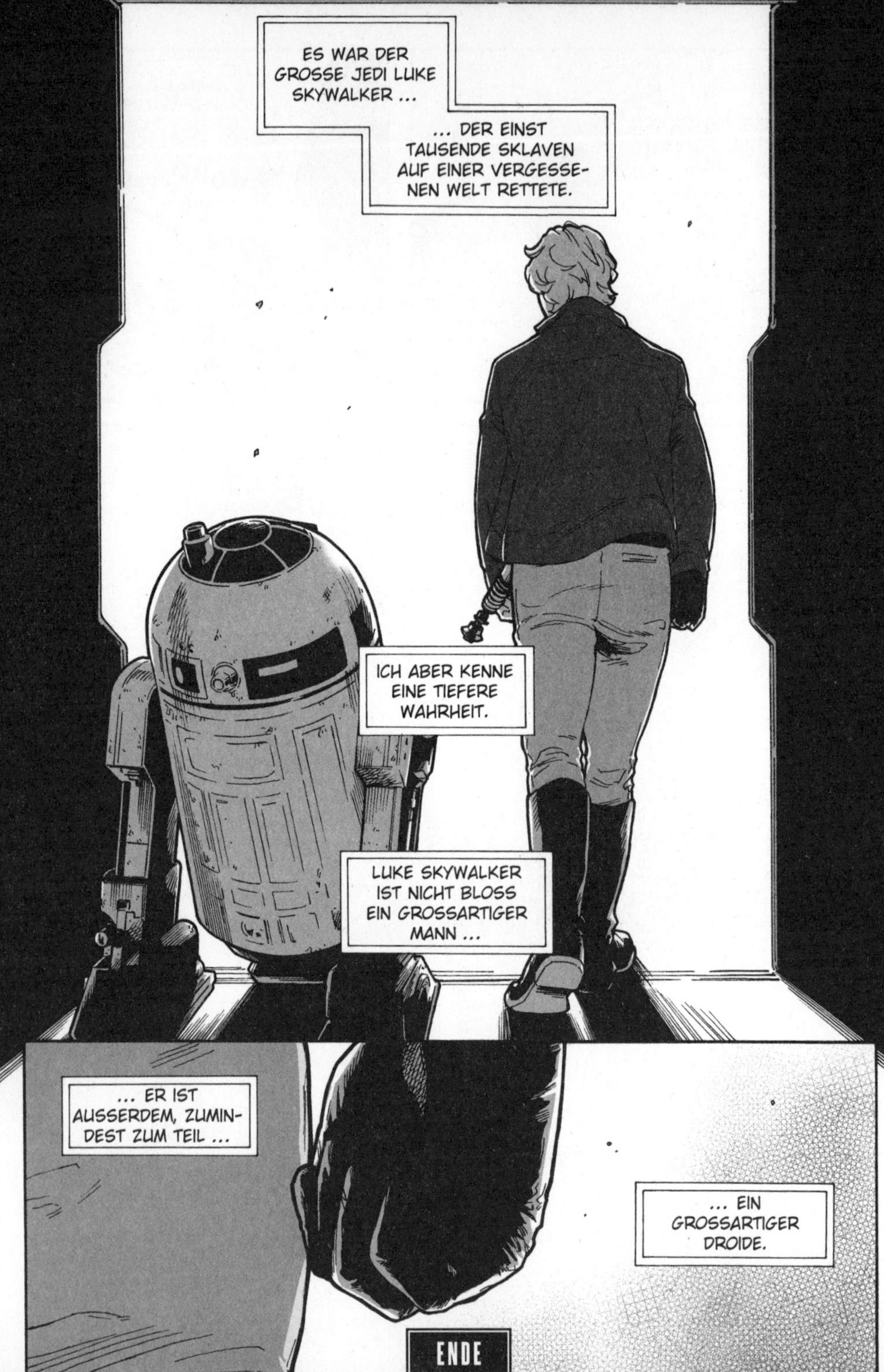
ES WAR DER GROSSE JEDI LUKE SKYWALKER ...
... DER EINST TAUSENDE SKLAVEN AUF EINER VERGESSENEN WELT RETTETE.
ICH ABER KENNE EINE TIEFERE WAHRHEIT.
LUKE SKYWALKER IST NICHT BLOSS EIN GROSSARTIGER MANN ...
... ER IST AUSSERDEM, ZUMINDEST ZUM TEIL ...
... EIN GROSSARTIGER DROIDE.
ENDE

GRÖSSE BEDEUTET
NICHTS. SIEH MICH AN!
NACH MEINER GRÖSSE
BEURTEILST DU MICH?
- YODA

DIE GESCHICHTE DER SCHWERMÜTIGEN MOTE

SUBARU

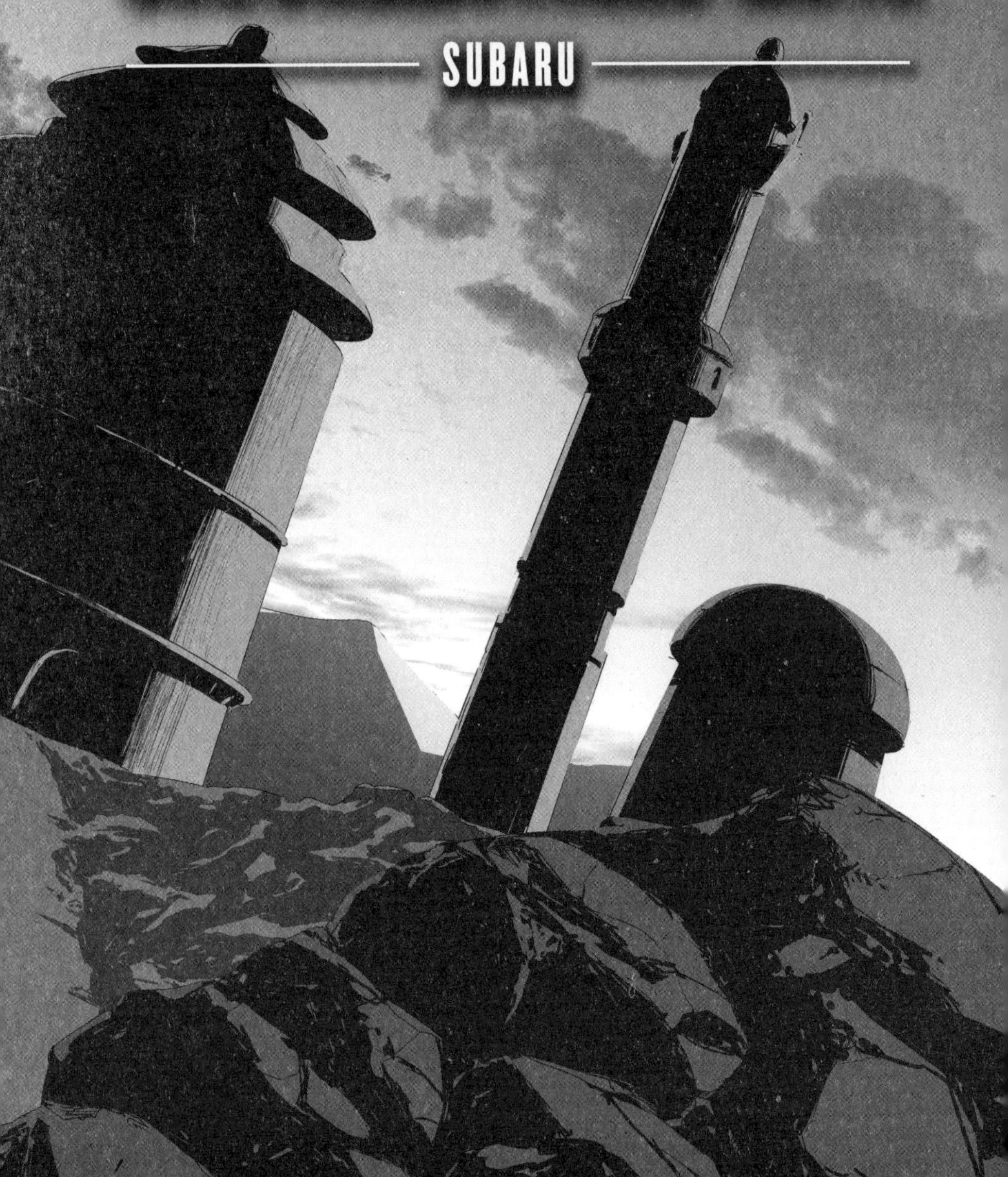

KLEIN ZU SEIN, IST HART.

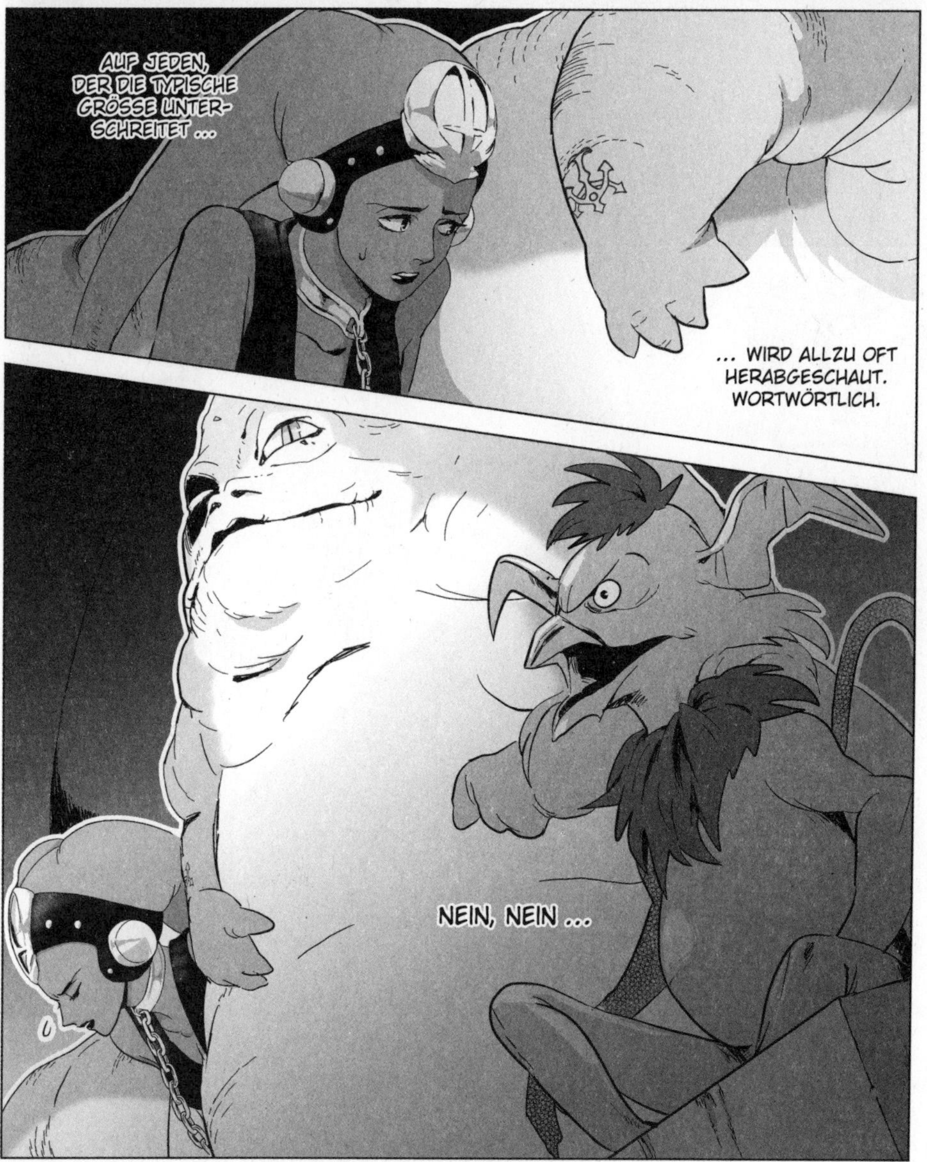

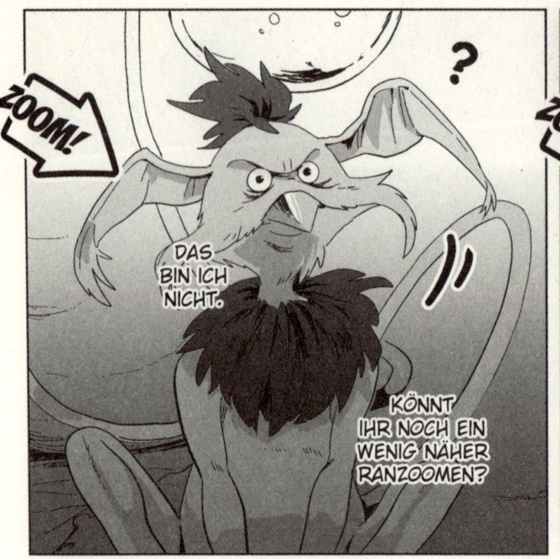
ZOOM!
?
DAS BIN ICH NICHT.
KÖNNT IHR NOCH EIN WENIG NÄHER RANZOOMEN?

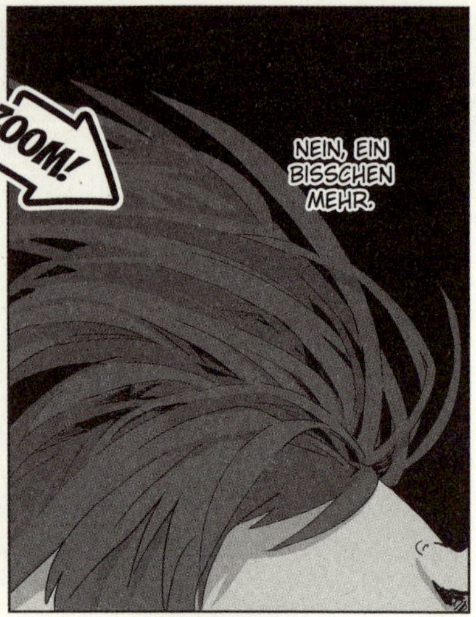
ZOOM!
NEIN, EIN BISSCHEN MEHR.

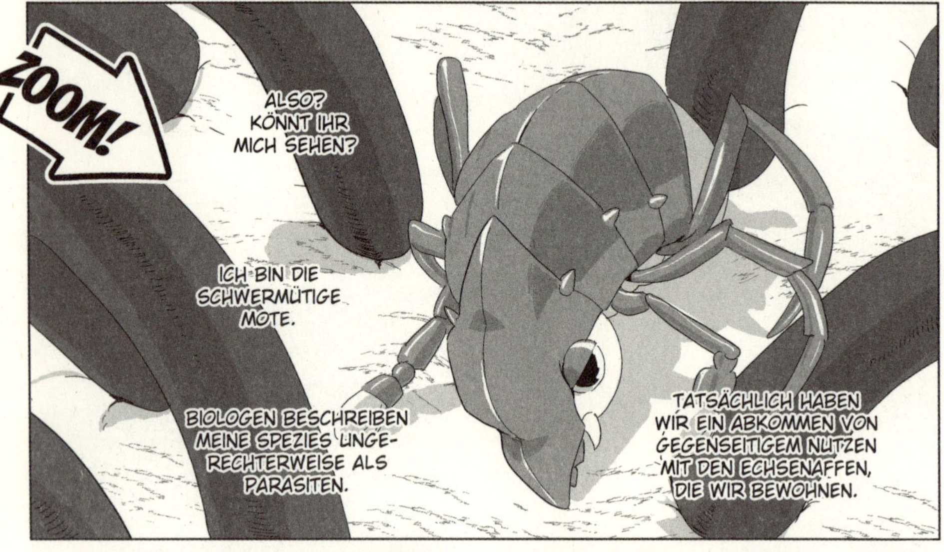
ZOOM!
ALSO? KÖNNT IHR MICH SEHEN?
ICH BIN DIE SCHWERMÜTIGE MOTE.
BIOLOGEN BESCHREIBEN MEINE SPEZIES UNGE-RECHTERWEISE ALS PARASITEN.
TATSÄCHLICH HABEN WIR EIN ABKOMMEN VON GEGENSEITIGEM NUTZEN MIT DEN ECHSENAFFEN, DIE WIR BEWOHNEN.

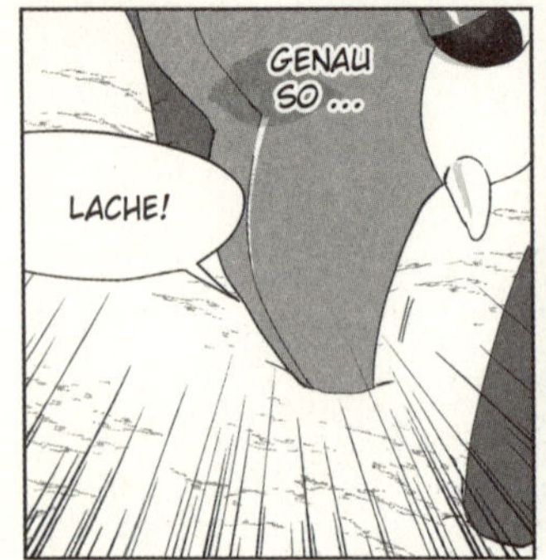
GENAU SO ...
LACHE!

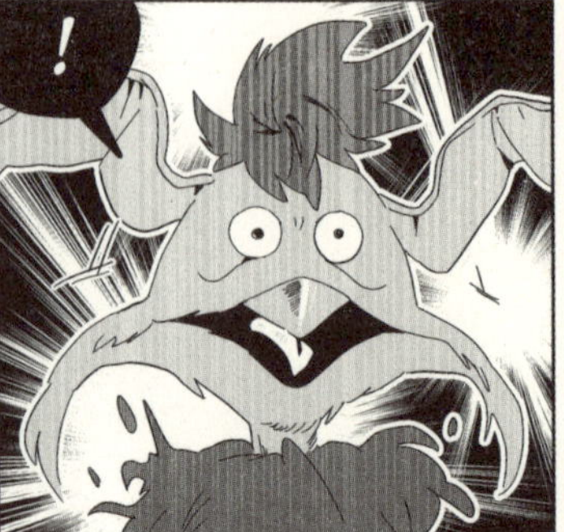
!

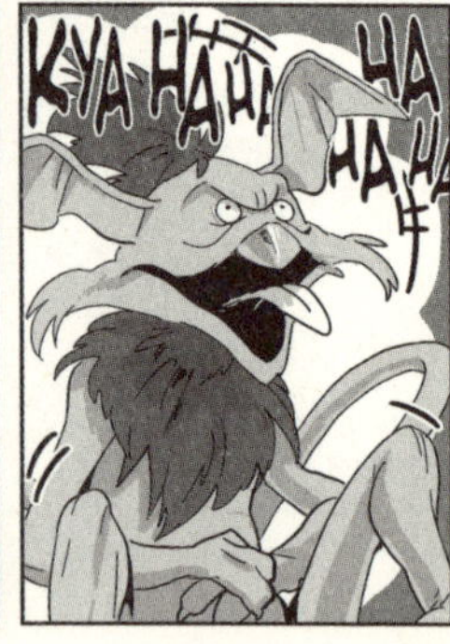
KYA HA
HA HA

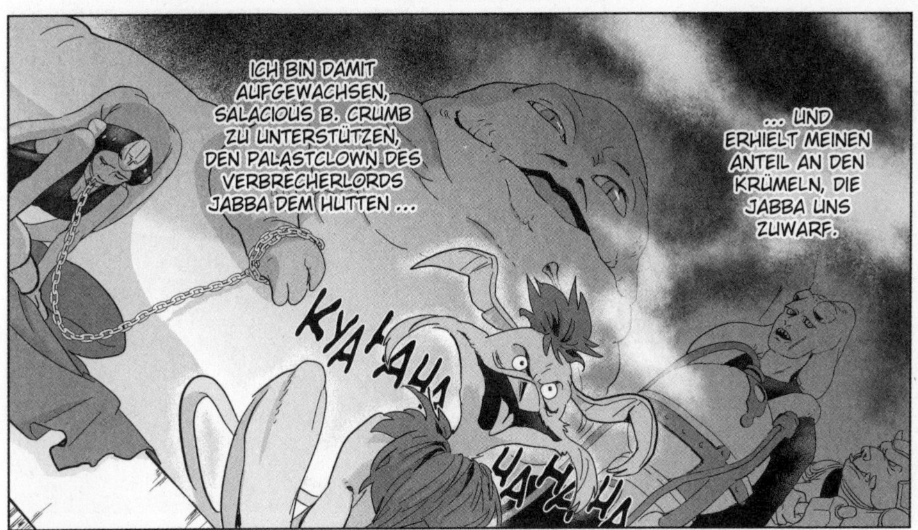
ICH BIN DAMIT AUFGEWACHSEN, SALACIOUS B. CRUMB ZU UNTERSTÜTZEN, DEN PALASTCLOWN DES VERBRECHERLORDS JABBA DEM HUTTEN ...
... UND ERHIELT MEINEN ANTEIL AN DEN KRÜMELN, DIE JABBA UNS ZUWARF.
KYA HAHA
HAHAHA

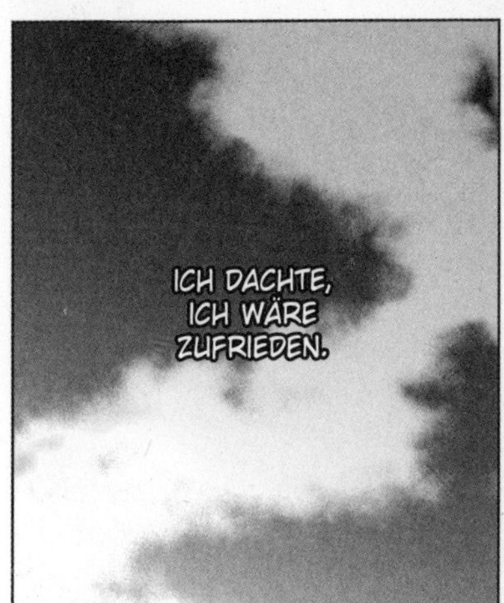
ICH DACHTE, ICH WÄRE ZUFRIEDEN.

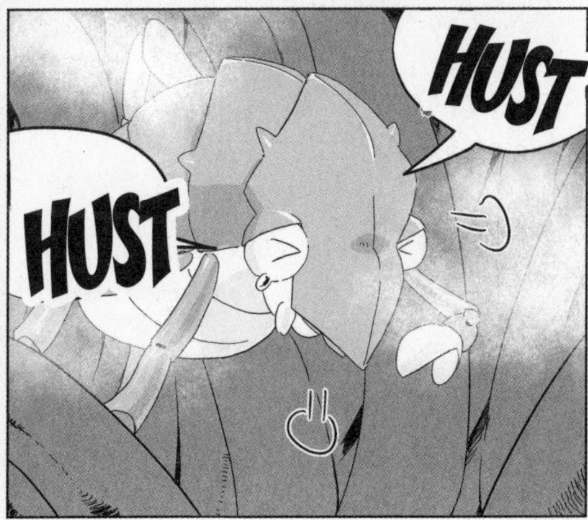
HUST
HUST

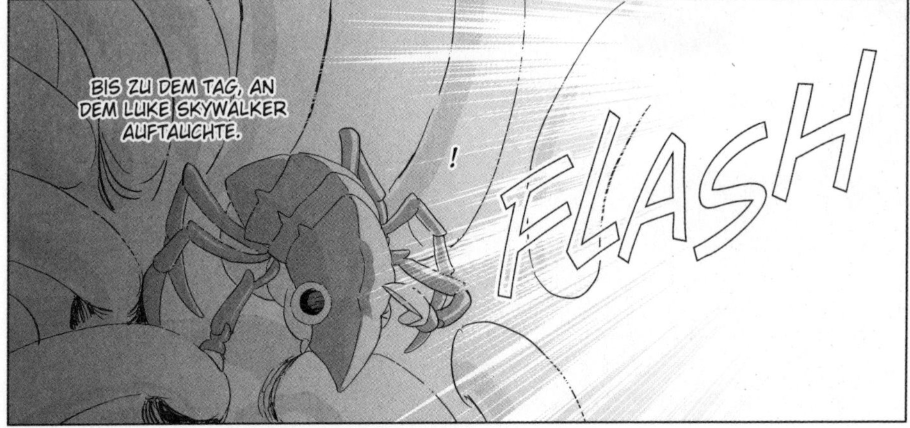
BIS ZU DEM TAG, AN DEM LUKE SKYWALKER AUFTAUCHTE.
!
FLASH

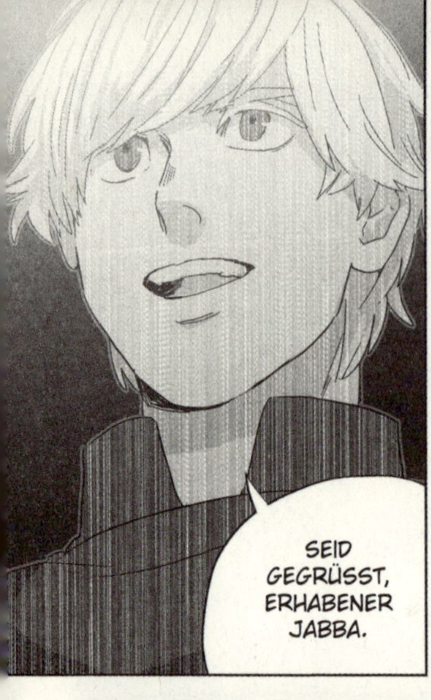
SEID GEGRÜSST, ERHABENER JABBA.

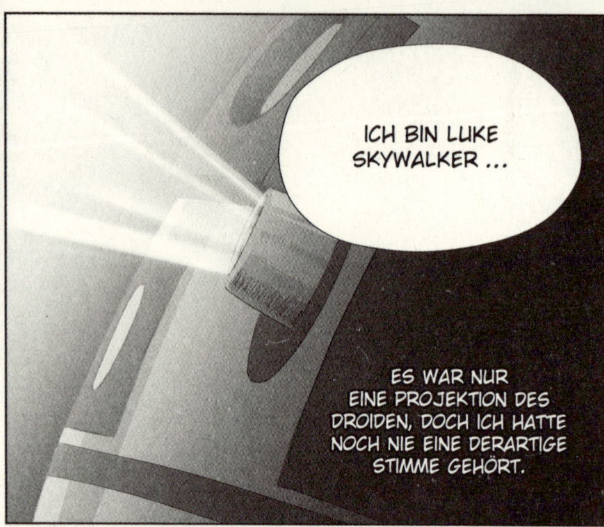
ICH BIN LUKE SKYWALKER ...
ES WAR NUR EINE PROJEKTION DES DROIDEN, DOCH ICH HATTE NOCH NIE EINE DERARTIGE STIMME GEHÖRT.

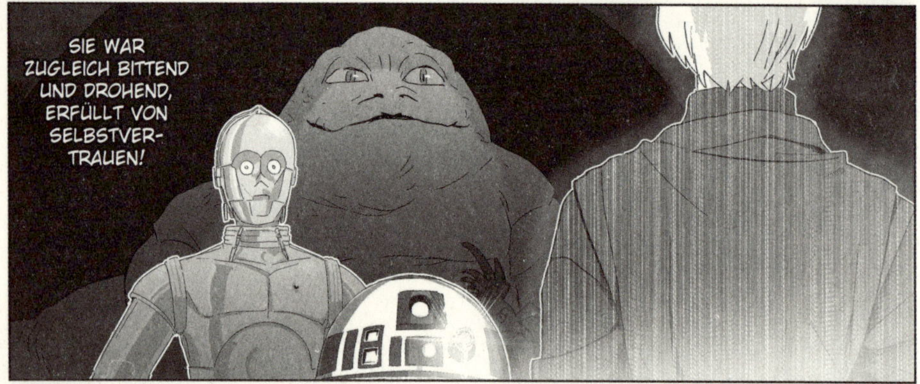
SIE WAR ZUGLEICH BITTEND UND DROHEND, ERFÜLLT VON SELBSTVER-TRAUEN!

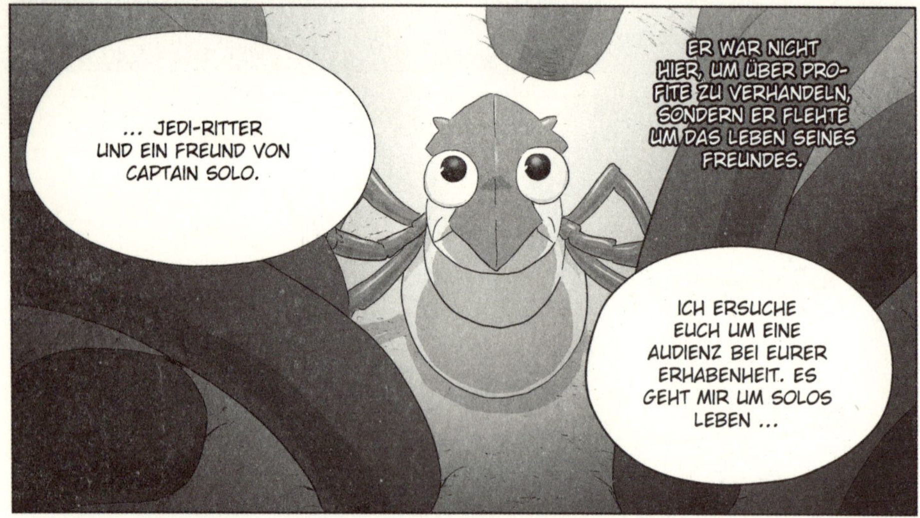
... JEDI-RITTER UND EIN FREUND VON CAPTAIN SOLO.
ER WAR NICHT HIER, UM ÜBER PRO-FITE ZU VERHANDELN, SONDERN ER FLEHTE UM DAS LEBEN SEINES FREUNDES.
ICH ERSUCHE EUCH UM EINE AUDIENZ BEI EURER ERHABENHEIT. ES GEHT MIR UM SOLOS LEBEN ...

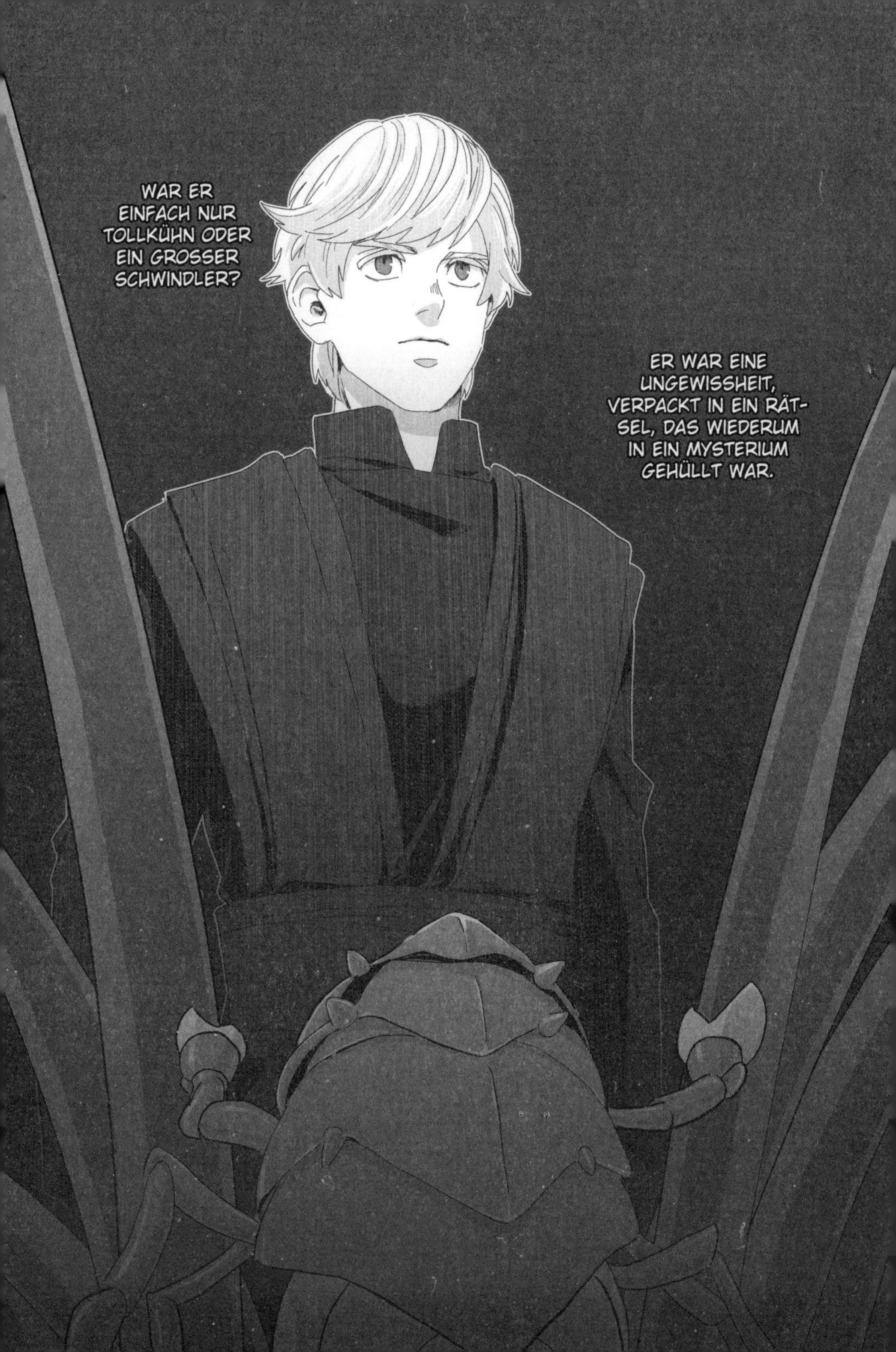
WAR ER EINFACH NUR TOLLKÜHN ODER EIN GROSSER SCHWINDLER?
ER WAR EINE UNGEWISSHEIT, VERPACKT IN EIN RÄT-SEL, DAS WIEDERUM IN EIN MYSTERIUM GEHÜLLT WAR.

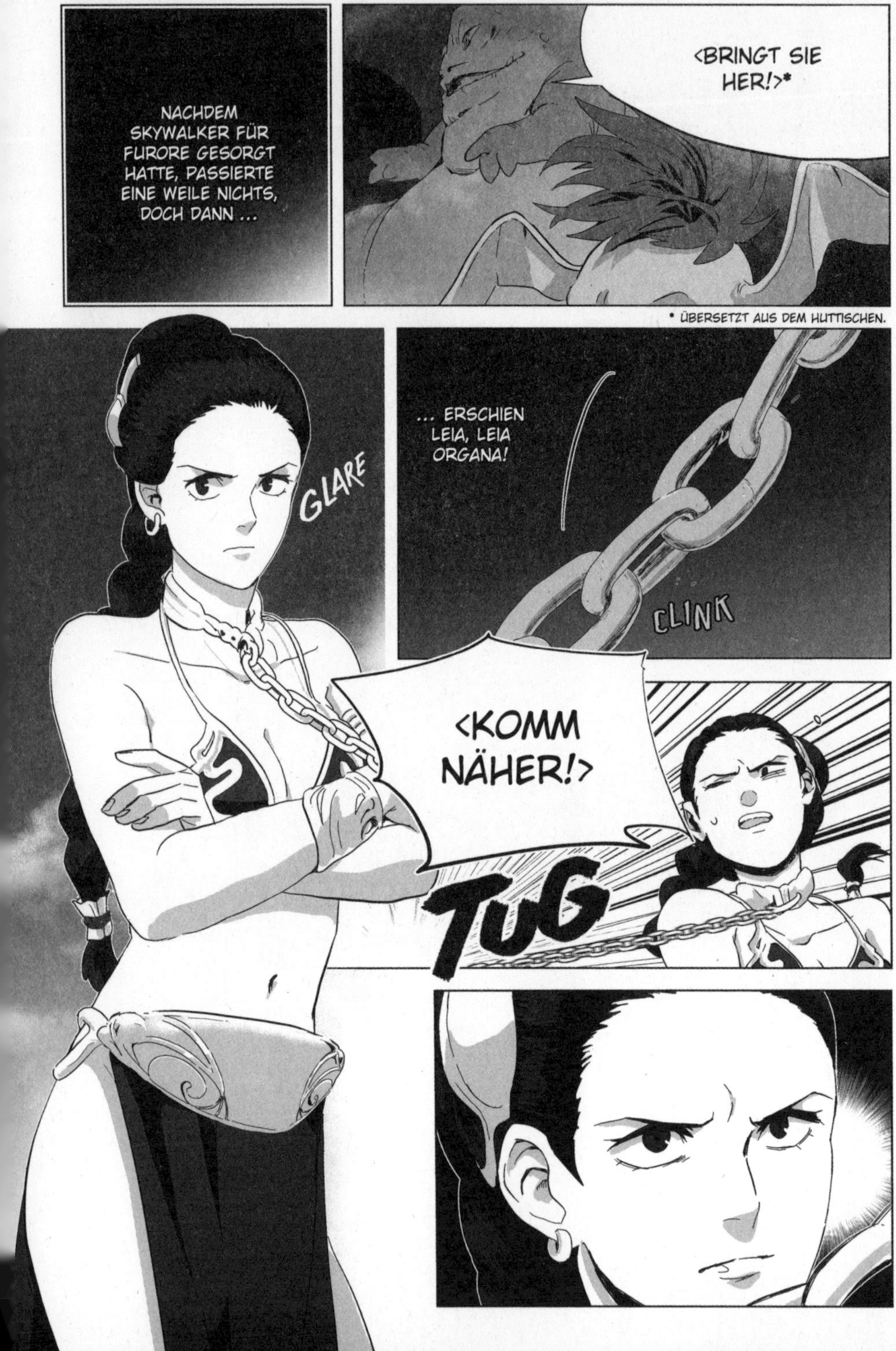

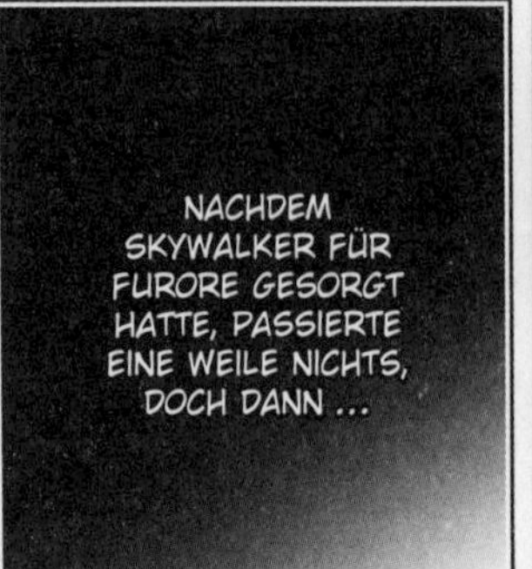

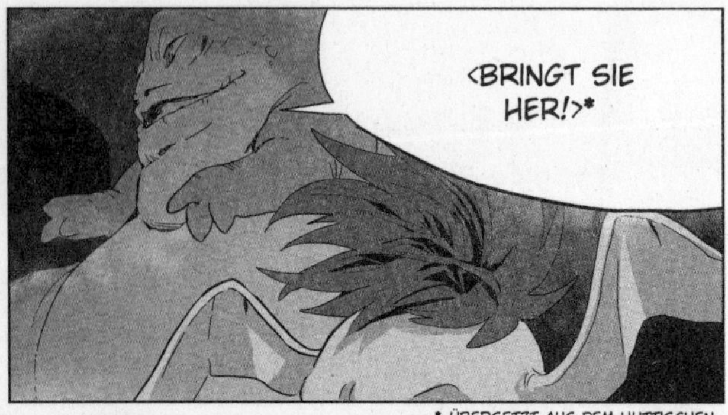

* ÜBERSETZT AUS DEM HUTTISCHEN.

… ERSCHIEN LEIA, LEIA ORGANA!

GLARE

CLINK

<KOMM NÄHER!>

TUG

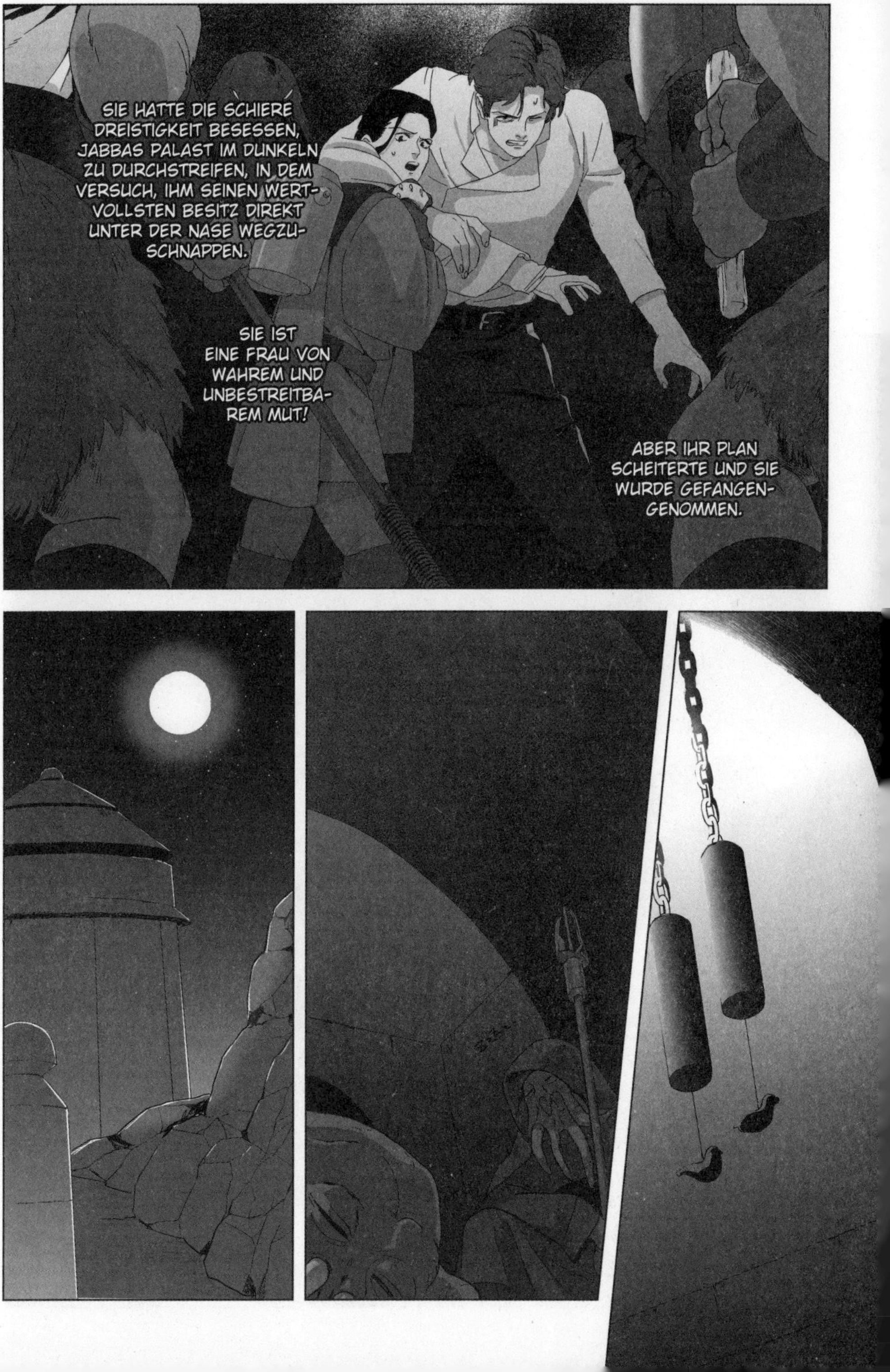

SIE HATTE DIE SCHIERE DREISTIGKEIT BESESSEN, JABBAS PALAST IM DUNKELN ZU DURCHSTREIFEN, IN DEM VERSUCH, IHM SEINEN WERTVOLLSTEN BESITZ DIREKT UNTER DER NASE WEGZUSCHNAPPEN.

SIE IST EINE FRAU VON WAHREM UND UNBESTREITBAREM MUT!

ABER IHR PLAN SCHEITERTE UND SIE WURDE GEFANGENGENOMMEN.

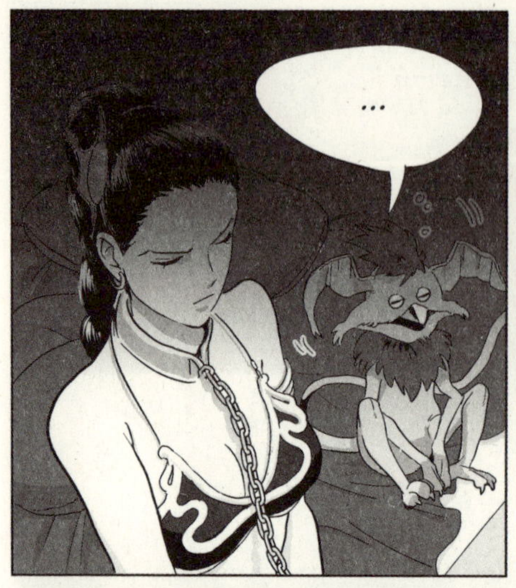
...
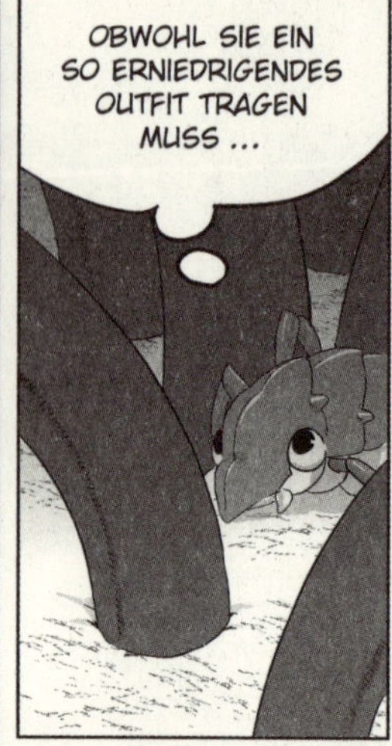
OBWOHL SIE EIN SO ERNIEDRIGENDES OUTFIT TRAGEN MUSS ...
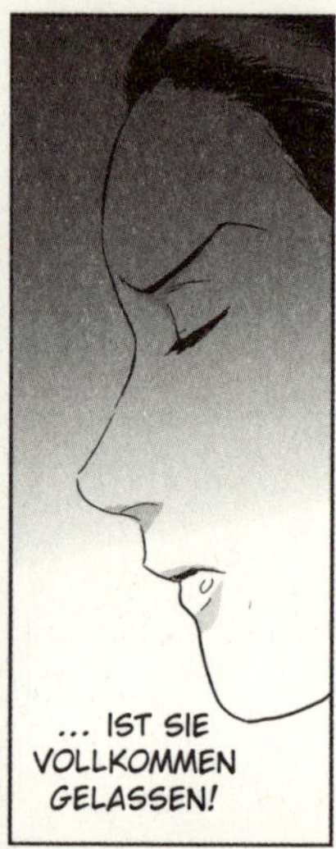
... IST SIE VOLLKOMMEN GELASSEN!
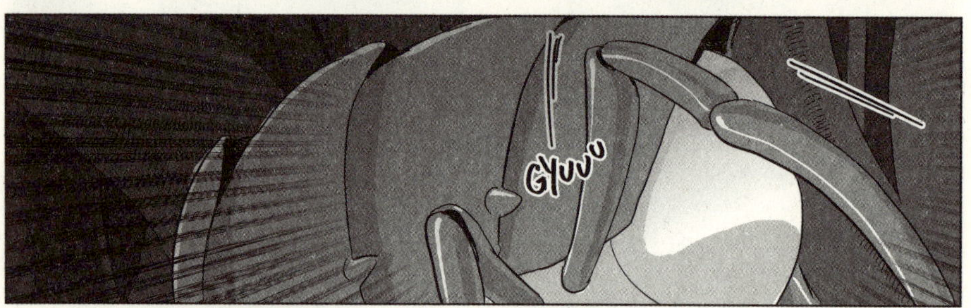
GYUUU
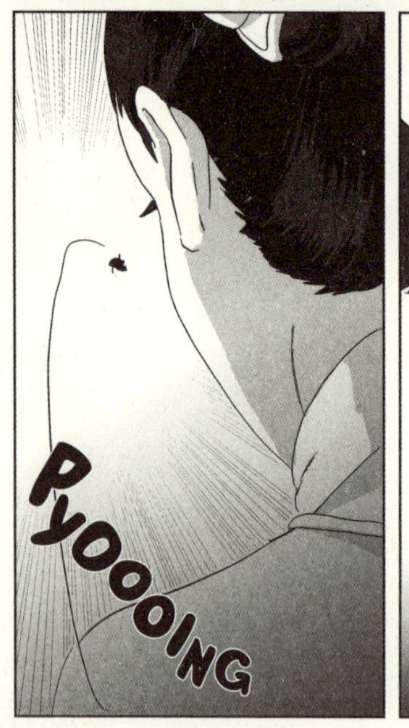
PYOOOING
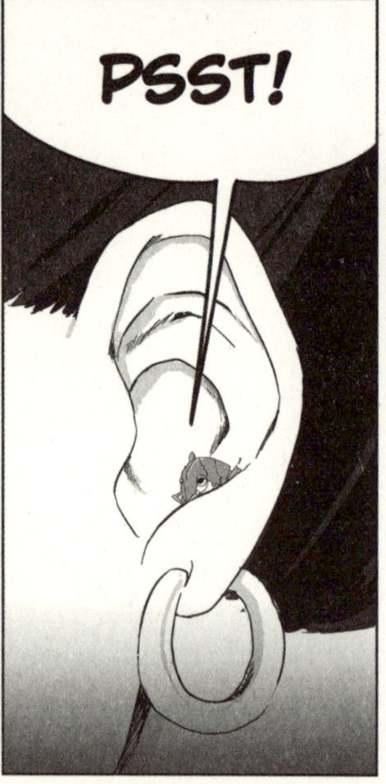
PSST!
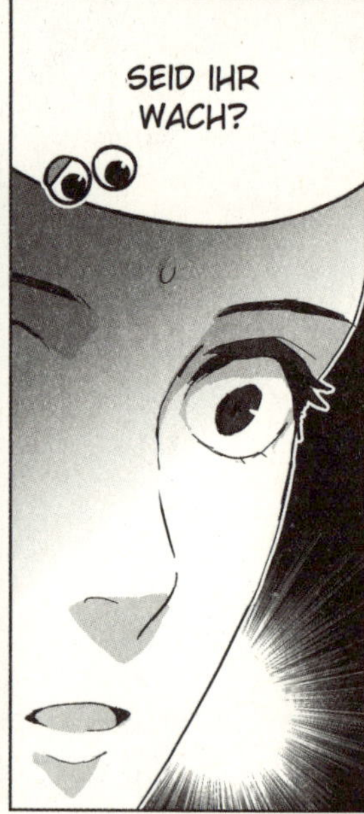
SEID IHR WACH?

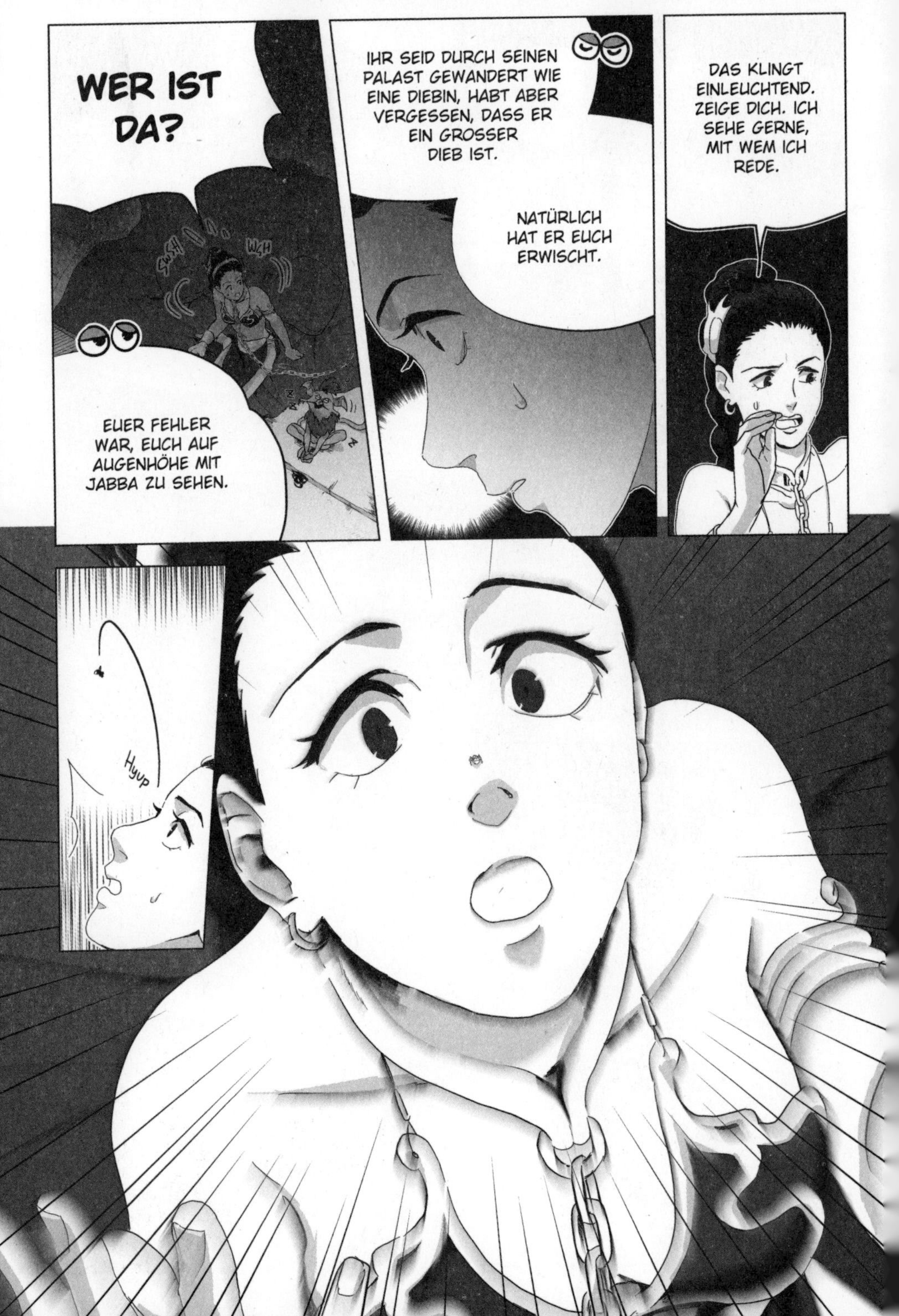
WER IST DA?
EUER FEHLER WAR, EUCH AUF AUGENHÖHE MIT JABBA ZU SEHEN.
IHR SEID DURCH SEINEN PALAST GEWANDERT WIE EINE DIEBIN, HABT ABER VERGESSEN, DASS ER EIN GROSSER DIEB IST.
NATÜRLICH HAT ER EUCH ERWISCHT.
DAS KLINGT EINLEUCHTEND. ZEIGE DICH. ICH SEHE GERNE, MIT WEM ICH REDE.
Hyup

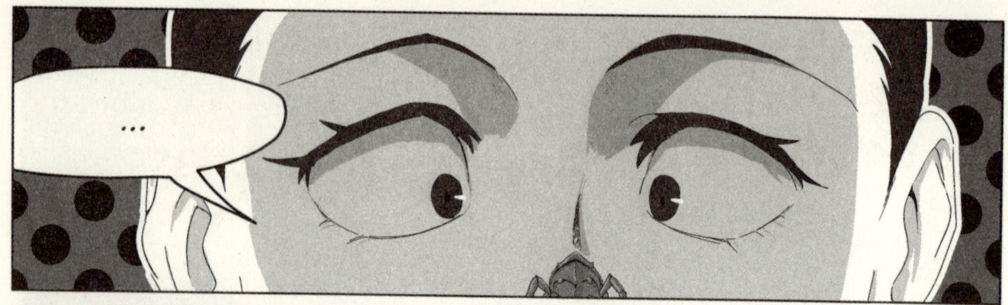

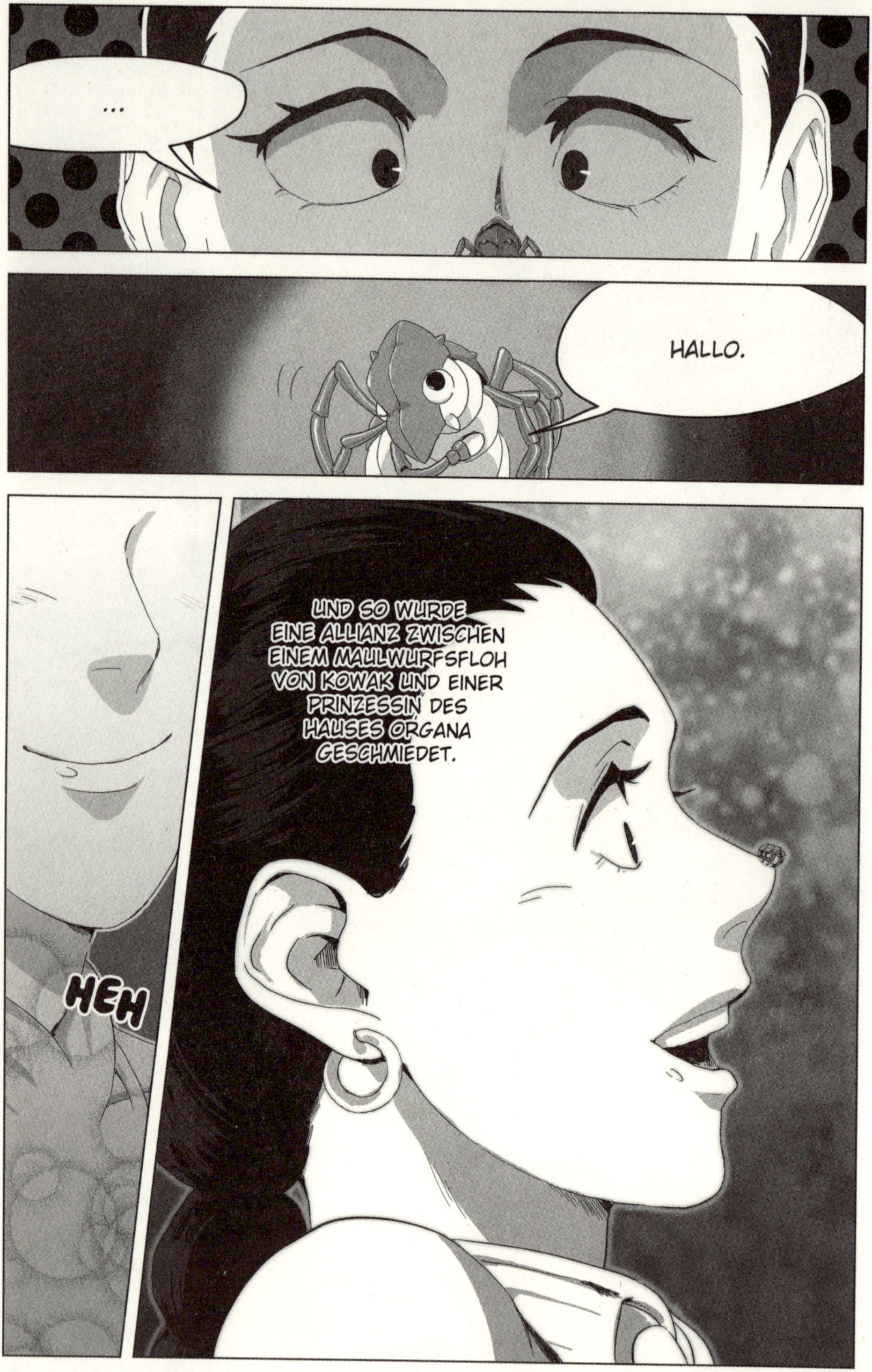

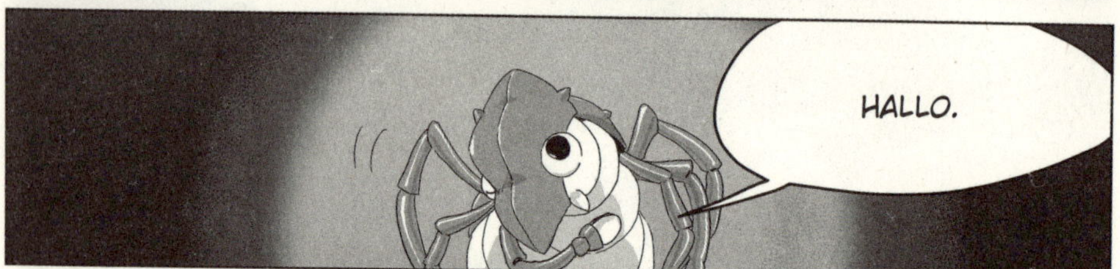

UND SO WURDE EINE ALLIANZ ZWISCHEN EINEM MAULWURFSFLOH VON KOWAK UND EINER PRINZESSIN DES HAUSES ORGANA GESCHMIEDET.

HEH

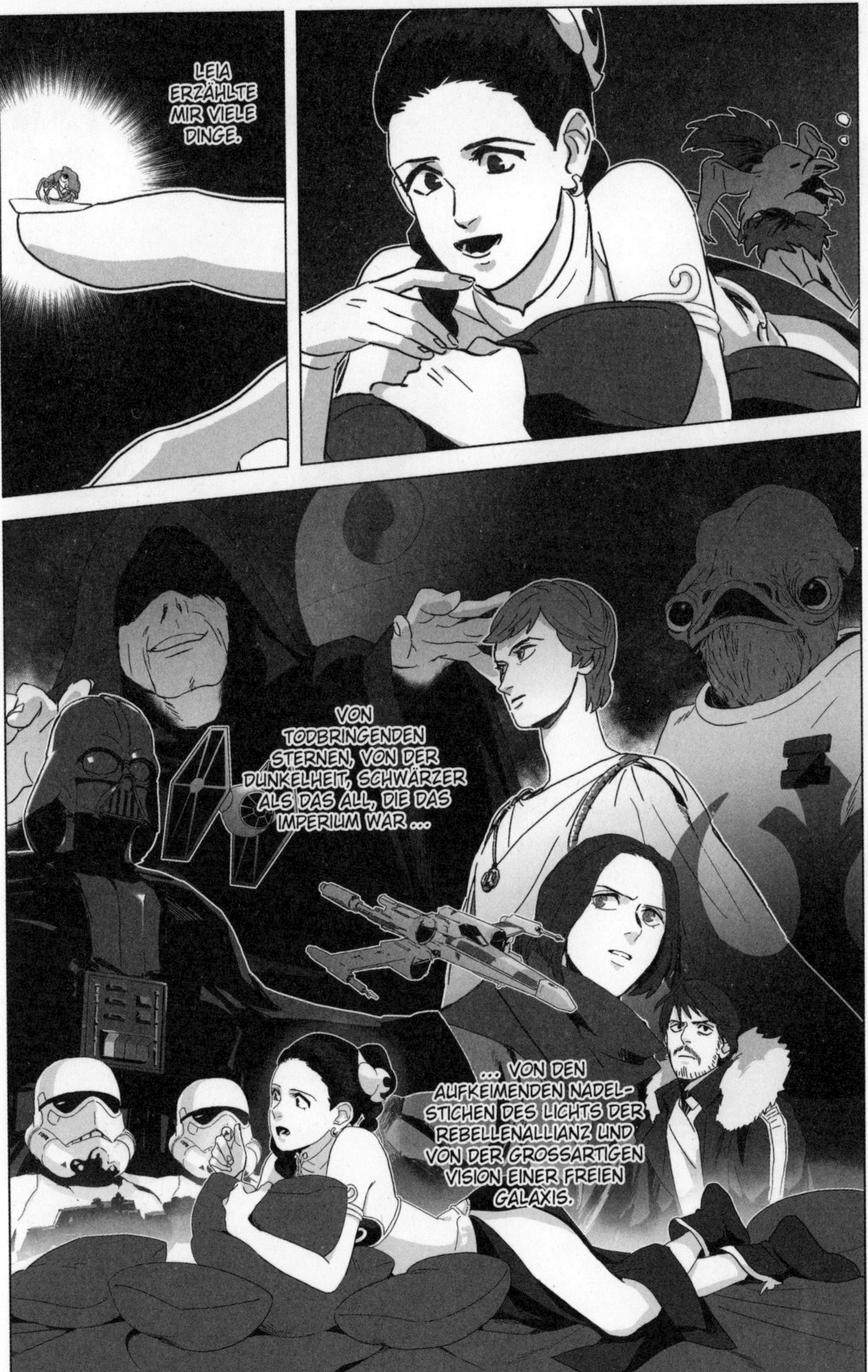
LEIA ERZÄHLTE MIR VIELE DINGE.
VON TODBRINGENDEN STERNEN, VON DER DUNKELHEIT, SCHWÄRZER ALS DAS ALL, DIE DAS IMPERIUM WAR ...
... VON DEN AUFKEIMENDEN NADEL-STICHEN DES LICHTS DER REBELLENALLIANZ UND VON DER GROSSARTIGEN VISION EINER FREIEN GALAXIS.

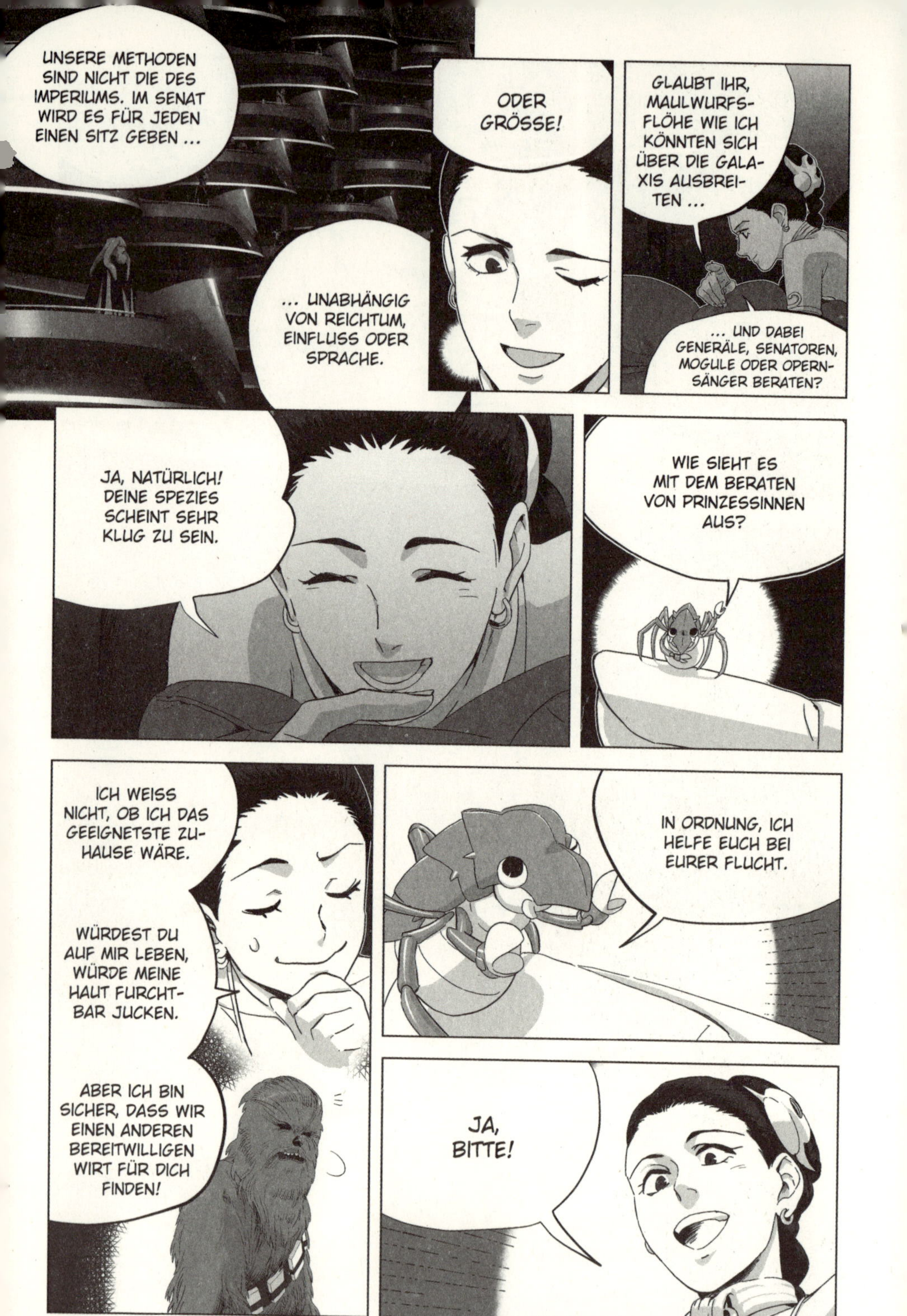

UNSERE METHODEN SIND NICHT DIE DES IMPERIUMS. IM SENAT WIRD ES FÜR JEDEN EINEN SITZ GEBEN ...

... UNABHÄNGIG VON REICHTUM, EINFLUSS ODER SPRACHE.

ODER GRÖSSE!

GLAUBT IHR, MAULWURFSFLÖHE WIE ICH KÖNNTEN SICH ÜBER DIE GALAXIS AUSBREITEN ...

... UND DABEI GENERÄLE, SENATOREN, MOGULE ODER OPERNSÄNGER BERATEN?

JA, NATÜRLICH! DEINE SPEZIES SCHEINT SEHR KLUG ZU SEIN.

WIE SIEHT ES MIT DEM BERATEN VON PRINZESSINNEN AUS?

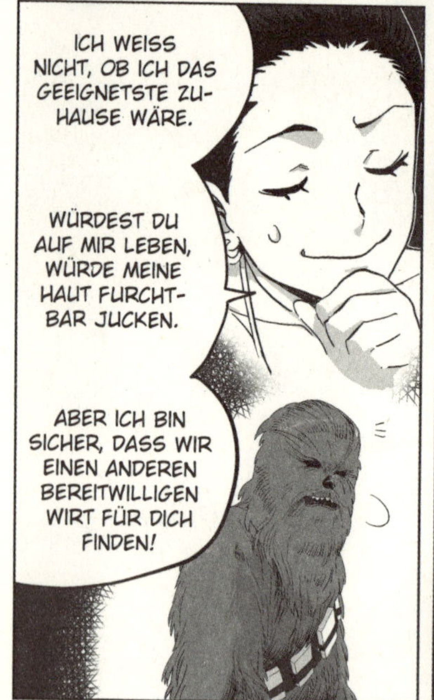

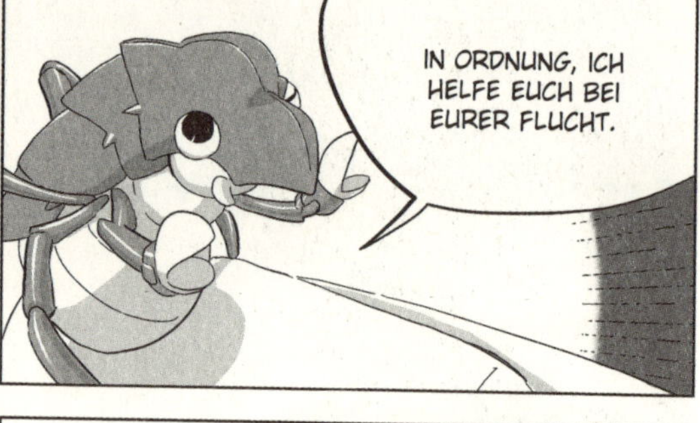

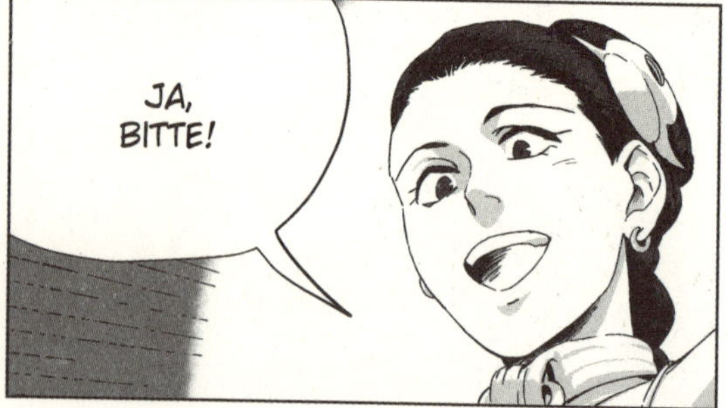

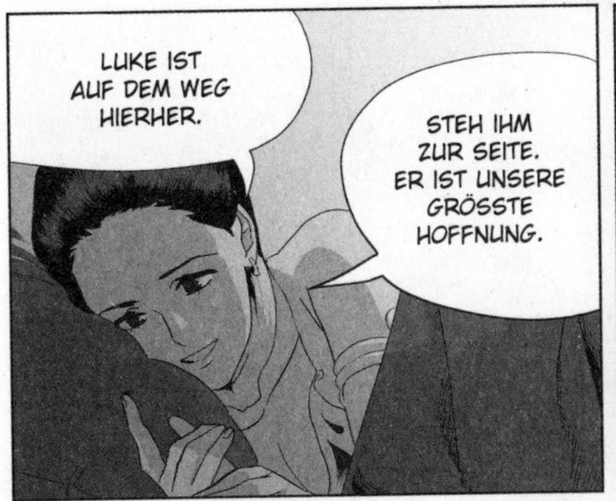
LUKE IST AUF DEM WEG HIERHER.
STEH IHM ZUR SEITE. ER IST UNSERE GRÖSSTE HOFFNUNG.

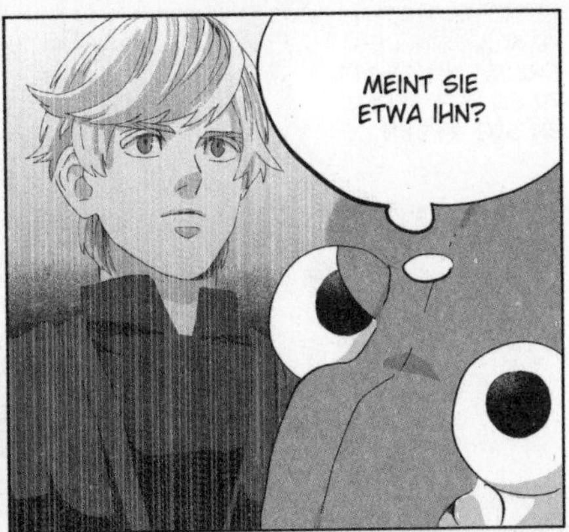
MEINT SIE ETWA IHN?

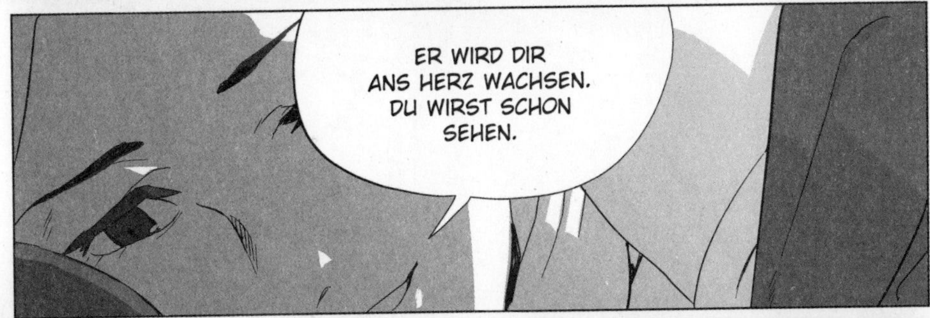
ER WIRD DIR ANS HERZ WACHSEN. DU WIRST SCHON SEHEN.

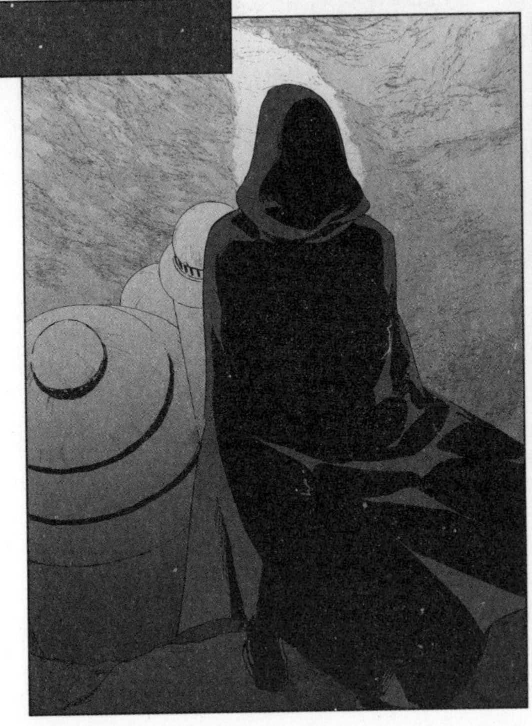

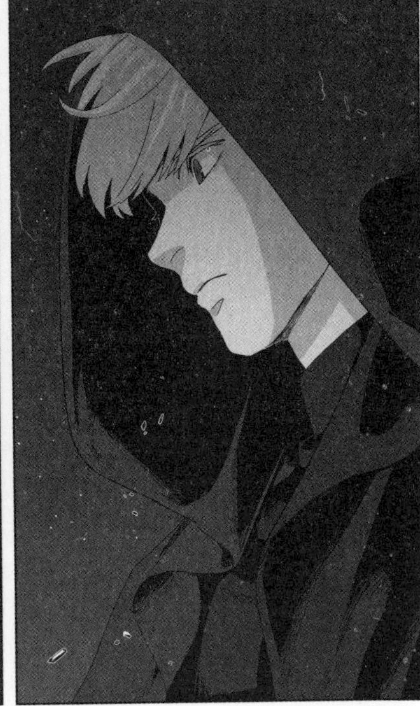

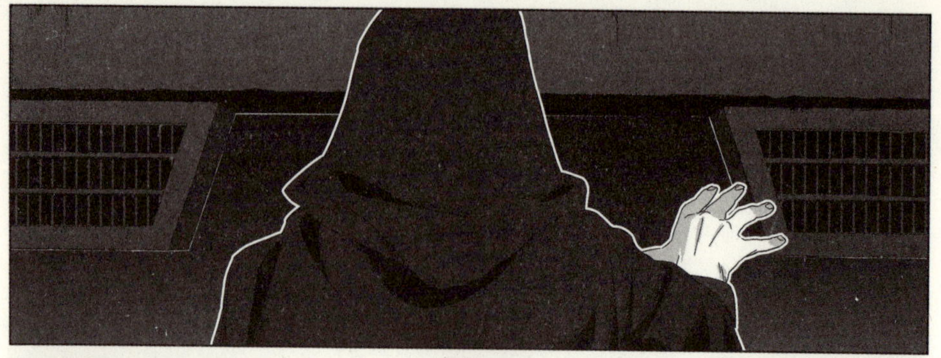
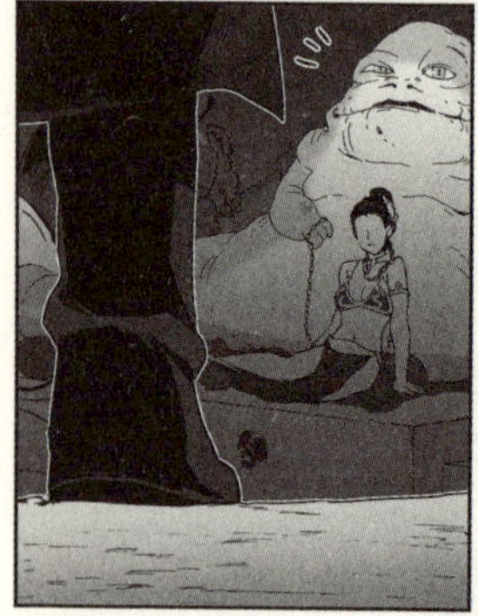
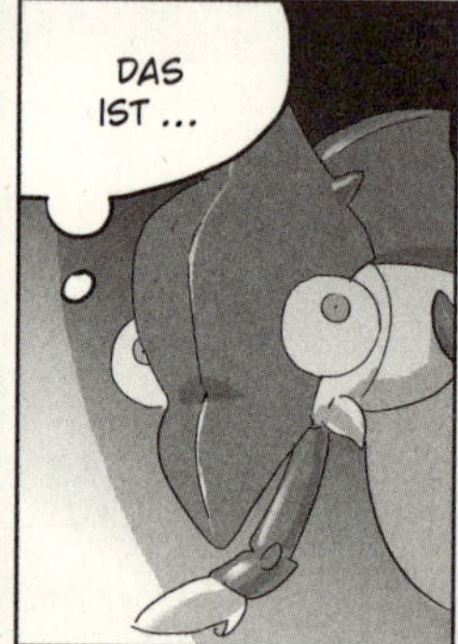
DAS IST ...
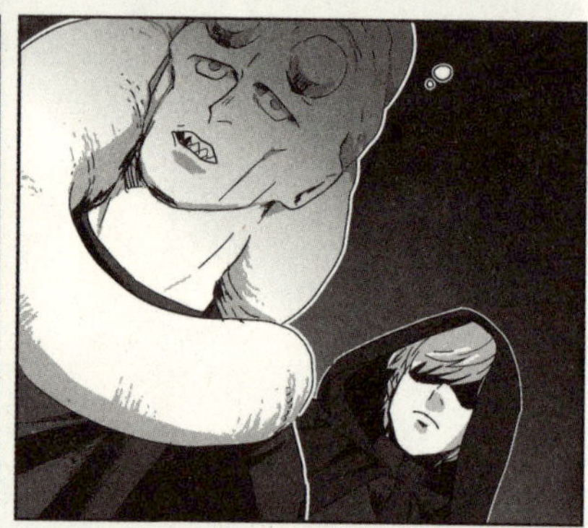
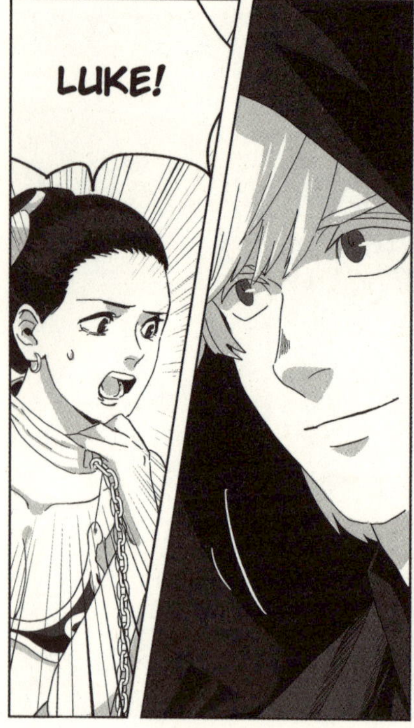
LUKE!
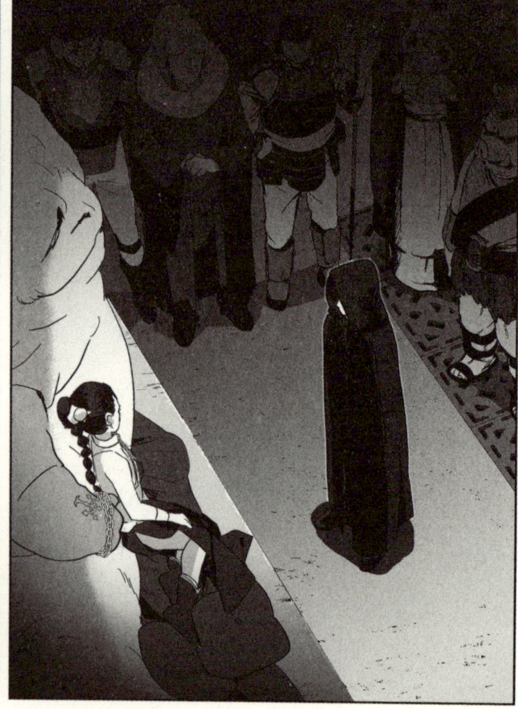

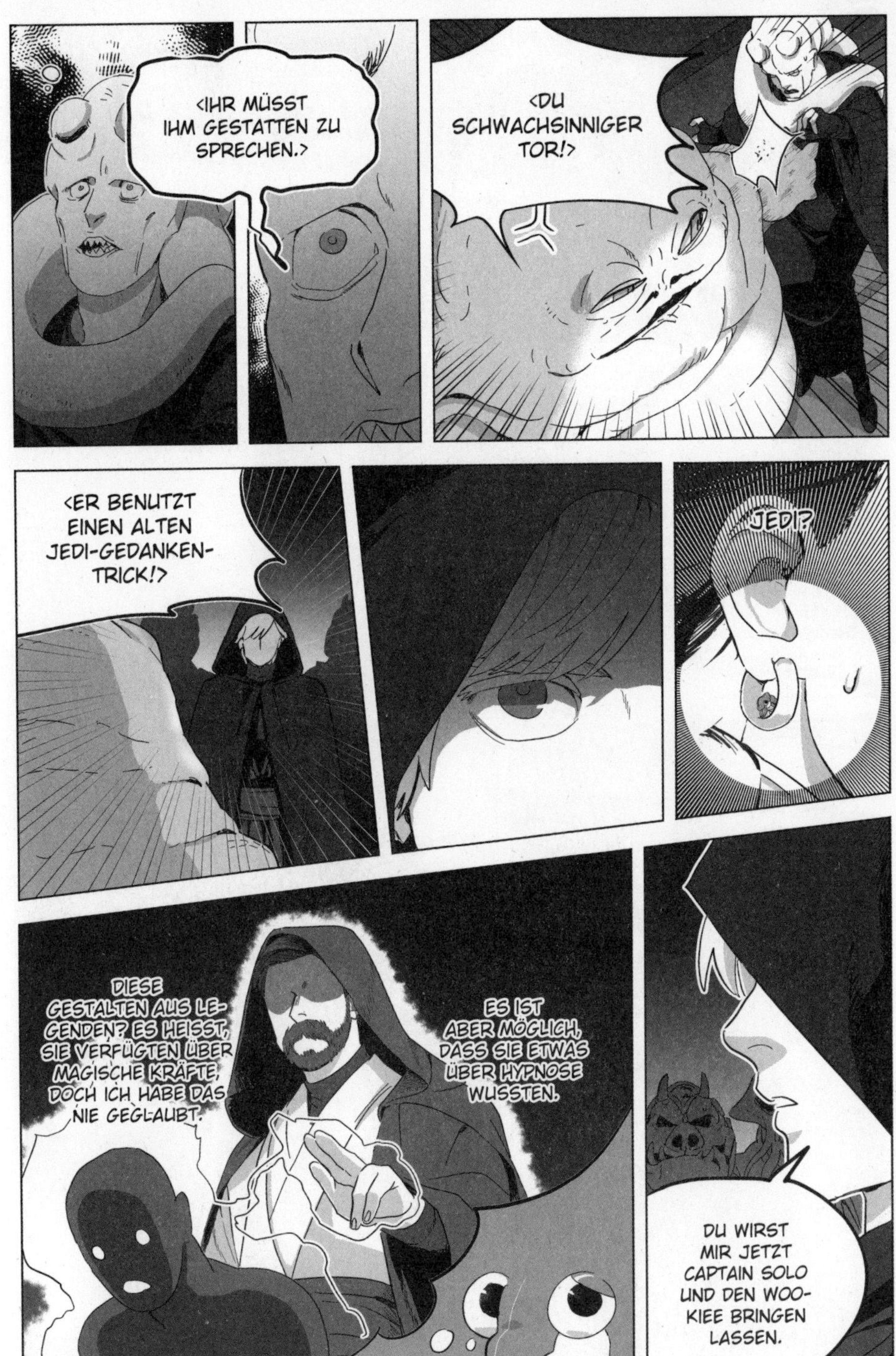

<IHR MÜSST IHM GESTATTEN ZU SPRECHEN.>
<DU SCHWACHSINNIGER TOR!>
<ER BENUTZT EINEN ALTEN JEDI-GEDANKEN-TRICK!>
JEDI?
DIESE GESTALTEN AUS LEGENDEN? ES HEISST, SIE VERFÜGTEN ÜBER MAGISCHE KRÄFTE, DOCH ICH HABE DAS NIE GEGLAUBT.
ES IST ABER MÖGLICH, DASS SIE ETWAS ÜBER HYPNOSE WUSSTEN.
DU WIRST MIR JETZT CAPTAIN SOLO UND DEN WOOKIEE BRINGEN LASSEN.

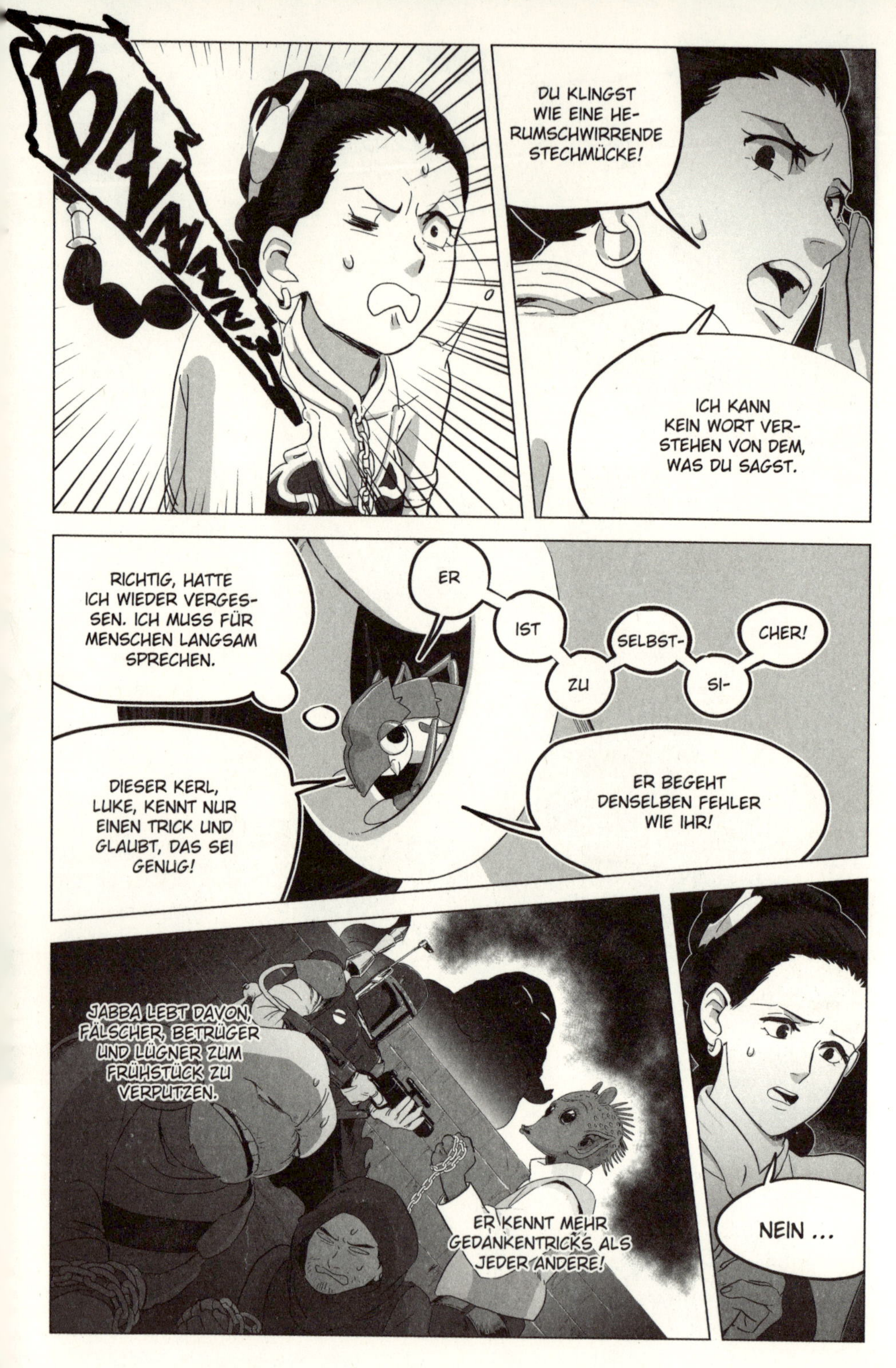
BAAAAM!
DU KLINGST WIE EINE HE-RUMSCHWIRRENDE STECHMÜCKE!
ICH KANN KEIN WORT VER-STEHEN VON DEM, WAS DU SAGST.
RICHTIG, HATTE ICH WIEDER VERGES-SEN. ICH MUSS FÜR MENSCHEN LANGSAM SPRECHEN.
ER
IST
ZU
SELBST-
SI-
CHER!
DIESER KERL, LUKE, KENNT NUR EINEN TRICK UND GLAUBT, DAS SEI GENUG!
ER BEGEHT DENSELBEN FEHLER WIE IHR!
JABBA LEBT DAVON, FÄLSCHER, BETRÜGER UND LÜGNER ZUM FRÜHSTÜCK ZU VERPUTZEN.
ER KENNT MEHR GEDANKENTRICKS ALS JEDER ANDERE!
NEIN ...

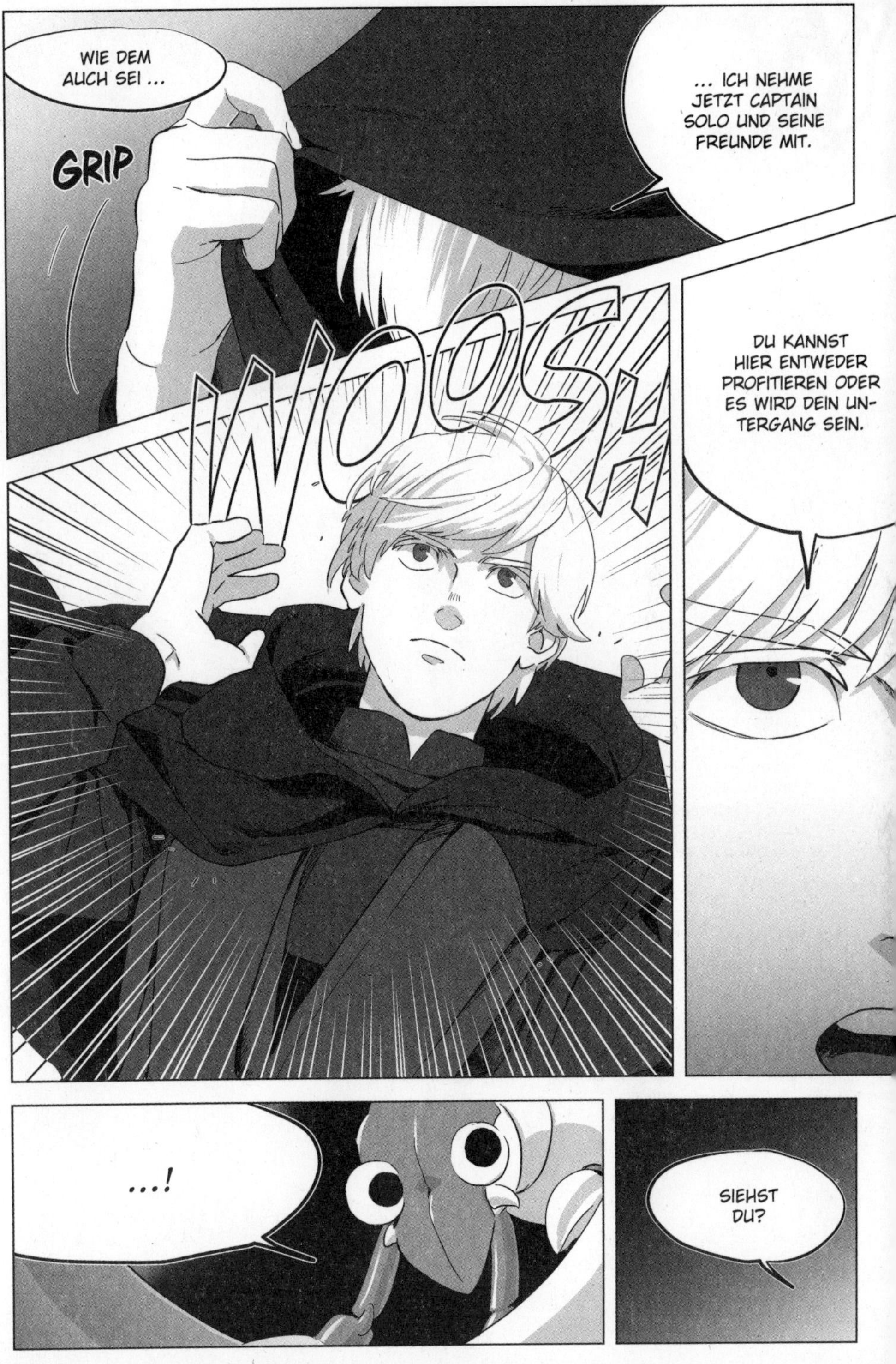

WIE DEM AUCH SEI ...

GRIP

... ICH NEHME JETZT CAPTAIN SOLO UND SEINE FREUNDE MIT.

WOOSH

DU KANNST HIER ENTWEDER PROFITIEREN ODER ES WIRD DEIN UNTERGANG SEIN.

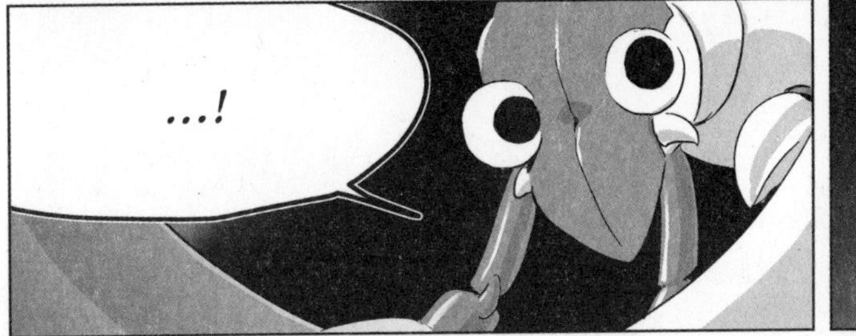

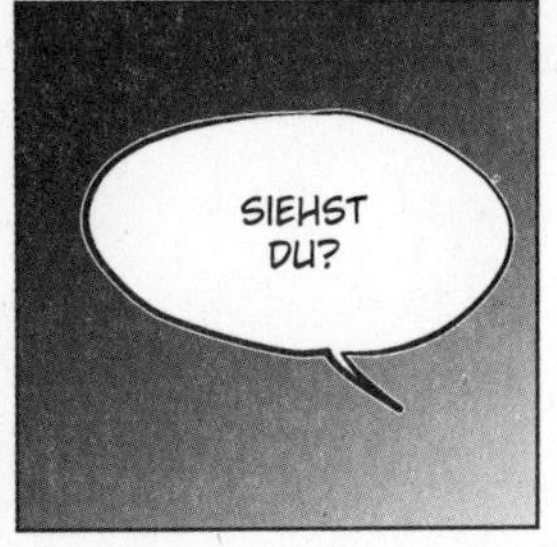

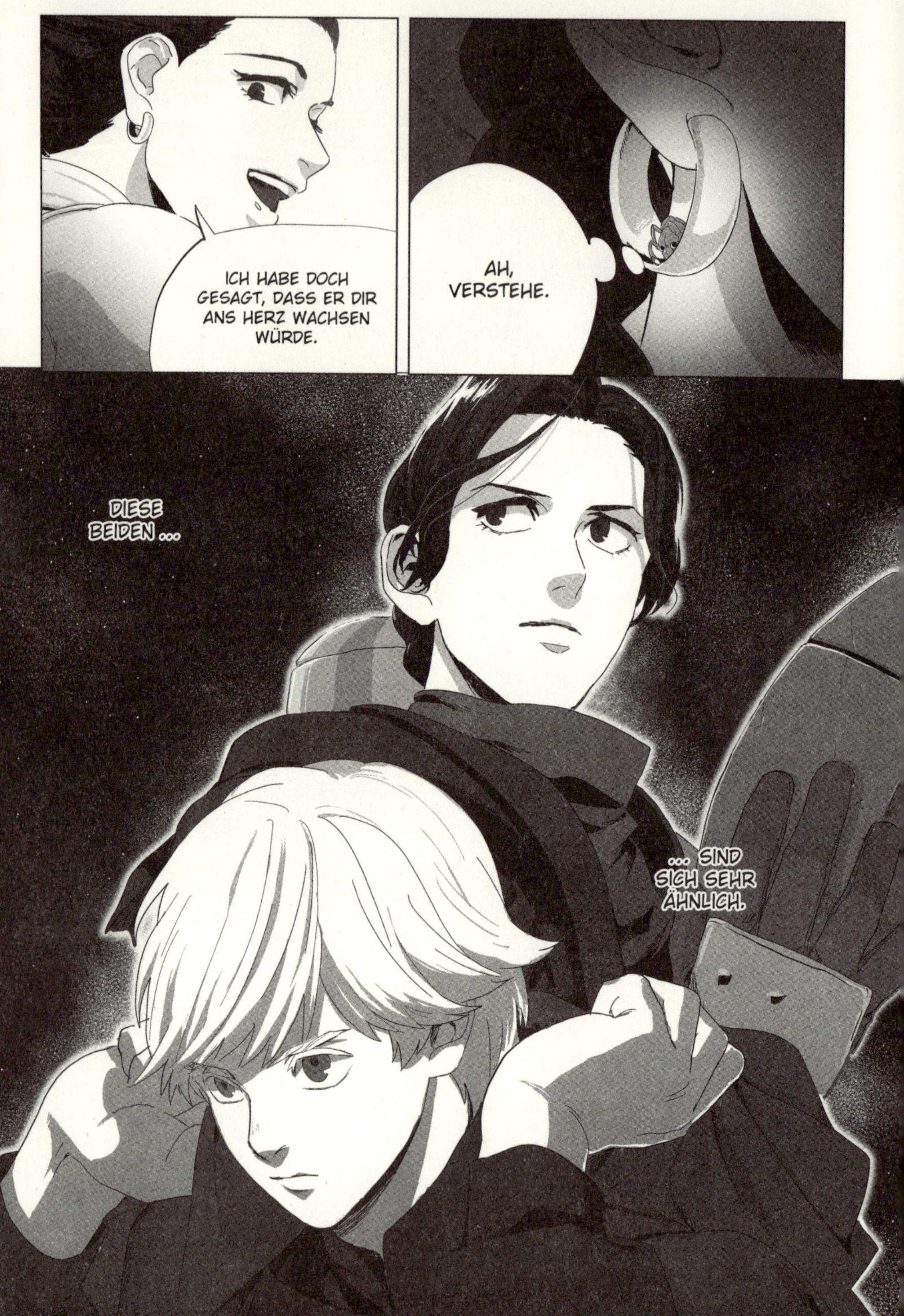
ICH HABE DOCH GESAGT, DASS ER DIR ANS HERZ WACHSEN WÜRDE.
AH, VERSTEHE.
DIESE BEIDEN ...
... SIND SICH SEHR ÄHNLICH.

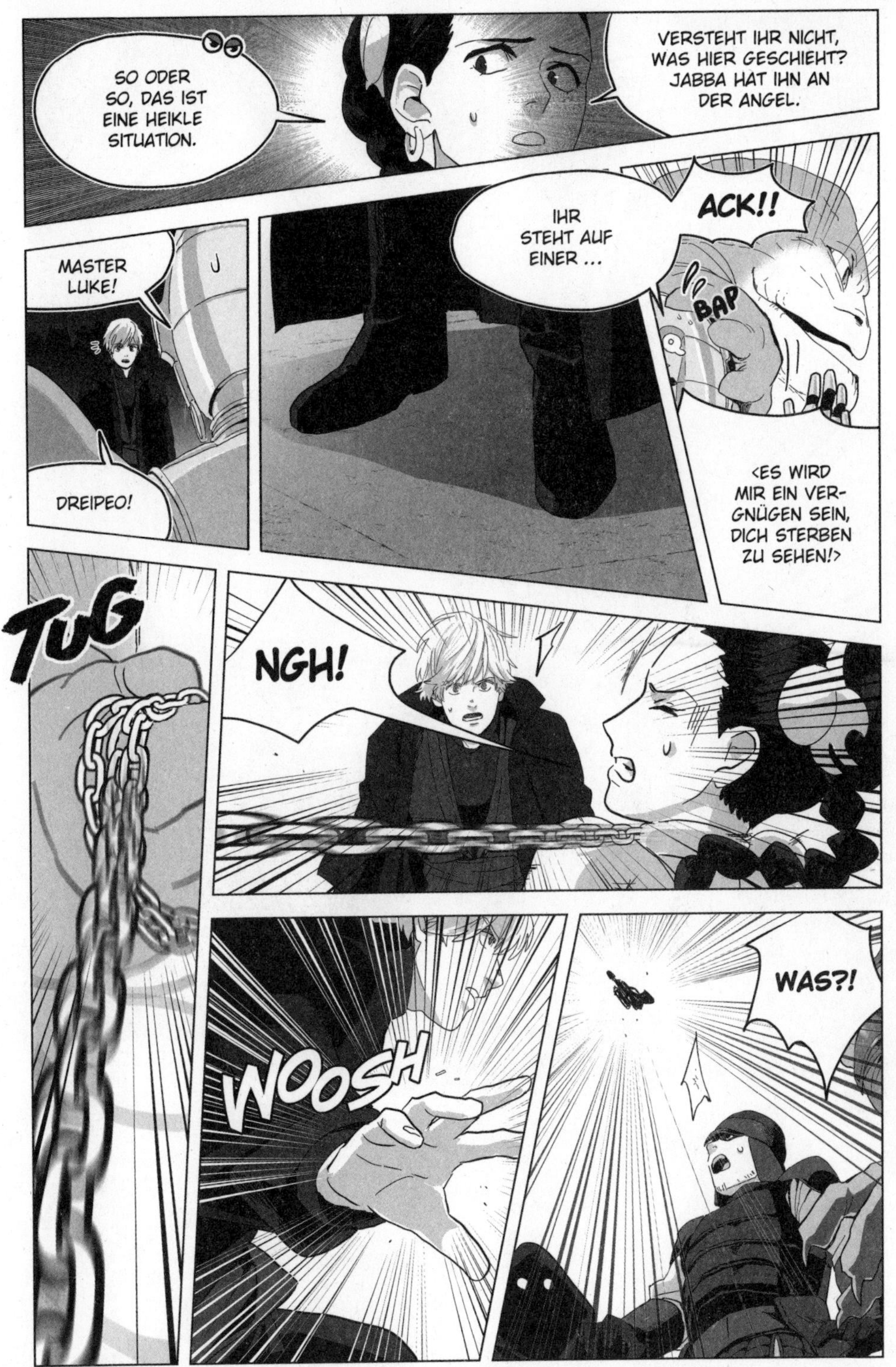

VERSTEHT IHR NICHT, WAS HIER GESCHIEHT? JABBA HAT IHN AN DER ANGEL.
SO ODER SO, DAS IST EINE HEIKLE SITUATION.
ACK!!
BAP
IHR STEHT AUF EINER …
MASTER LUKE!
DREIPEO!
<ES WIRD MIR EIN VERGNÜGEN SEIN, DICH STERBEN ZU SEHEN!>
NGH!
TUG
WAS?!
WOOSH

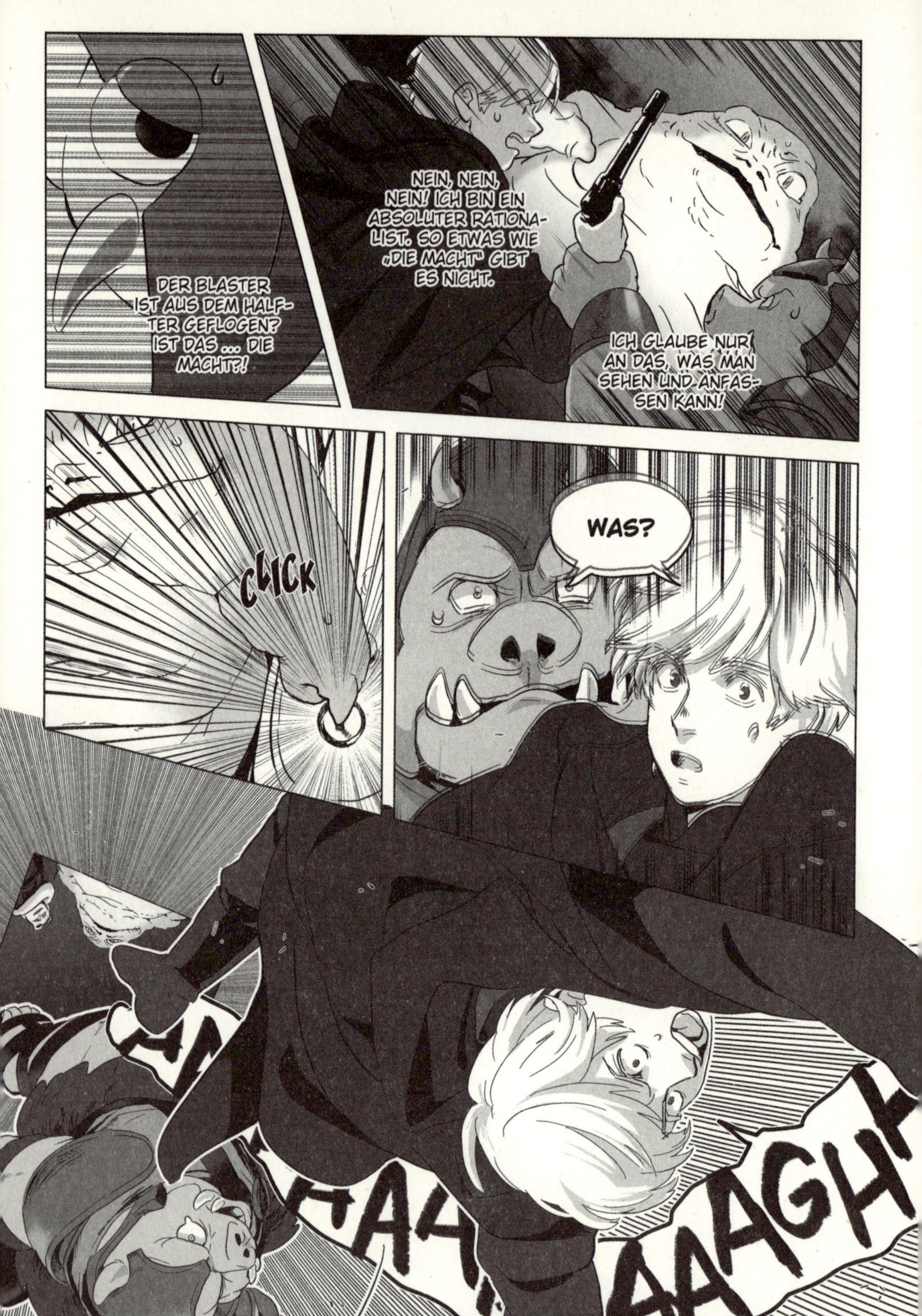
DER BLASTER IST AUS DEM HALFTER GEFLOGEN? IST DAS ... DIE MACHT?!
NEIN, NEIN, NEIN! ICH BIN EIN ABSOLUTER RATIONALIST. SO ETWAS WIE „DIE MACHT" GIBT ES NICHT.
ICH GLAUBE NUR AN DAS, WAS MAN SEHEN UND ANFASSEN KANN!
CLICK
WAS?
AAAGH

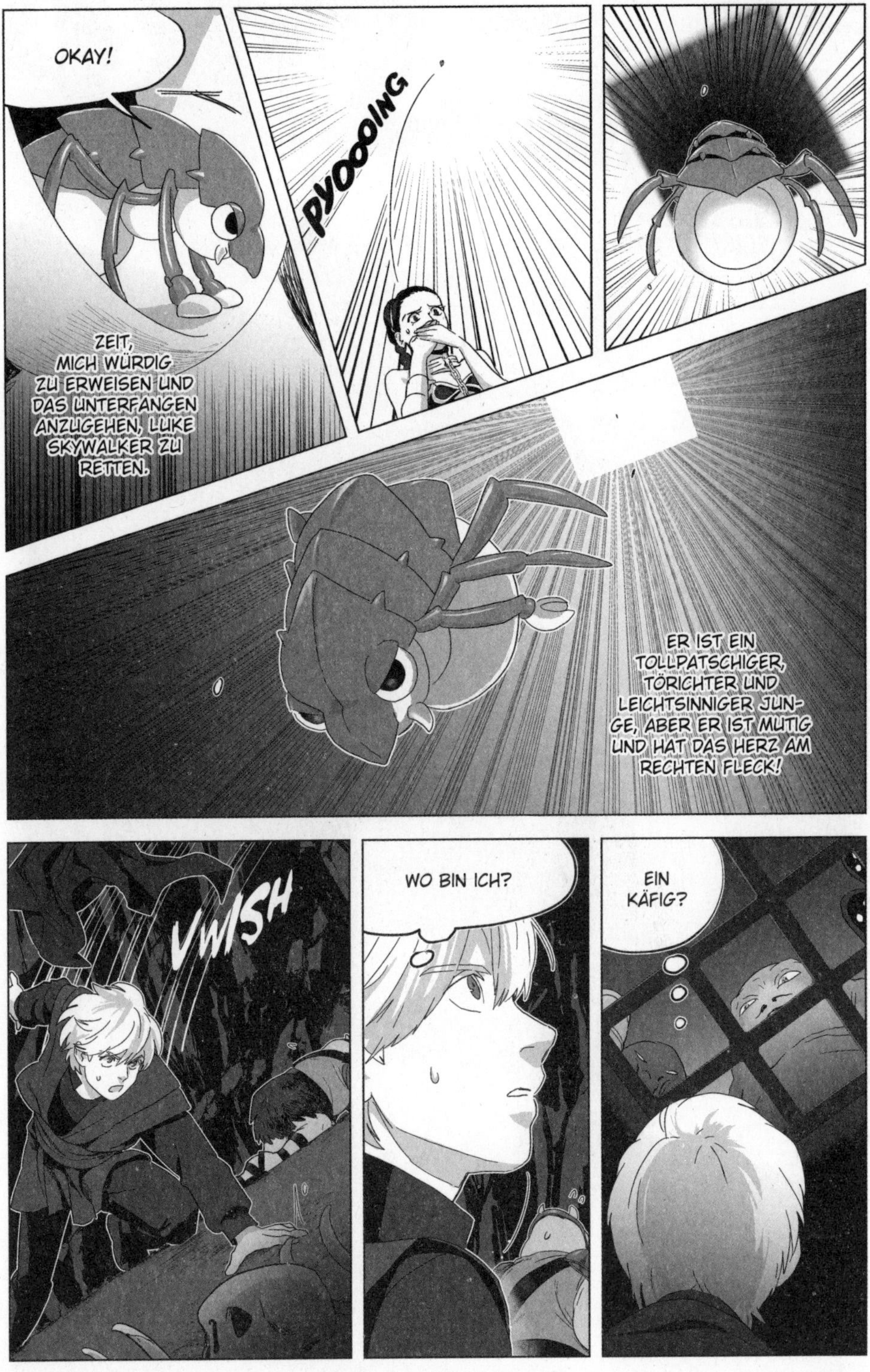

OKAY!

PYOOOING

ZEIT, MICH WÜRDIG ZU ERWEISEN UND DAS UNTERFANGEN ANZUGEHEN, LUKE SKYWALKER ZU RETTEN.

ER IST EIN TOLLPATSCHIGER, TÖRICHTER UND LEICHTSINNIGER JUNGE, ABER ER IST MUTIG UND HAT DAS HERZ AM RECHTEN FLECK!

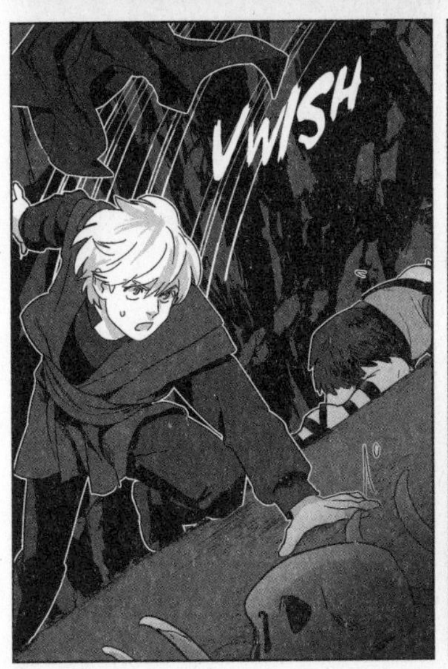

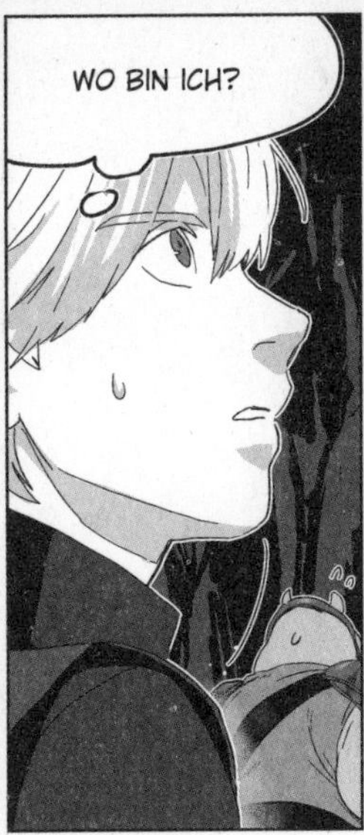

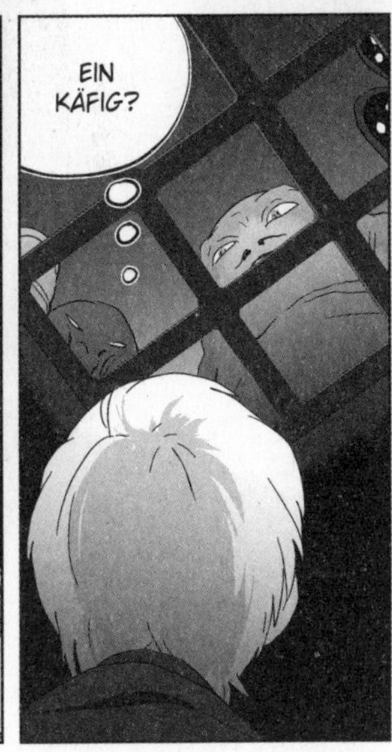

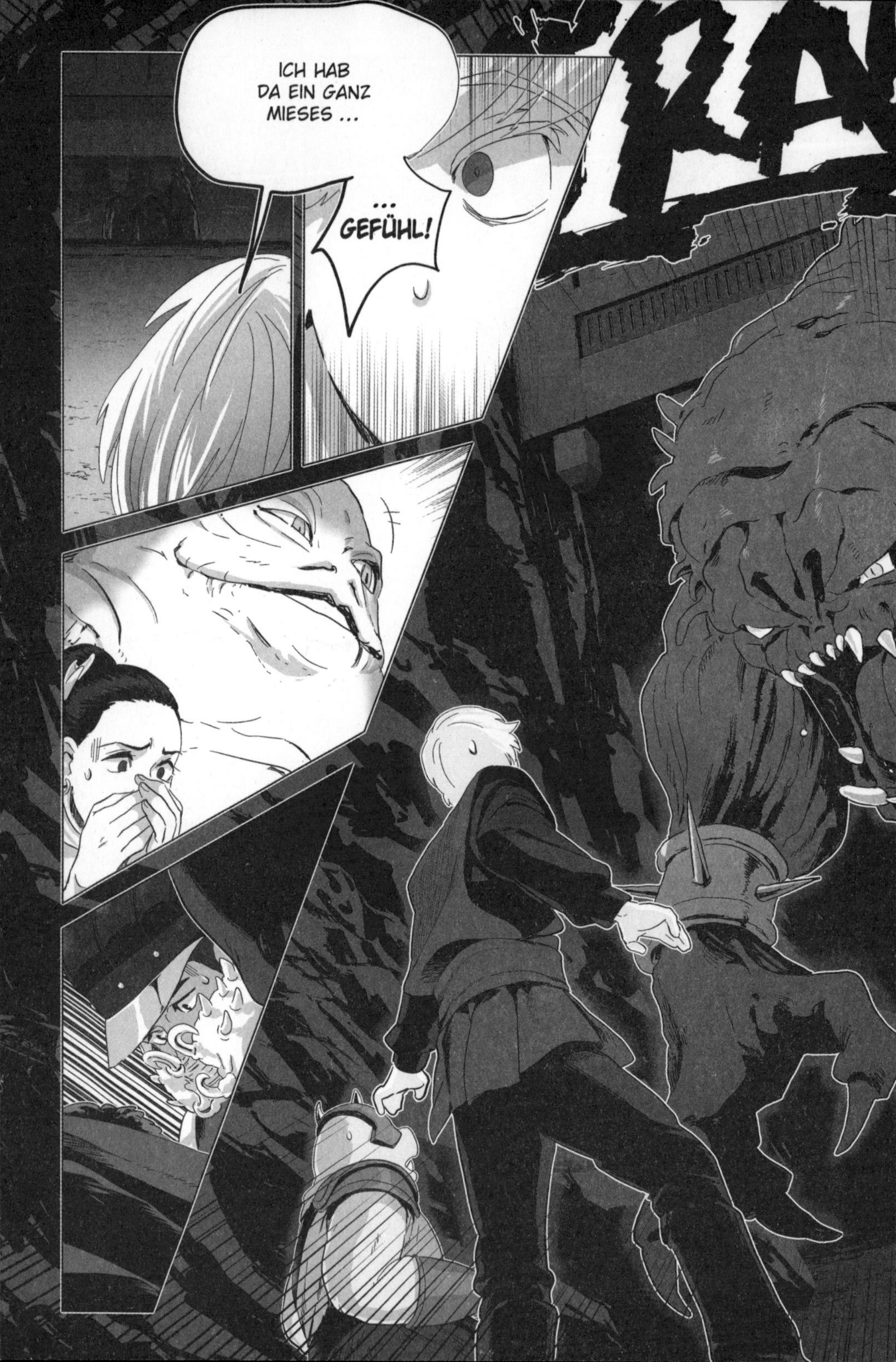
ICH HAB
DA EIN GANZ
MIESES …
… GEFÜHL!

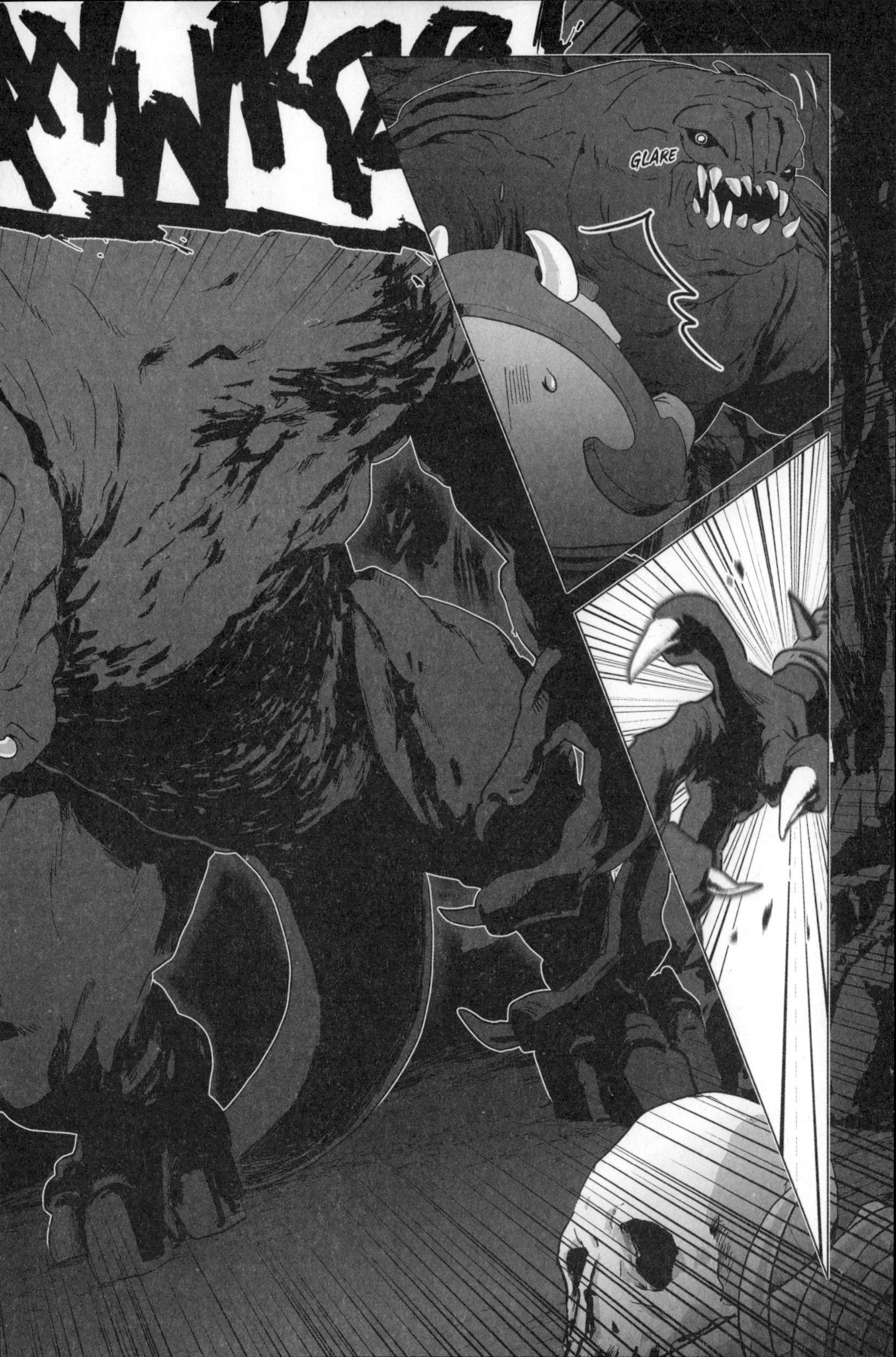
GLARE

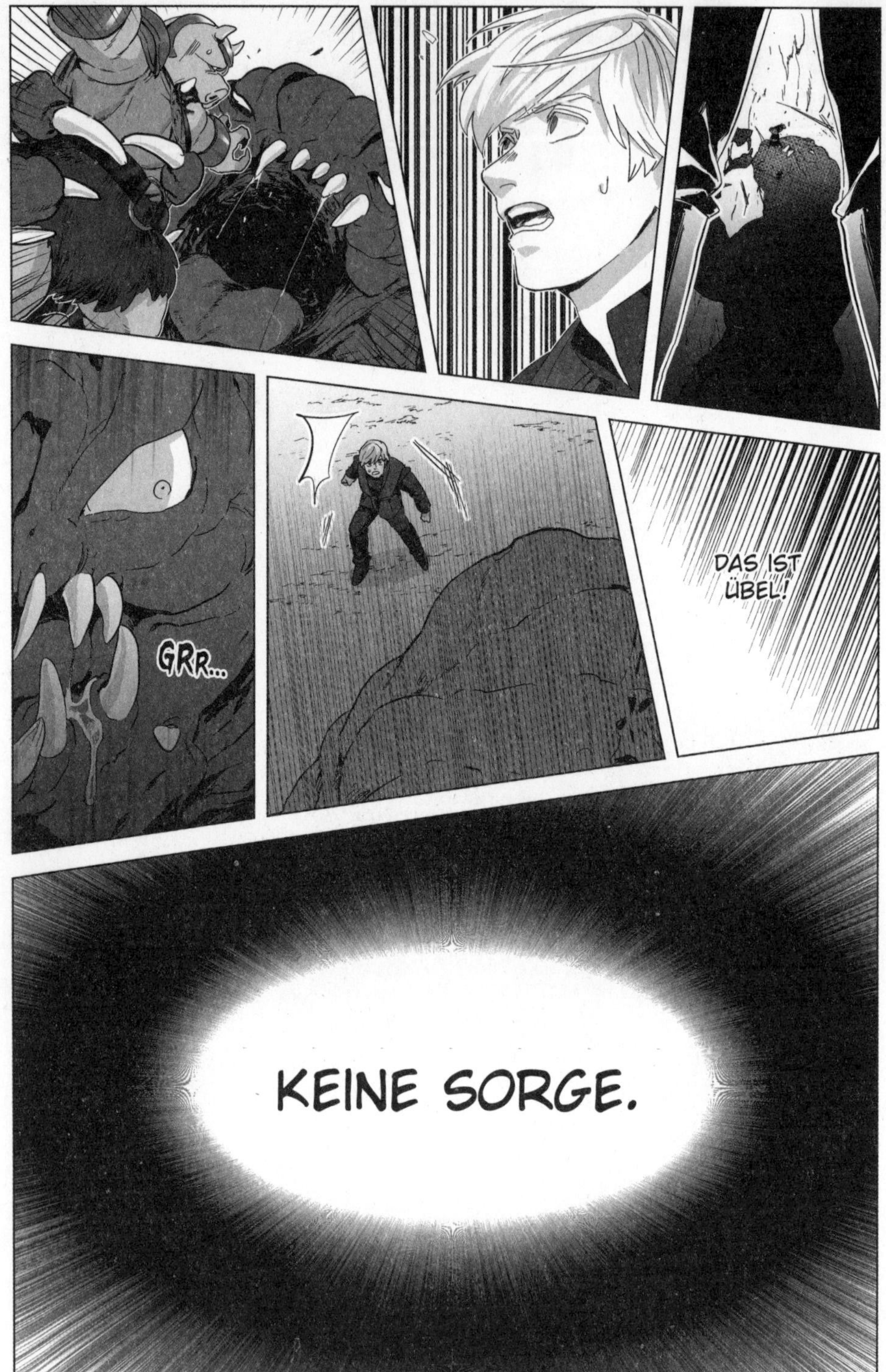
GRR...
DAS IST ÜBEL!
KEINE SORGE.

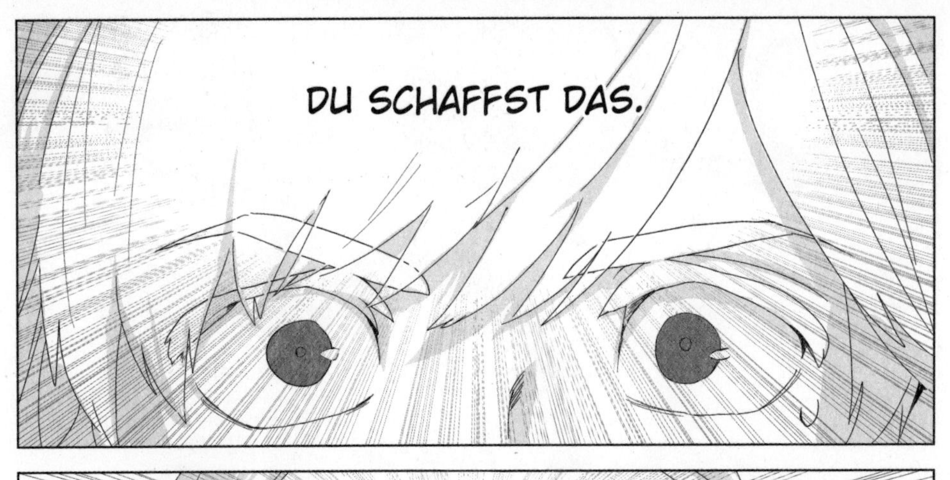
DU SCHAFFST DAS.

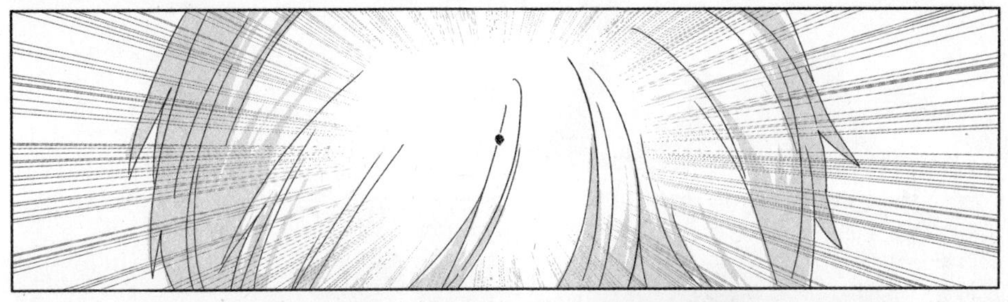

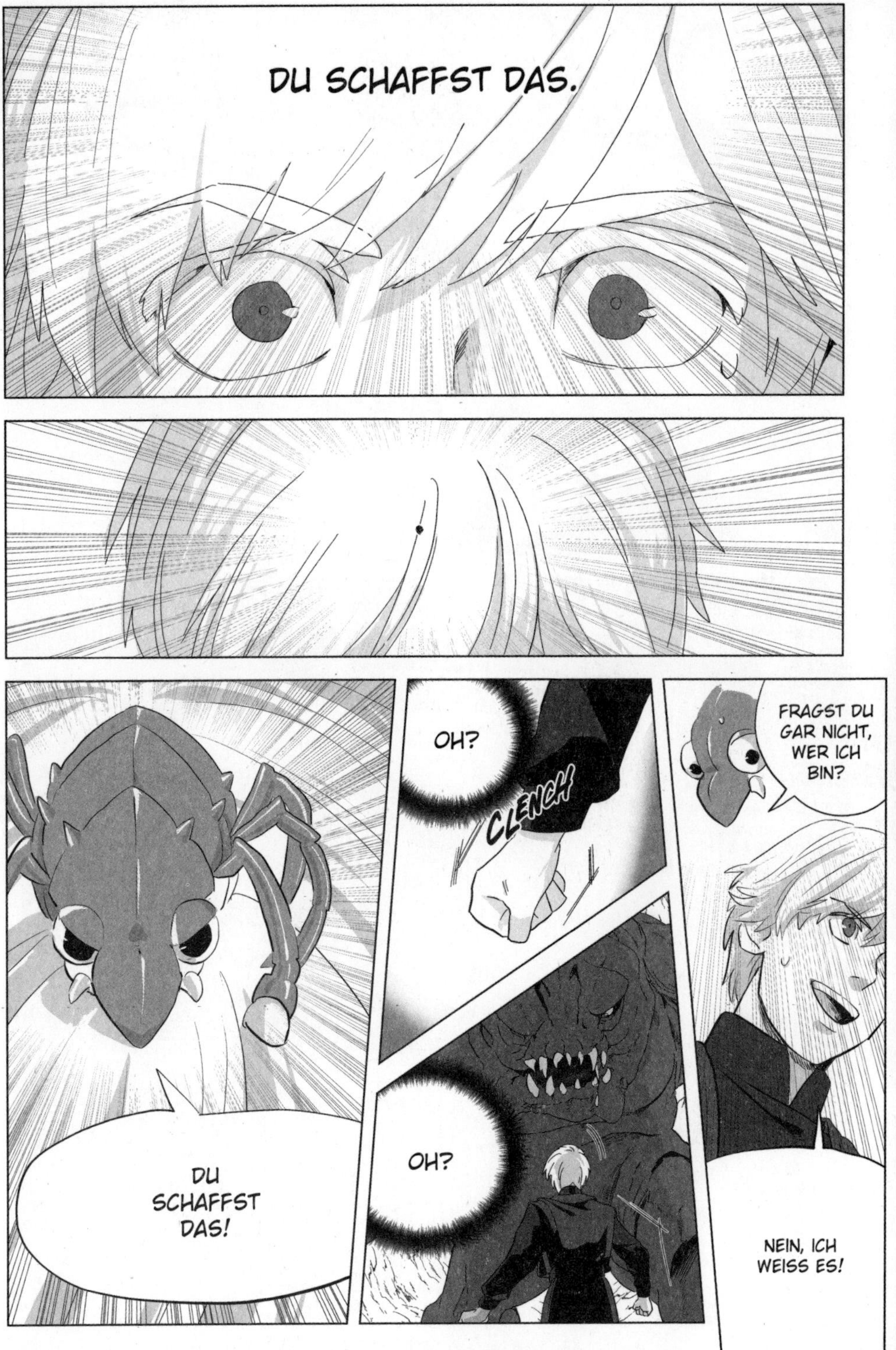

DU SCHAFFST DAS!
OH?
CLENCH
OH?
FRAGST DU GAR NICHT, WER ICH BIN?
NEIN, ICH WEISS ES!

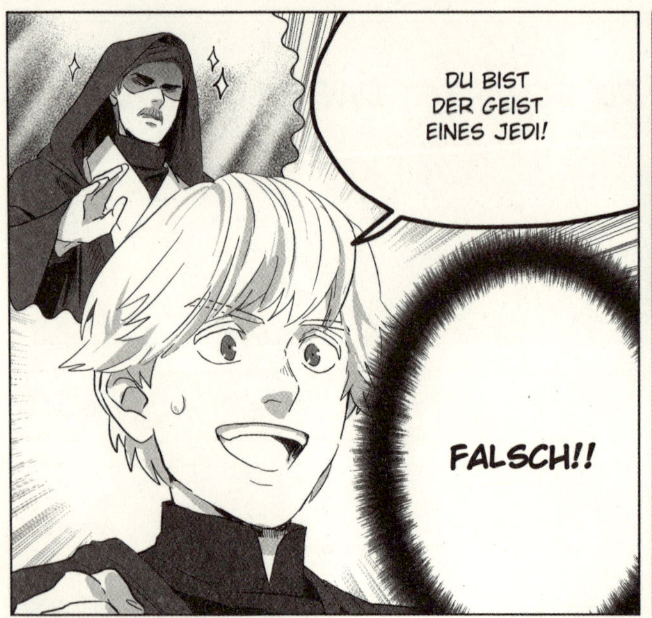
DU BIST DER GEIST EINES JEDI!
FALSCH!!

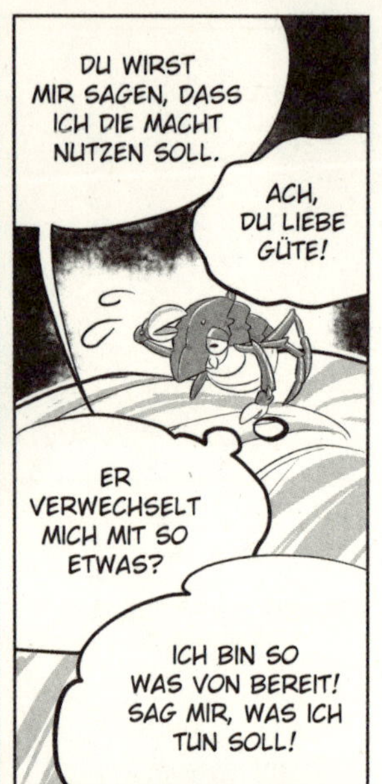
DU WIRST MIR SAGEN, DASS ICH DIE MACHT NUTZEN SOLL.
ACH, DU LIEBE GÜTE!
ER VERWECHSELT MICH MIT SO ETWAS?
ICH BIN SO WAS VON BEREIT! SAG MIR, WAS ICH TUN SOLL!

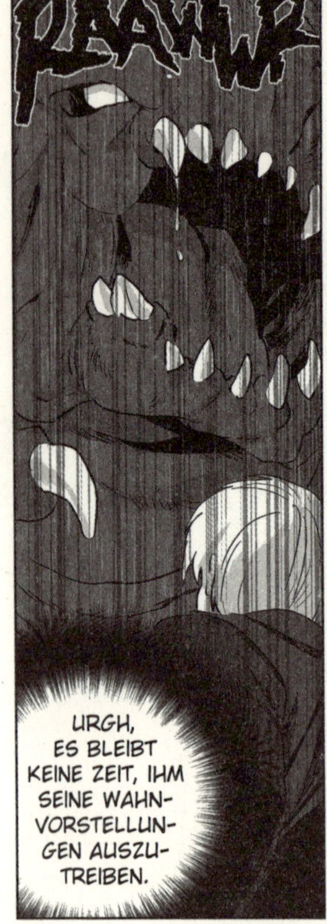
RRAWR
URGH, ES BLEIBT KEINE ZEIT, IHM SEINE WAHN-VORSTELLUN-GEN AUSZU-TREIBEN.

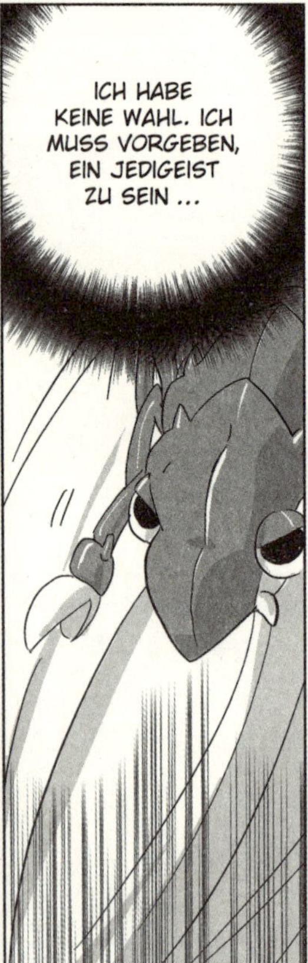
ICH HABE KEINE WAHL. ICH MUSS VORGEBEN, EIN JEDIGEIST ZU SEIN ...

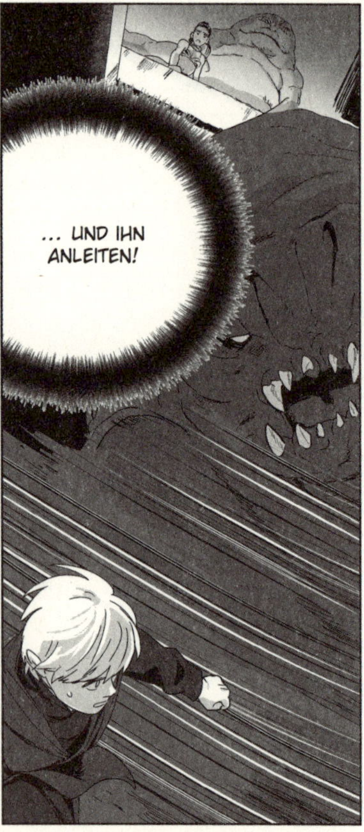
... UND IHN ANLEITEN!

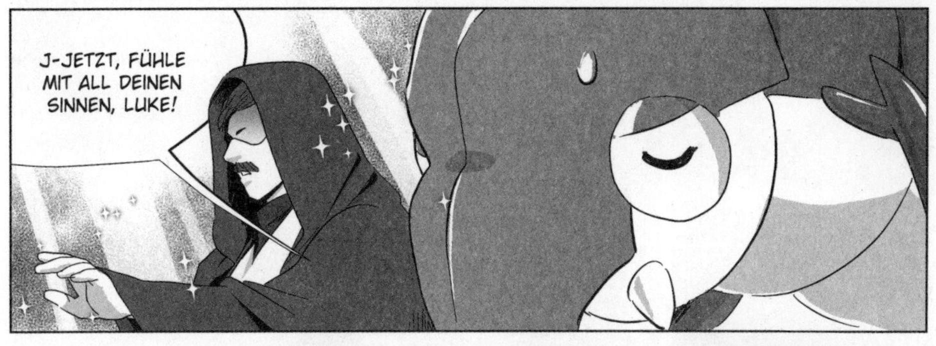

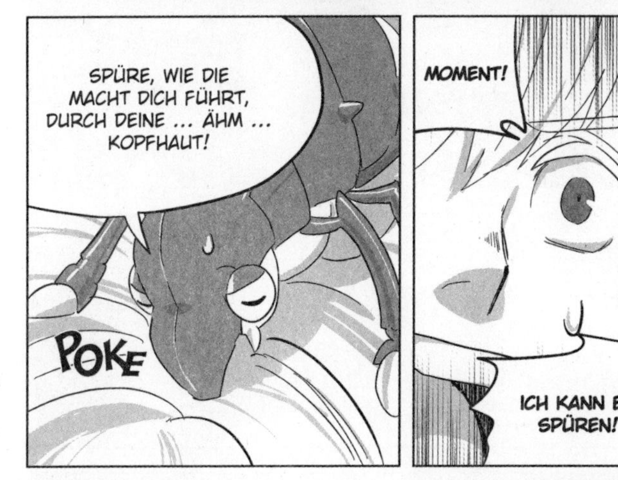

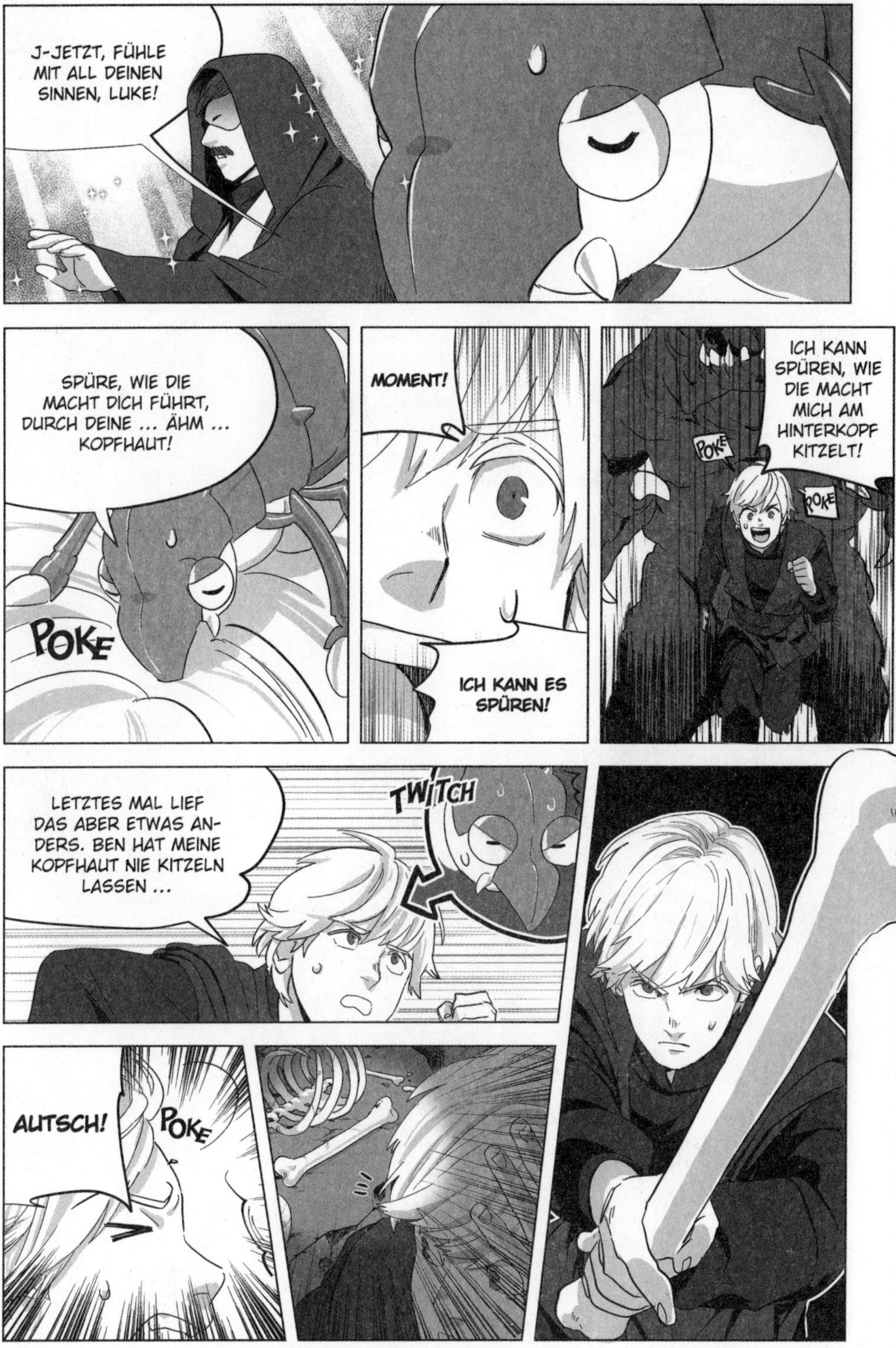

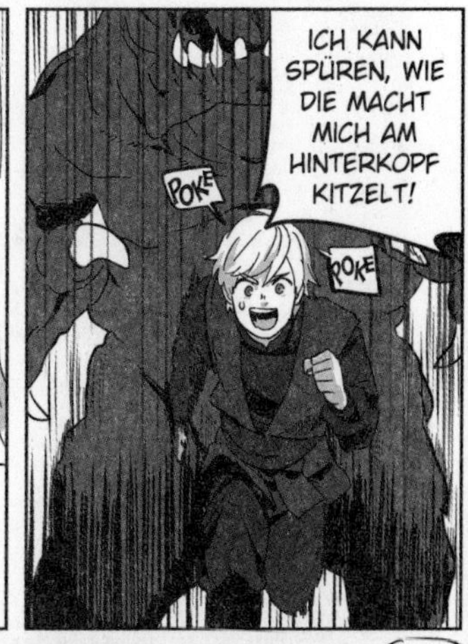

LETZTES MAL LIEF DAS ABER ETWAS ANDERS. BEN HAT MEINE KOPFHAUT NIE KITZELN LASSEN …

TWITCH

AUTSCH!

POKE

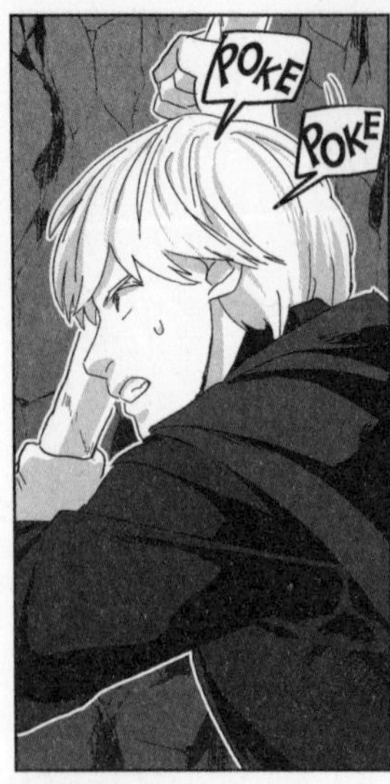
POKE
POKE

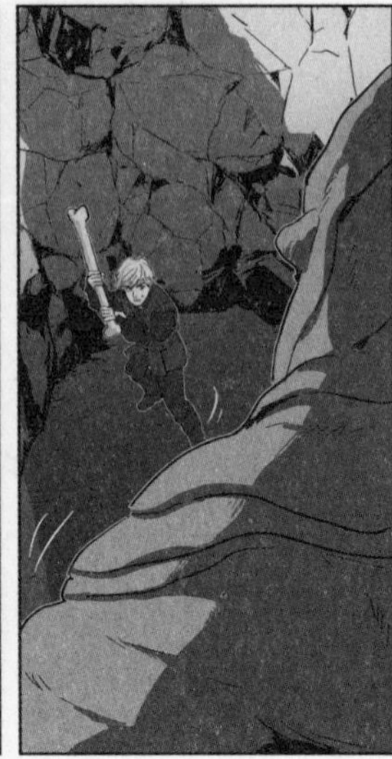

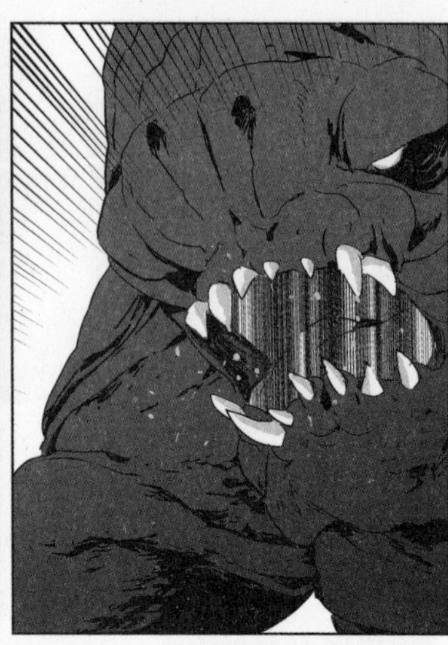

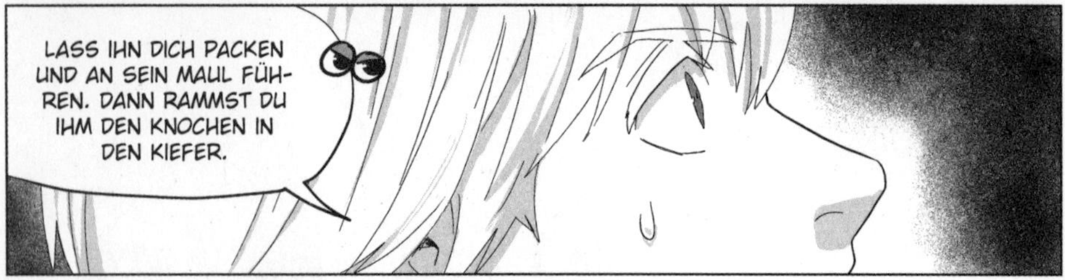
LASS IHN DICH PACKEN UND AN SEIN MAUL FÜHREN. DANN RAMMST DU IHM DEN KNOCHEN IN DEN KIEFER.

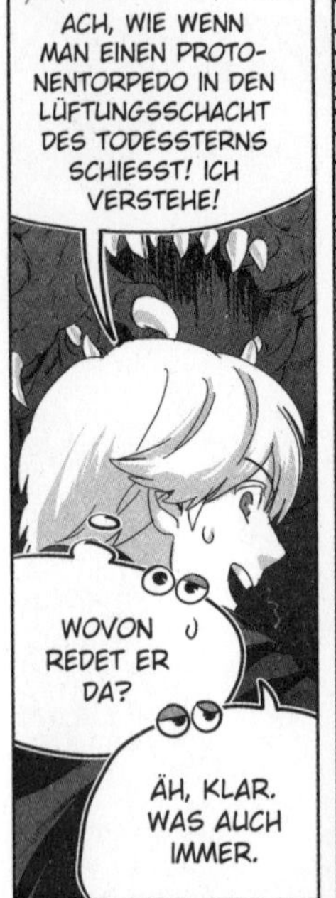
ACH, WIE WENN MAN EINEN PROTONENTORPEDO IN DEN LÜFTUNGSSCHACHT DES TODESSTERNS SCHIESST! ICH VERSTEHE!
WOVON REDET ER DA?
ÄH, KLAR. WAS AUCH IMMER.

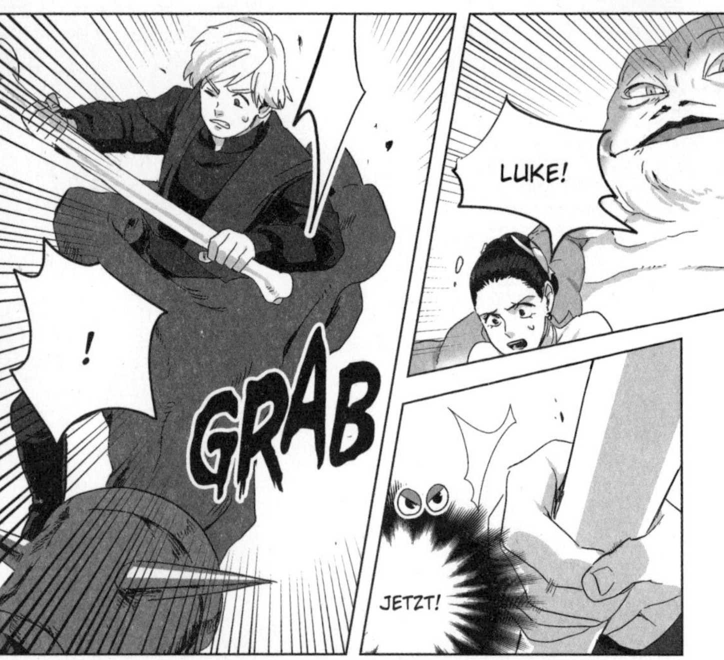
!
GRAB
LUKE!
JETZT!

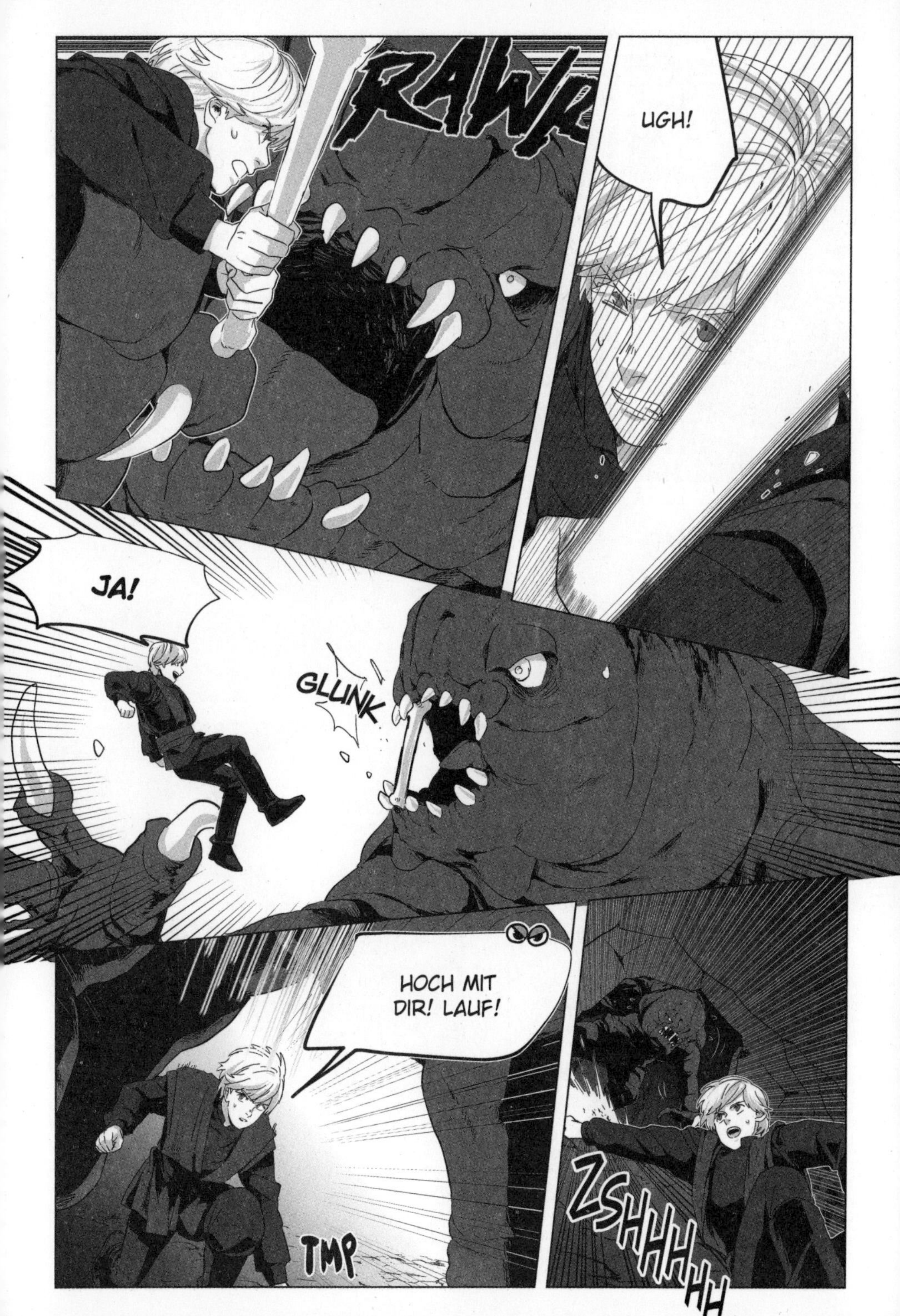
RAWR
UGH!
JA!
GLUNK
HOCH MIT DIR! LAUF!
TMP
ZSHHHHHH

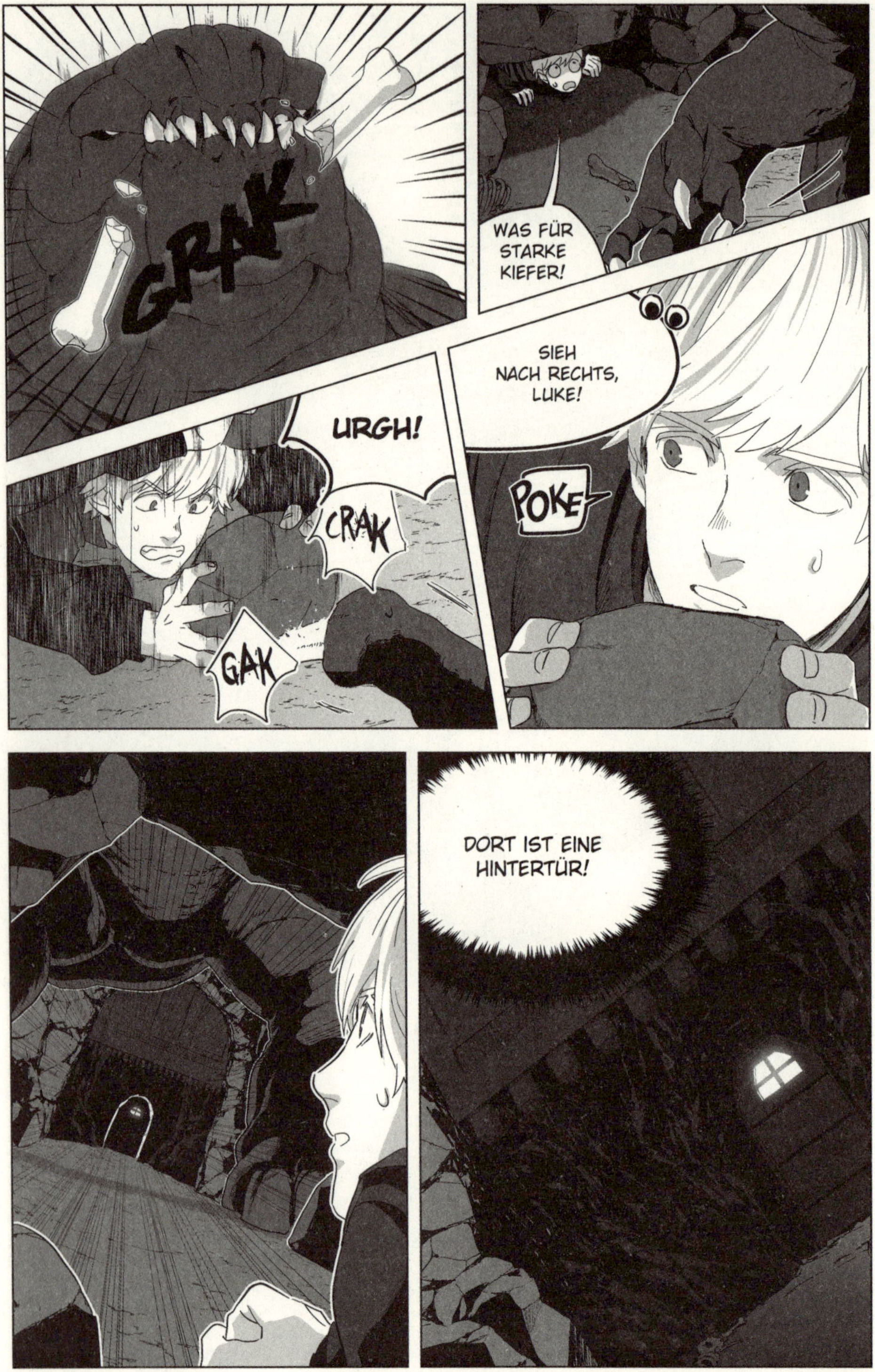

GRAK
WAS FÜR STARKE KIEFER!
SIEH NACH RECHTS, LUKE!
POKE
URGH!
CRAK
GAK

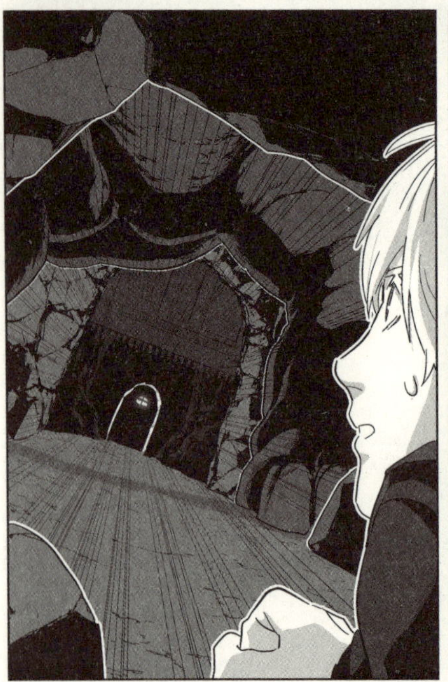

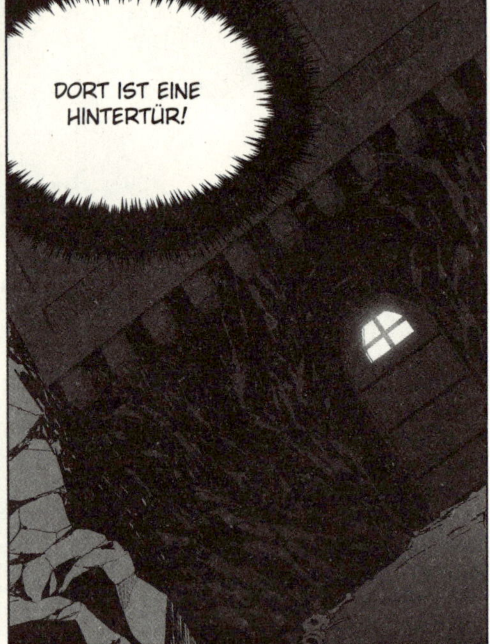
DORT IST EINE HINTERTÜR!

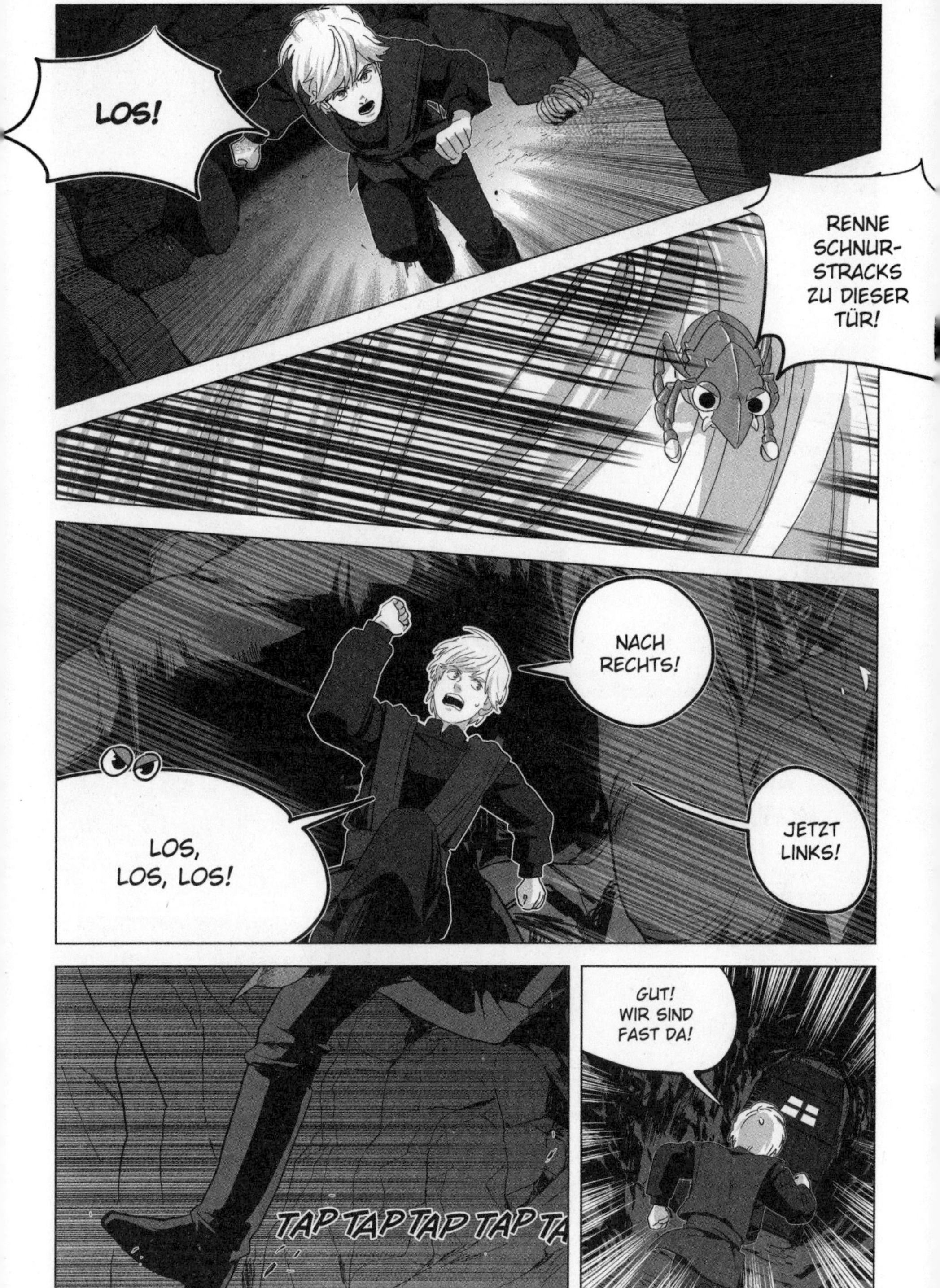

LOS!
RENNE SCHNUR-STRACKS ZU DIESER TÜR!
NACH RECHTS!
LOS, LOS, LOS!
JETZT LINKS!

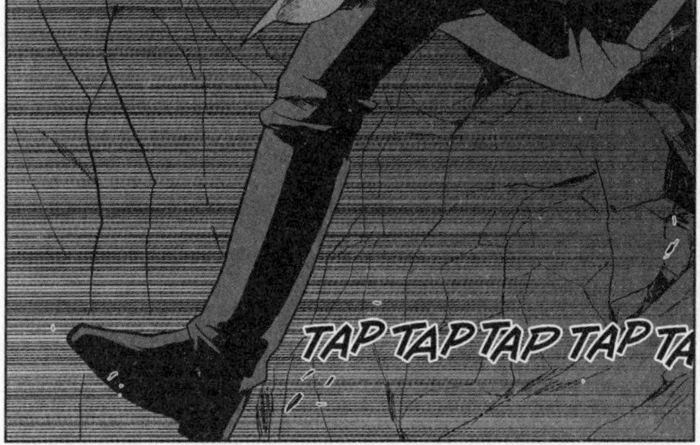
TAP TAP TAP TAP TA

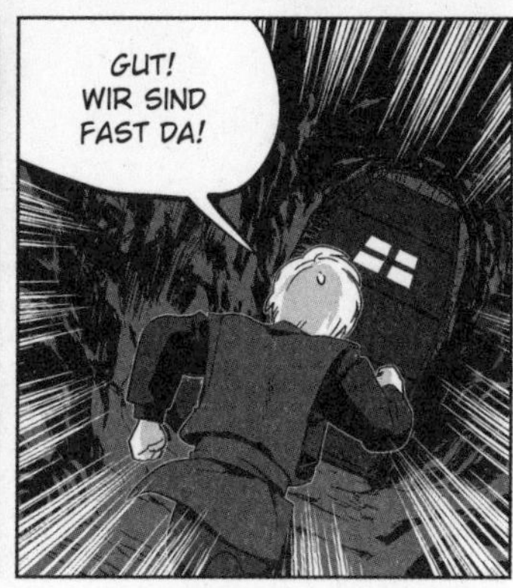
GUT! WIR SIND FAST DA!

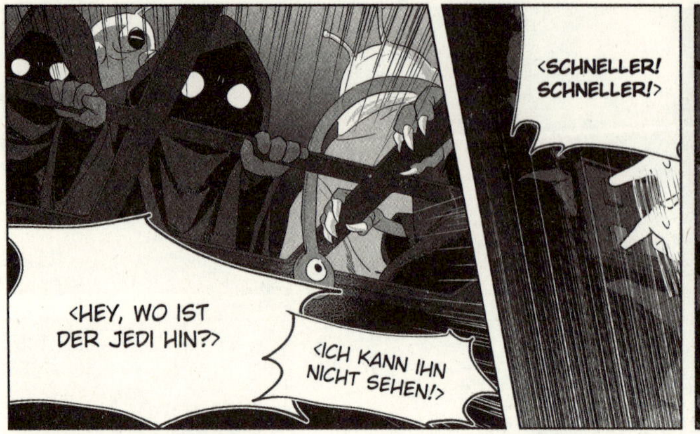
<HEY, WO IST DER JEDI HIN?>
<ICH KANN IHN NICHT SEHEN!>
<SCHNELLER! SCHNELLER!>

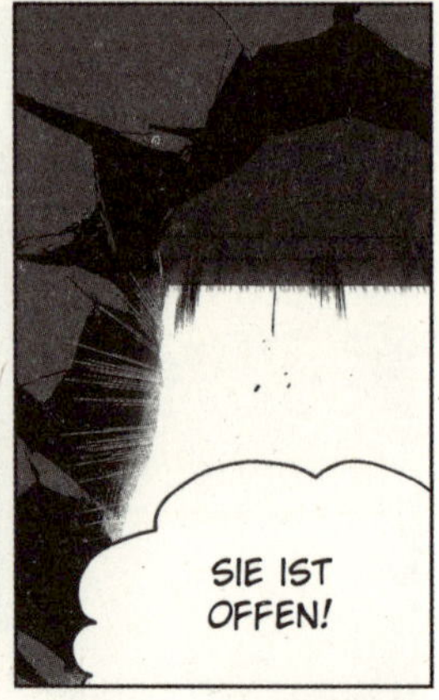
SIE IST OFFEN!

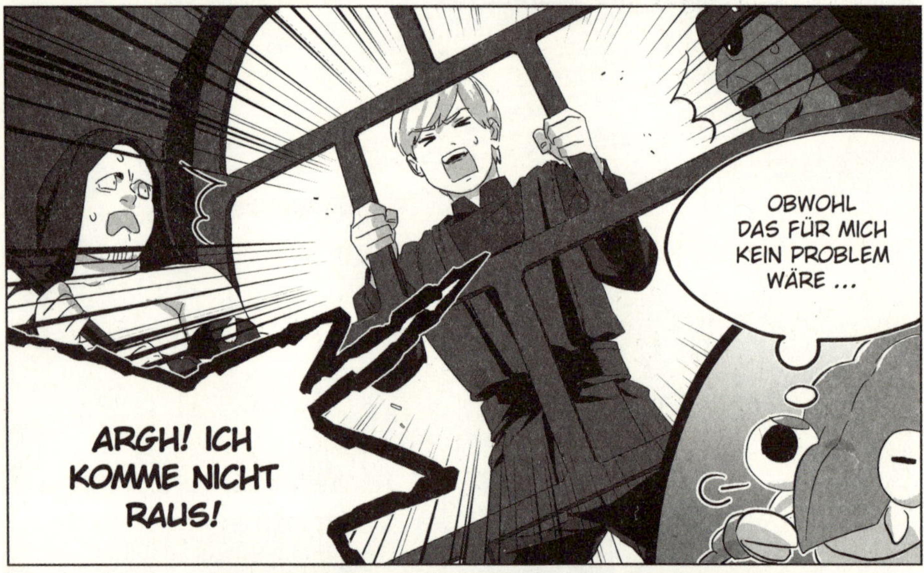
ARGH! ICH KOMME NICHT RAUS!
OBWOHL DAS FÜR MICH KEIN PROBLEM WÄRE ...

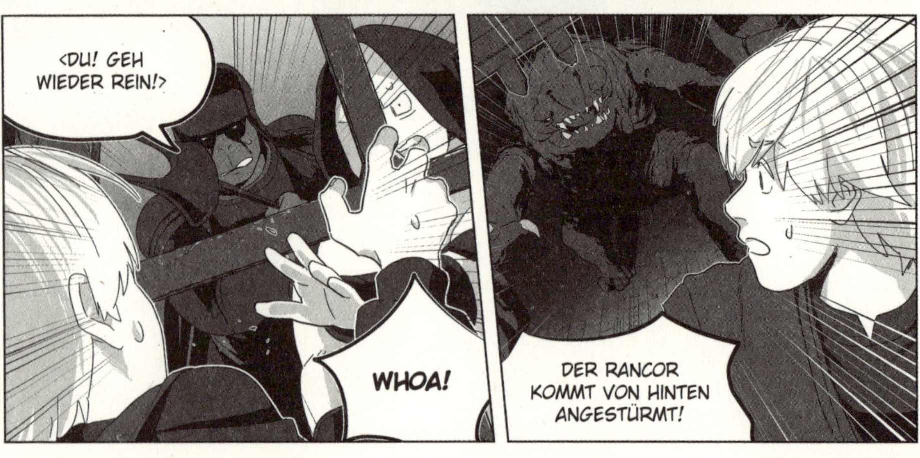
<DU! GEH WIEDER REIN!>
WHOA!
DER RANCOR KOMMT VON HINTEN ANGESTÜRMT!

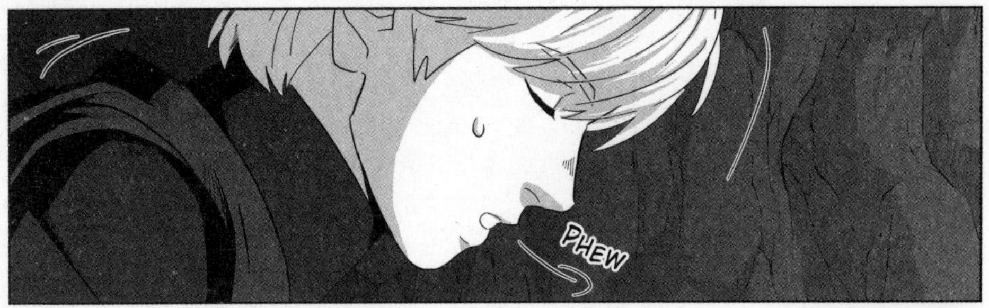

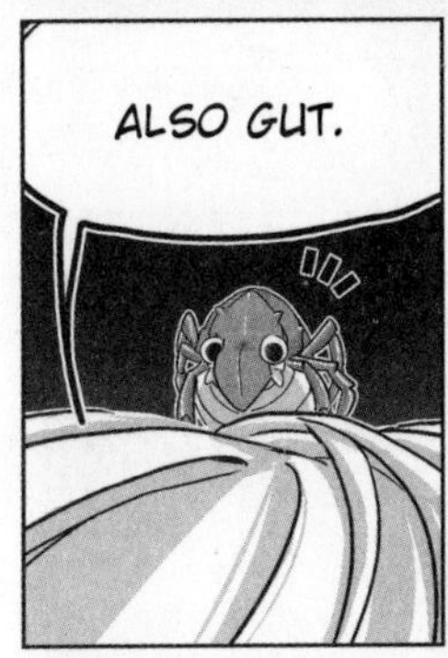

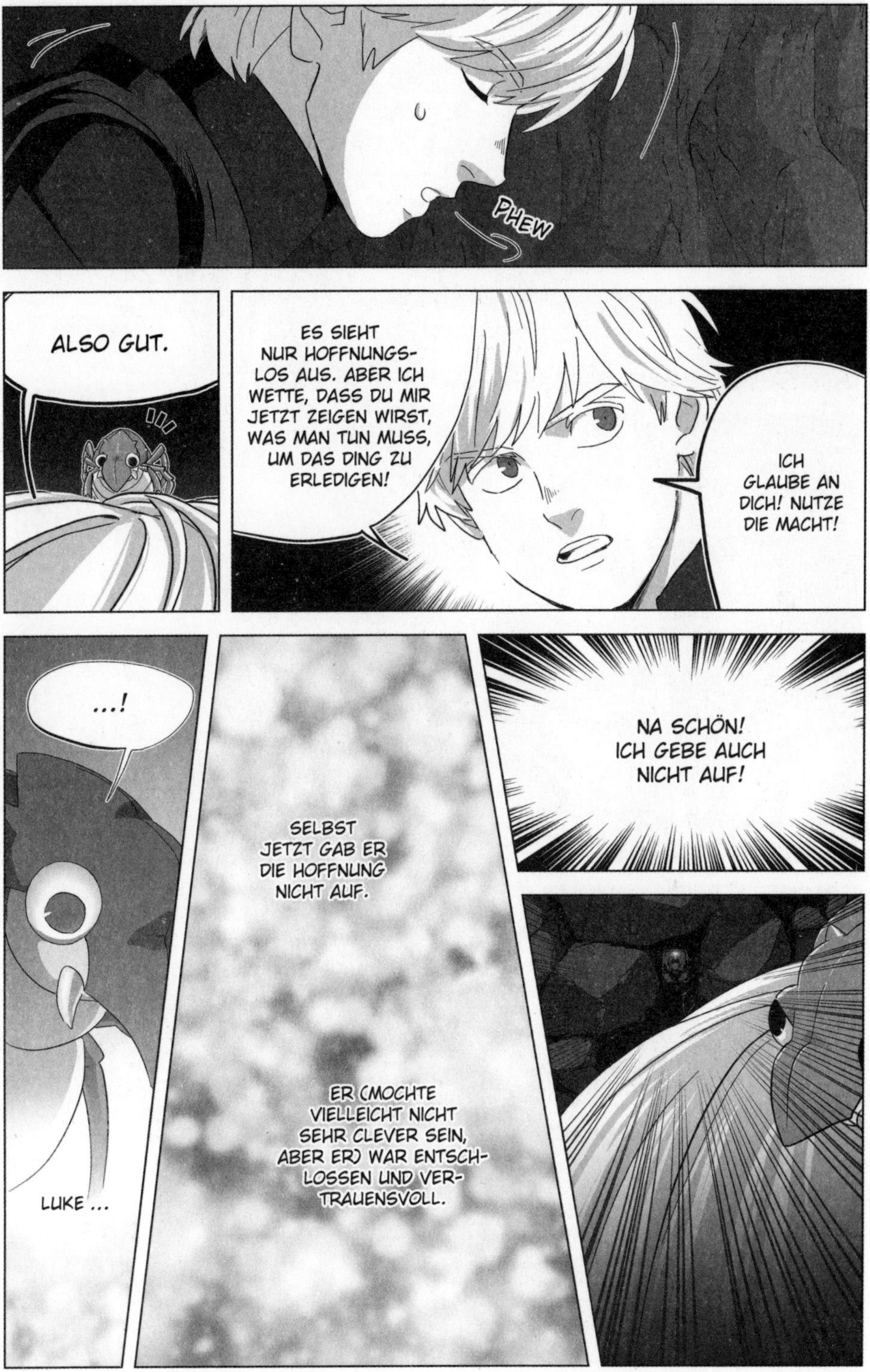

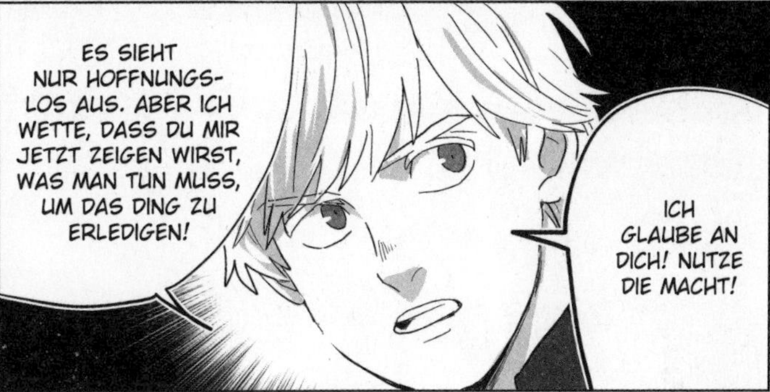

...!

LUKE ...

SELBST JETZT GAB ER DIE HOFFNUNG NICHT AUF.

ER (MOCHTE VIELLEICHT NICHT SEHR CLEVER SEIN, ABER ER) WAR ENTSCHLOSSEN UND VERTRAUENSVOLL.

NA SCHÖN! ICH GEBE AUCH NICHT AUF!

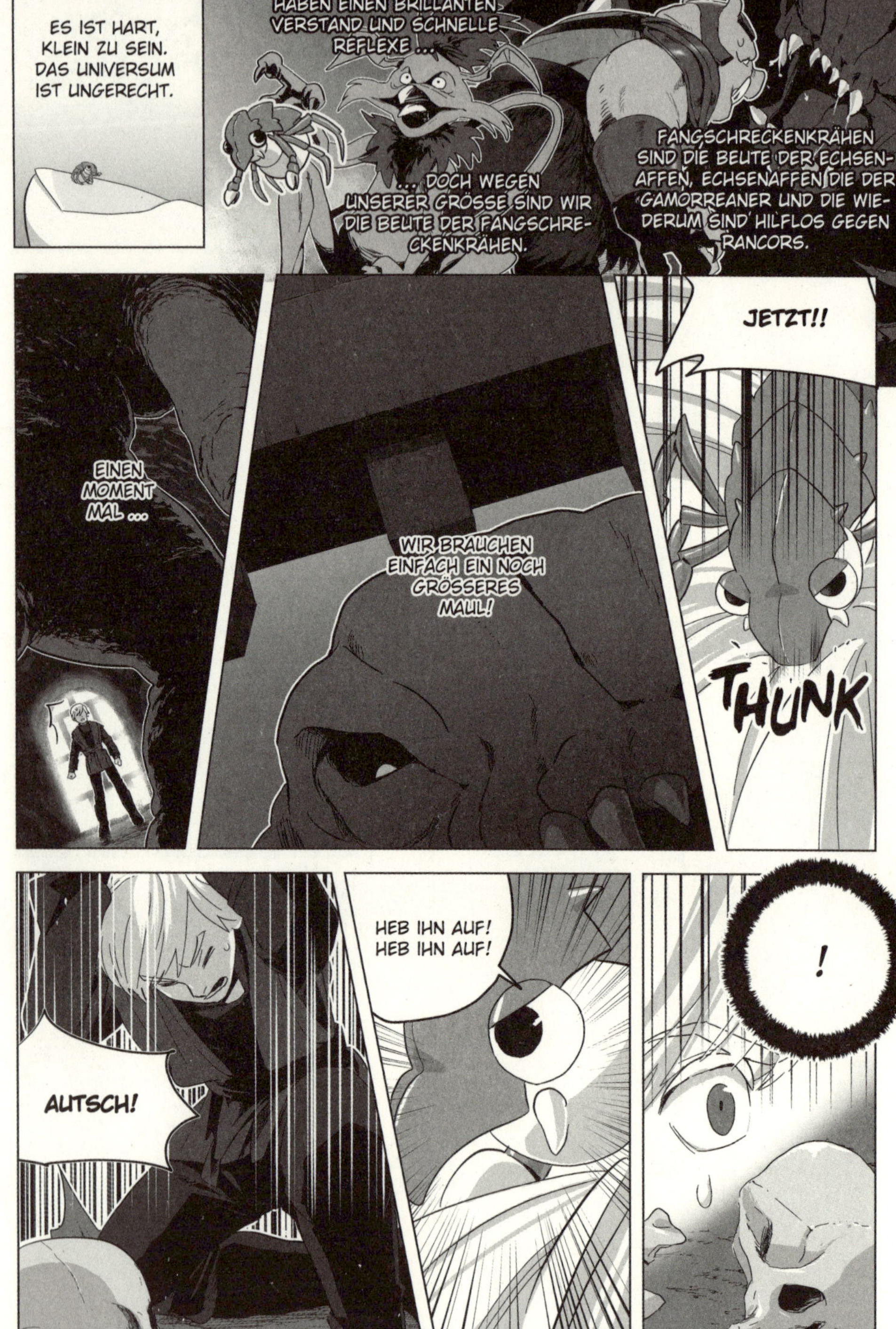
ES IST HART, KLEIN ZU SEIN. DAS UNIVERSUM IST UNGERECHT.
MAULWURFSFLÖHE HABEN EINEN BRILLANTEN VERSTAND UND SCHNELLE REFLEXE ...
... DOCH WEGEN UNSERER GRÖSSE SIND WIR DIE BEUTE DER FANGSCHRECKENKRÄHEN.
FANGSCHRECKENKRÄHEN SIND DIE BEUTE DER ECHSENAFFEN, ECHSENAFFEN DIE DER GAMORREANER UND DIE WIEDERUM SIND HILFLOS GEGEN RANCORS.
EINEN MOMENT MAL ...
WIR BRAUCHEN EINFACH EIN NOCH GRÖSSERES MAUL!
JETZT!!
THUNK
AUTSCH!
HEB IHN AUF! HEB IHN AUF!
!

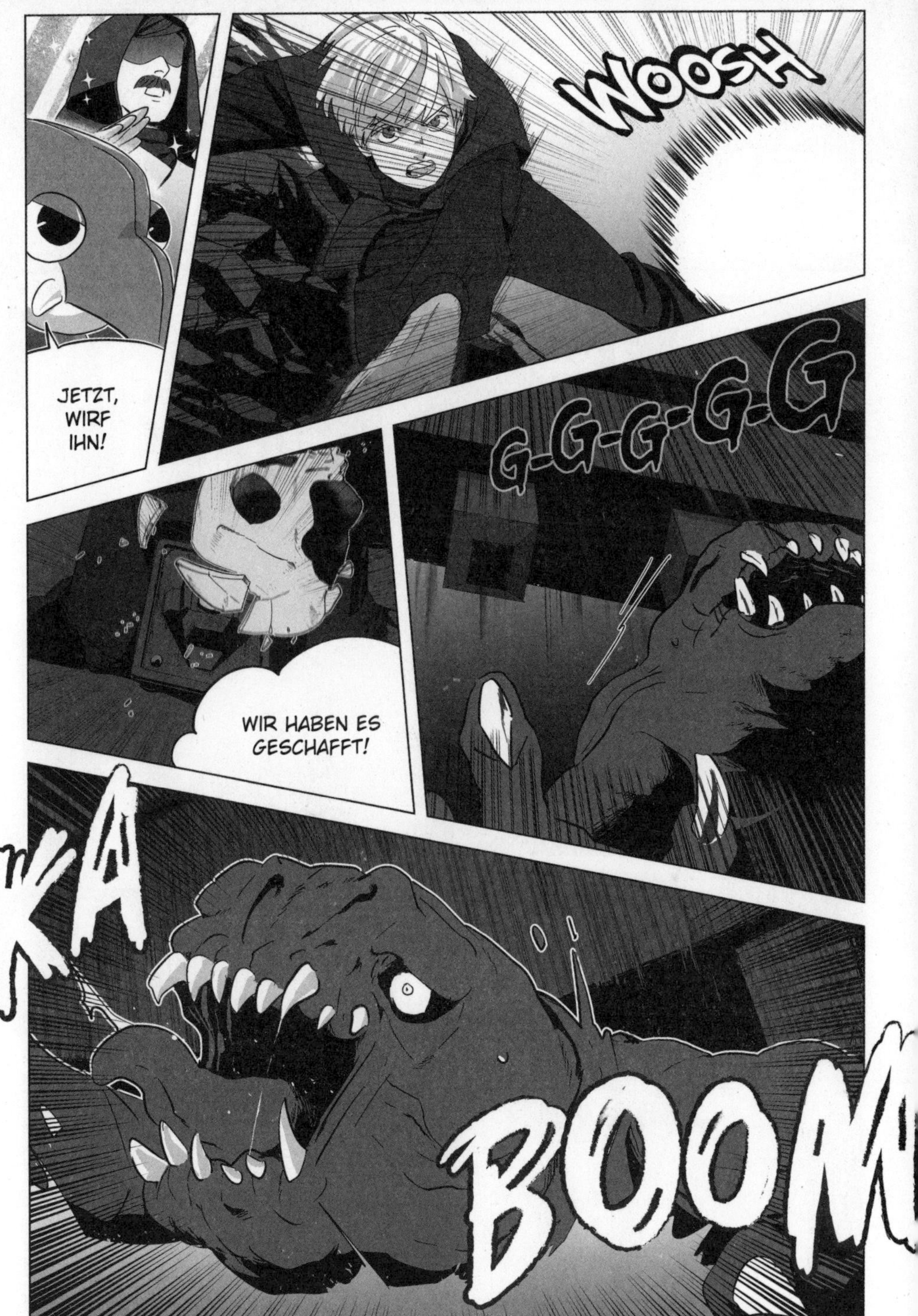
JETZT, WIRF IHN!
WOOSH
G-G-G-G-G
WIR HABEN ES GESCHAFFT!
KA
BOOM

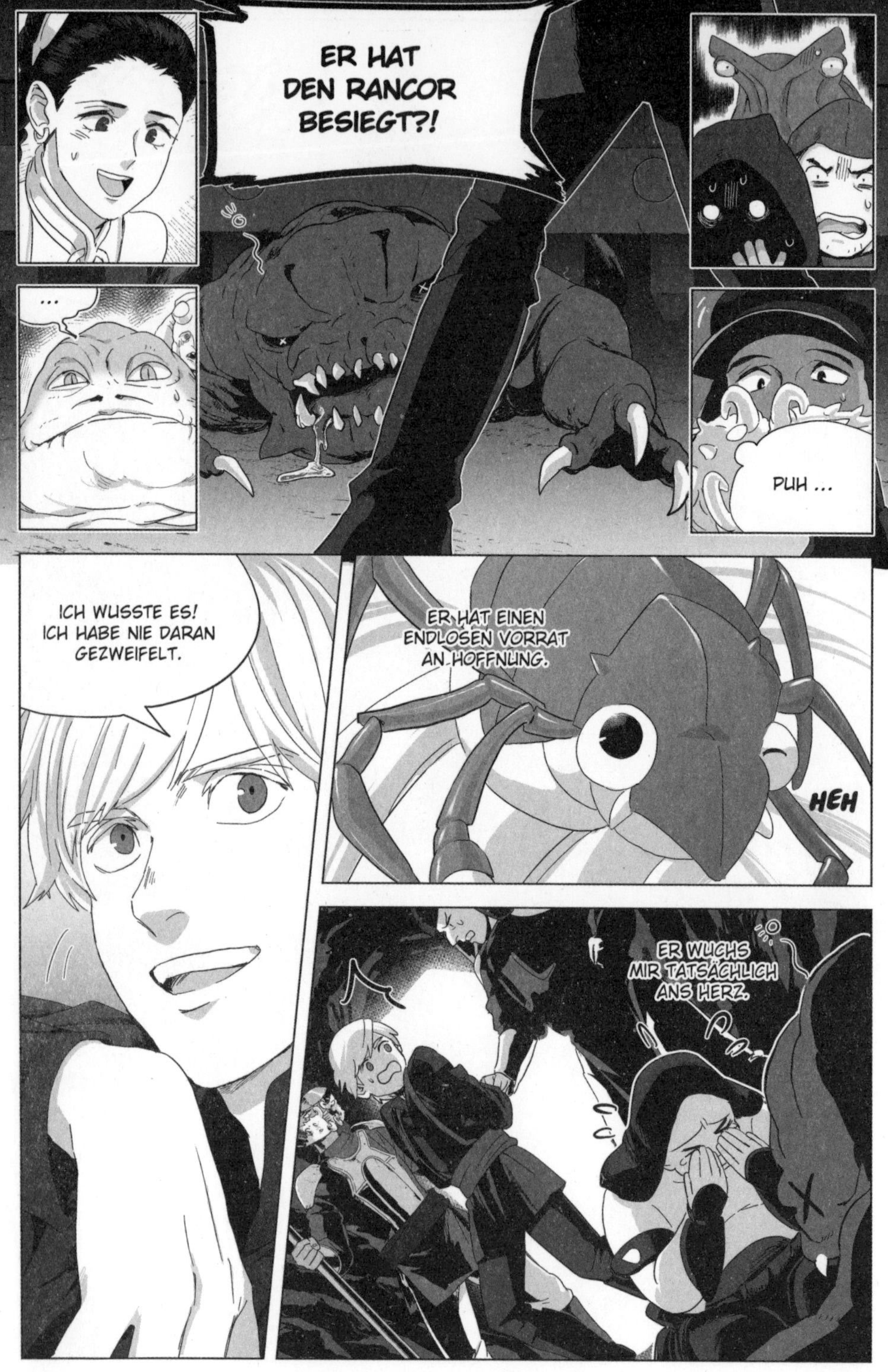
ER HAT
DEN RANCOR
BESIEGT?!
...
PUH ...
ICH WUSSTE ES!
ICH HABE NIE DARAN
GEZWEIFELT.
ER HAT EINEN
ENDLOSEN VORRAT
AN HOFFNUNG.
HEH
ER WUCHS
MIR TATSÄCHLICH
ANS HERZ.

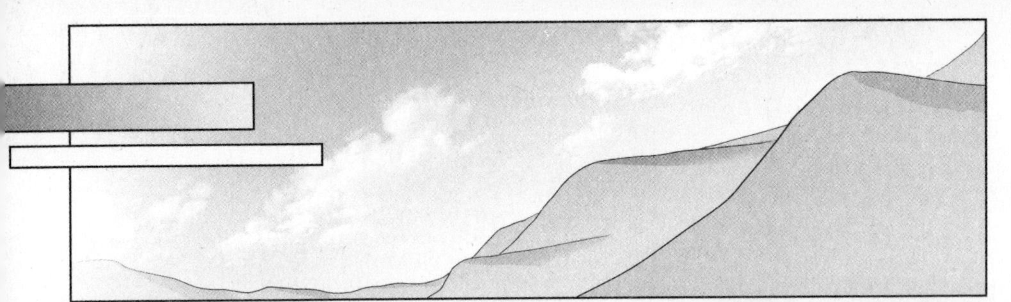

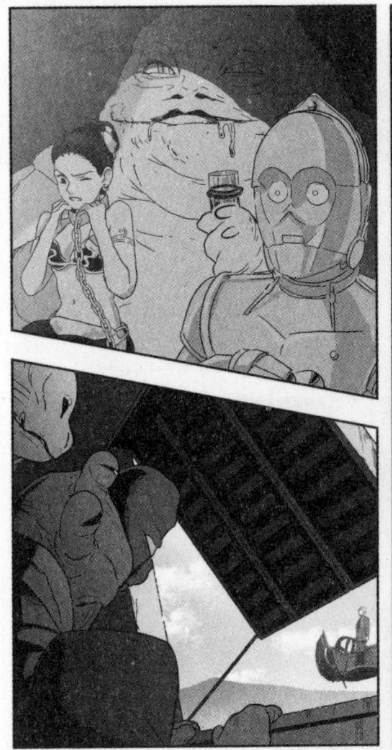

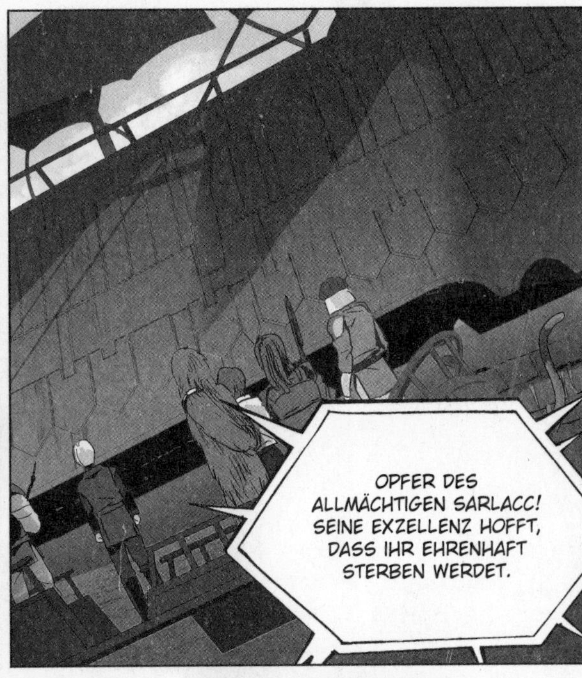
OPFER DES ALLMÄCHTIGEN SARLACC! SEINE EXZELLENZ HOFFT, DASS IHR EHRENHAFT STERBEN WERDET.

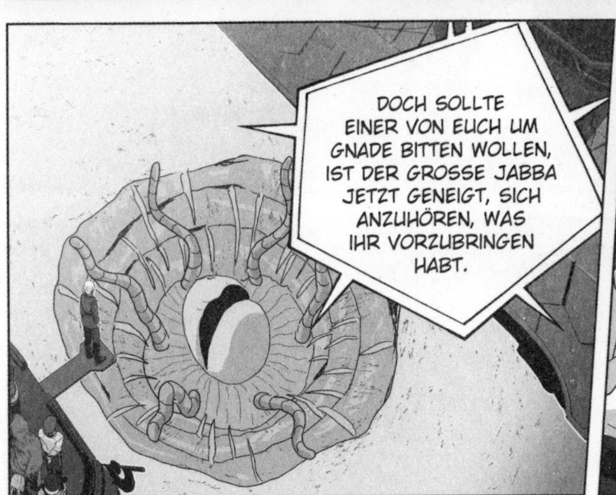
DOCH SOLLTE EINER VON EUCH UM GNADE BITTEN WOLLEN, IST DER GROSSE JABBA JETZT GENEIGT, SICH ANZUHÖREN, WAS IHR VORZUBRINGEN HABT.

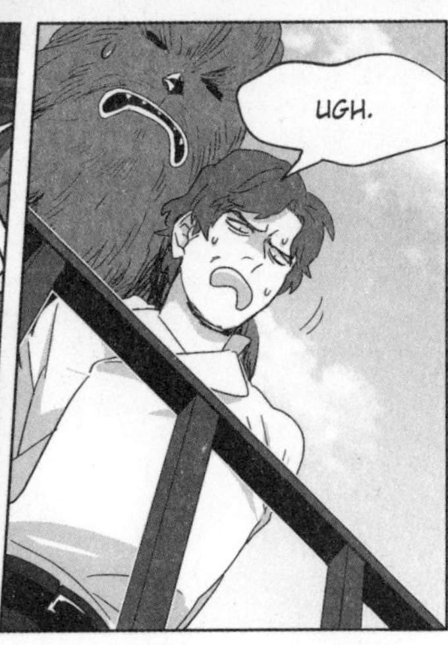
UGH.

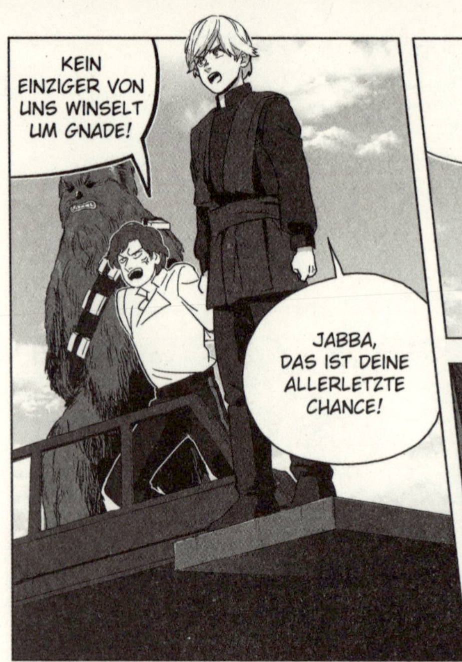
KEIN EINZIGER VON UNS WINSELT UM GNADE!
JABBA, DAS IST DEINE ALLERLETZTE CHANCE!

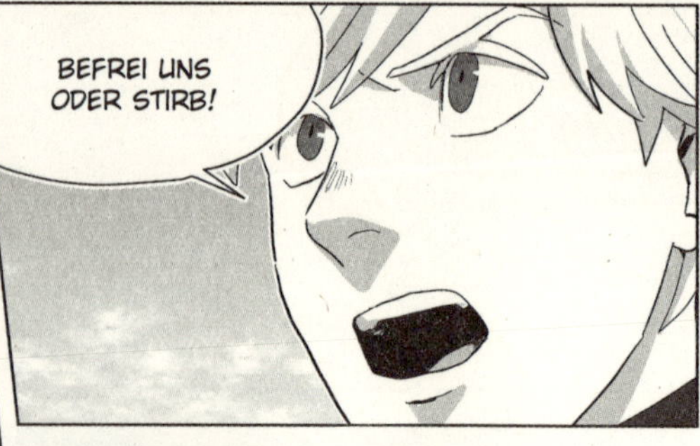
BEFREI UNS ODER STIRB!

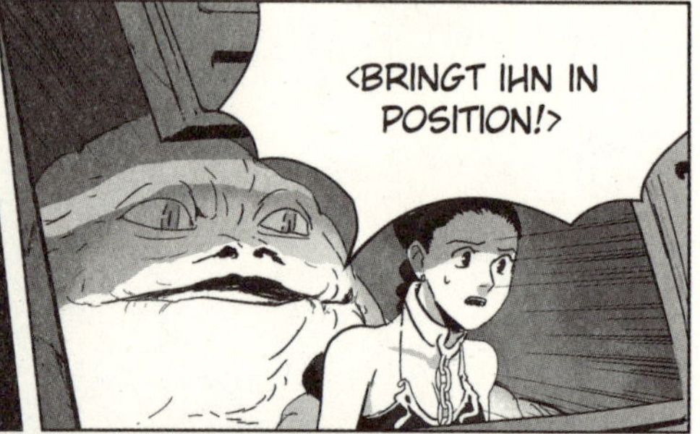
<BRINGT IHN IN POSITION!>

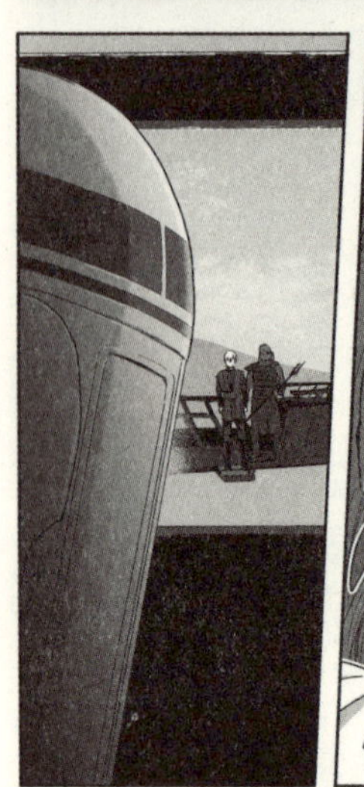

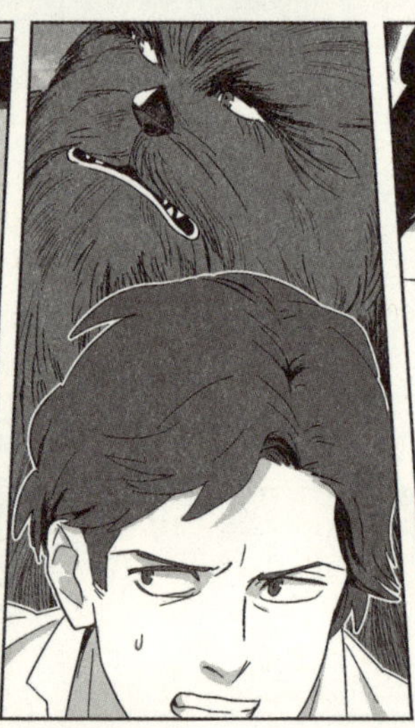

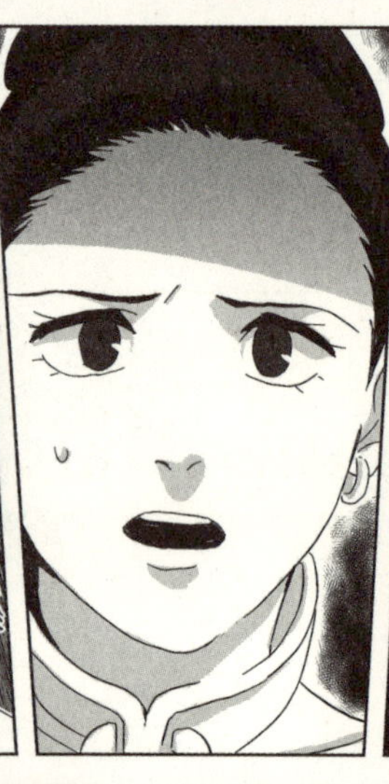

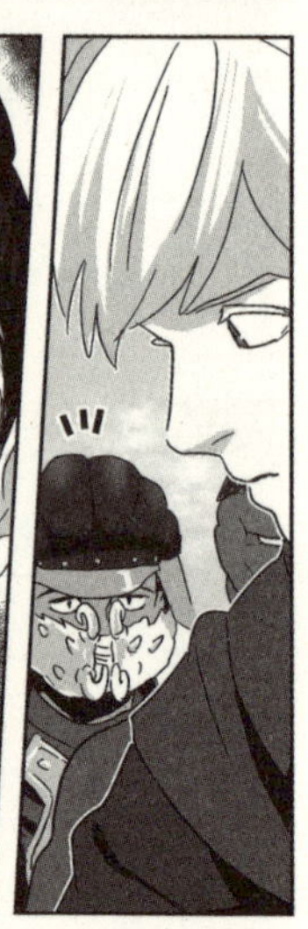

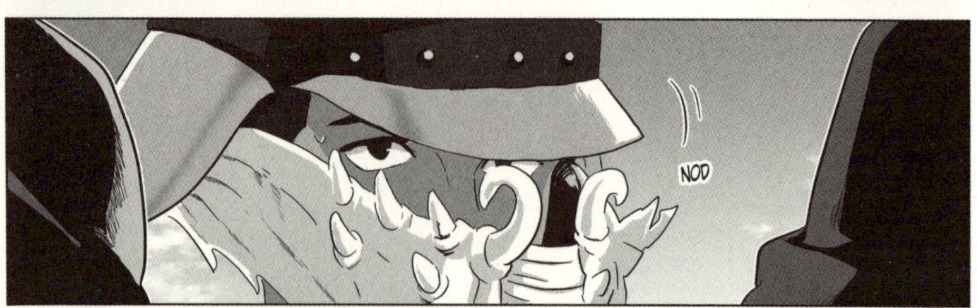
NOD

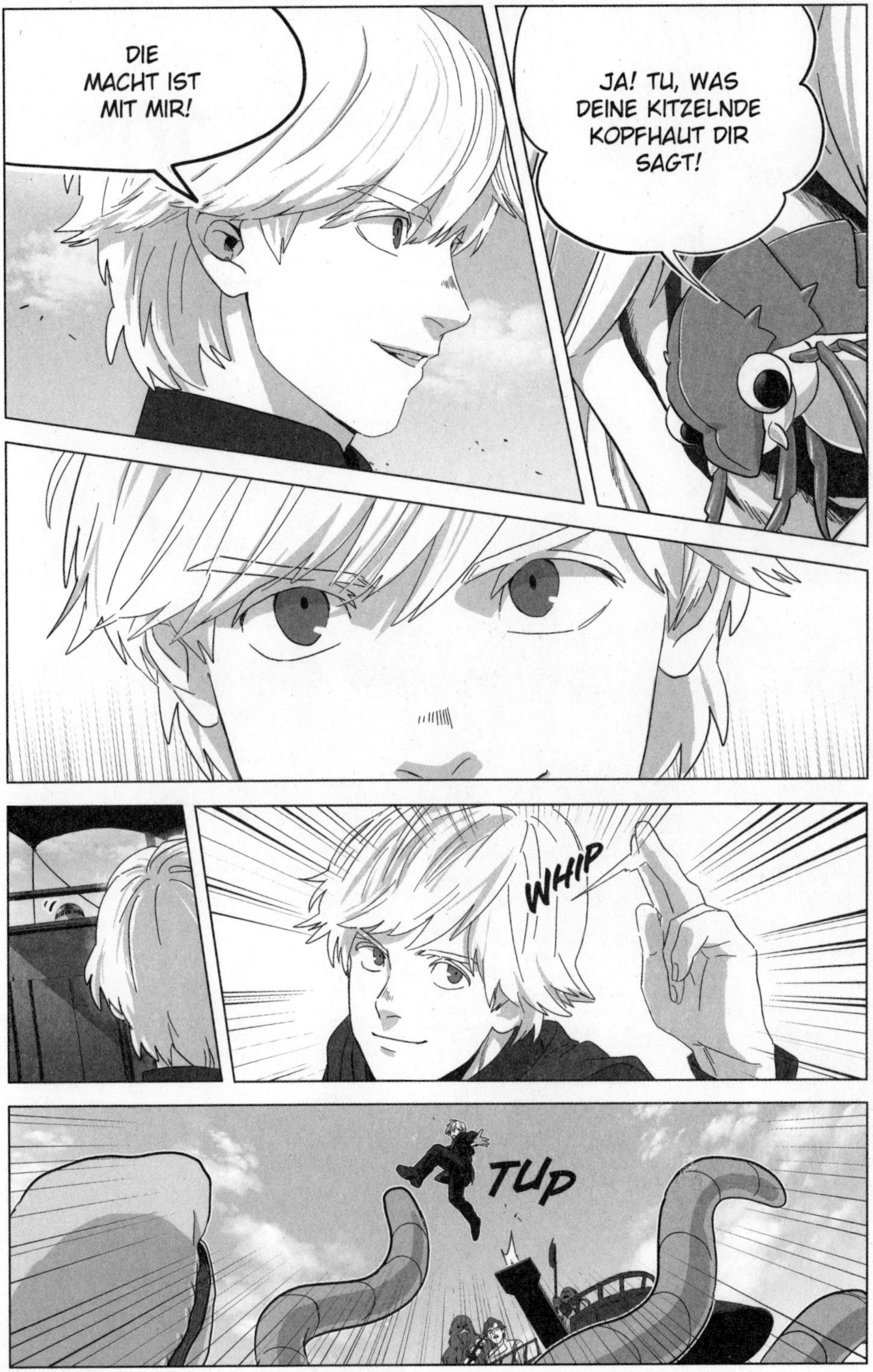

DIE MACHT IST MIT MIR!

JA! TU, WAS DEINE KITZELNDE KOPFHAUT DIR SAGT!

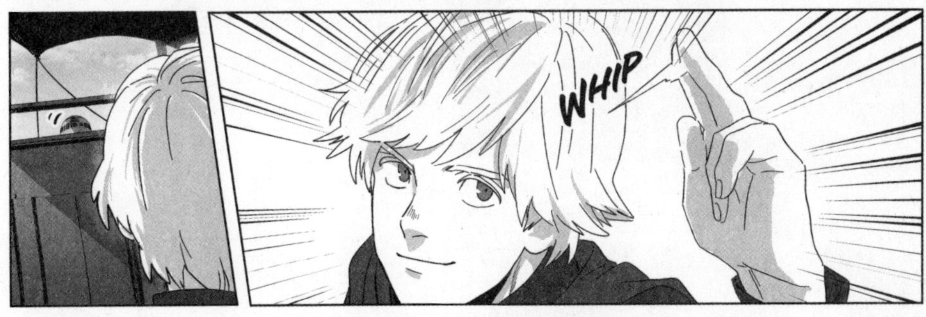

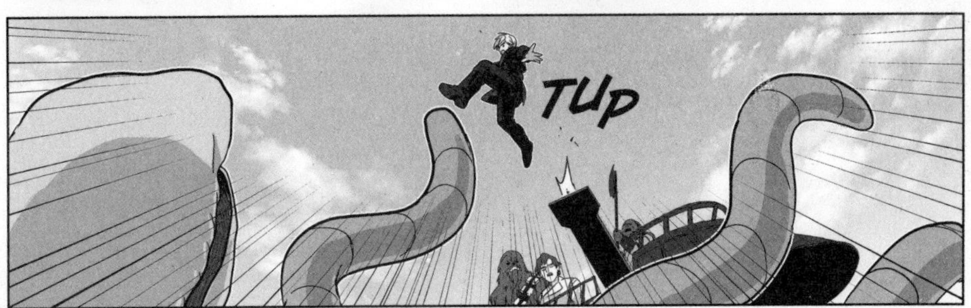

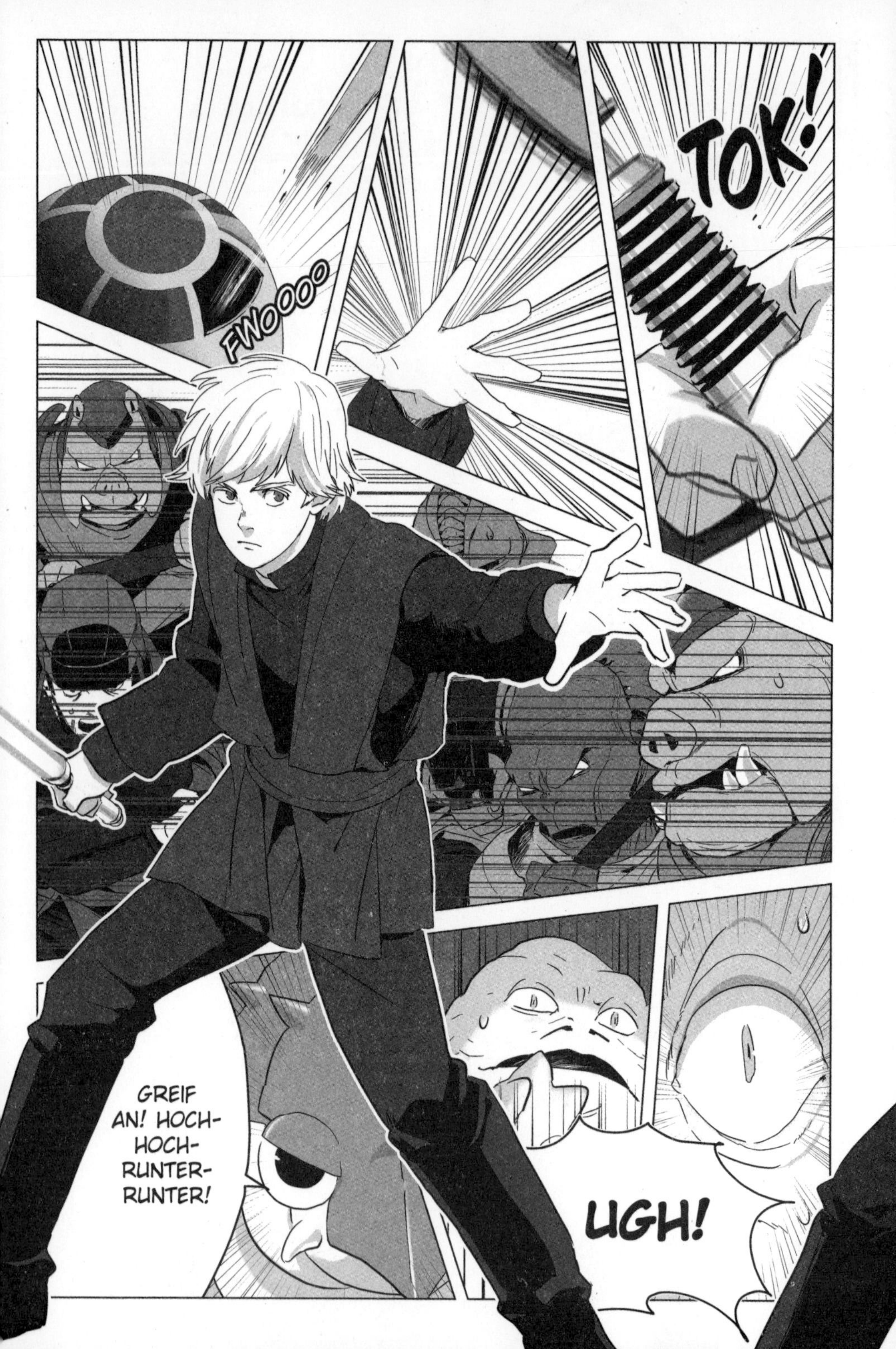
TOK!
FWOOOO
GREIF AN! HOCH-HOCH-RUNTER-RUNTER!
UGH!

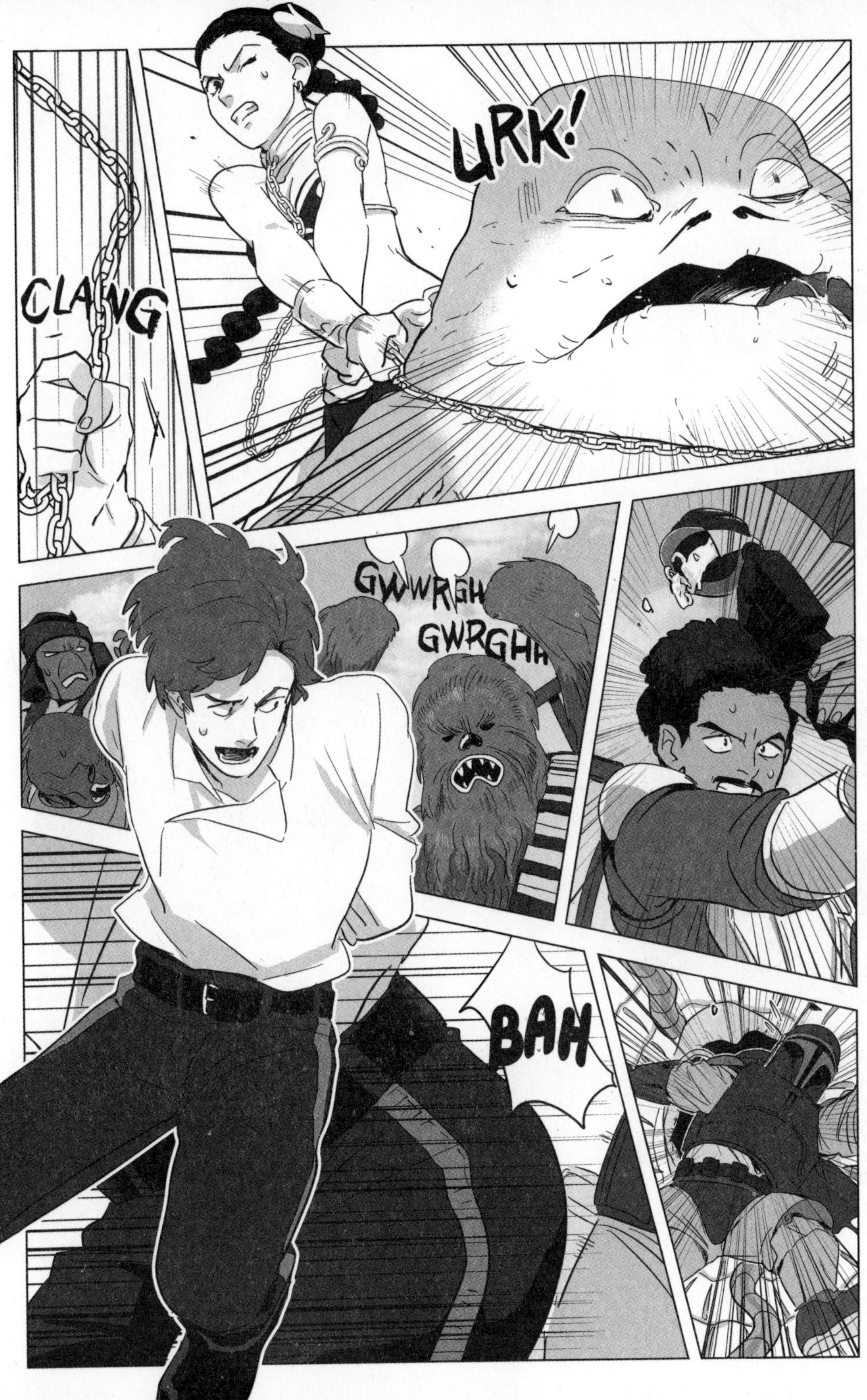
URK!
CLANG
GWWRGH
GWRGHH
BAH

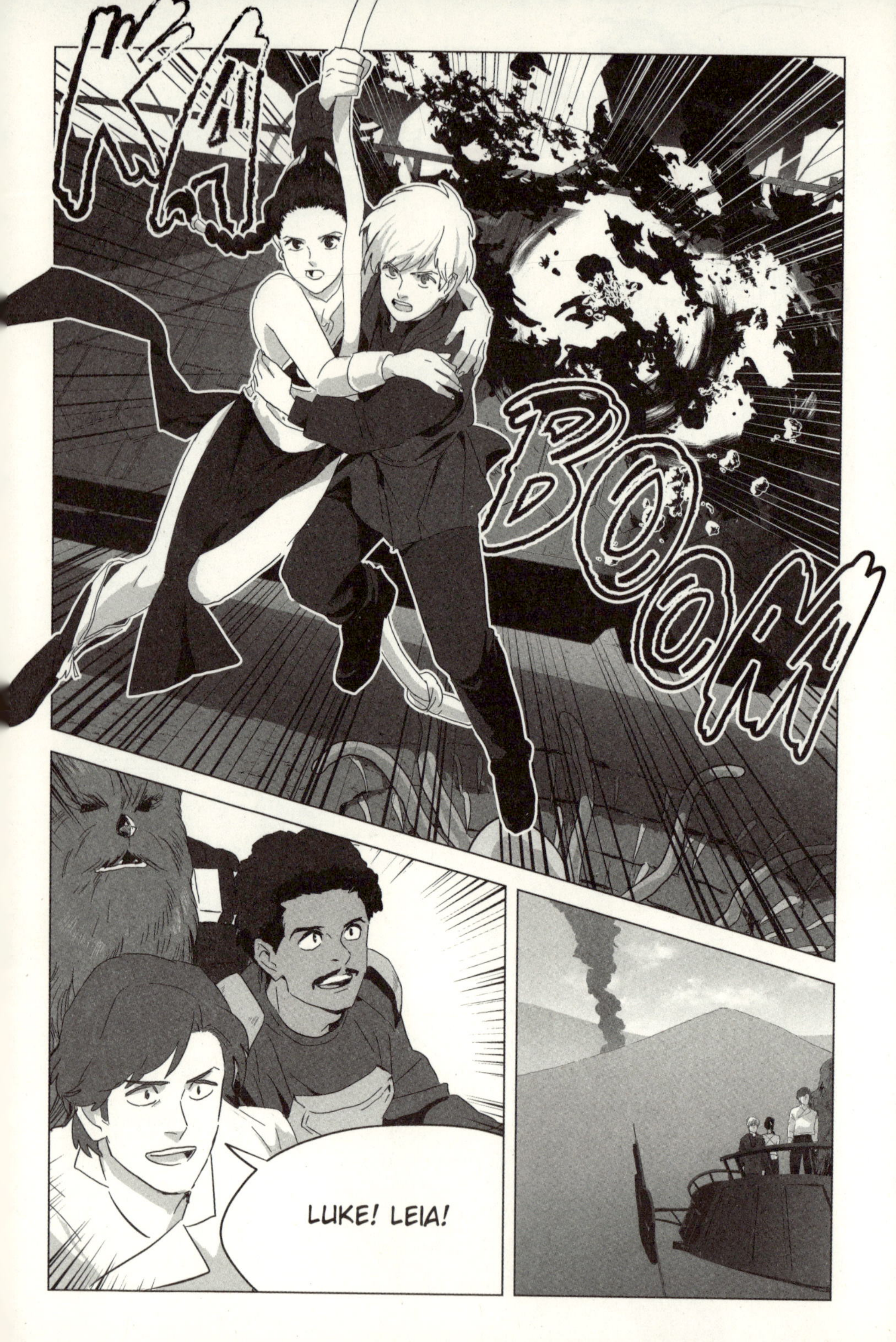
KA
BOOM
LUKE! LEIA!

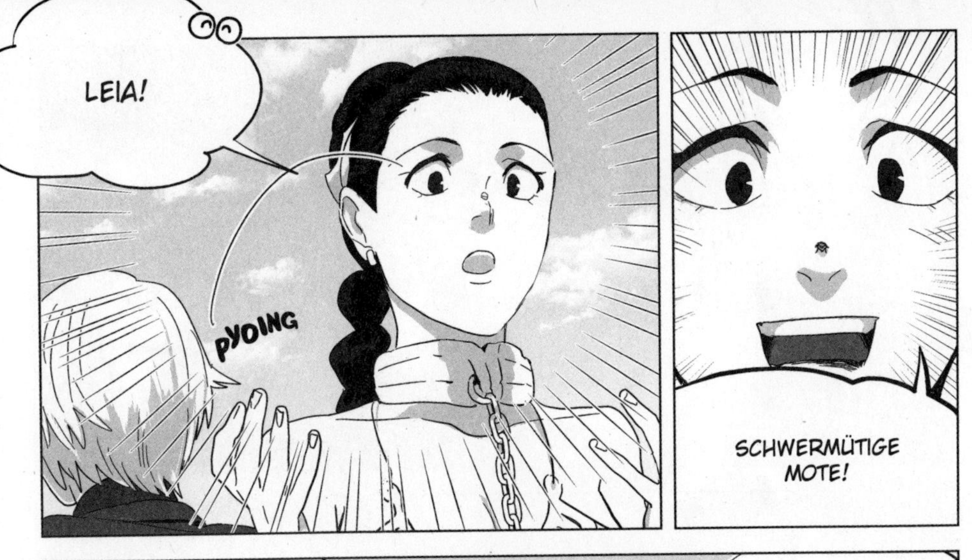
LEIA!
PYOING
SCHWERMÜTIGE MOTE!

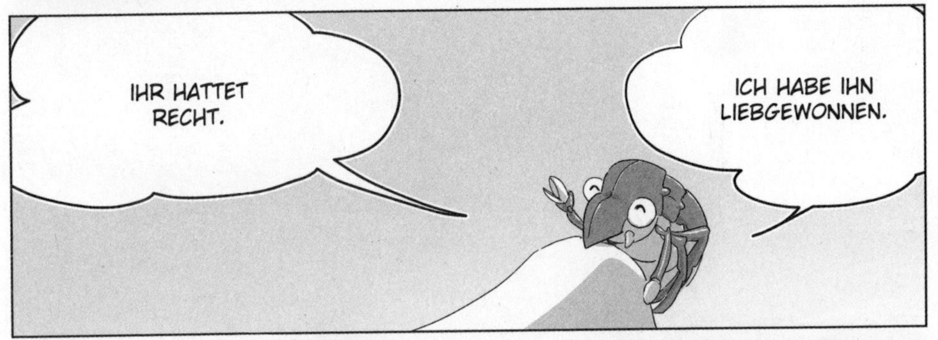
IHR HATTET RECHT.
ICH HABE IHN LIEBGEWONNEN.

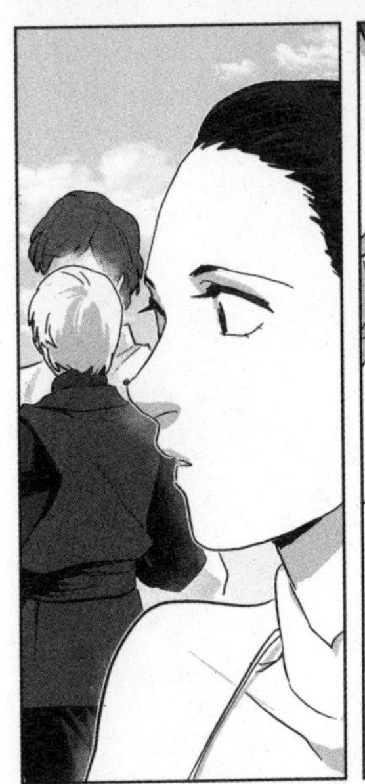

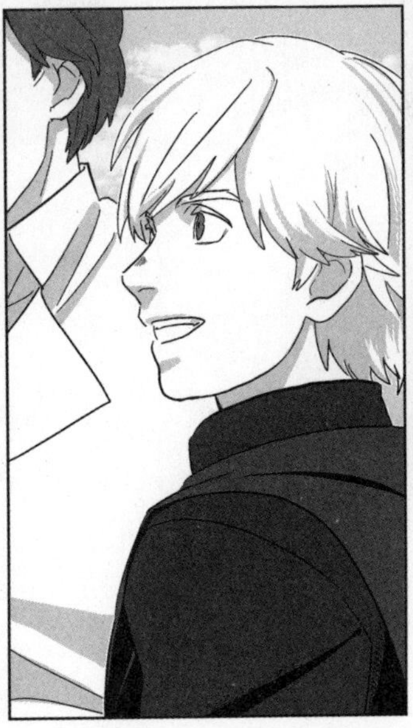

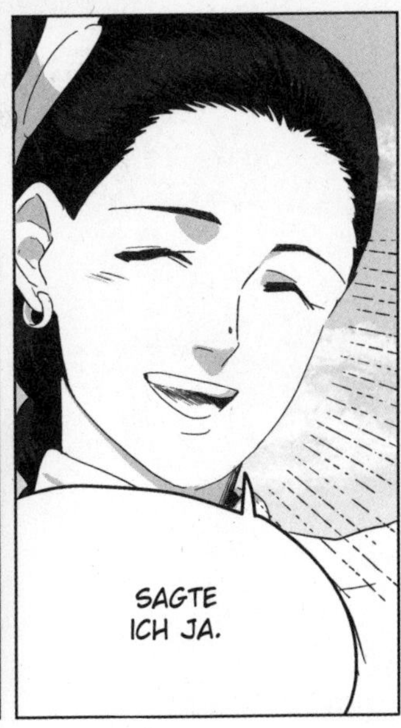
SAGTE ICH JA.

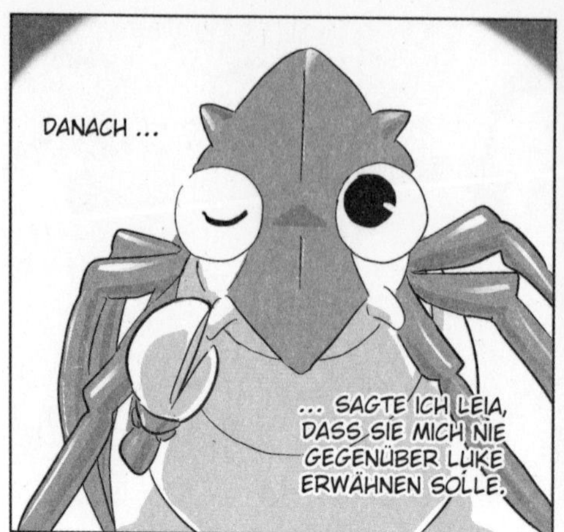

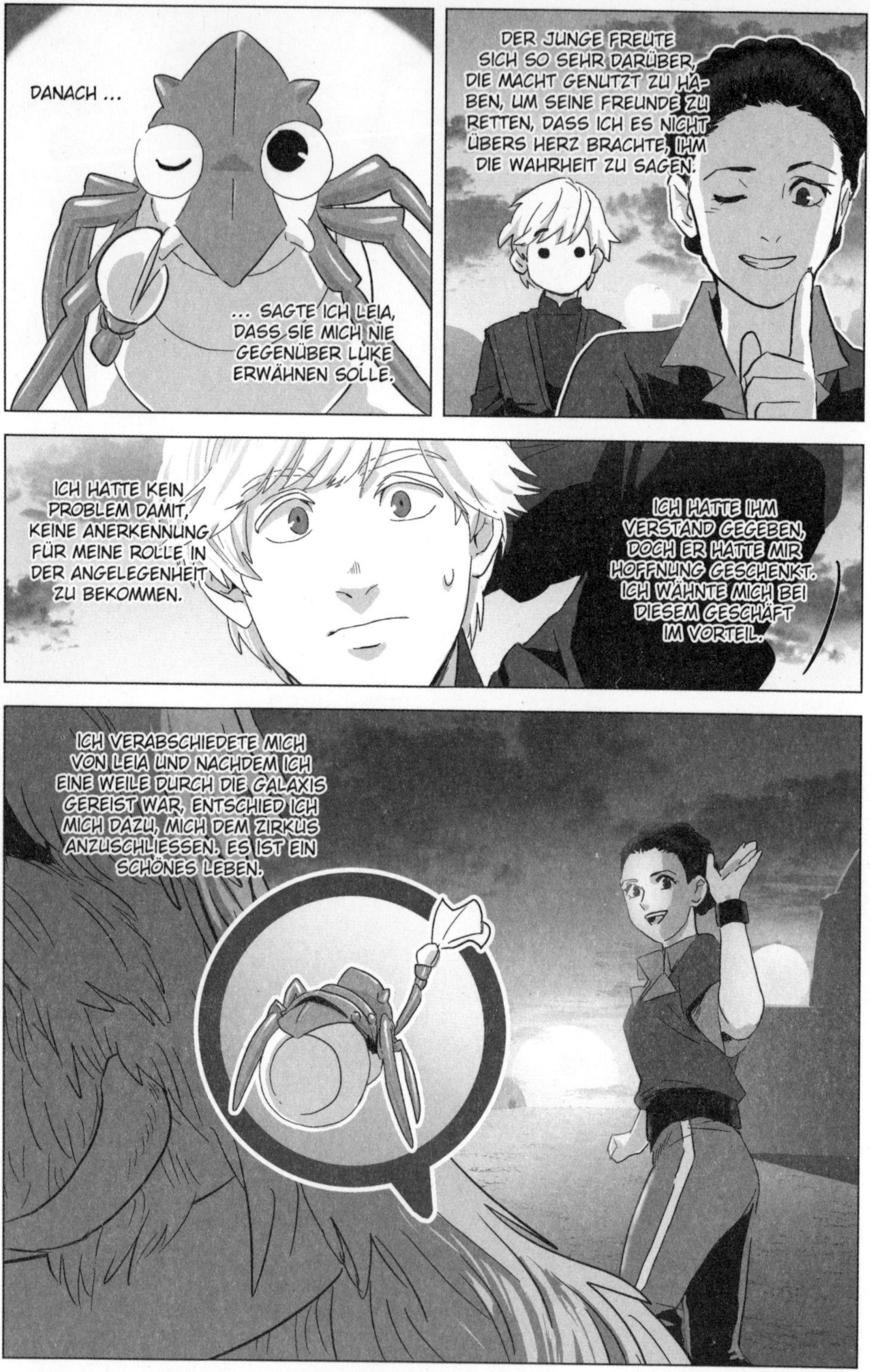

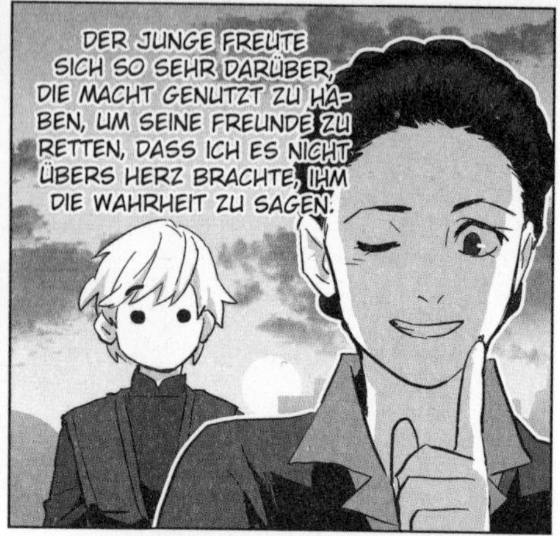

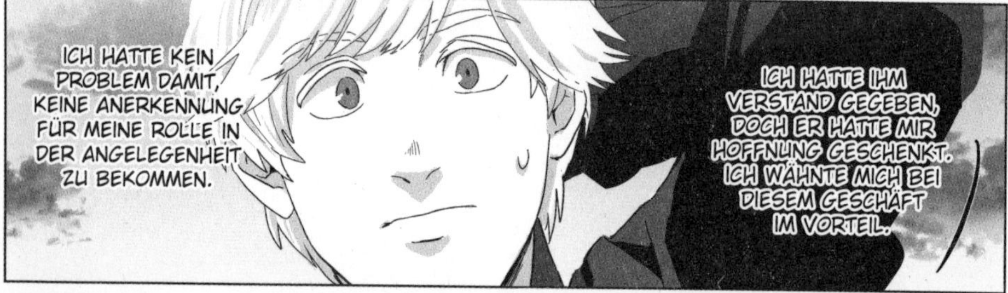

ICH VERABSCHIEDETE MICH VON LEIA UND NACHDEM ICH EINE WEILE DURCH DIE GALAXIS GEREIST WAR, ENTSCHIED ICH MICH DAZU, MICH DEM ZIRKUS ANZUSCHLIESSEN. ES IST EIN SCHÖNES LEBEN.

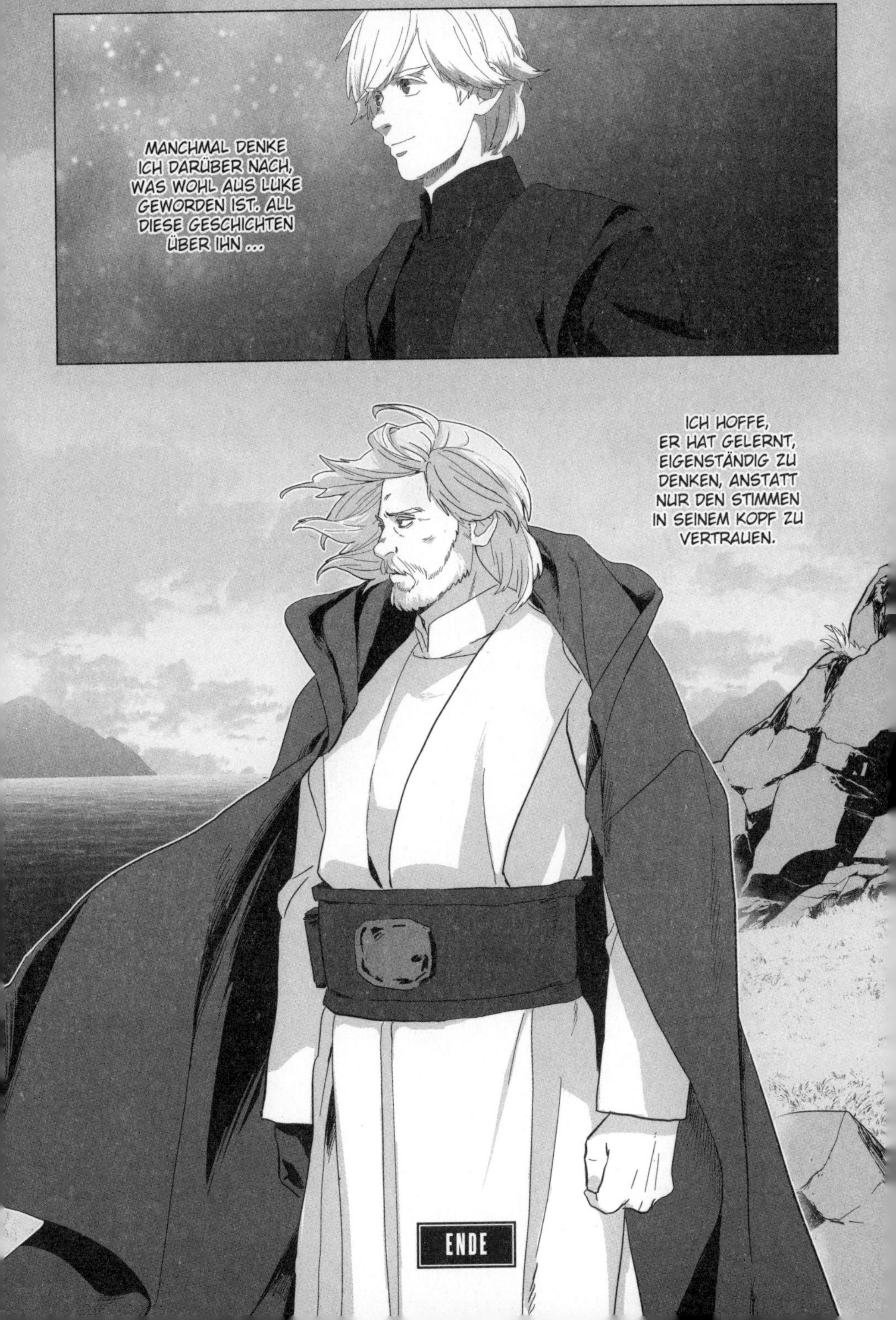

MANCHMAL DENKE ICH DARÜBER NACH, WAS WOHL AUS LUKE GEWORDEN IST. ALL DIESE GESCHICHTEN ÜBER IHN ...

ICH HOFFE, ER HAT GELERNT, EIGENSTÄNDIG ZU DENKEN, ANSTATT NUR DEN STIMMEN IN SEINEM KOPF ZU VERTRAUEN.

ENDE

DAS IST
KEINE HÖHLE!
- HAN SOLO

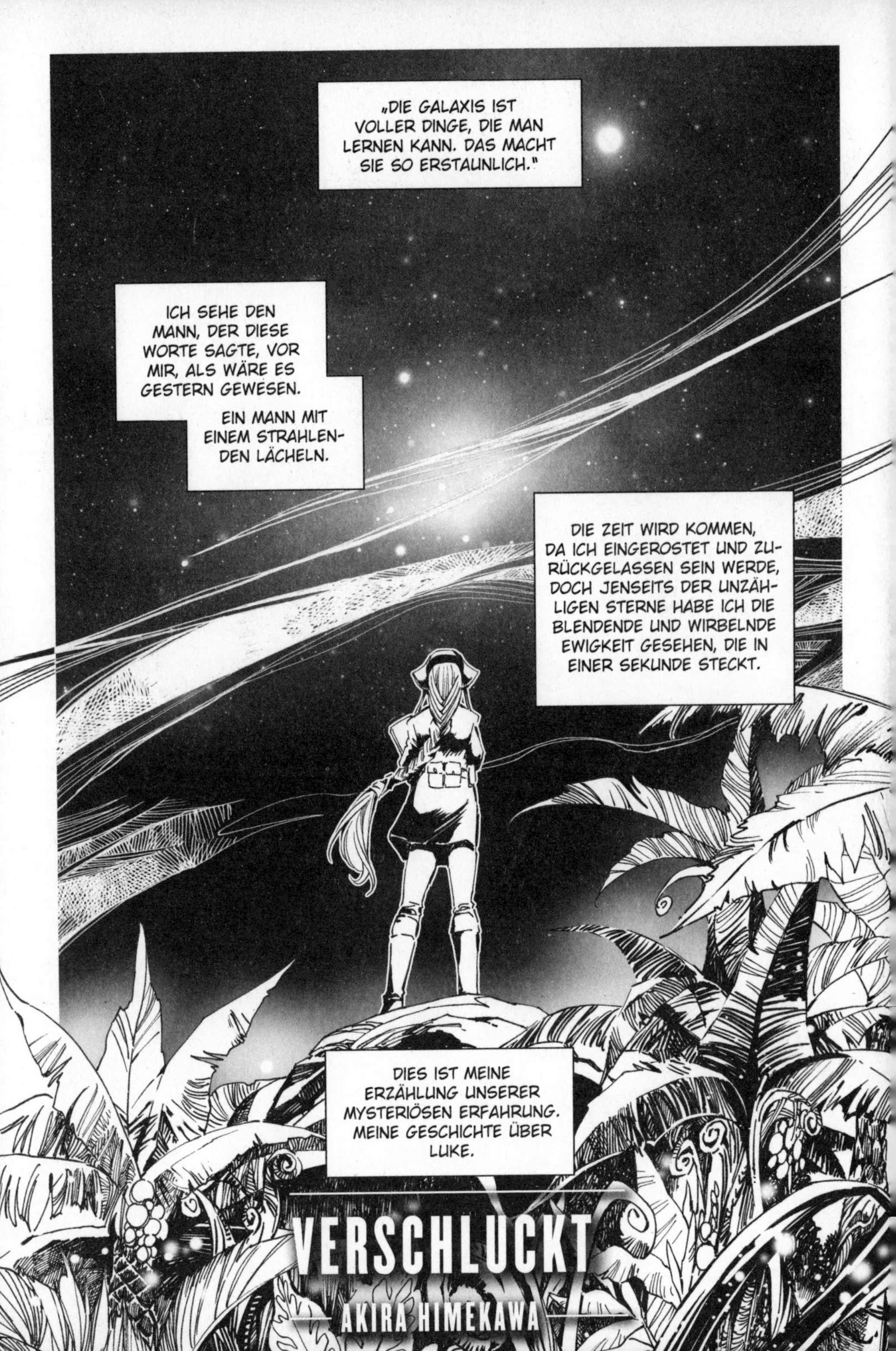
„DIE GALAXIS IST VOLLER DINGE, DIE MAN LERNEN KANN. DAS MACHT SIE SO ERSTAUNLICH."
ICH SEHE DEN MANN, DER DIESE WORTE SAGTE, VOR MIR, ALS WÄRE ES GESTERN GEWESEN.
EIN MANN MIT EINEM STRAHLEN-DEN LÄCHELN.
DIE ZEIT WIRD KOMMEN, DA ICH EINGEROSTET UND ZU-RÜCKGELASSEN SEIN WERDE, DOCH JENSEITS DER UNZÄH-LIGEN STERNE HABE ICH DIE BLENDENDE UND WIRBELNDE EWIGKEIT GESEHEN, DIE IN EINER SEKUNDE STECKT.
DIES IST MEINE ERZÄHLUNG UNSERER MYSTERIÖSEN ERFAHRUNG. MEINE GESCHICHTE ÜBER LUKE.
VERSCHLUCKT
AKIRA HIMEKAWA

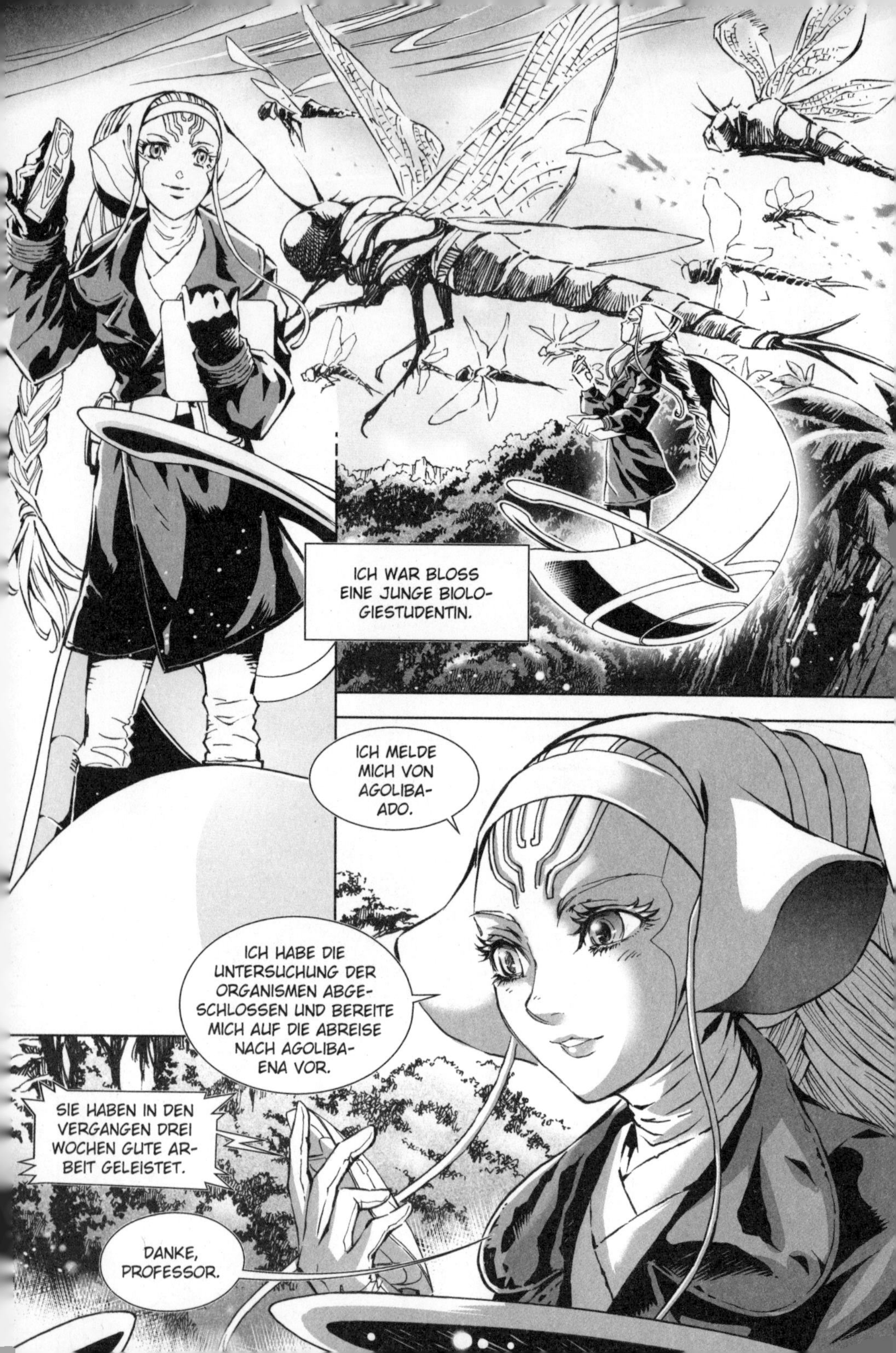
ICH WAR BLOSS EINE JUNGE BIOLO-GIESTUDENTIN.
ICH MELDE MICH VON AGOLIBA-ADO.
ICH HABE DIE UNTERSUCHUNG DER ORGANISMEN ABGE-SCHLOSSEN UND BEREITE MICH AUF DIE ABREISE NACH AGOLIBA-ENA VOR.
SIE HABEN IN DEN VERGANGEN DREI WOCHEN GUTE AR-BEIT GELEISTET.
DANKE, PROFESSOR.

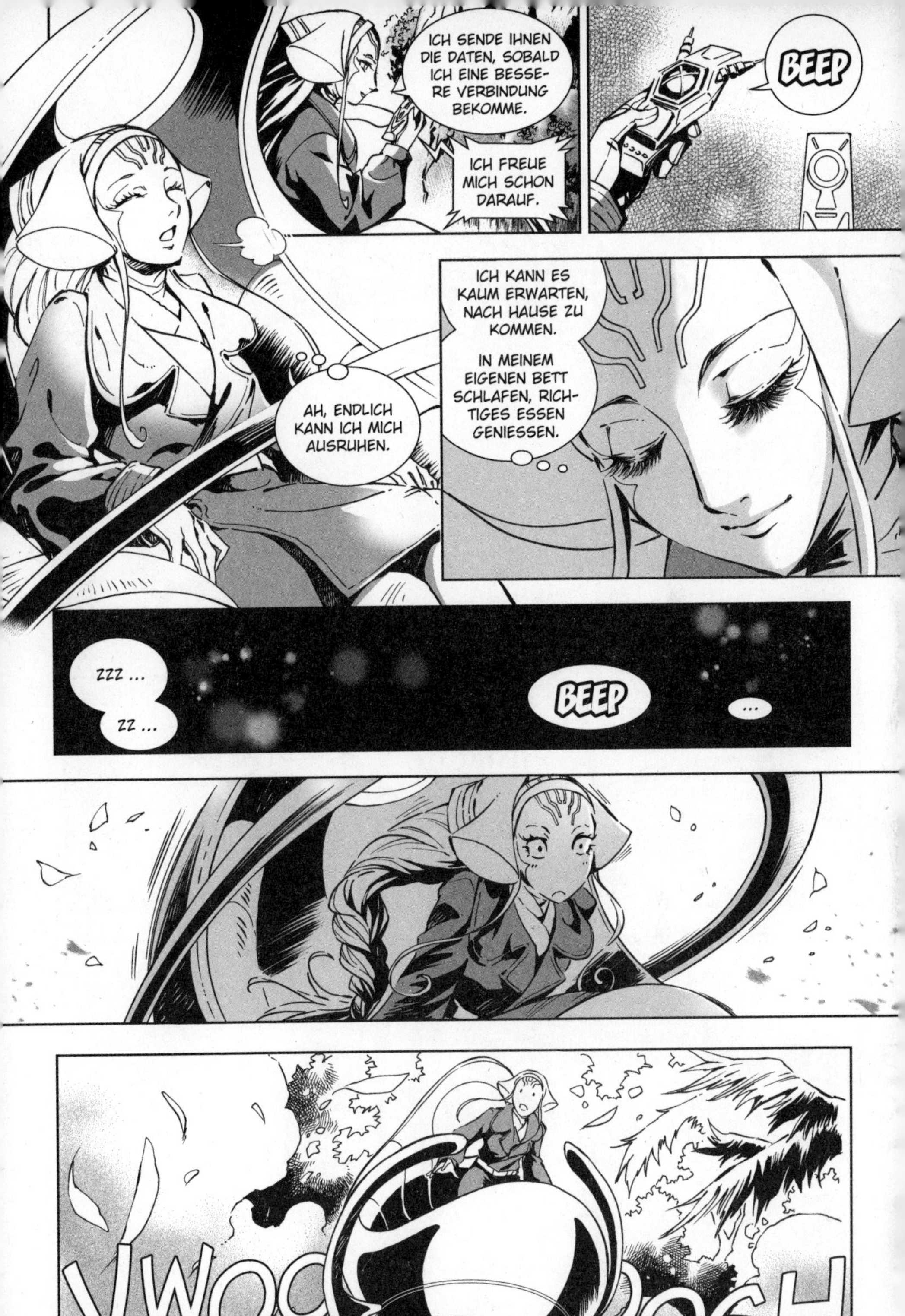
ICH SENDE IHNEN DIE DATEN, SOBALD ICH EINE BESSERE VERBINDUNG BEKOMME.
ICH FREUE MICH SCHON DARAUF.
BEEP
AH, ENDLICH KANN ICH MICH AUSRUHEN.
ICH KANN ES KAUM ERWARTEN, NACH HAUSE ZU KOMMEN.
IN MEINEM EIGENEN BETT SCHLAFEN, RICHTIGES ESSEN GENIESSEN.
ZZZ ...
ZZ ...
BEEP
...
VWOO OOSH

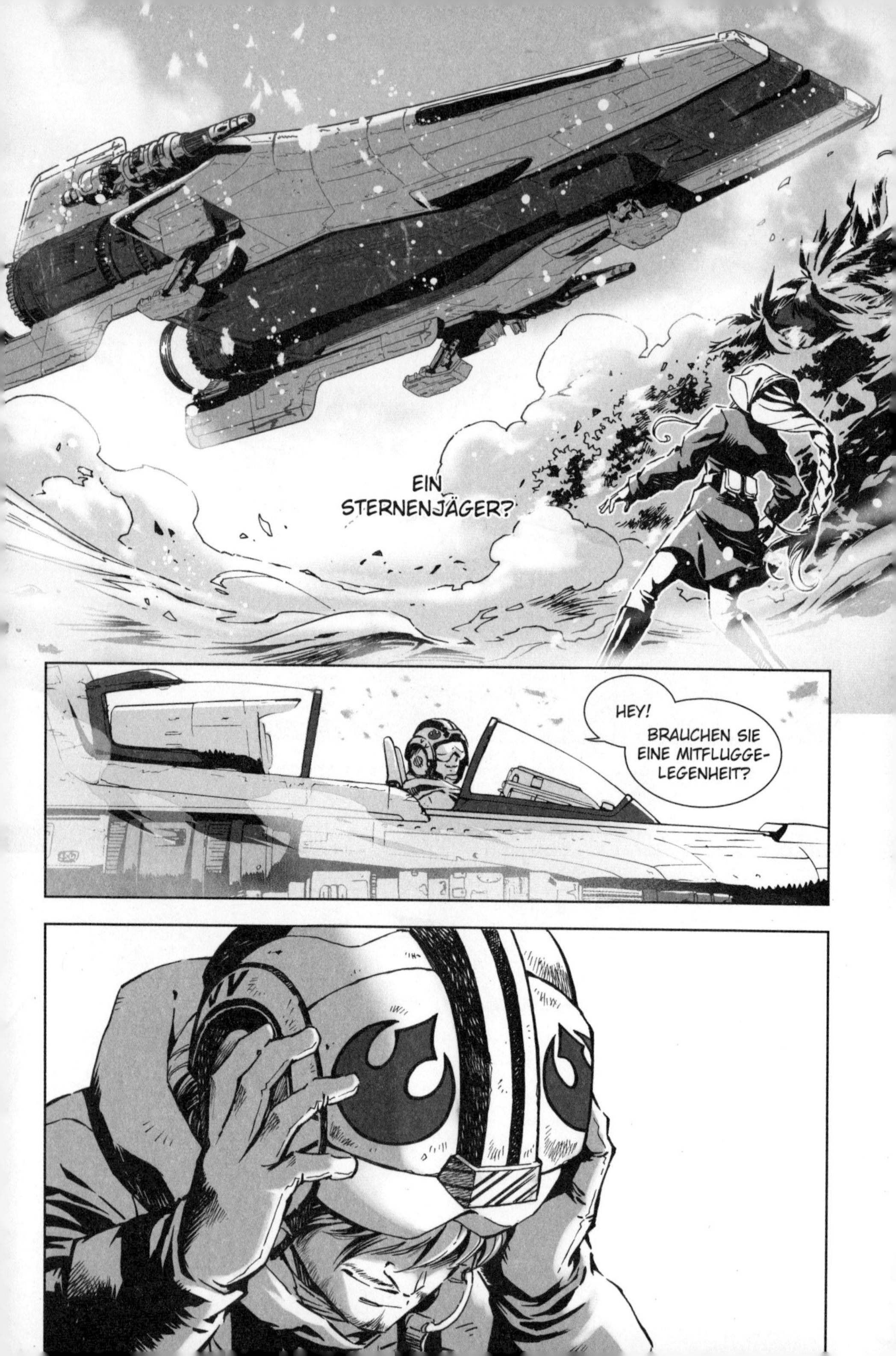

EIN STERNENJÄGER?

HEY!

BRAUCHEN SIE EINE MITFLUGGE-LEGENHEIT?

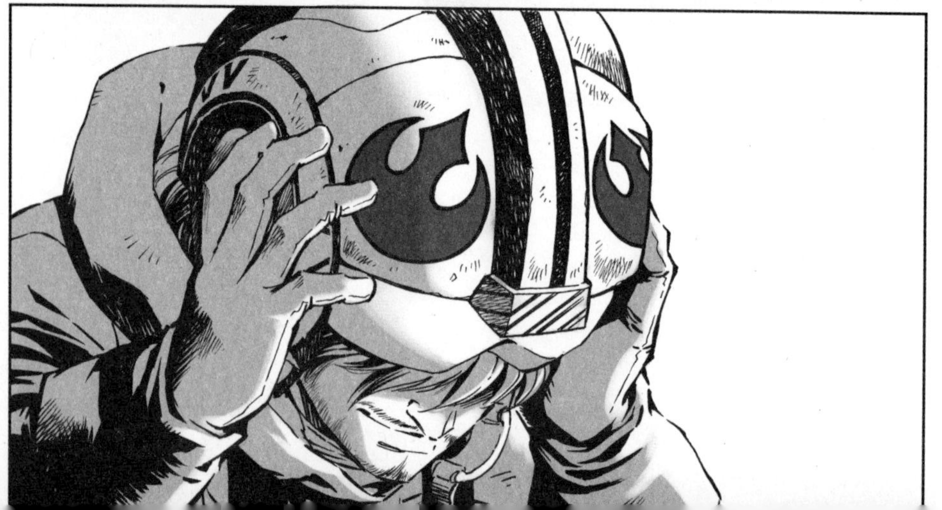

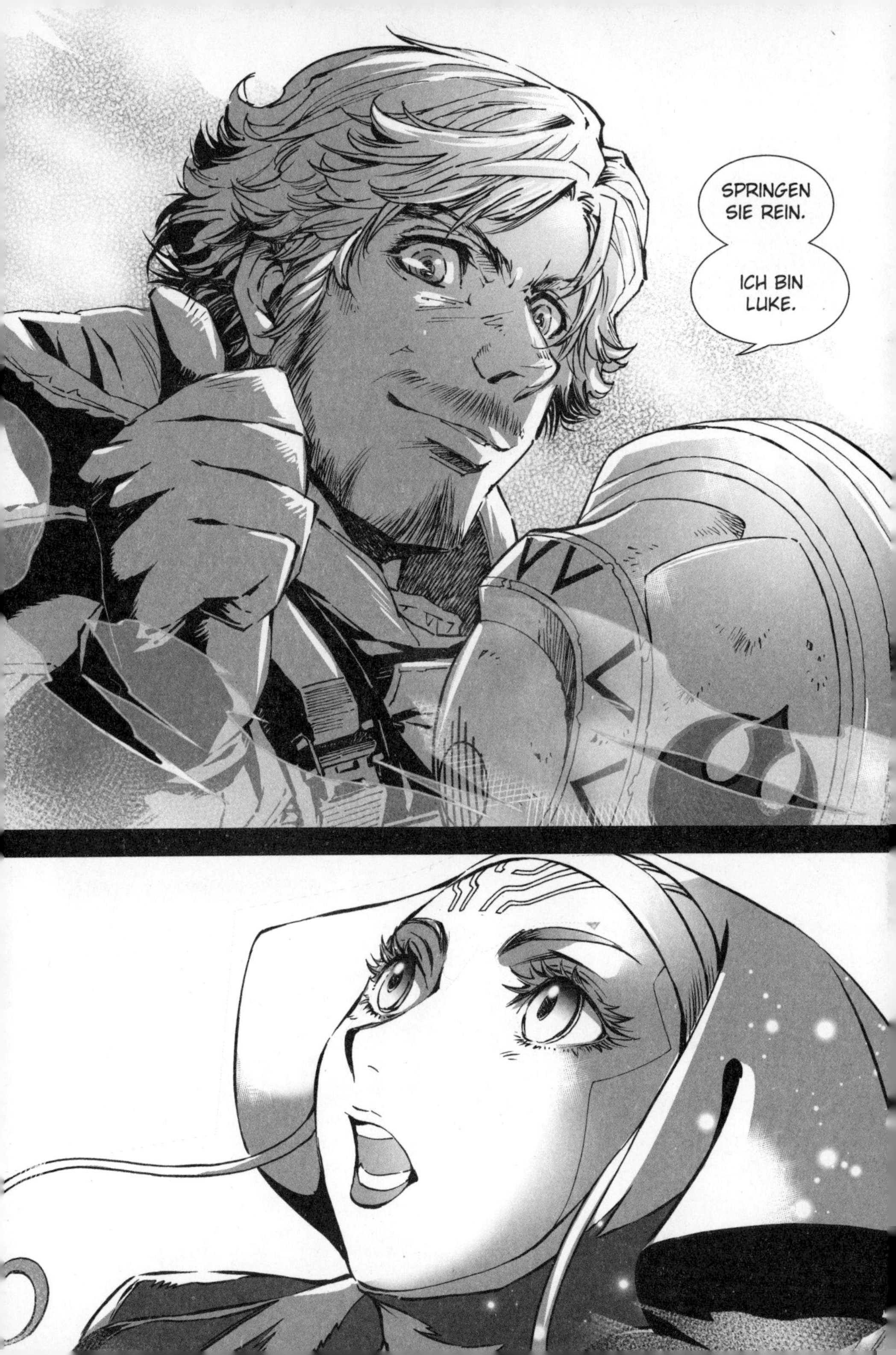
SPRINGEN SIE REIN.
ICH BIN LUKE.

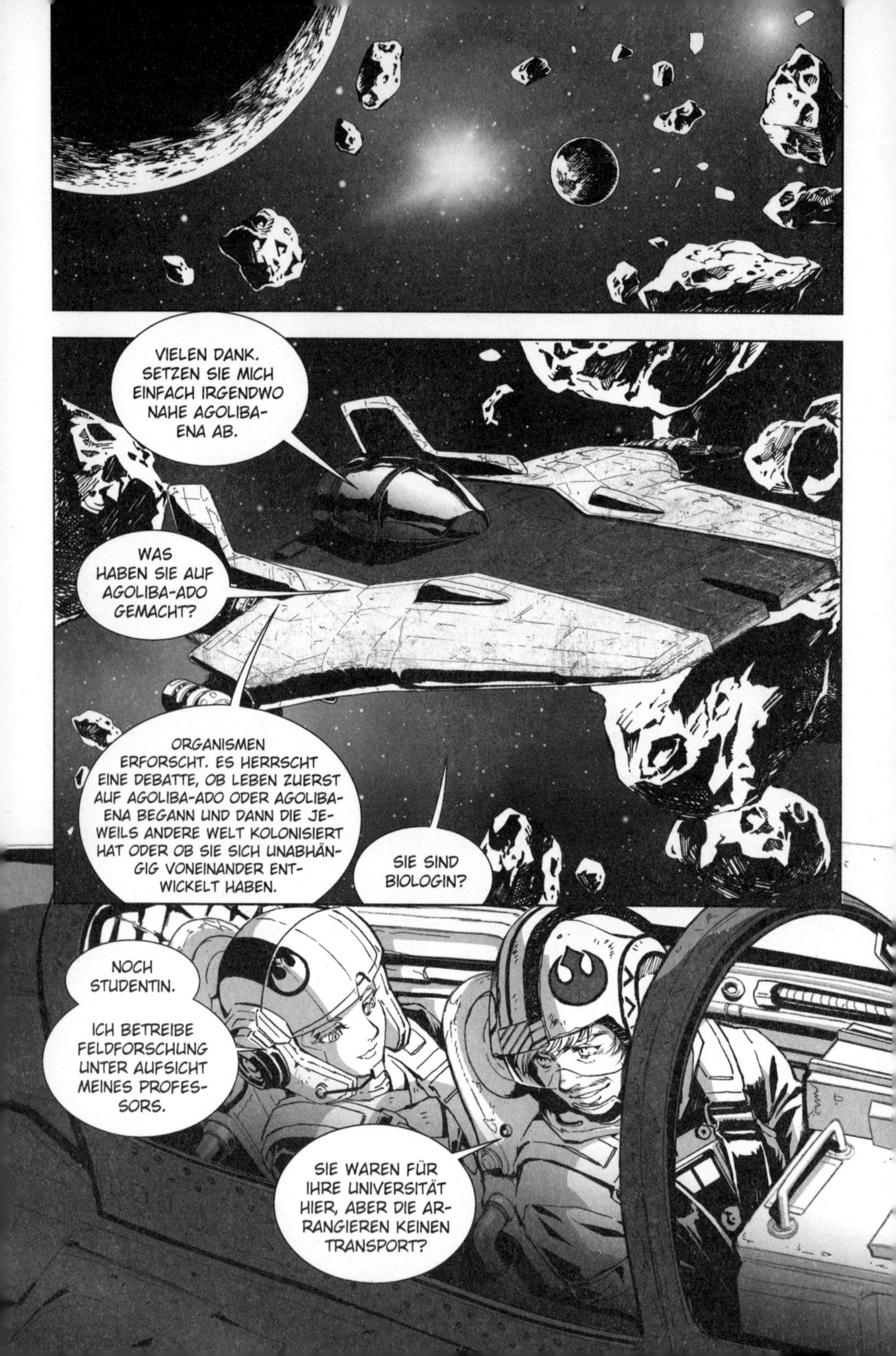

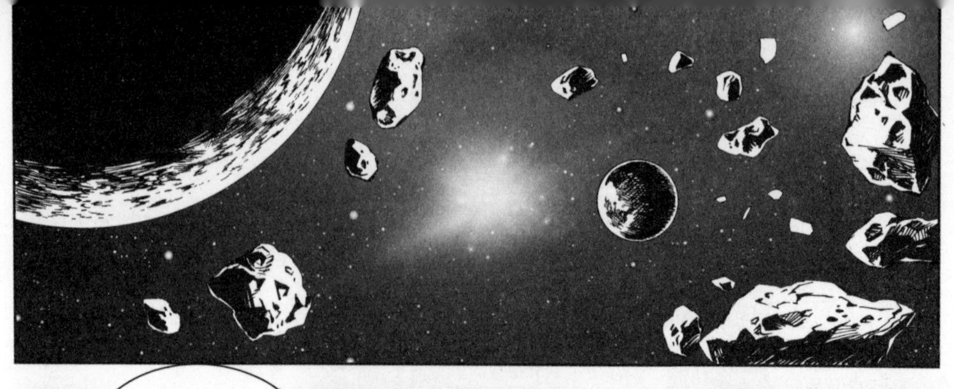

VIELEN DANK. SETZEN SIE MICH EINFACH IRGENDWO NAHE AGOLIBA-ENA AB.

WAS HABEN SIE AUF AGOLIBA-ADO GEMACHT?

ORGANISMEN ERFORSCHT. ES HERRSCHT EINE DEBATTE, OB LEBEN ZUERST AUF AGOLIBA-ADO ODER AGOLIBA-ENA BEGANN UND DANN DIE JEWEILS ANDERE WELT KOLONISIERT HAT ODER OB SIE SICH UNABHÄNGIG VONEINANDER ENTWICKELT HABEN.

SIE SIND BIOLOGIN?

NOCH STUDENTIN.

ICH BETREIBE FELDFORSCHUNG UNTER AUFSICHT MEINES PROFESSORS.

SIE WAREN FÜR IHRE UNIVERSITÄT HIER, ABER DIE ARRANGIEREN KEINEN TRANSPORT?

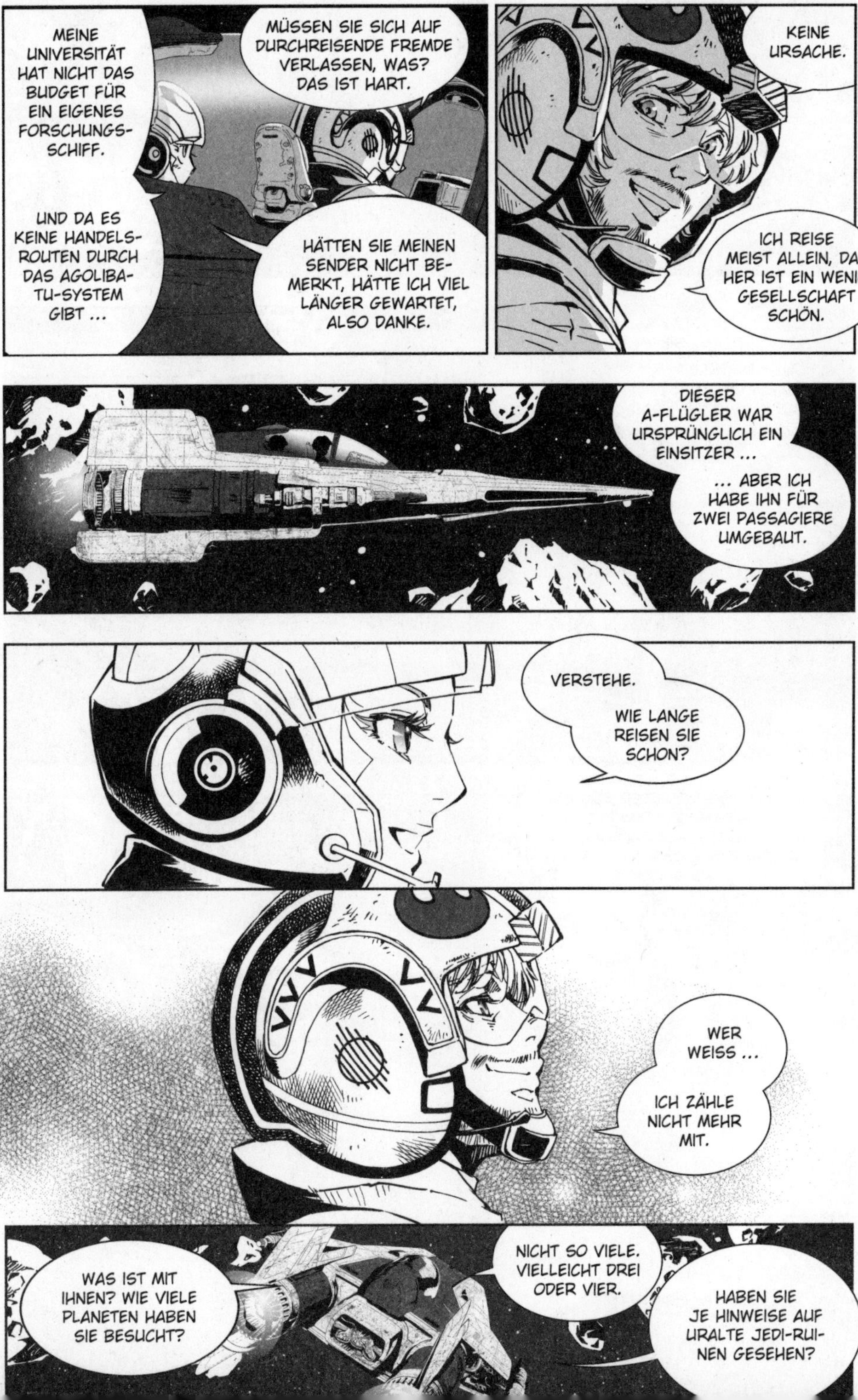

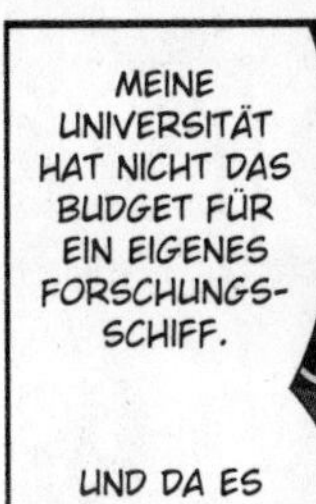

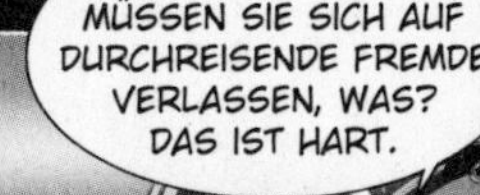

UND DA ES KEINE HANDELS-ROUTEN DURCH DAS AGOLIBA-TU-SYSTEM GIBT …

HÄTTEN SIE MEINEN SENDER NICHT BE-MERKT, HÄTTE ICH VIEL LÄNGER GEWARTET, ALSO DANKE.

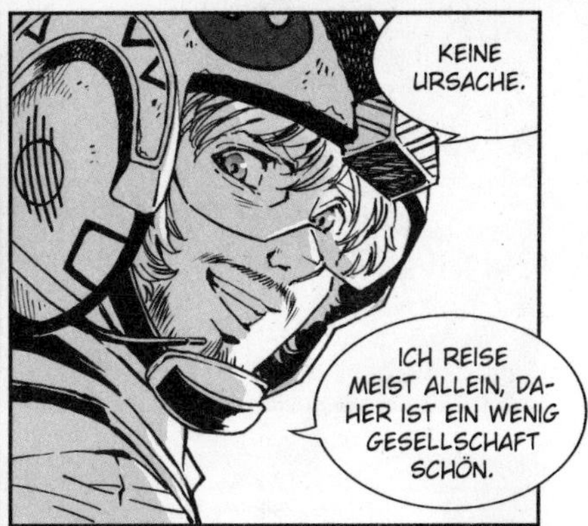

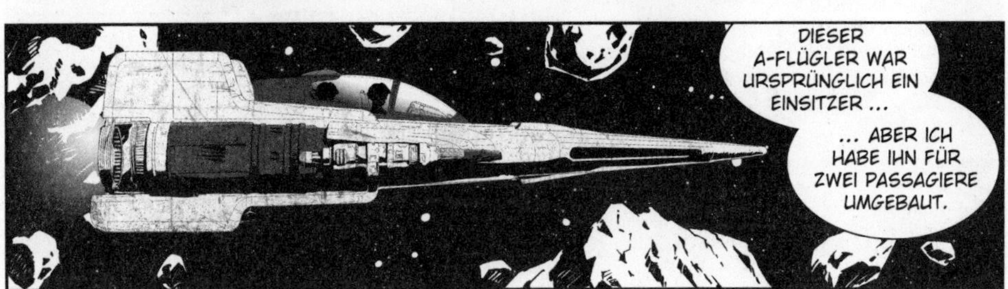

VERSTEHE.

WIE LANGE REISEN SIE SCHON?

WER WEISS …

ICH ZÄHLE NICHT MEHR MIT.

WAS IST MIT IHNEN? WIE VIELE PLANETEN HABEN SIE BESUCHT?

NICHT SO VIELE. VIELLEICHT DREI ODER VIER.

HABEN SIE JE HINWEISE AUF URALTE JEDI-RUI-NEN GESEHEN?

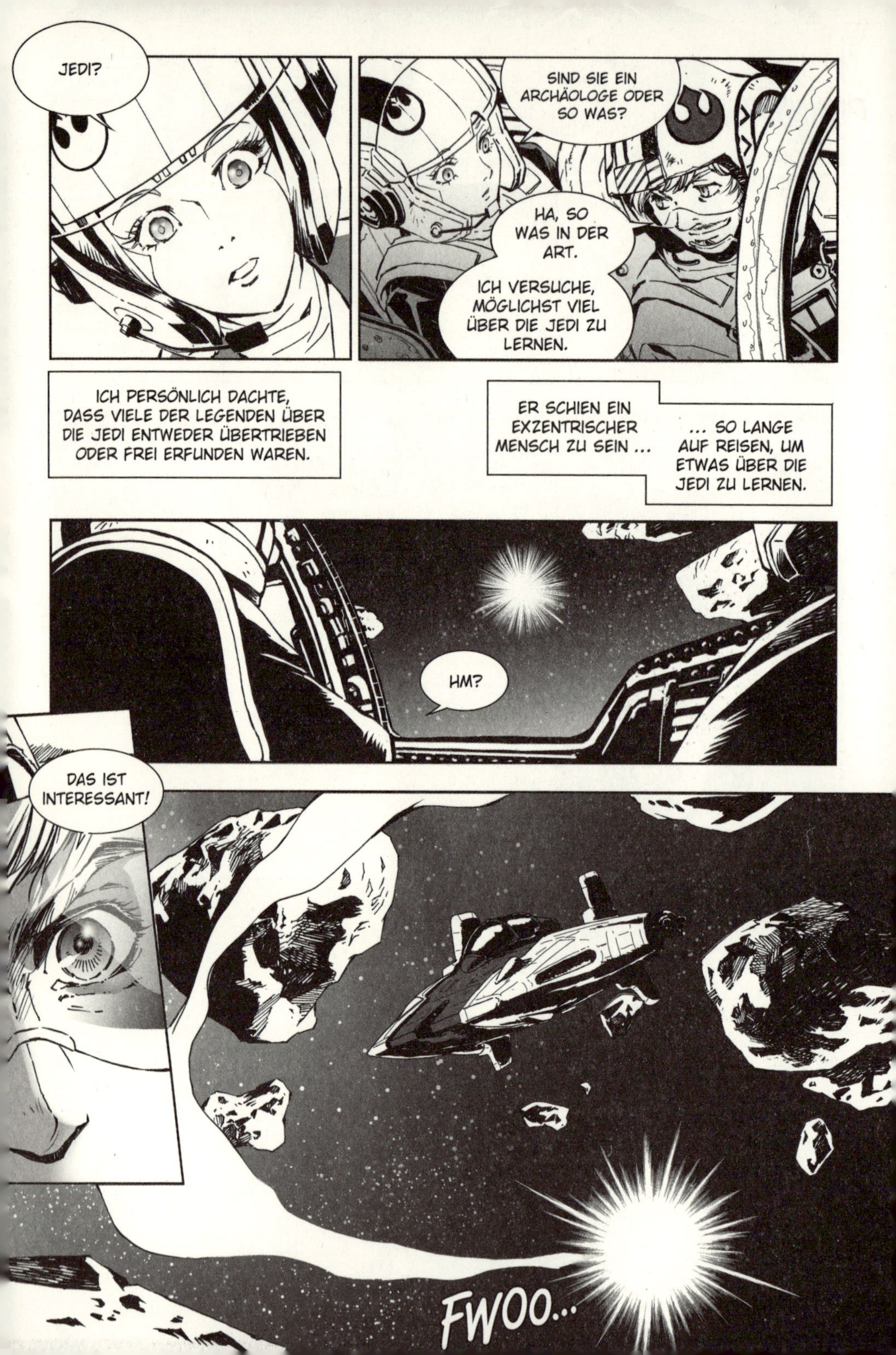

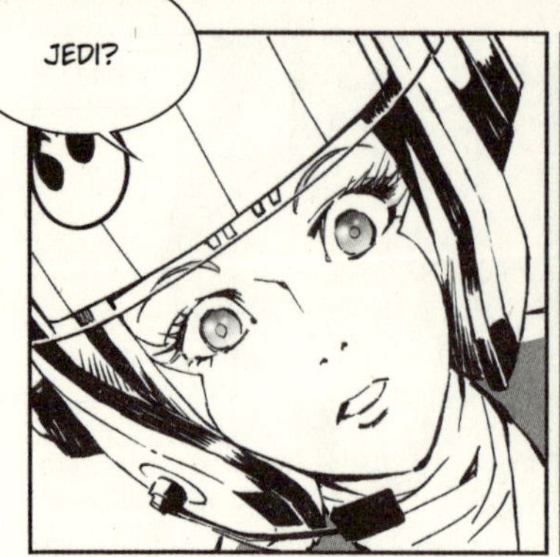

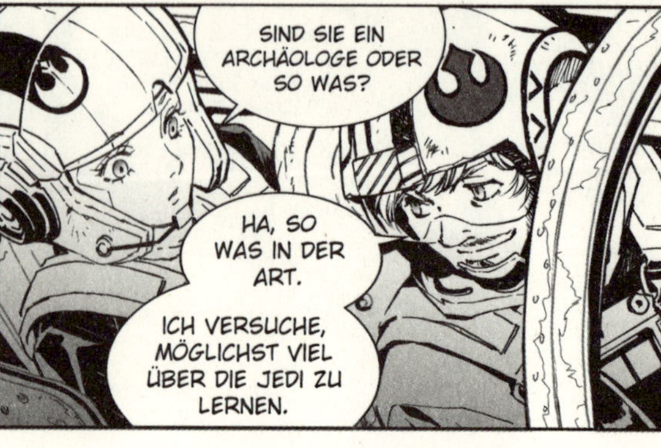

ICH PERSÖNLICH DACHTE, DASS VIELE DER LEGENDEN ÜBER DIE JEDI ENTWEDER ÜBERTRIEBEN ODER FREI ERFUNDEN WAREN.

ER SCHIEN EIN EXZENTRISCHER MENSCH ZU SEIN …

… SO LANGE AUF REISEN, UM ETWAS ÜBER DIE JEDI ZU LERNEN.

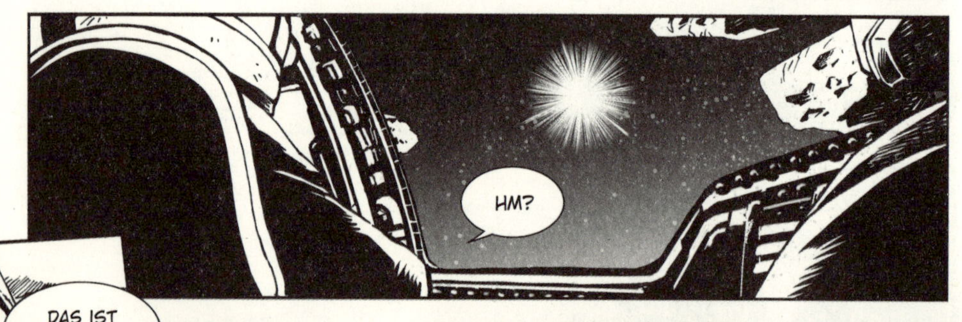

DAS IST INTERESSANT!

FWOO…

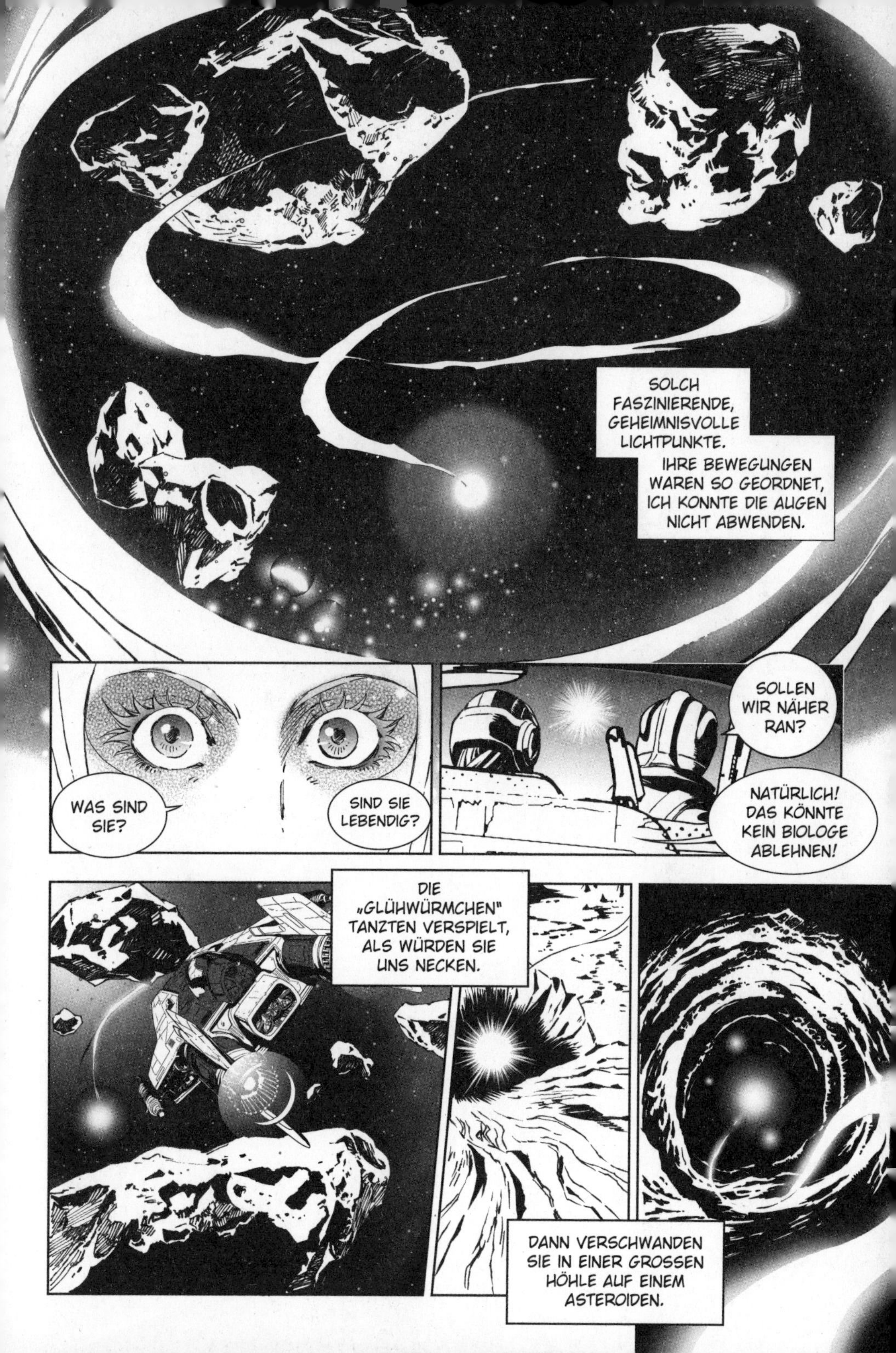
SOLCH FASZINIERENDE, GEHEIMNISVOLLE LICHTPUNKTE.
IHRE BEWEGUNGEN WAREN SO GEORDNET, ICH KONNTE DIE AUGEN NICHT ABWENDEN.
WAS SIND SIE?
SIND SIE LEBENDIG?
SOLLEN WIR NÄHER RAN?
NATÜRLICH! DAS KÖNNTE KEIN BIOLOGE ABLEHNEN!
DIE „GLÜHWÜRMCHEN" TANZTEN VERSPIELT, ALS WÜRDEN SIE UNS NECKEN.
DANN VERSCHWANDEN SIE IN EINER GROSSEN HÖHLE AUF EINEM ASTEROIDEN.

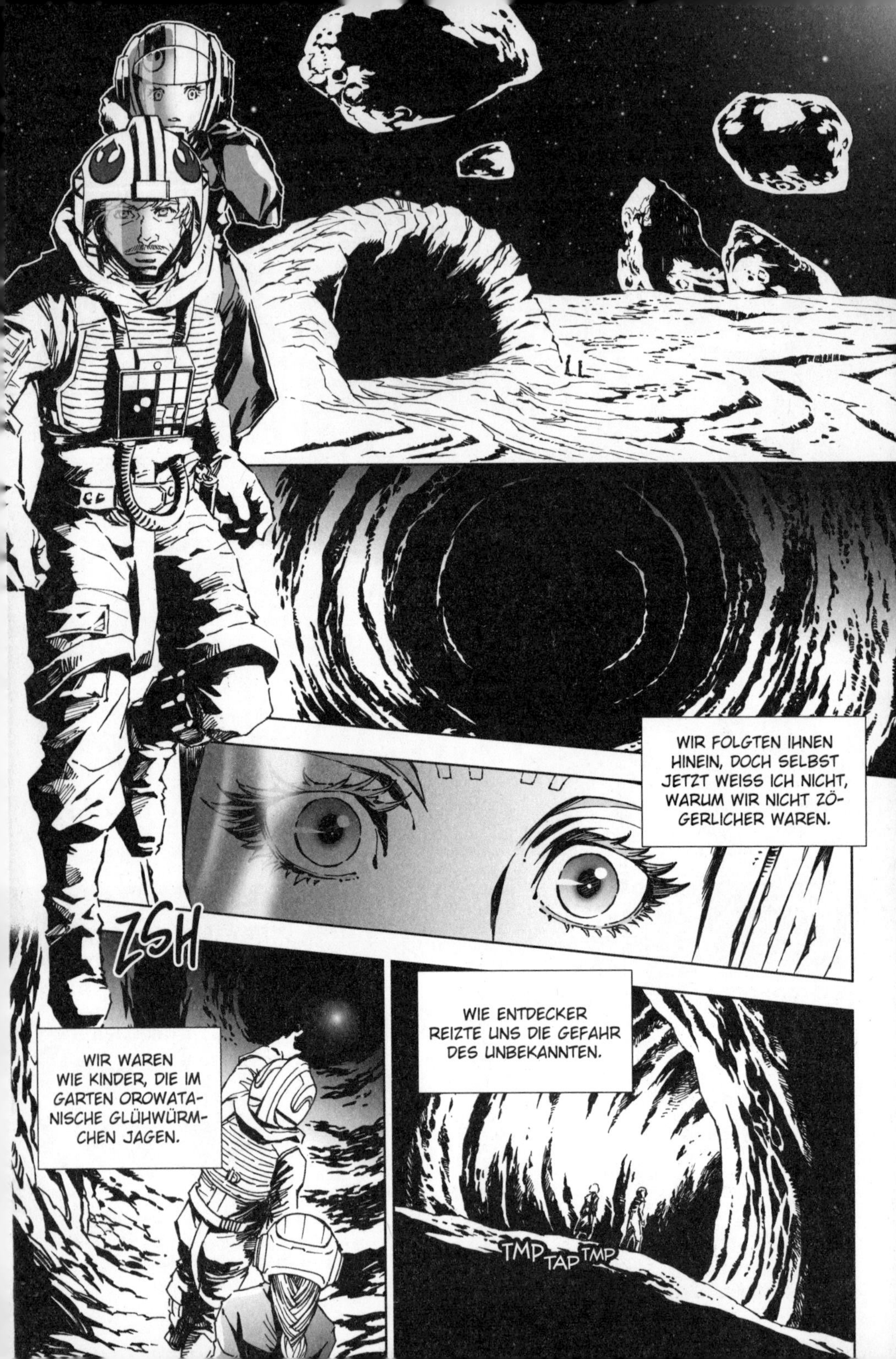
WIR FOLGTEN IHNEN HINEIN, DOCH SELBST JETZT WEISS ICH NICHT, WARUM WIR NICHT ZÖGERLICHER WAREN.
ZSH
WIR WAREN WIE KINDER, DIE IM GARTEN OROWATANISCHE GLÜHWÜRMCHEN JAGEN.
WIE ENTDECKER REIZTE UNS DIE GEFAHR DES UNBEKANNTEN.
TMP TAP TMP

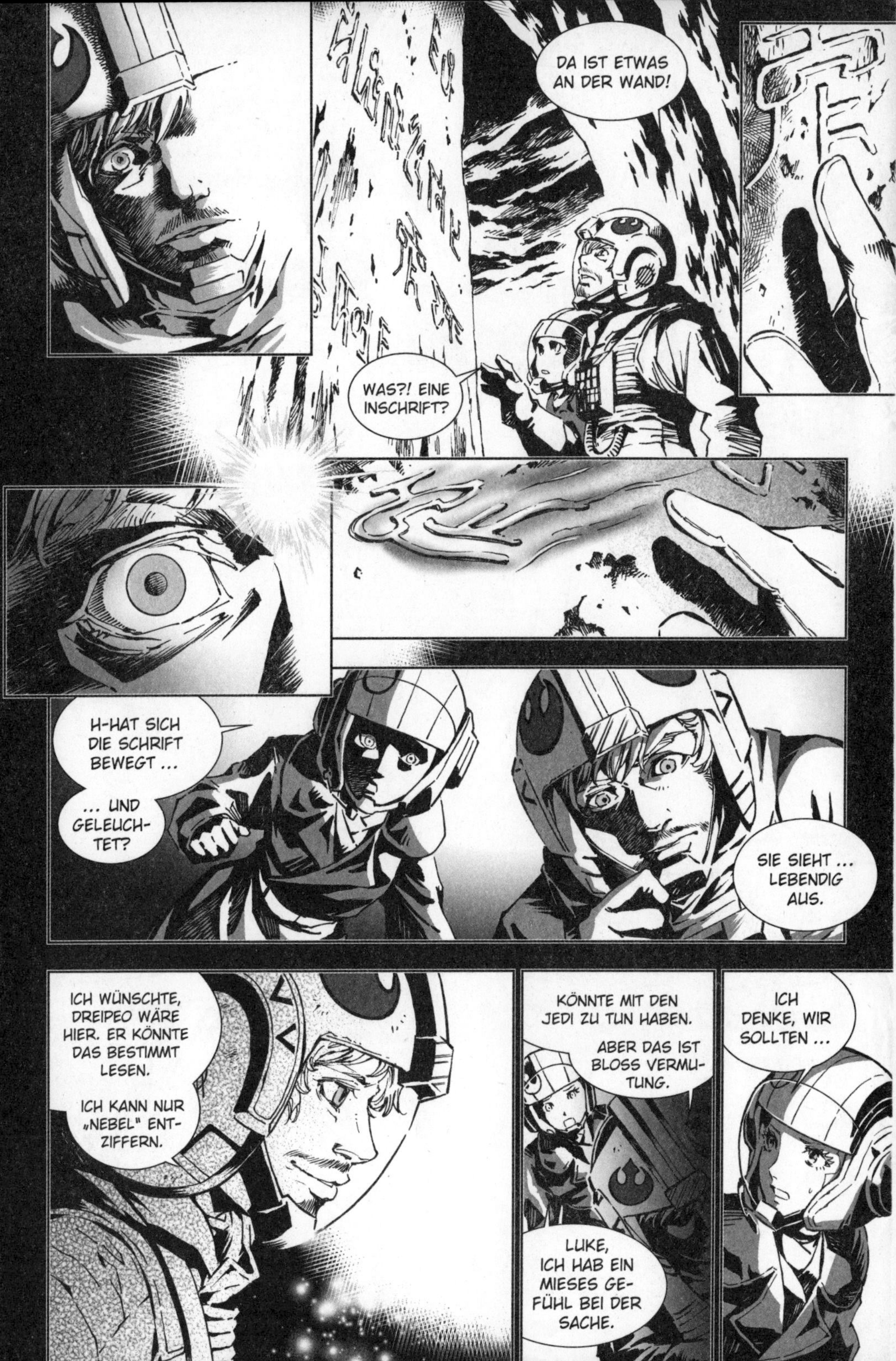
DA IST ETWAS AN DER WAND!
WAS?! EINE INSCHRIFT?
H-HAT SICH DIE SCHRIFT BEWEGT …
… UND GELEUCH-TET?
SIE SIEHT … LEBENDIG AUS.
ICH WÜNSCHTE, DREIPEO WÄRE HIER. ER KÖNNTE DAS BESTIMMT LESEN.
ICH KANN NUR „NEBEL" ENT-ZIFFERN.
KÖNNTE MIT DEN JEDI ZU TUN HABEN.
ABER DAS IST BLOSS VERMU-TUNG.
LUKE, ICH HAB EIN MIESES GE-FÜHL BEI DER SACHE.
ICH DENKE, WIR SOLLTEN …

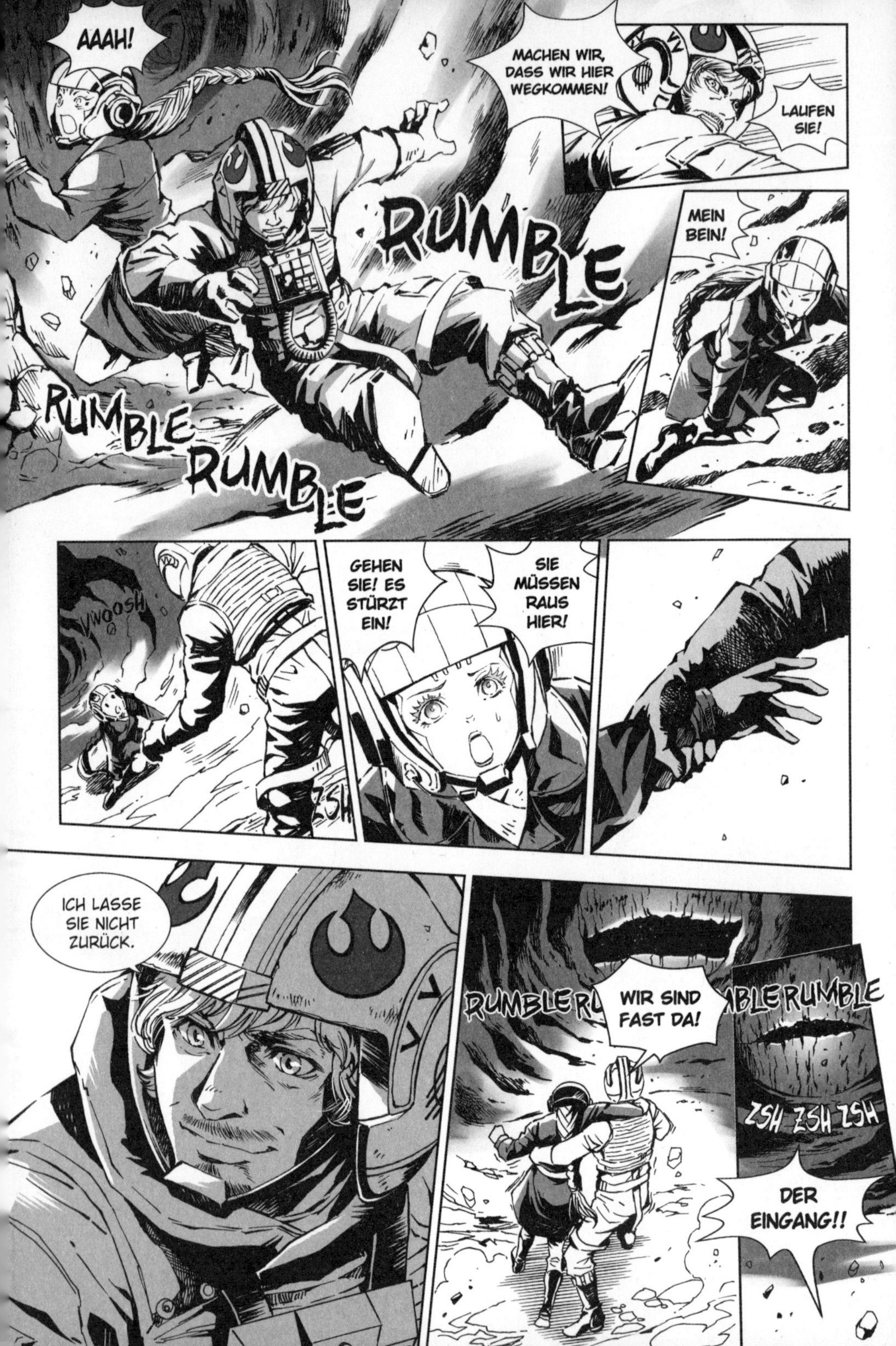
AAAH!
MACHEN WIR, DASS WIR HIER WEGKOMMEN!
LAUFEN SIE!
RUMBLE
RUMBLE RUMBLE
MEIN BEIN!
VWOOSH
ZSH
GEHEN SIE! ES STÜRZT EIN!
SIE MÜSSEN RAUS HIER!
ICH LASSE SIE NICHT ZURÜCK.
RUMBLE RUMBLE RUMBLE
WIR SIND FAST DA!
ZSH ZSH ZSH
DER EINGANG!!

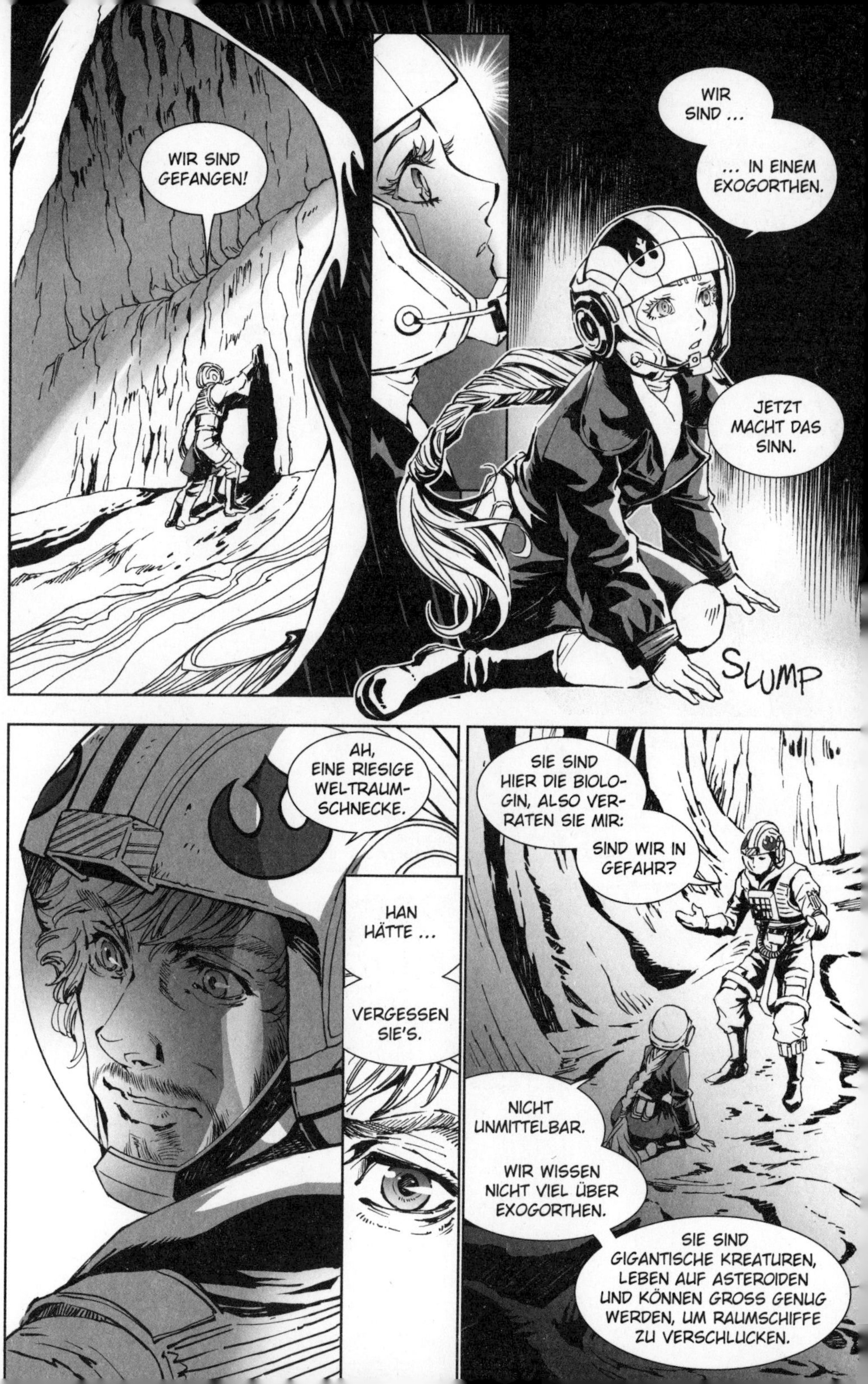

WIR SIND GEFANGEN!

WIR SIND ...

... IN EINEM EXOGORTHEN.

JETZT MACHT DAS SINN.

SLUMP

AH, EINE RIESIGE WELTRAUM-SCHNECKE.

HAN HÄTTE ...

VERGESSEN SIE'S.

SIE SIND HIER DIE BIOLO-GIN, ALSO VER-RATEN SIE MIR:

SIND WIR IN GEFAHR?

NICHT UNMITTELBAR.

WIR WISSEN NICHT VIEL ÜBER EXOGORTHEN.

SIE SIND GIGANTISCHE KREATUREN, LEBEN AUF ASTEROIDEN UND KÖNNEN GROSS GENUG WERDEN, UM RAUMSCHIFFE ZU VERSCHLUCKEN.

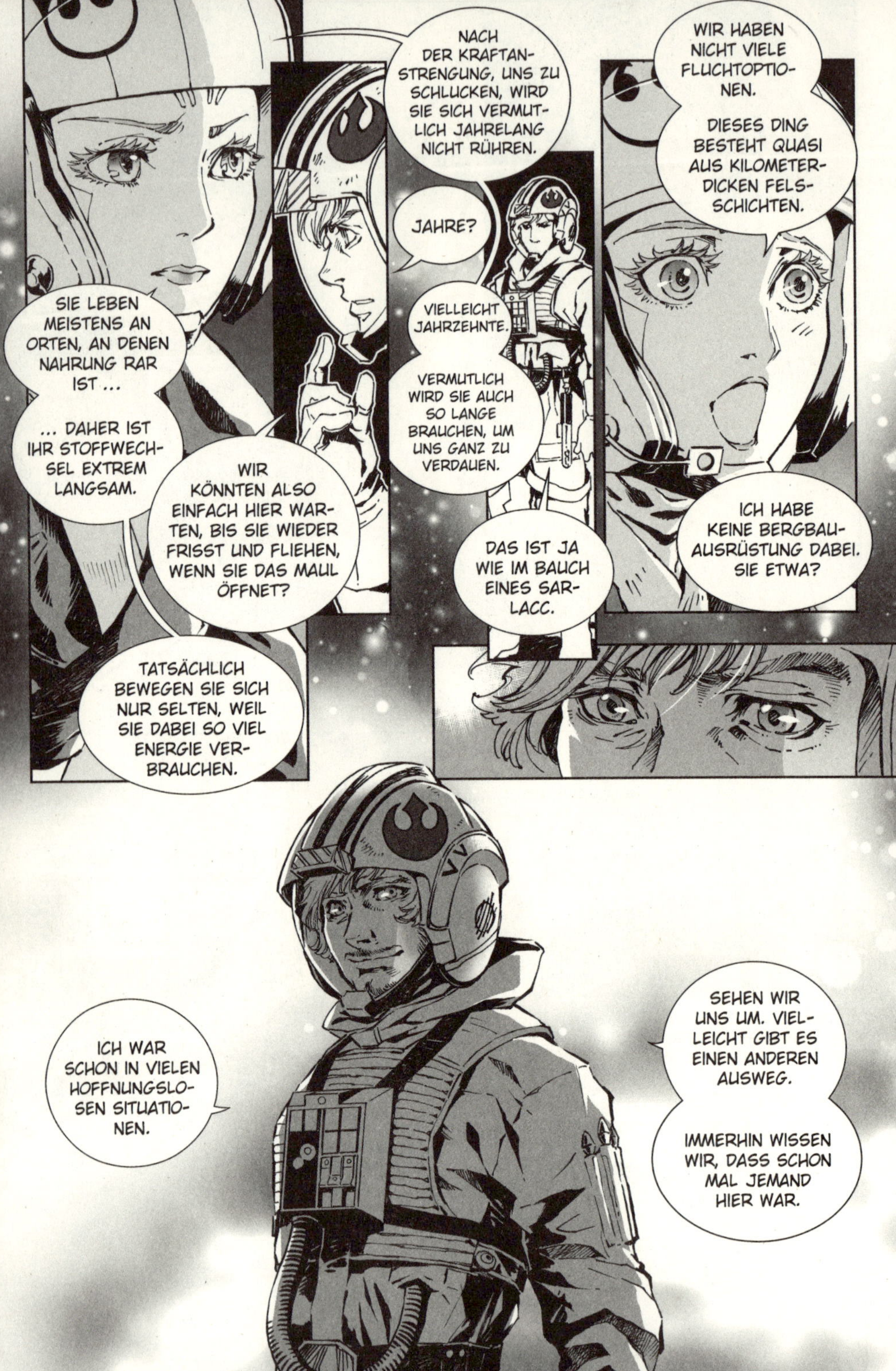
SIE LEBEN MEISTENS AN ORTEN, AN DENEN NAHRUNG RAR IST ...
... DAHER IST IHR STOFFWECHSEL EXTREM LANGSAM.
TATSÄCHLICH BEWEGEN SIE SICH NUR SELTEN, WEIL SIE DABEI SO VIEL ENERGIE VERBRAUCHEN.
WIR KÖNNTEN ALSO EINFACH HIER WARTEN, BIS SIE WIEDER FRISST UND FLIEHEN, WENN SIE DAS MAUL ÖFFNET?
NACH DER KRAFTANSTRENGUNG, UNS ZU SCHLUCKEN, WIRD SIE SICH VERMUTLICH JAHRELANG NICHT RÜHREN.
JAHRE?
VIELLEICHT JAHRZEHNTE.
VERMUTLICH WIRD SIE AUCH SO LANGE BRAUCHEN, UM UNS GANZ ZU VERDAUEN.
DAS IST JA WIE IM BAUCH EINES SARLACC.
WIR HABEN NICHT VIELE FLUCHTOPTIONEN.
DIESES DING BESTEHT QUASI AUS KILOMETERDICKEN FELSSCHICHTEN.
ICH HABE KEINE BERGBAUAUSRÜSTUNG DABEI. SIE ETWA?
ICH WAR SCHON IN VIELEN HOFFNUNGSLOSEN SITUATIONEN.
SEHEN WIR UNS UM. VIELLEICHT GIBT ES EINEN ANDEREN AUSWEG.
IMMERHIN WISSEN WIR, DASS SCHON MAL JEMAND HIER WAR.

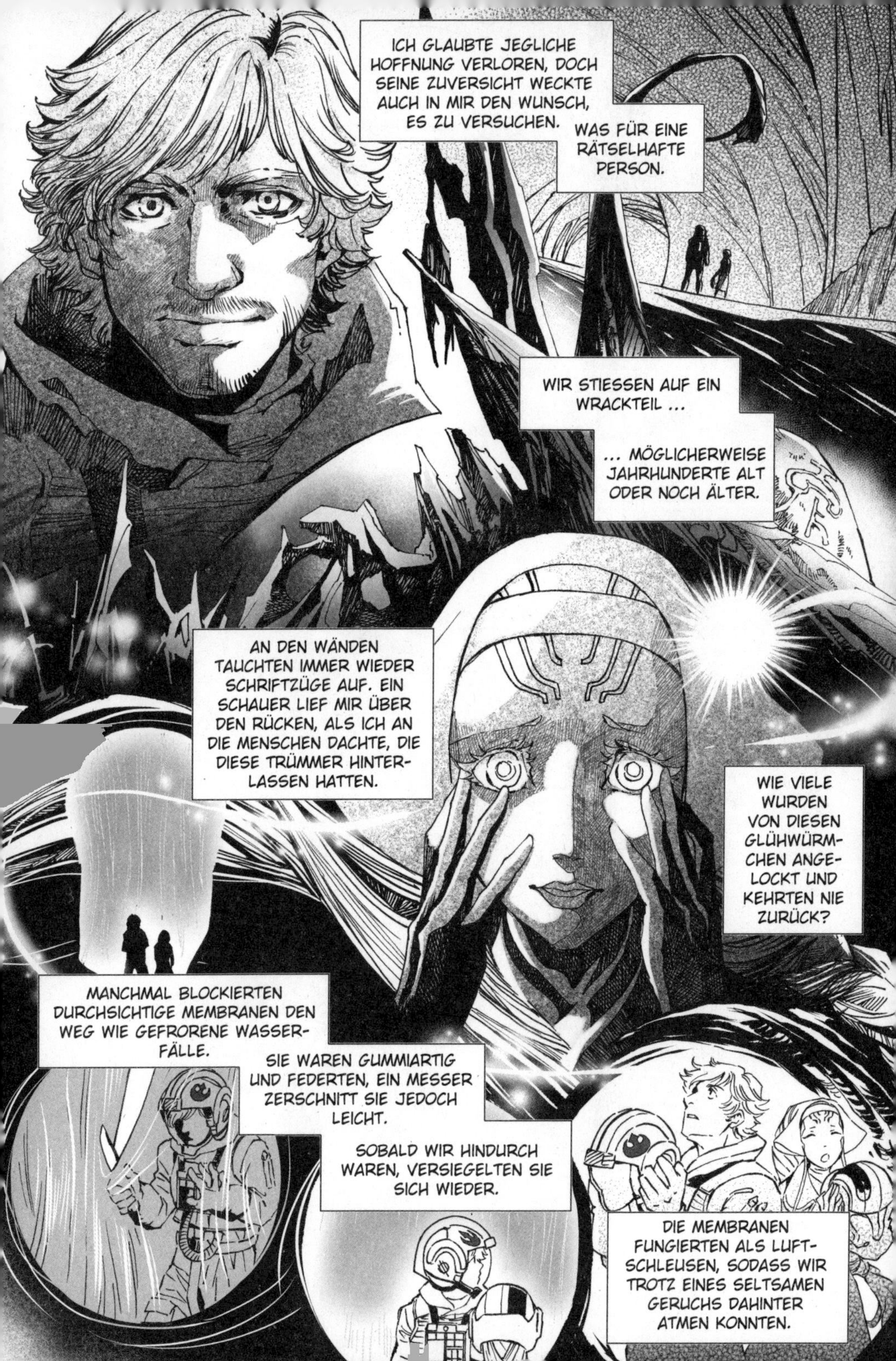
ICH GLAUBTE JEGLICHE HOFFNUNG VERLOREN, DOCH SEINE ZUVERSICHT WECKTE AUCH IN MIR DEN WUNSCH, ES ZU VERSUCHEN.
WAS FÜR EINE RÄTSELHAFTE PERSON.
WIR STIESSEN AUF EIN WRACKTEIL ...
... MÖGLICHERWEISE JAHRHUNDERTE ALT ODER NOCH ÄLTER.
AN DEN WÄNDEN TAUCHTEN IMMER WIEDER SCHRIFTZÜGE AUF. EIN SCHAUER LIEF MIR ÜBER DEN RÜCKEN, ALS ICH AN DIE MENSCHEN DACHTE, DIE DIESE TRÜMMER HINTER-LASSEN HATTEN.
WIE VIELE WURDEN VON DIESEN GLÜHWÜRM-CHEN ANGE-LOCKT UND KEHRTEN NIE ZURÜCK?
MANCHMAL BLOCKIERTEN DURCHSICHTIGE MEMBRANEN DEN WEG WIE GEFRORENE WASSER-FÄLLE.
SIE WAREN GUMMIARTIG UND FEDERTEN, EIN MESSER ZERSCHNITT SIE JEDOCH LEICHT.
SOBALD WIR HINDURCH WAREN, VERSIEGELTEN SIE SICH WIEDER.
DIE MEMBRANEN FUNGIERTEN ALS LUFT-SCHLEUSEN, SODASS WIR TROTZ EINES SELTSAMEN GERUCHS DAHINTER ATMEN KONNTEN.

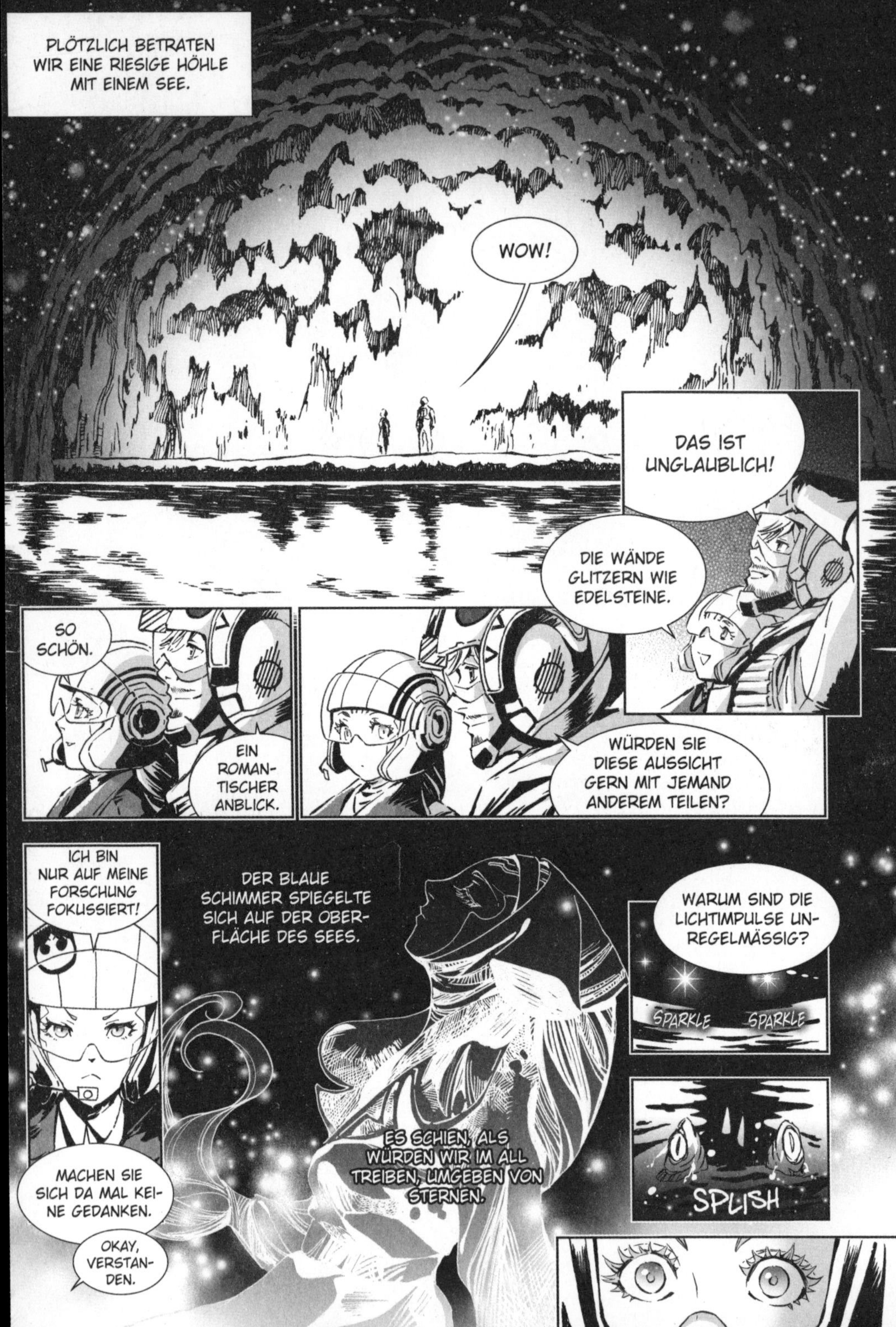
PLÖTZLICH BETRATEN WIR EINE RIESIGE HÖHLE MIT EINEM SEE.
WOW!
DAS IST UNGLAUBLICH!
DIE WÄNDE GLITZERN WIE EDELSTEINE.
SO SCHÖN.
EIN ROMAN-TISCHER ANBLICK.
WÜRDEN SIE DIESE AUSSICHT GERN MIT JEMAND ANDEREM TEILEN?
ICH BIN NUR AUF MEINE FORSCHUNG FOKUSSIERT!
MACHEN SIE SICH DA MAL KEI-NE GEDANKEN.
OKAY, VERSTAN-DEN.
DER BLAUE SCHIMMER SPIEGELTE SICH AUF DER OBER-FLÄCHE DES SEES.
ES SCHIEN, ALS WÜRDEN WIR IM ALL TREIBEN, UMGEBEN VON STERNEN.
WARUM SIND DIE LICHTIMPULSE UN-REGELMÄSSIG?
SPARKLE SPARKLE
SPLISH

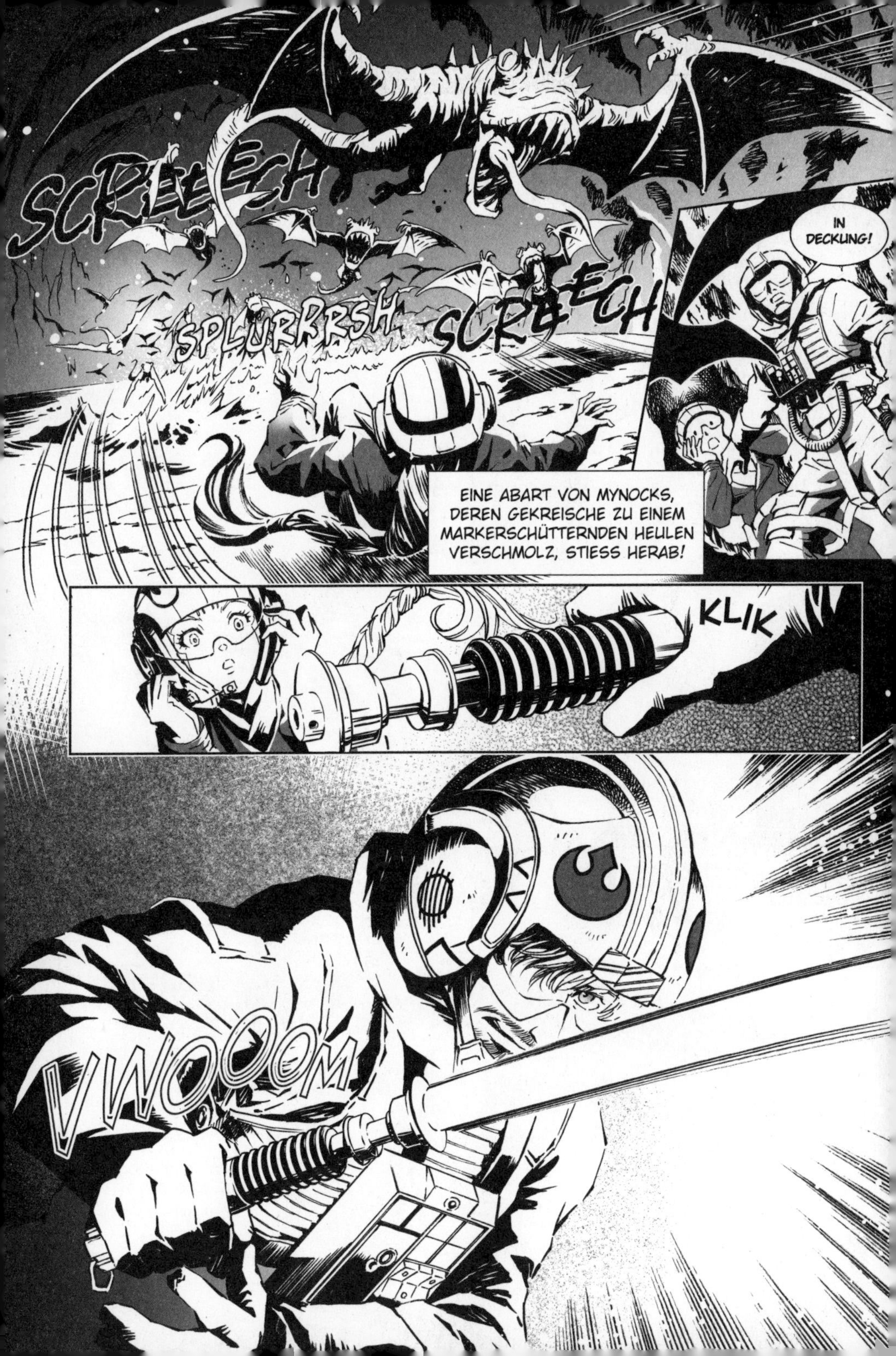
SCREEECH
SPLURRRSH
SCREEECH
IN DECKUNG!
EINE ABART VON MYNOCKS, DEREN GEKREISCHE ZU EINEM MARKERSCHÜTTERNDEN HEULEN VERSCHMOLZ, STIESS HERAB!
KLIK
VWOOOOM

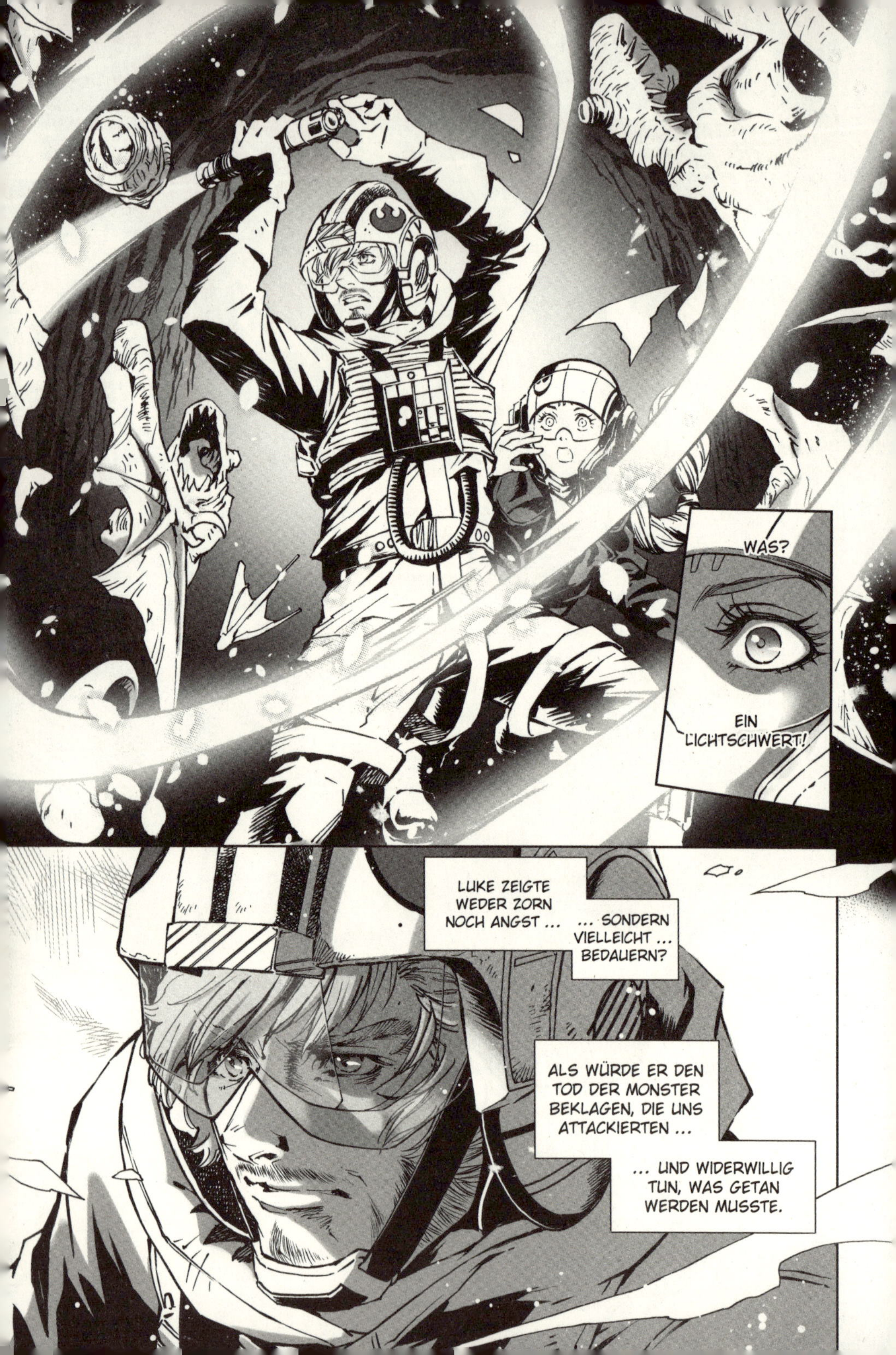
WAS?
EIN LICHTSCHWERT!
LUKE ZEIGTE WEDER ZORN NOCH ANGST ...
... SONDERN VIELLEICHT ... BEDAUERN?
ALS WÜRDE ER DEN TOD DER MONSTER BEKLAGEN, DIE UNS ATTACKIERTEN ...
... UND WIDERWILLIG TUN, WAS GETAN WERDEN MUSSTE.

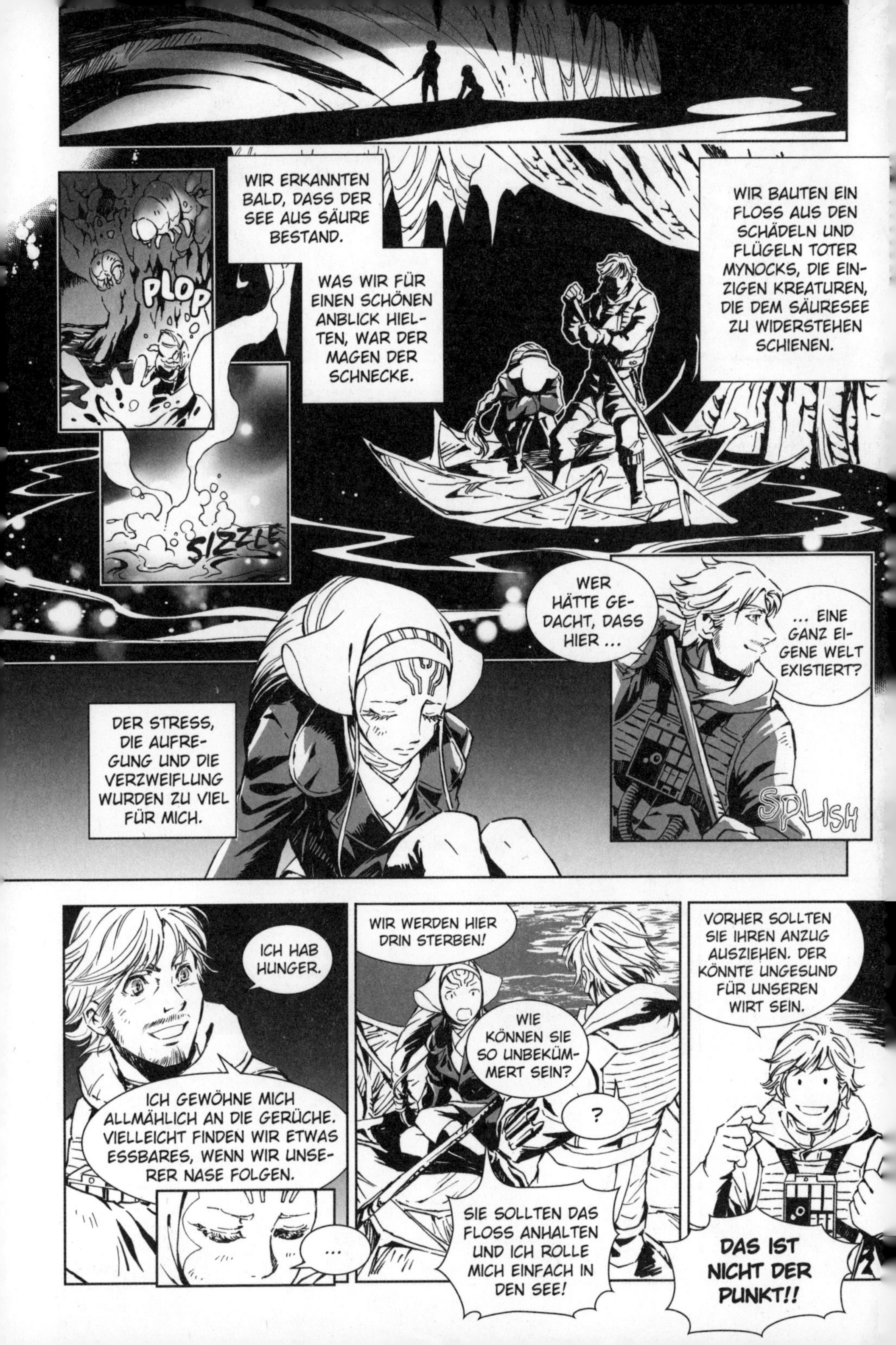

WIR ERKANNTEN BALD, DASS DER SEE AUS SÄURE BESTAND.

PLOP

WAS WIR FÜR EINEN SCHÖNEN ANBLICK HIELTEN, WAR DER MAGEN DER SCHNECKE.

SIZZLE

WIR BAUTEN EIN FLOSS AUS DEN SCHÄDELN UND FLÜGELN TOTER MYNOCKS, DIE EINZIGEN KREATUREN, DIE DEM SÄURESEE ZU WIDERSTEHEN SCHIENEN.

WER HÄTTE GEDACHT, DASS HIER …

… EINE GANZ EIGENE WELT EXISTIERT?

DER STRESS, DIE AUFREGUNG UND DIE VERZWEIFLUNG WURDEN ZU VIEL FÜR MICH.

SPLISH

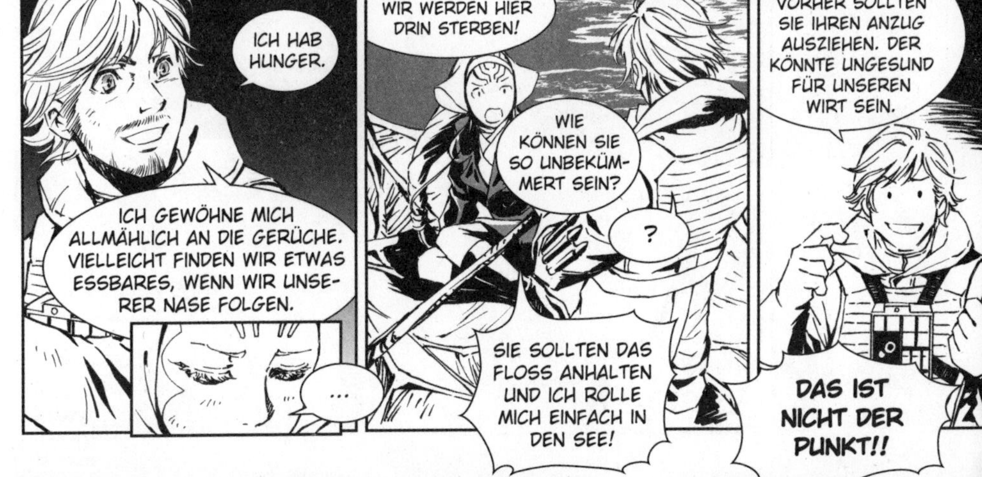

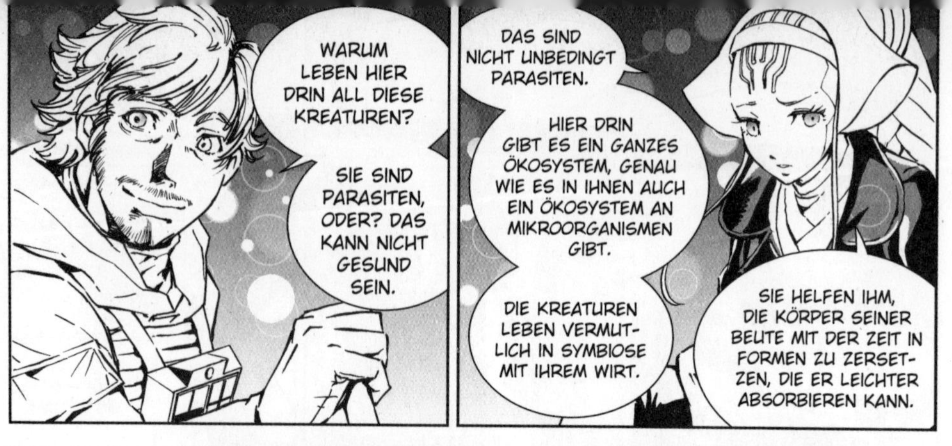
WARUM LEBEN HIER DRIN ALL DIESE KREATUREN?
SIE SIND PARASITEN, ODER? DAS KANN NICHT GESUND SEIN.
DAS SIND NICHT UNBEDINGT PARASITEN.
HIER DRIN GIBT ES EIN GANZES ÖKOSYSTEM, GENAU WIE ES IN IHNEN AUCH EIN ÖKOSYSTEM AN MIKROORGANISMEN GIBT.
DIE KREATUREN LEBEN VERMUTLICH IN SYMBIOSE MIT IHREM WIRT.
SIE HELFEN IHM, DIE KÖRPER SEINER BEUTE MIT DER ZEIT IN FORMEN ZU ZERSETZEN, DIE ER LEICHTER ABSORBIEREN KANN.

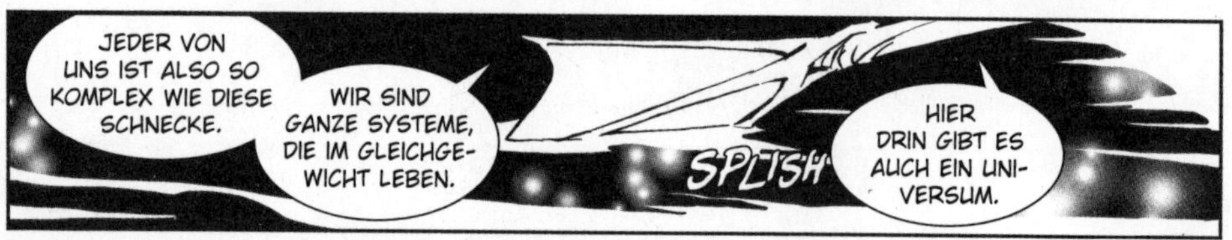
JEDER VON UNS IST ALSO SO KOMPLEX WIE DIESE SCHNECKE.
WIR SIND GANZE SYSTEME, DIE IM GLEICHGEWICHT LEBEN.
SPLTSH
HIER DRIN GIBT ES AUCH EIN UNIVERSUM.

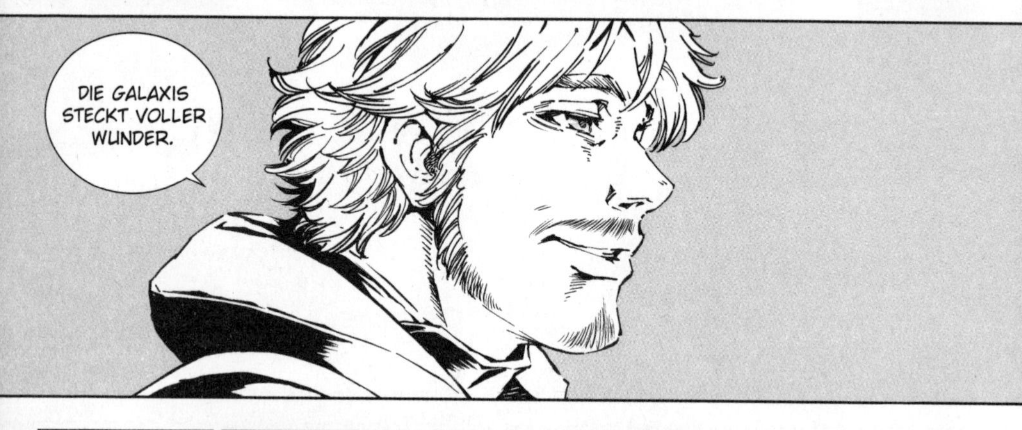
DIE GALAXIS STECKT VOLLER WUNDER.

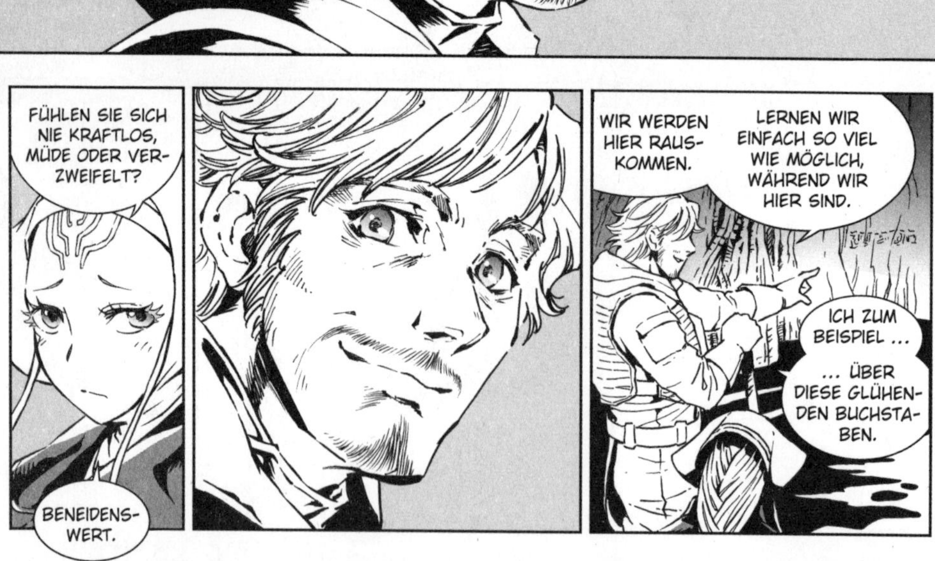
FÜHLEN SIE SICH NIE KRAFTLOS, MÜDE ODER VERZWEIFELT?
BENEIDENSWERT.
WIR WERDEN HIER RAUSKOMMEN.
LERNEN WIR EINFACH SO VIEL WIE MÖGLICH, WÄHREND WIR HIER SIND.
ICH ZUM BEISPIEL ...
... ÜBER DIESE GLÜHENDEN BUCHSTABEN.

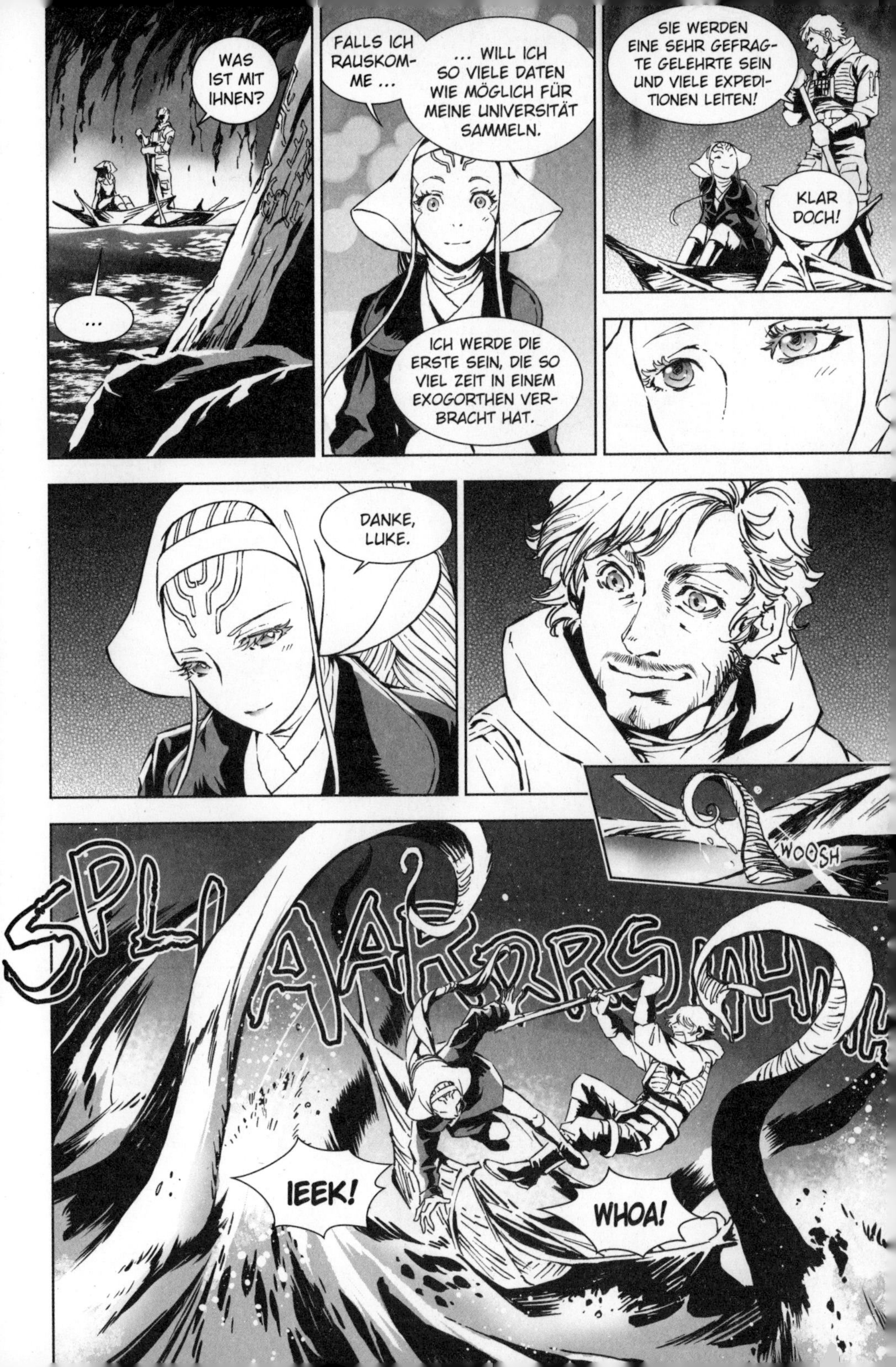

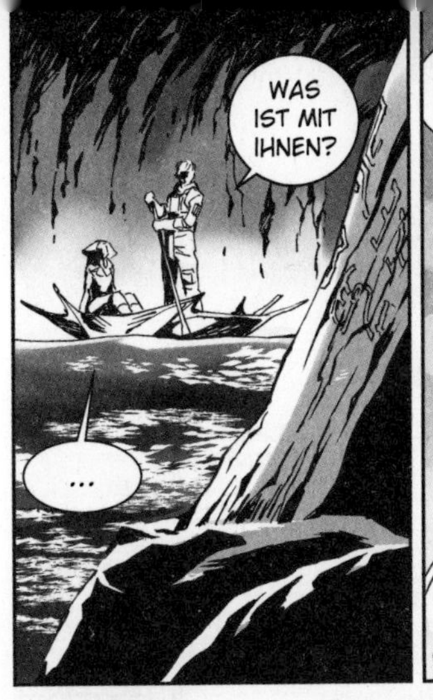
WAS IST MIT IHNEN?
...

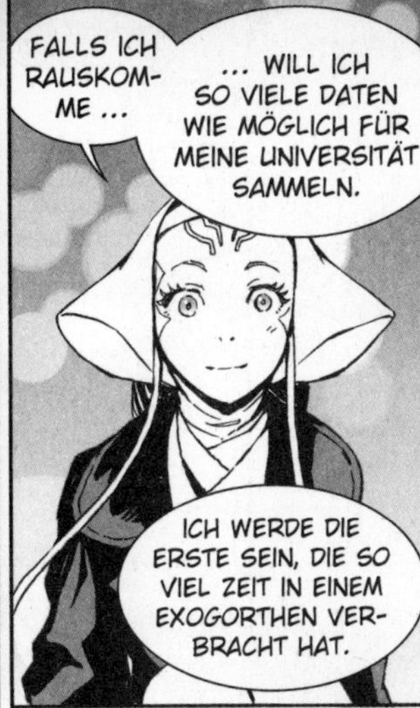
FALLS ICH RAUSKOMME ...
... WILL ICH SO VIELE DATEN WIE MÖGLICH FÜR MEINE UNIVERSITÄT SAMMELN.
ICH WERDE DIE ERSTE SEIN, DIE SO VIEL ZEIT IN EINEM EXOGORTHEN VERBRACHT HAT.

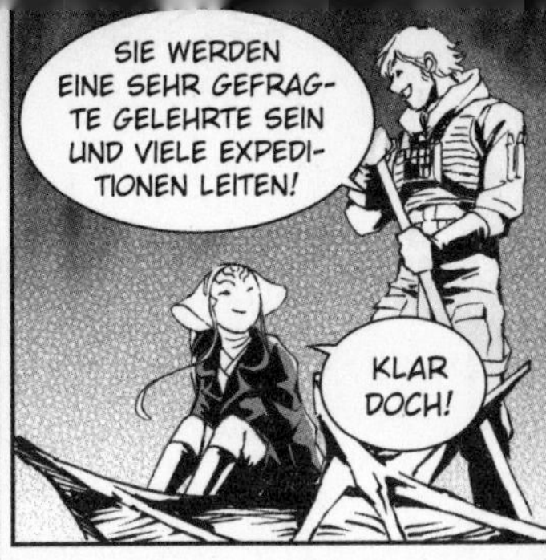
SIE WERDEN EINE SEHR GEFRAGTE GELEHRTE SEIN UND VIELE EXPEDITIONEN LEITEN!
KLAR DOCH!

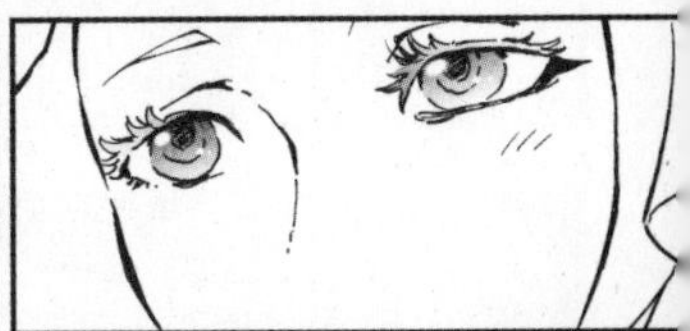
DANKE, LUKE.
WOOSH
IEEK!
WHOA!

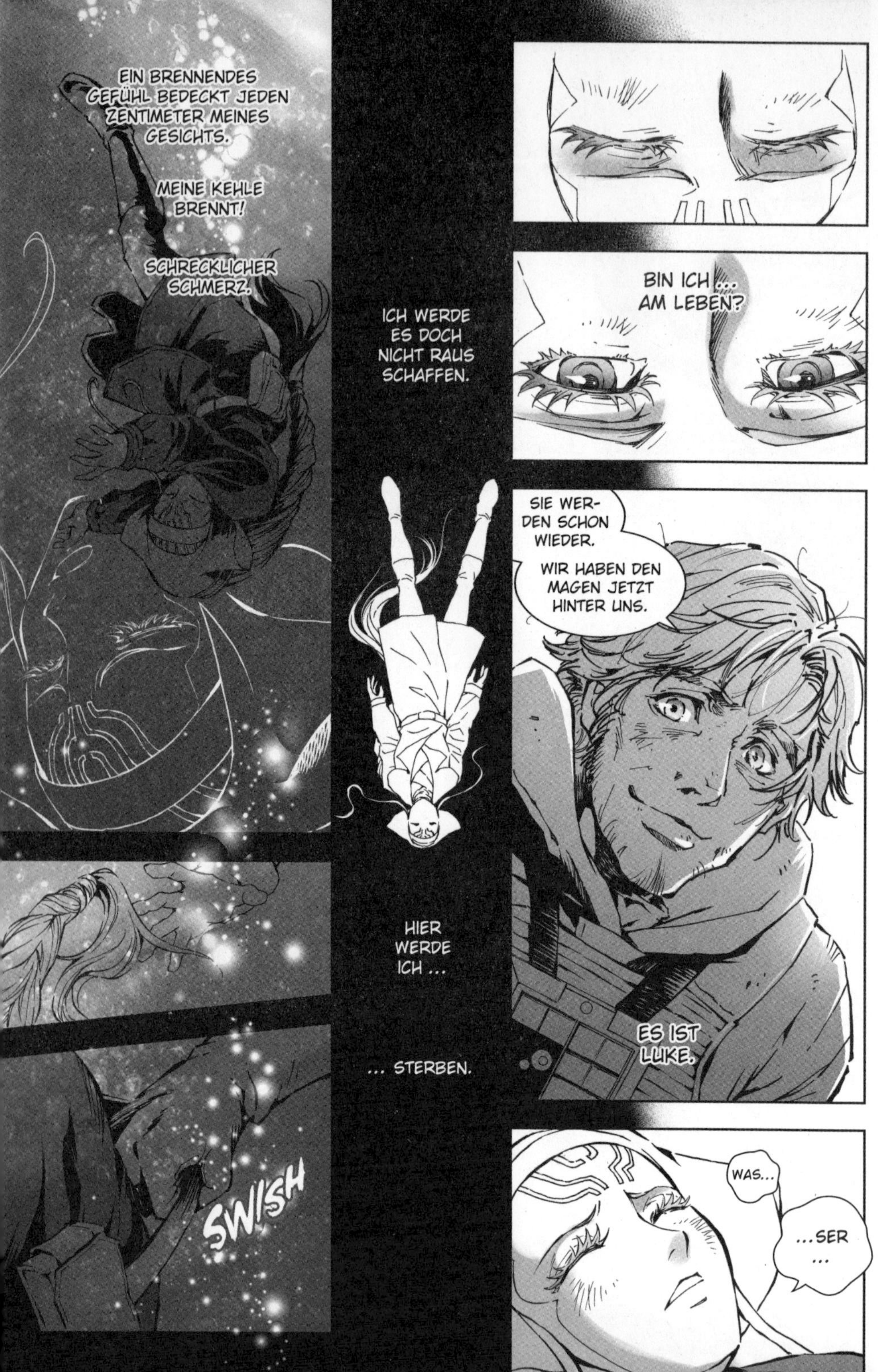
EIN BRENNENDES GEFÜHL BEDECKT JEDEN ZENTIMETER MEINES GESICHTS.
MEINE KEHLE BRENNT!
SCHRECKLICHER SCHMERZ.
ICH WERDE ES DOCH NICHT RAUS SCHAFFEN.
HIER WERDE ICH …
… STERBEN.
SWISH
BIN ICH … AM LEBEN?
SIE WERDEN SCHON WIEDER.
WIR HABEN DEN MAGEN JETZT HINTER UNS.
ES IST LUKE.
WAS…
…SER …

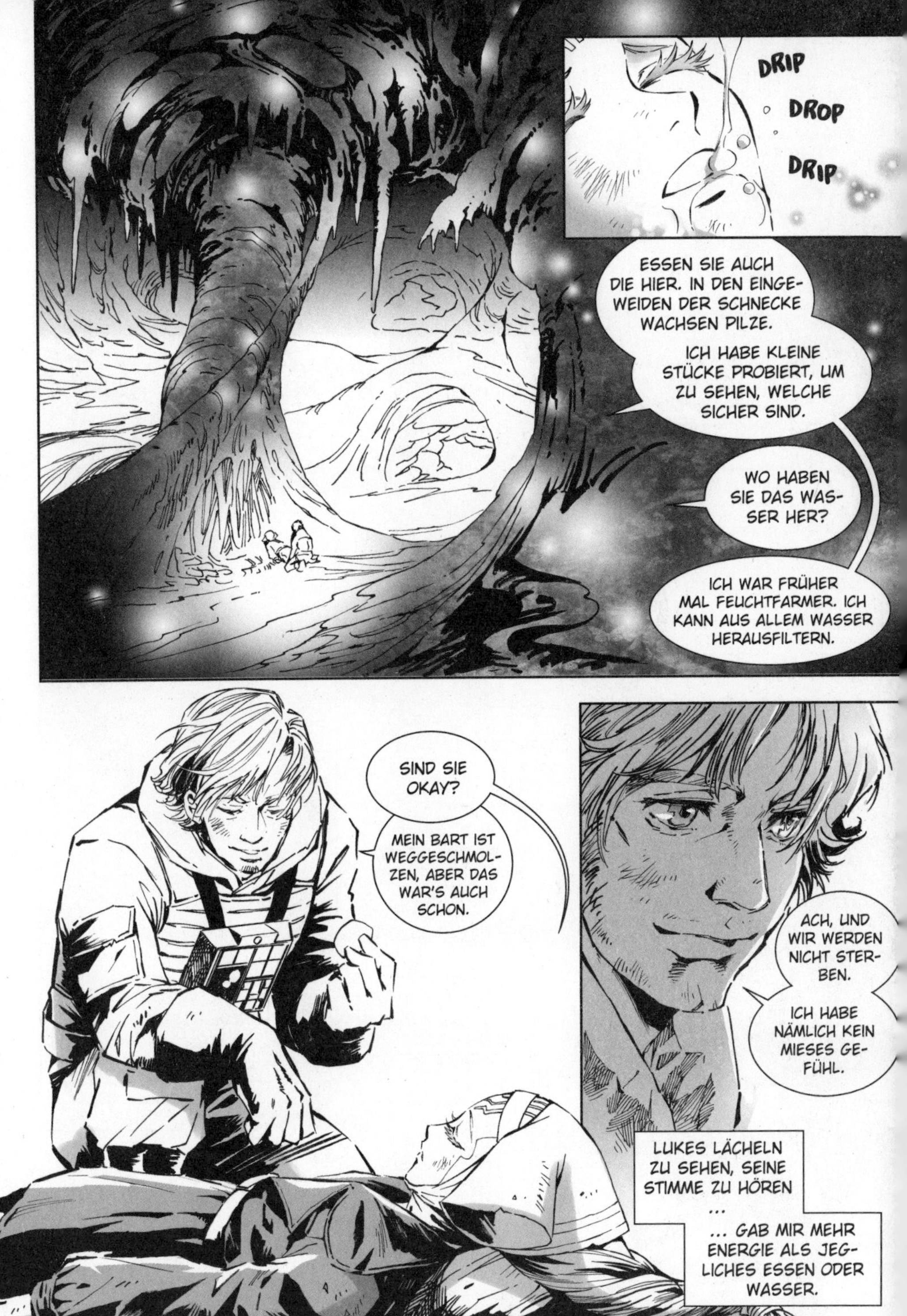
DRIP
DROP
DRIP
ESSEN SIE AUCH DIE HIER. IN DEN EINGE-WEIDEN DER SCHNECKE WACHSEN PILZE.
ICH HABE KLEINE STÜCKE PROBIERT, UM ZU SEHEN, WELCHE SICHER SIND.
WO HABEN SIE DAS WAS-SER HER?
ICH WAR FRÜHER MAL FEUCHTFARMER. ICH KANN AUS ALLEM WASSER HERAUSFILTERN.
SIND SIE OKAY?
MEIN BART IST WEGGESCHMOL-ZEN, ABER DAS WAR'S AUCH SCHON.
ACH, UND WIR WERDEN NICHT STER-BEN.
ICH HABE NÄMLICH KEIN MIESES GE-FÜHL.
LUKES LÄCHELN ZU SEHEN, SEINE STIMME ZU HÖREN ...
... GAB MIR MEHR ENERGIE ALS JEG-LICHES ESSEN ODER WASSER.

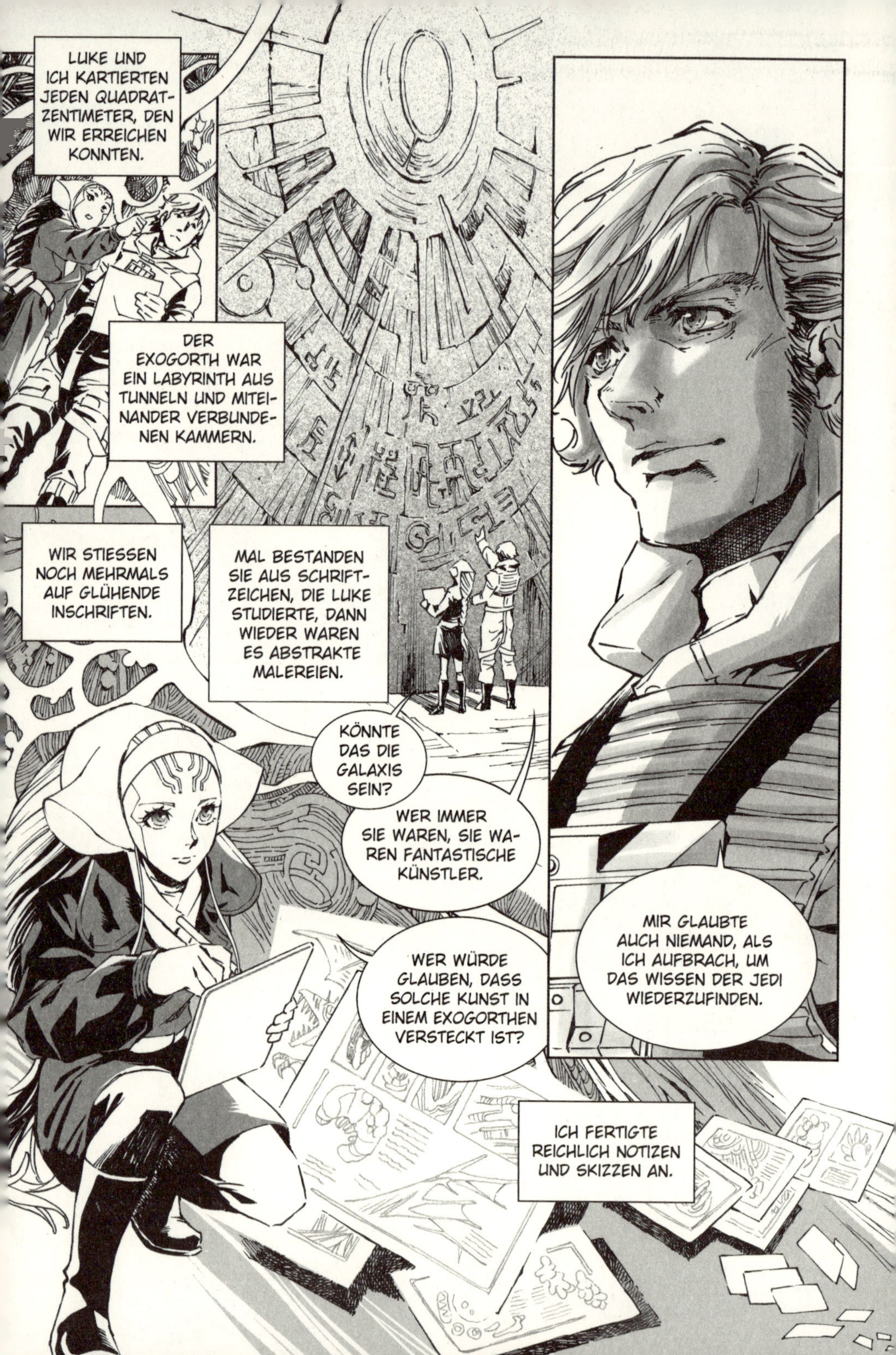
LUKE UND ICH KARTIERTEN JEDEN QUADRATZENTIMETER, DEN WIR ERREICHEN KONNTEN.
DER EXOGORTH WAR EIN LABYRINTH AUS TUNNELN UND MITEINANDER VERBUNDENEN KAMMERN.
WIR STIESSEN NOCH MEHRMALS AUF GLÜHENDE INSCHRIFTEN.
MAL BESTANDEN SIE AUS SCHRIFTZEICHEN, DIE LUKE STUDIERTE, DANN WIEDER WAREN ES ABSTRAKTE MALEREIEN.
KÖNNTE DAS DIE GALAXIS SEIN?
WER IMMER SIE WAREN, SIE WAREN FANTASTISCHE KÜNSTLER.
WER WÜRDE GLAUBEN, DASS SOLCHE KUNST IN EINEM EXOGORTHEN VERSTECKT IST?
MIR GLAUBTE AUCH NIEMAND, ALS ICH AUFBRACH, UM DAS WISSEN DER JEDI WIEDERZUFINDEN.
ICH FERTIGTE REICHLICH NOTIZEN UND SKIZZEN AN.

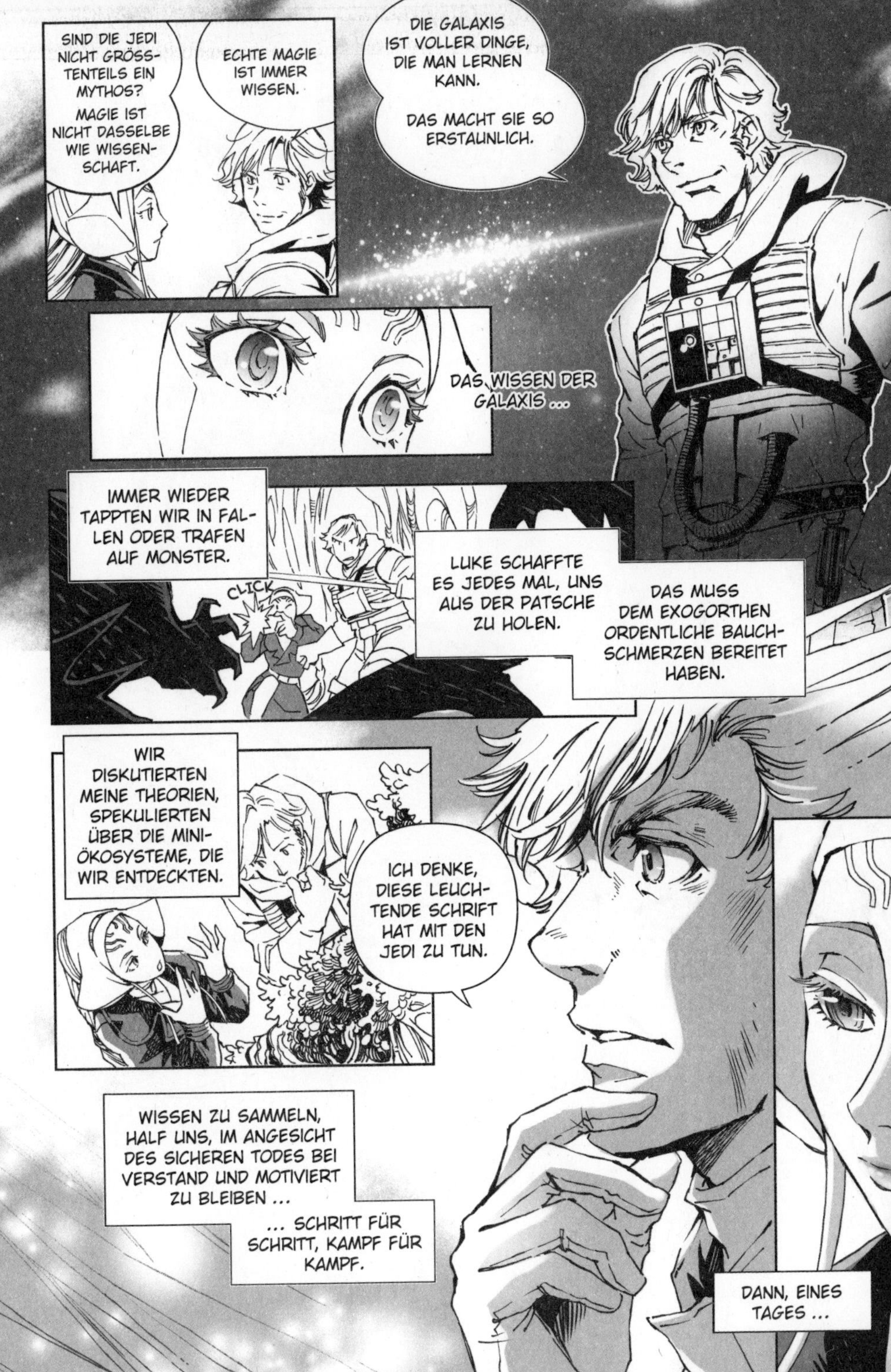
SIND DIE JEDI NICHT GRÖSSTENTEILS EIN MYTHOS?
MAGIE IST NICHT DASSELBE WIE WISSENSCHAFT.
ECHTE MAGIE IST IMMER WISSEN.
DIE GALAXIS IST VOLLER DINGE, DIE MAN LERNEN KANN.
DAS MACHT SIE SO ERSTAUNLICH …
DAS WISSEN DER GALAXIS …
IMMER WIEDER TAPPTEN WIR IN FALLEN ODER TRAFEN AUF MONSTER.
CLICK
LUKE SCHAFFTE ES JEDES MAL, UNS AUS DER PATSCHE ZU HOLEN.
DAS MUSS DEM EXOGORTHEN ORDENTLICHE BAUCHSCHMERZEN BEREITET HABEN.
WIR DISKUTIERTEN MEINE THEORIEN, SPEKULIERTEN ÜBER DIE MINI-ÖKOSYSTEME, DIE WIR ENTDECKTEN.
ICH DENKE, DIESE LEUCHTENDE SCHRIFT HAT MIT DEN JEDI ZU TUN.
WISSEN ZU SAMMELN, HALF UNS, IM ANGESICHT DES SICHEREN TODES BEI VERSTAND UND MOTIVIERT ZU BLEIBEN …
… SCHRITT FÜR SCHRITT, KAMPF FÜR KAMPF.
DANN, EINES TAGES …

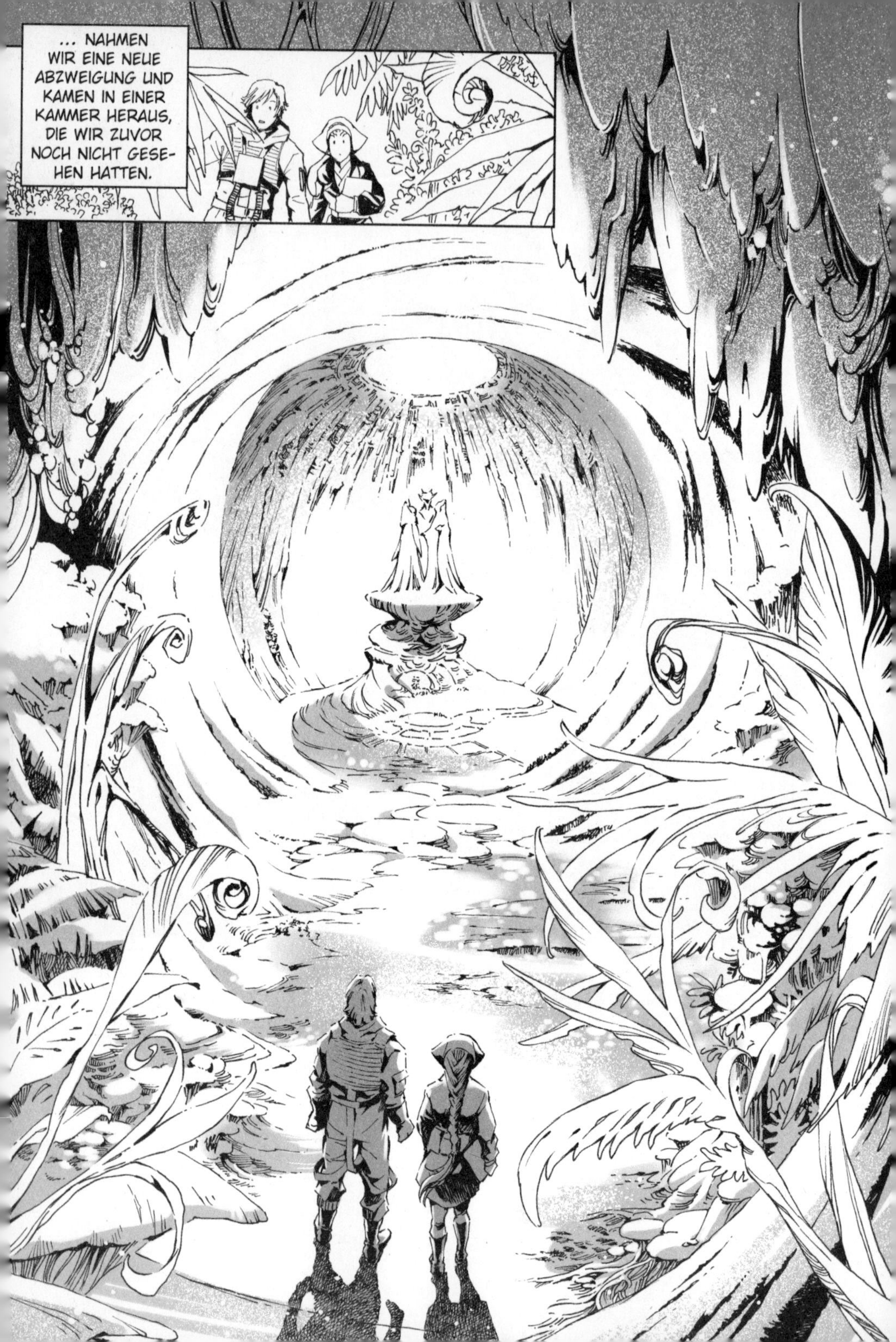
... NAHMEN WIR EINE NEUE ABZWEIGUNG UND KAMEN IN EINER KAMMER HERAUS, DIE WIR ZUVOR NOCH NICHT GESEHEN HATTEN.

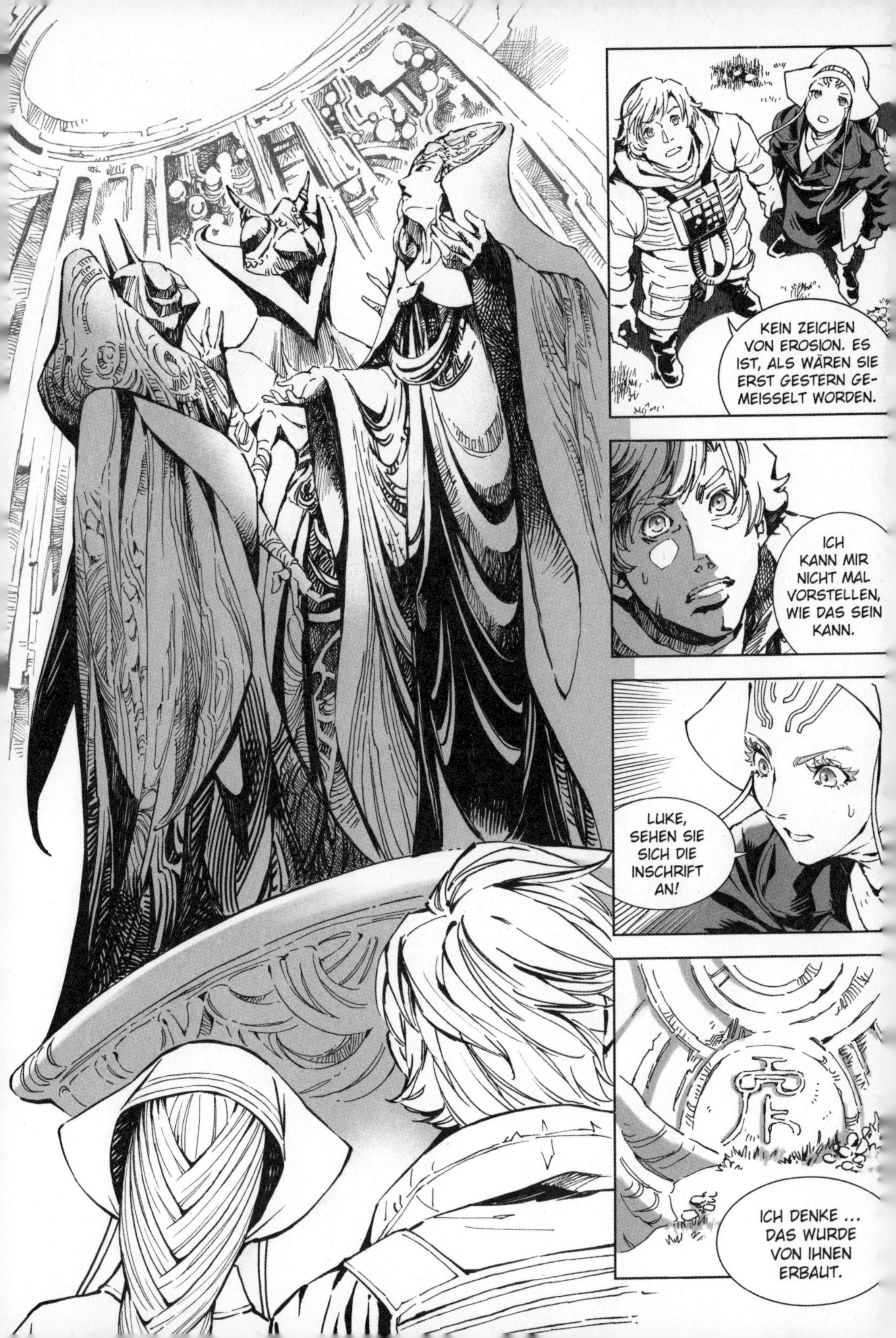
KEIN ZEICHEN VON EROSION. ES IST, ALS WÄREN SIE ERST GESTERN GE-MEISSELT WORDEN.
ICH KANN MIR NICHT MAL VORSTELLEN, WIE DAS SEIN KANN.
LUKE, SEHEN SIE SICH DIE INSCHRIFT AN!
ICH DENKE … DAS WURDE VON IHNEN ERBAUT.

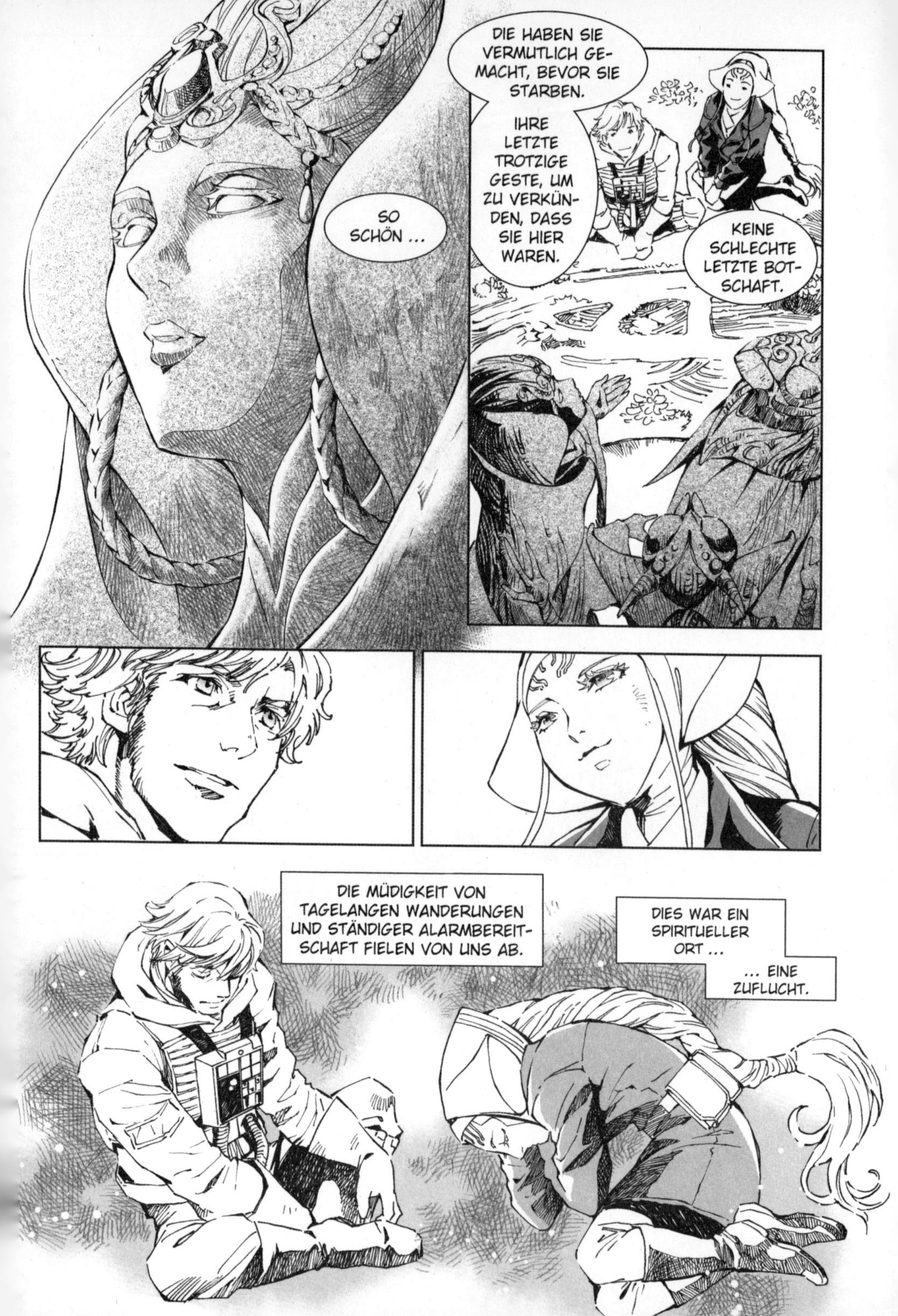
SO SCHÖN …
DIE HABEN SIE VERMUTLICH GEMACHT, BEVOR SIE STARBEN.
IHRE LETZTE TROTZIGE GESTE, UM ZU VERKÜNDEN, DASS SIE HIER WAREN.
KEINE SCHLECHTE LETZTE BOTSCHAFT.
DIE MÜDIGKEIT VON TAGELANGEN WANDERUNGEN UND STÄNDIGER ALARMBEREITSCHAFT FIELEN VON UNS AB.
DIES WAR EIN SPIRITUELLER ORT …
… EINE ZUFLUCHT.

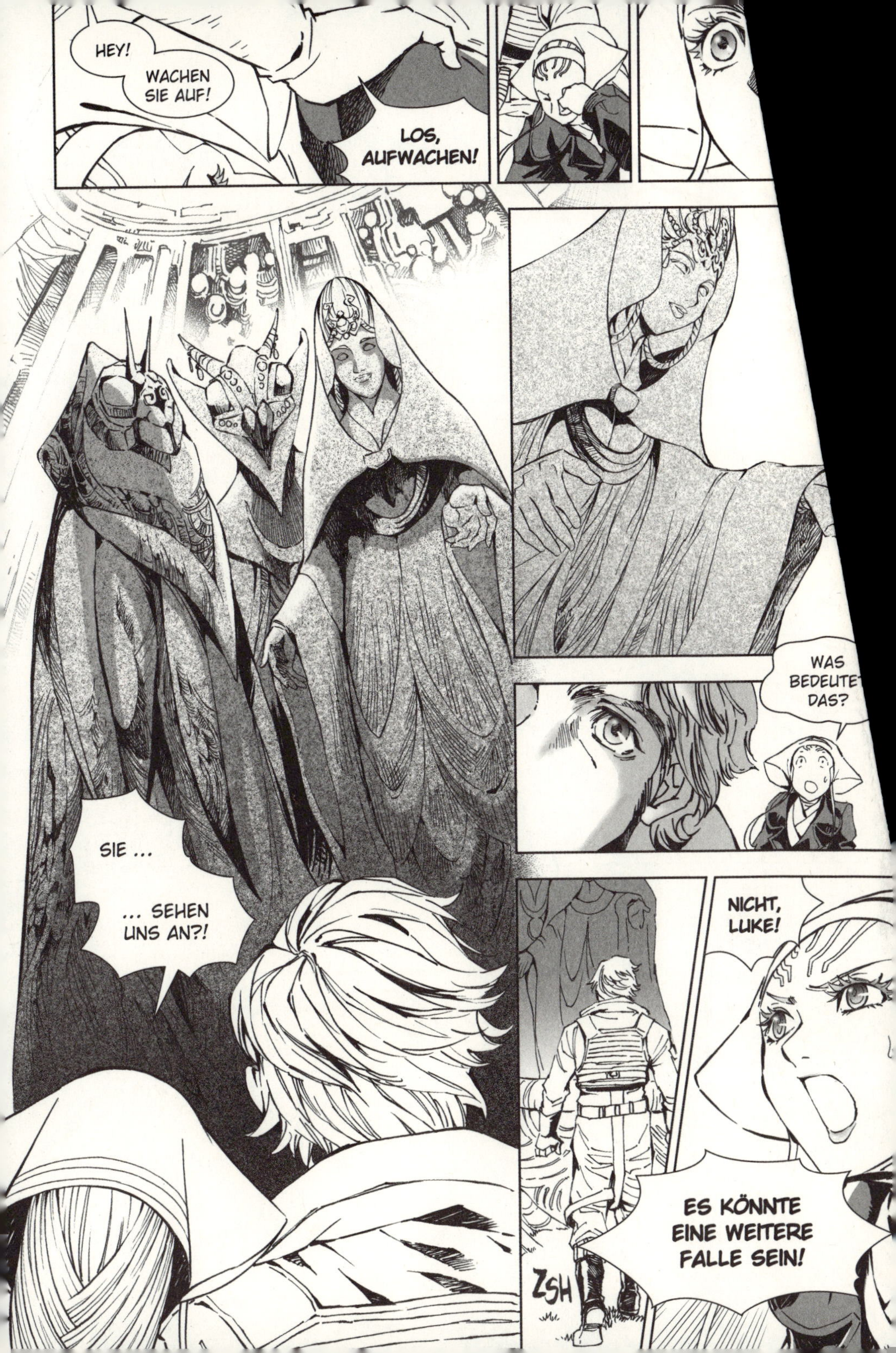
HEY!
WACHEN SIE AUF!
LOS, AUFWACHEN!
WAS BEDEUTET DAS?
SIE ...
... SEHEN UNS AN?!
NICHT, LUKE!
ES KÖNNTE EINE WEITERE FALLE SEIN!
ZSH

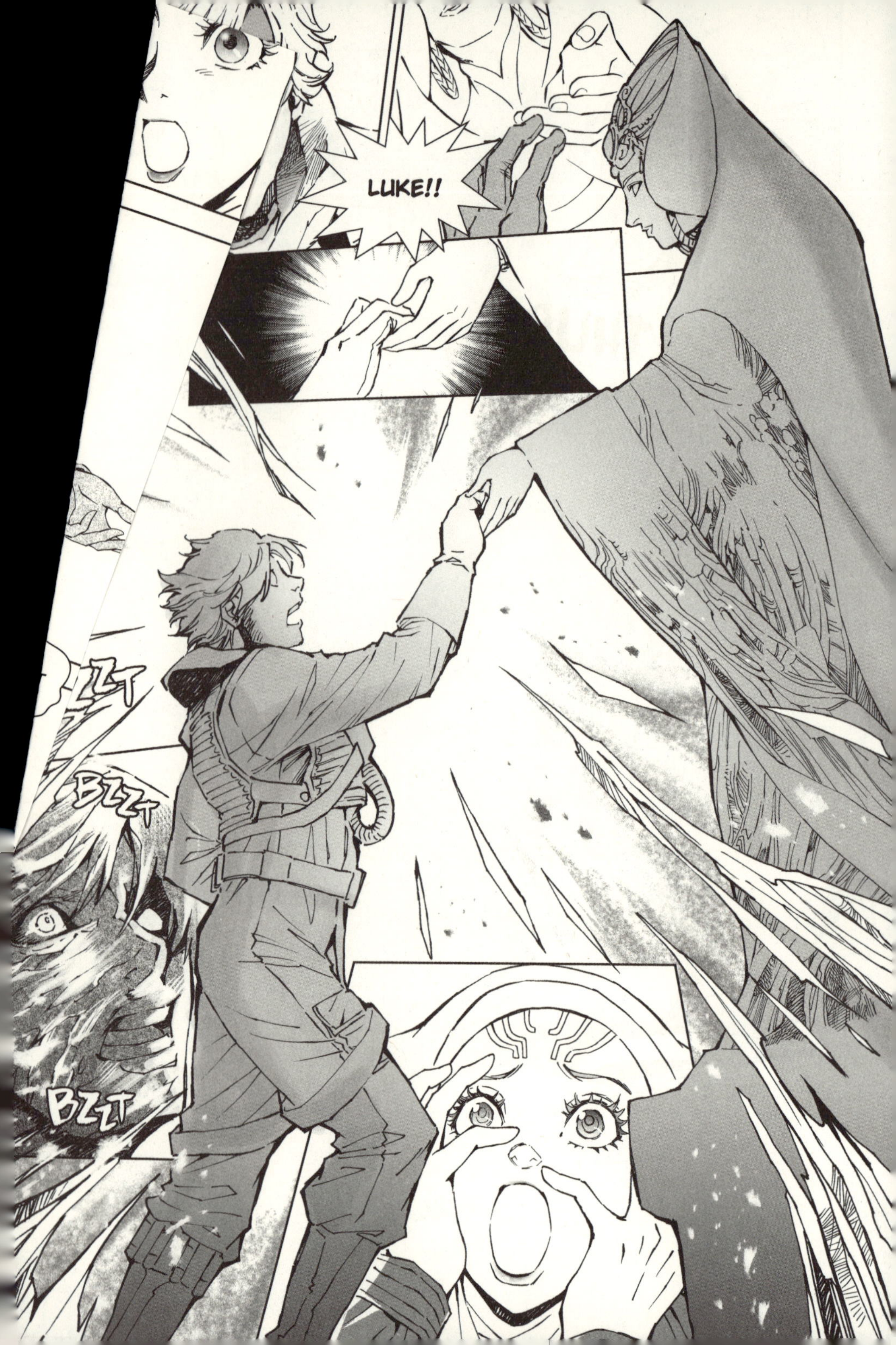
LUKE!!
BZZT
BZZT
BZZT

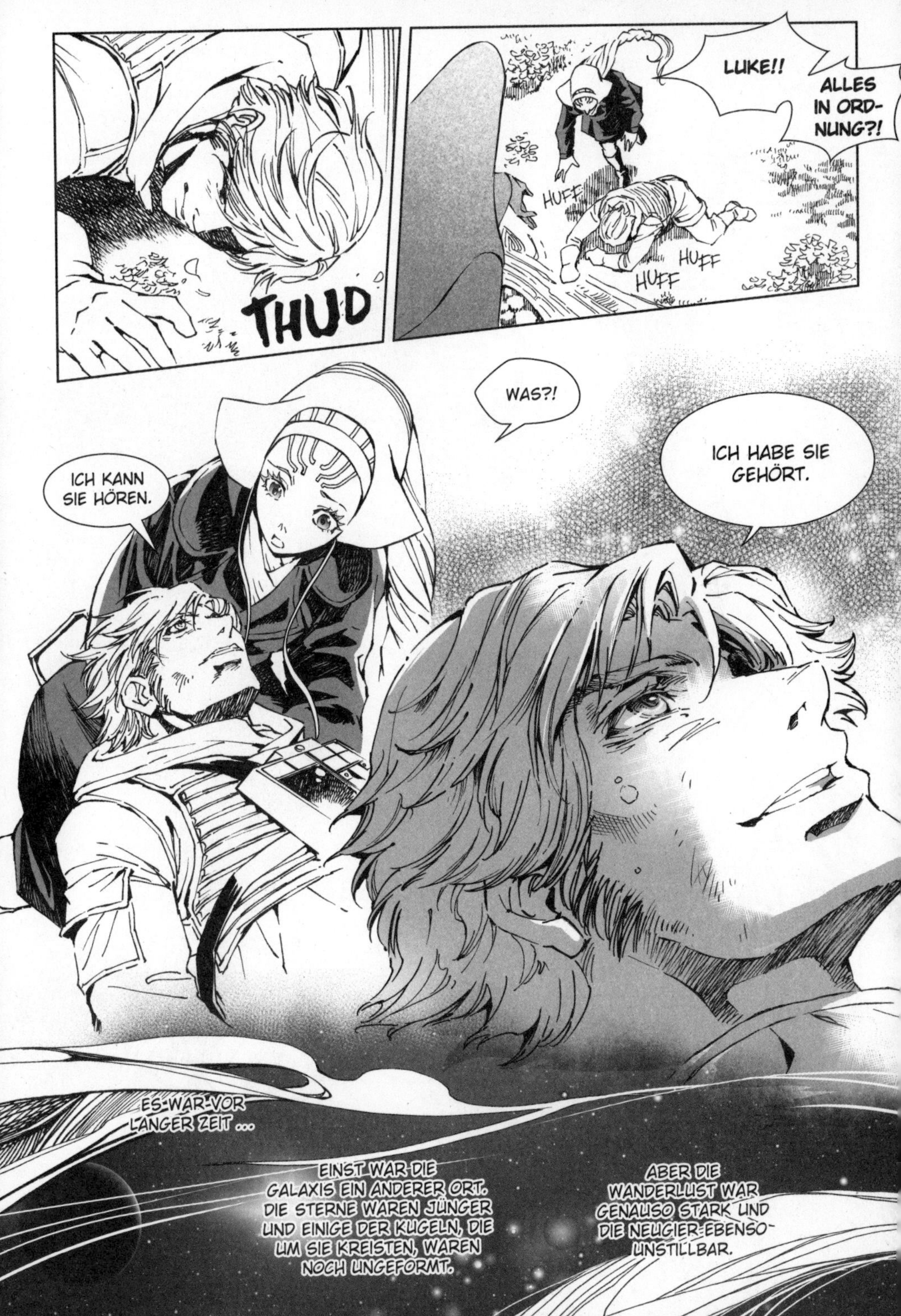
THUD
LUKE!!
ALLES IN ORDNUNG?!
HUFF
HUFF
HUFF
WAS?!
ICH KANN SIE HÖREN.
ICH HABE SIE GEHÖRT.
ES WAR VOR LANGER ZEIT ...
EINST WAR DIE GALAXIS EIN ANDERER ORT. DIE STERNE WAREN JÜNGER UND EINIGE DER KUGELN, DIE UM SIE KREISTEN, WAREN NOCH UNGEFORMT.
ABER DIE WANDERLUST WAR GENAUSO STARK UND DIE NEUGIER EBENSO UNSTILLBAR.

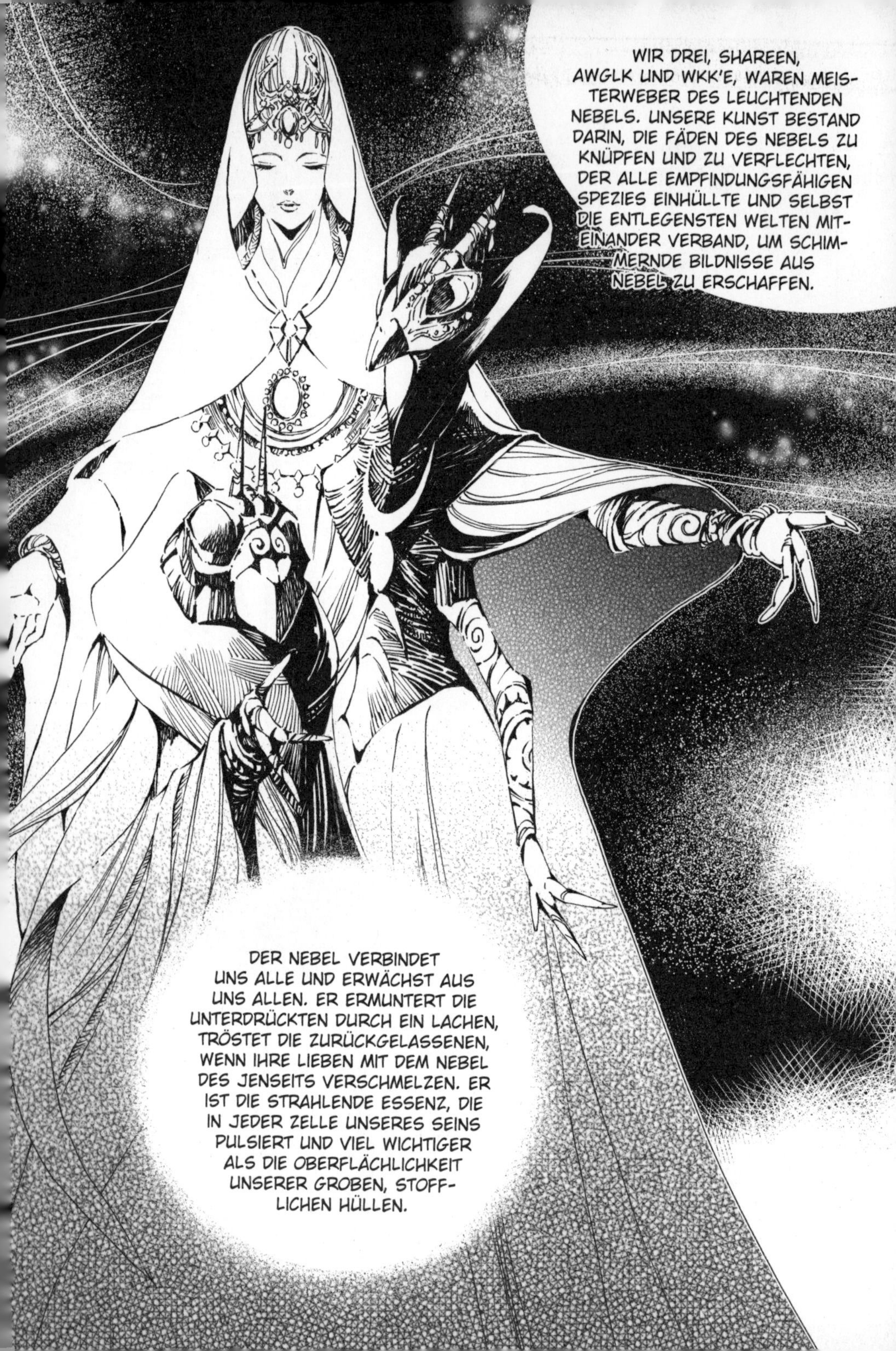
WIR DREI, SHAREEN, AWGLK UND WKK'E, WAREN MEISTERWEBER DES LEUCHTENDEN NEBELS. UNSERE KUNST BESTAND DARIN, DIE FÄDEN DES NEBELS ZU KNÜPFEN UND ZU VERFLECHTEN, DER ALLE EMPFINDUNGSFÄHIGEN SPEZIES EINHÜLLTE UND SELBST DIE ENTLEGENSTEN WELTEN MITEINANDER VERBAND, UM SCHIMMERNDE BILDNISSE AUS NEBEL ZU ERSCHAFFEN.
DER NEBEL VERBINDET UNS ALLE UND ERWÄCHST AUS UNS ALLEN. ER ERMUNTERT DIE UNTERDRÜCKTEN DURCH EIN LACHEN, TRÖSTET DIE ZURÜCKGELASSENEN, WENN IHRE LIEBEN MIT DEM NEBEL DES JENSEITS VERSCHMELZEN. ER IST DIE STRAHLENDE ESSENZ, DIE IN JEDER ZELLE UNSERES SEINS PULSIERT UND VIEL WICHTIGER ALS DIE OBERFLÄCHLICHKEIT UNSERER GROBEN, STOFFLICHEN HÜLLEN.

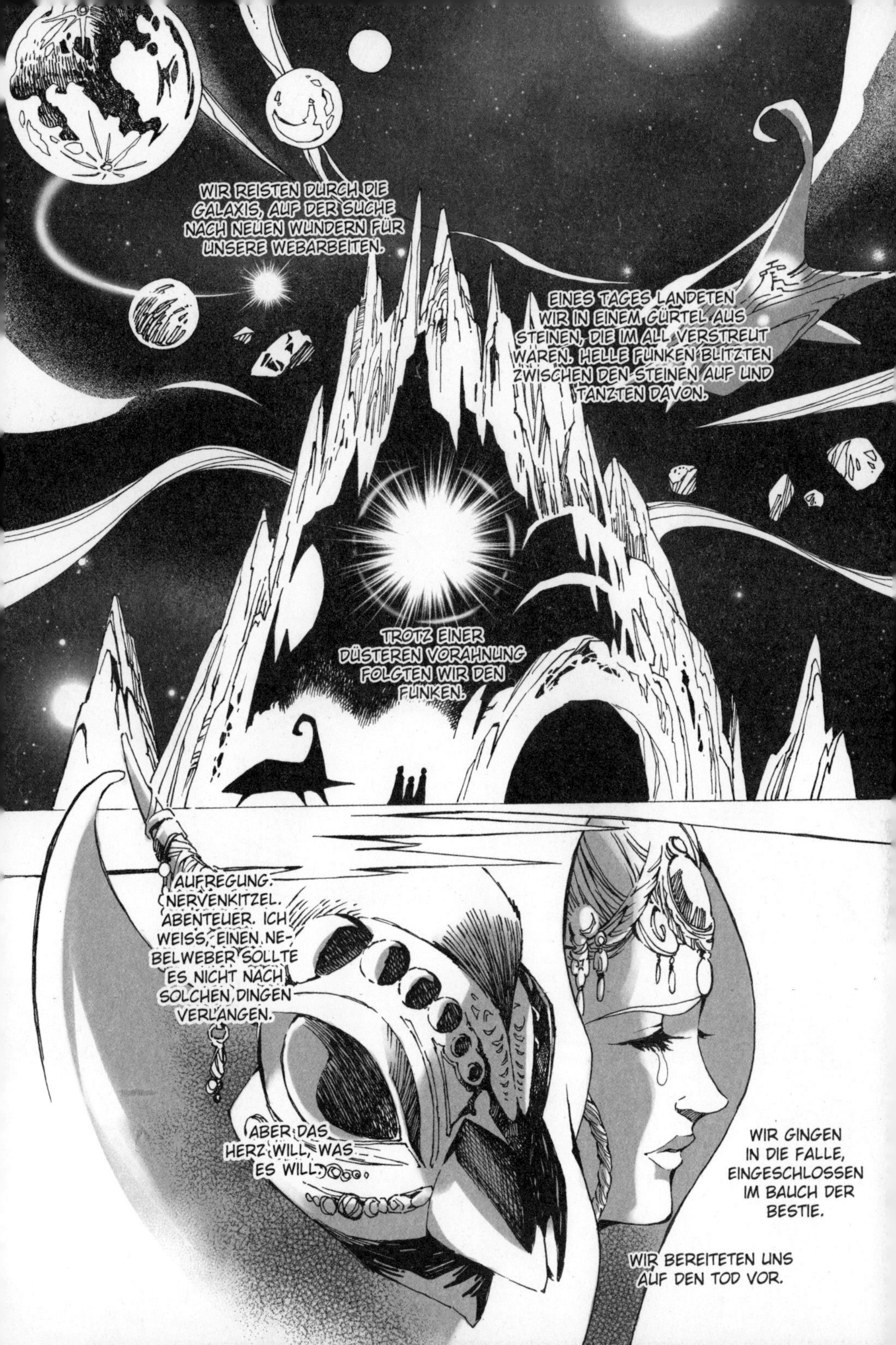
WIR REISTEN DURCH DIE GALAXIS, AUF DER SUCHE NACH NEUEN WUNDERN FÜR UNSERE WEBARBEITEN.
EINES TAGES LANDETEN WIR IN EINEM GÜRTEL AUS STEINEN, DIE IM ALL VERSTREUT WAREN. HELLE FUNKEN BLITZTEN ZWISCHEN DEN STEINEN AUF UND TANZTEN DAVON.
TROTZ EINER DÜSTEREN VORAHNUNG FOLGTEN WIR DEN FUNKEN.
AUFREGUNG. NERVENKITZEL. ABENTEUER. ICH WEISS, EINEN NEBELWEBER SOLLTE ES NICHT NACH SOLCHEN DINGEN VERLANGEN.
ABER DAS HERZ WILL, WAS ES WILL.
WIR GINGEN IN DIE FALLE, EINGESCHLOSSEN IM BAUCH DER BESTIE.
WIR BEREITETEN UNS AUF DEN TOD VOR.

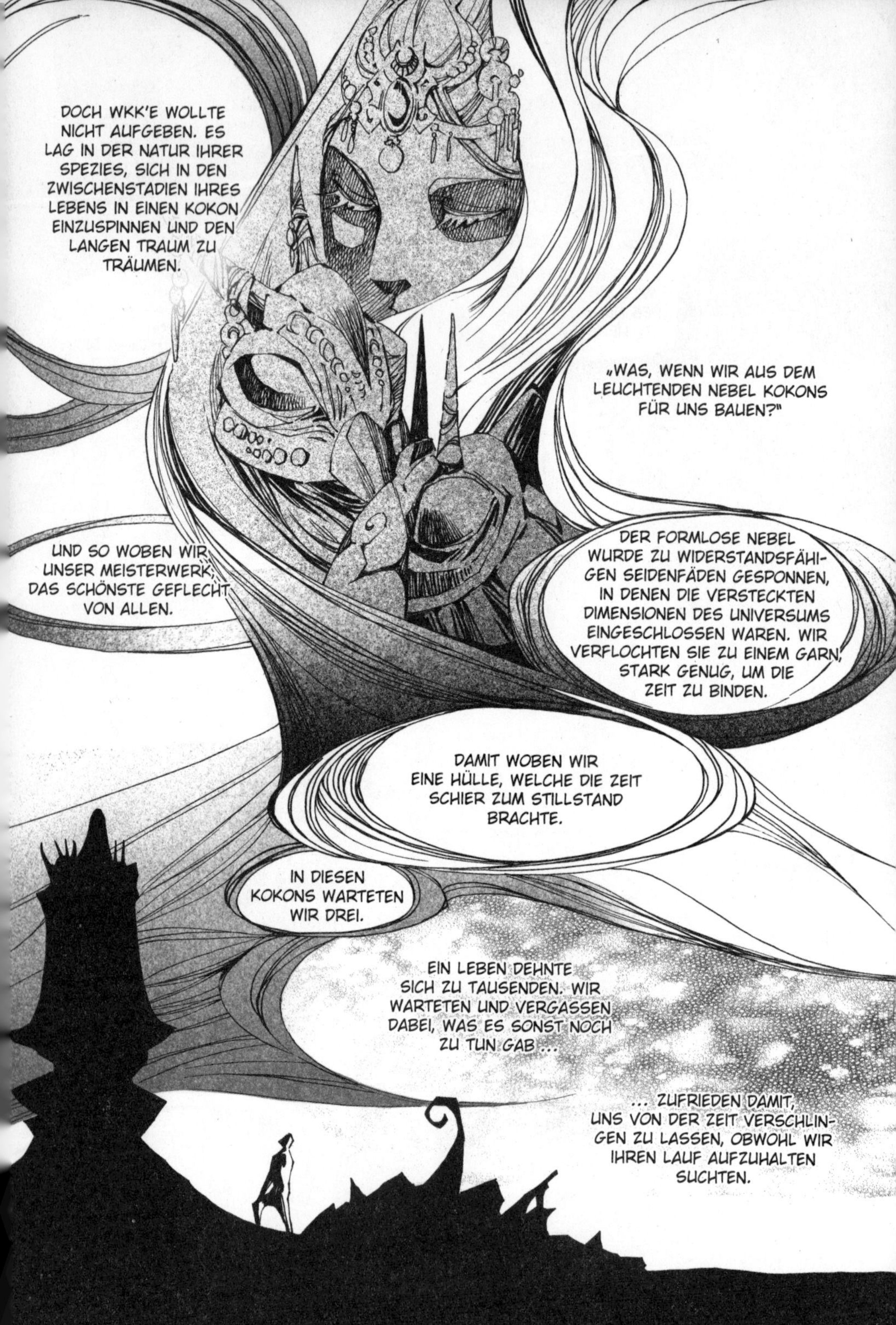
DOCH WKK'E WOLLTE NICHT AUFGEBEN. ES LAG IN DER NATUR IHRER SPEZIES, SICH IN DEN ZWISCHENSTADIEN IHRES LEBENS IN EINEN KOKON EINZUSPINNEN UND DEN LANGEN TRAUM ZU TRÄUMEN.
„WAS, WENN WIR AUS DEM LEUCHTENDEN NEBEL KOKONS FÜR UNS BAUEN?"
UND SO WOBEN WIR UNSER MEISTERWERK, DAS SCHÖNSTE GEFLECHT VON ALLEN.
DER FORMLOSE NEBEL WURDE ZU WIDERSTANDSFÄHIGEN SEIDENFÄDEN GESPONNEN, IN DENEN DIE VERSTECKTEN DIMENSIONEN DES UNIVERSUMS EINGESCHLOSSEN WAREN. WIR VERFLOCHTEN SIE ZU EINEM GARN, STARK GENUG, UM DIE ZEIT ZU BINDEN.
DAMIT WOBEN WIR EINE HÜLLE, WELCHE DIE ZEIT SCHIER ZUM STILLSTAND BRACHTE.
IN DIESEN KOKONS WARTETEN WIR DREI.
EIN LEBEN DEHNTE SICH ZU TAUSENDEN. WIR WARTETEN UND VERGASSEN DABEI, WAS ES SONST NOCH ZU TUN GAB ...
... ZUFRIEDEN DAMIT, UNS VON DER ZEIT VERSCHLINGEN ZU LASSEN, OBWOHL WIR IHREN LAUF AUFZUHALTEN SUCHTEN.

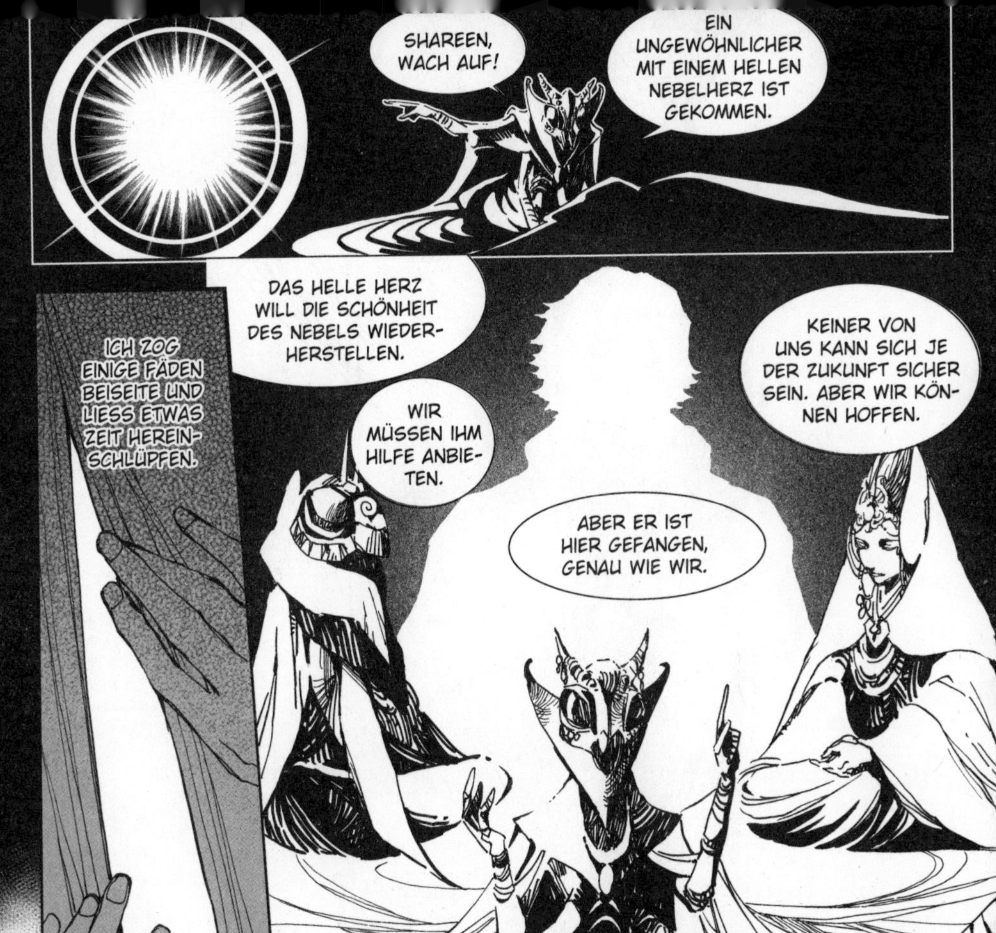
SHAREEN, WACH AUF!
EIN UNGEWÖHNLICHER MIT EINEM HELLEN NEBELHERZ IST GEKOMMEN.
DAS HELLE HERZ WILL DIE SCHÖNHEIT DES NEBELS WIEDER-HERSTELLEN.
ICH ZOG EINIGE FÄDEN BEISEITE UND LIESS ETWAS ZEIT HEREIN-SCHLÜPFEN.
WIR MÜSSEN IHM HILFE ANBIE-TEN.
KEINER VON UNS KANN SICH JE DER ZUKUNFT SICHER SEIN. ABER WIR KÖN-NEN HOFFEN.
ABER ER IST HIER GEFANGEN, GENAU WIE WIR.
„HOFFNUNG IST DAS WISSENDE HERZ DER EWIGKEIT."
ES WAR JAHRE HER, DASS MEIN HERZ SOLCHE AUF-REGUNG VERSPÜR-TE. EIN NEBELHERZ, STRAHLENDER ALS TAUSEND SONNEN.
WORTE AUS DEM BUCH DES LEUCHTENDEN NEBELS.

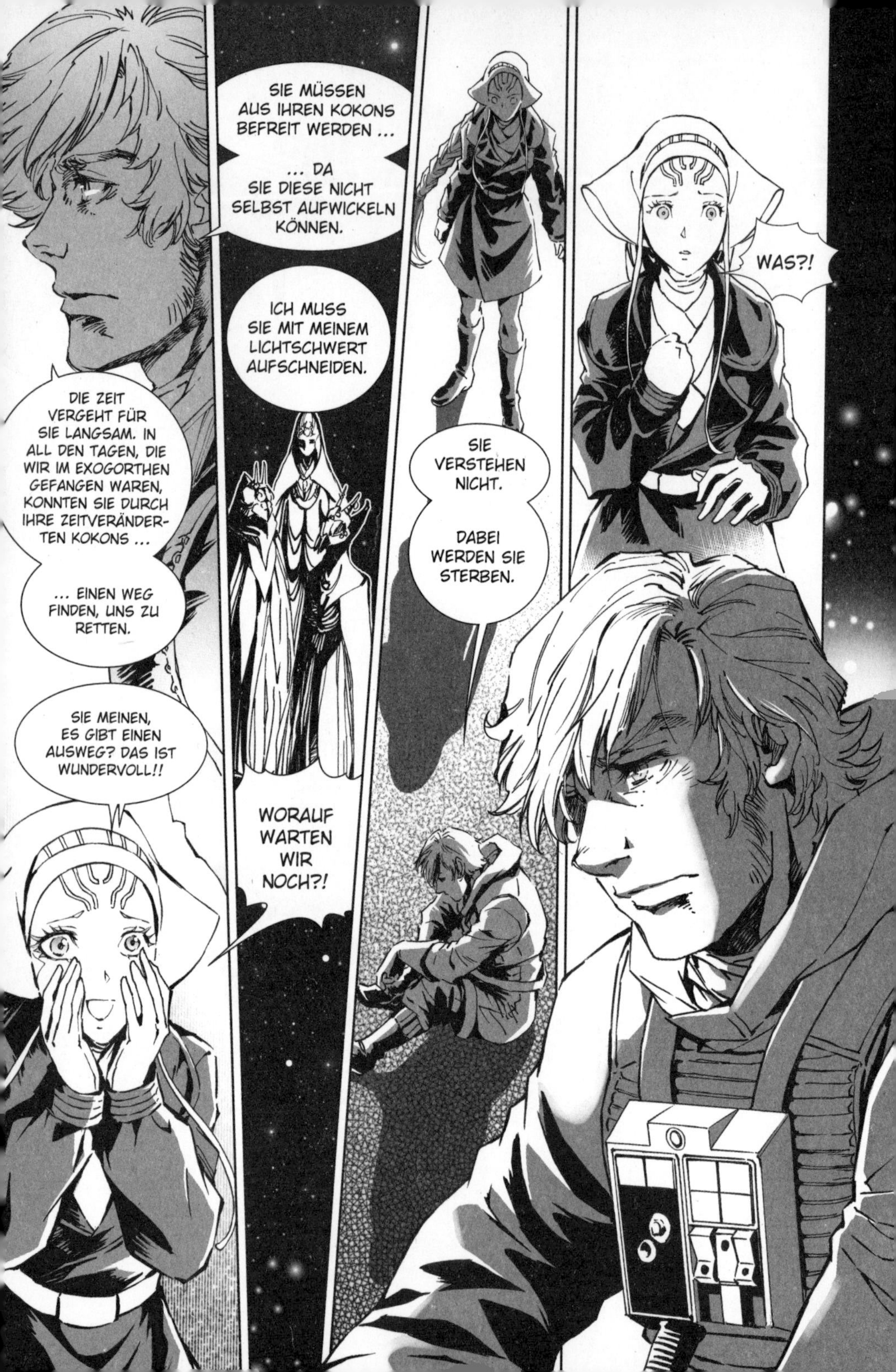
SIE MÜSSEN AUS IHREN KOKONS BEFREIT WERDEN ...
... DA SIE DIESE NICHT SELBST AUFWICKELN KÖNNEN.
ICH MUSS SIE MIT MEINEM LICHTSCHWERT AUFSCHNEIDEN.
DIE ZEIT VERGEHT FÜR SIE LANGSAM. IN ALL DEN TAGEN, DIE WIR IM EXOGORTHEN GEFANGEN WAREN, KONNTEN SIE DURCH IHRE ZEITVERÄNDERTEN KOKONS ...
... EINEN WEG FINDEN, UNS ZU RETTEN.
SIE MEINEN, ES GIBT EINEN AUSWEG? DAS IST WUNDERVOLL!!
WORAUF WARTEN WIR NOCH?!
WAS?!
SIE VERSTEHEN NICHT.
DABEI WERDEN SIE STERBEN.

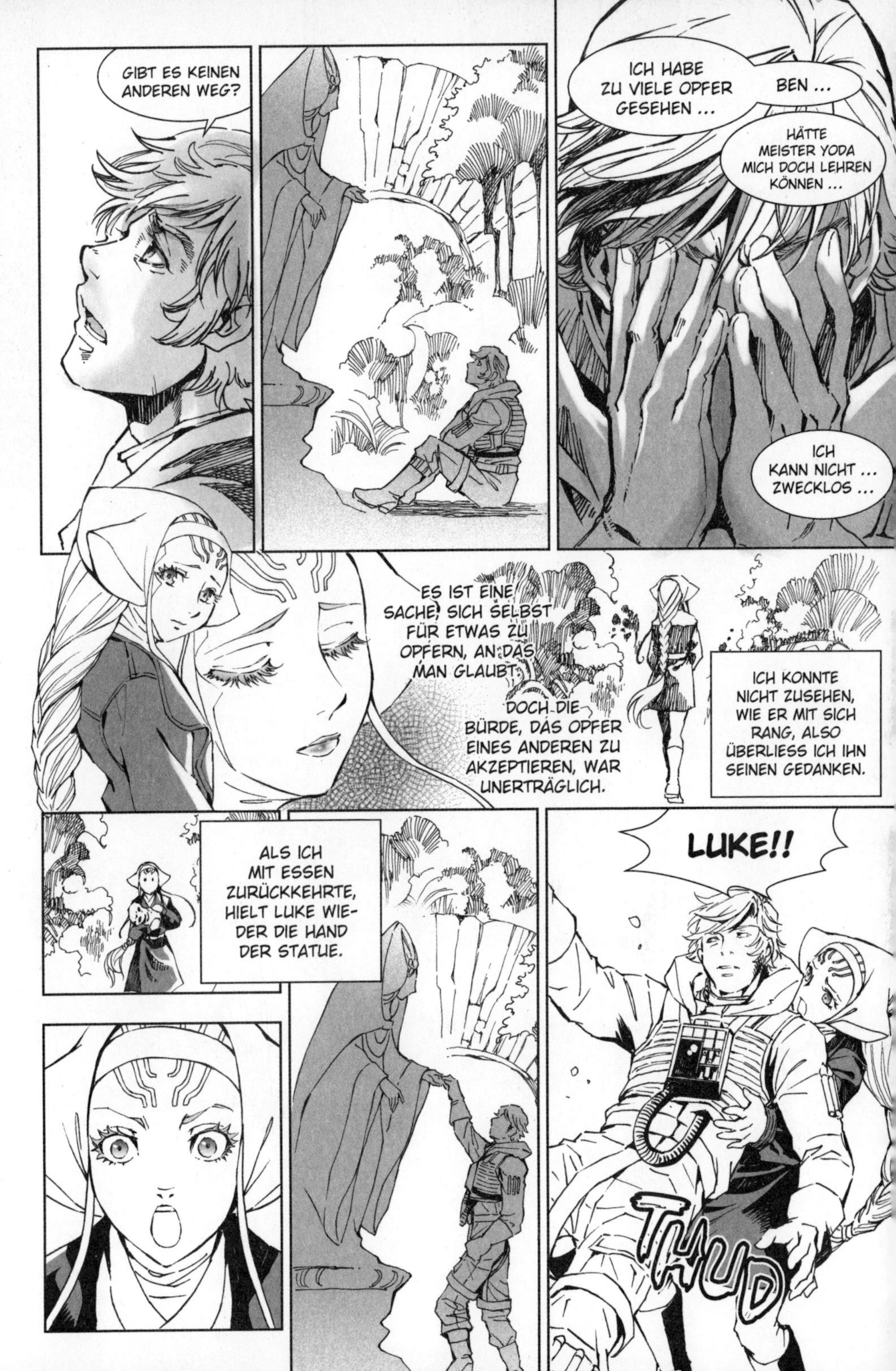
GIBT ES KEINEN ANDEREN WEG?
ICH HABE ZU VIELE OPFER GESEHEN ...
BEN ...
HÄTTE MEISTER YODA MICH DOCH LEHREN KÖNNEN ...
ICH KANN NICHT ... ZWECKLOS ...
ES IST EINE SACHE, SICH SELBST FÜR ETWAS ZU OPFERN, AN DAS MAN GLAUBT.
DOCH DIE BÜRDE, DAS OPFER EINES ANDEREN ZU AKZEPTIEREN, WAR UNERTRÄGLICH.
ICH KONNTE NICHT ZUSEHEN, WIE ER MIT SICH RANG, ALSO ÜBERLIESS ICH IHN SEINEN GEDANKEN.
ALS ICH MIT ESSEN ZURÜCKKEHRTE, HIELT LUKE WIE-DER DIE HAND DER STATUE.
LUKE!!
THUD

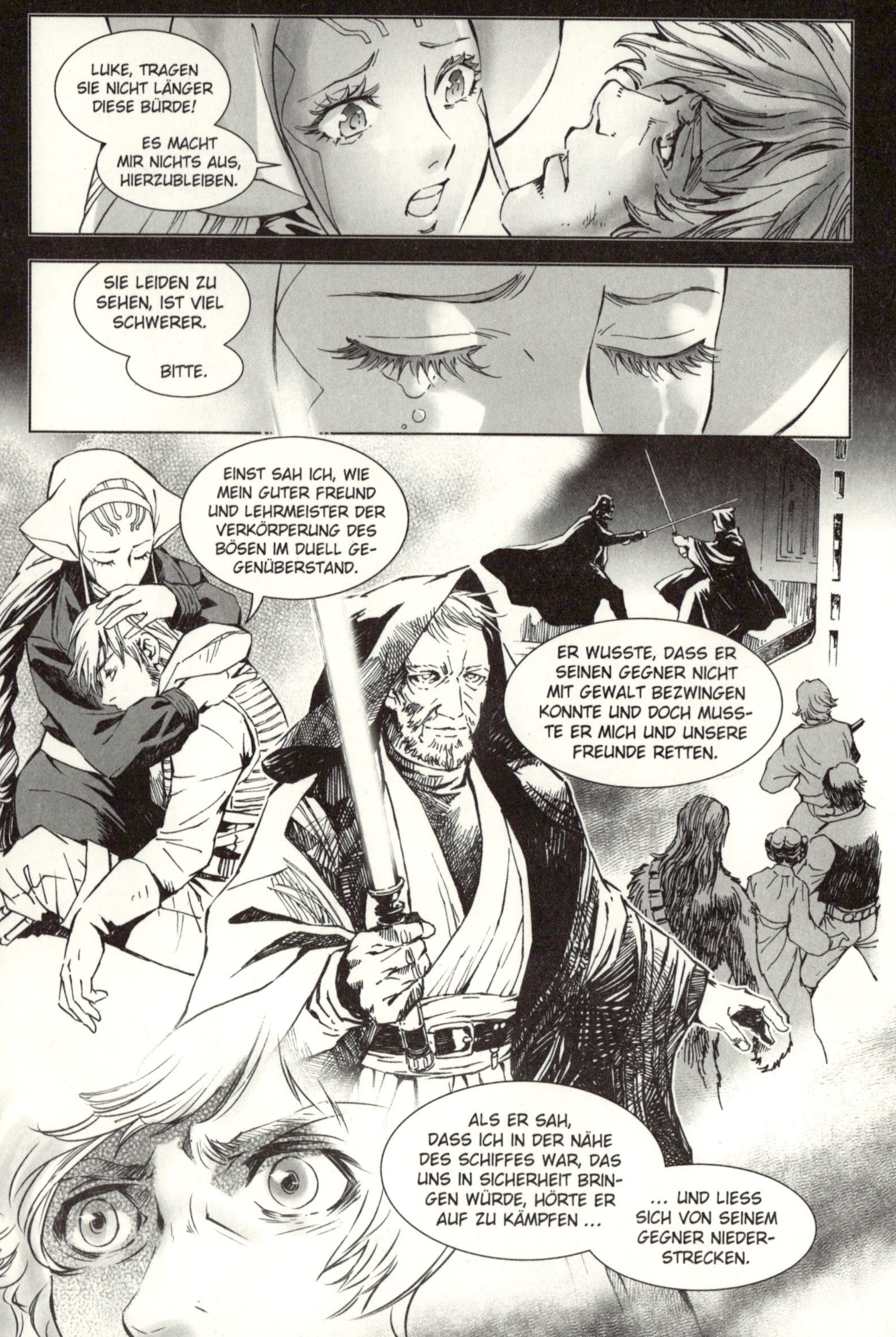
LUKE, TRAGEN SIE NICHT LÄNGER DIESE BÜRDE!
ES MACHT MIR NICHTS AUS, HIERZUBLEIBEN.
SIE LEIDEN ZU SEHEN, IST VIEL SCHWERER.
BITTE.
EINST SAH ICH, WIE MEIN GUTER FREUND UND LEHRMEISTER DER VERKÖRPERUNG DES BÖSEN IM DUELL GEGENÜBERSTAND.
ER WUSSTE, DASS ER SEINEN GEGNER NICHT MIT GEWALT BEZWINGEN KONNTE UND DOCH MUSSTE ER MICH UND UNSERE FREUNDE RETTEN.
ALS ER SAH, DASS ICH IN DER NÄHE DES SCHIFFES WAR, DAS UNS IN SICHERHEIT BRINGEN WÜRDE, HÖRTE ER AUF ZU KÄMPFEN ...
... UND LIESS SICH VON SEINEM GEGNER NIEDERSTRECKEN.

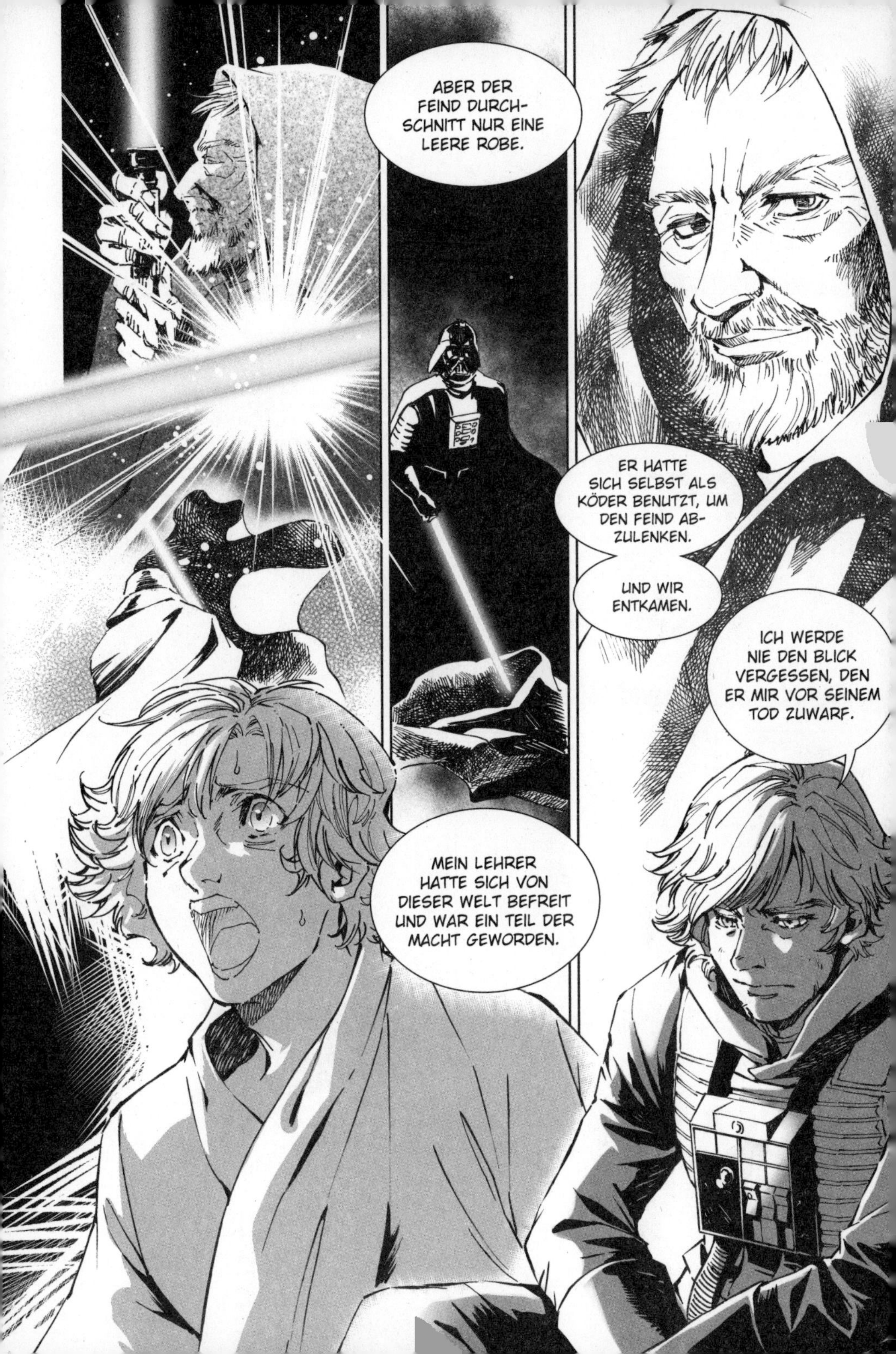
ABER DER FEIND DURCHSCHNITT NUR EINE LEERE ROBE.
ER HATTE SICH SELBST ALS KÖDER BENUTZT, UM DEN FEIND ABZULENKEN.
UND WIR ENTKAMEN.
ICH WERDE NIE DEN BLICK VERGESSEN, DEN ER MIR VOR SEINEM TOD ZUWARF.
MEIN LEHRER HATTE SICH VON DIESER WELT BEFREIT UND WAR EIN TEIL DER MACHT GEWORDEN.

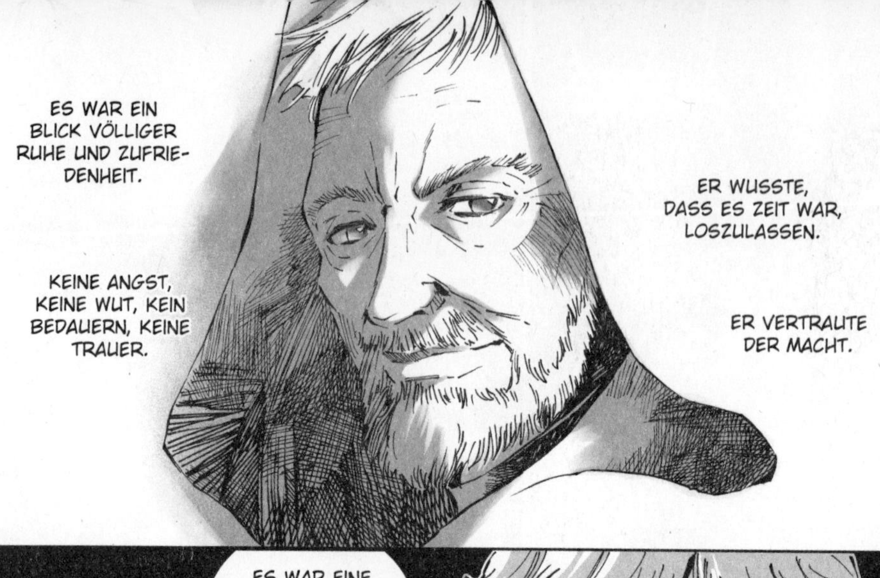
ES WAR EIN
BLICK VÖLLIGER
RUHE UND ZUFRIEDENHEIT.
KEINE ANGST,
KEINE WUT, KEIN
BEDAUERN, KEINE
TRAUER.
ER WUSSTE,
DASS ES ZEIT WAR,
LOSZULASSEN.
ER VERTRAUTE
DER MACHT.

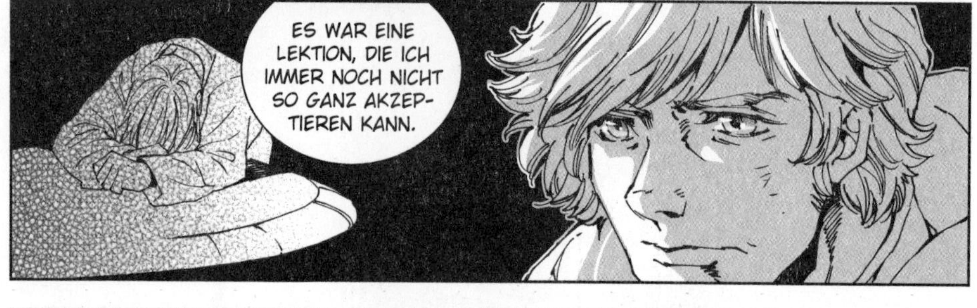
ES WAR EINE LEKTION, DIE ICH IMMER NOCH NICHT SO GANZ AKZEPTIEREN KANN.

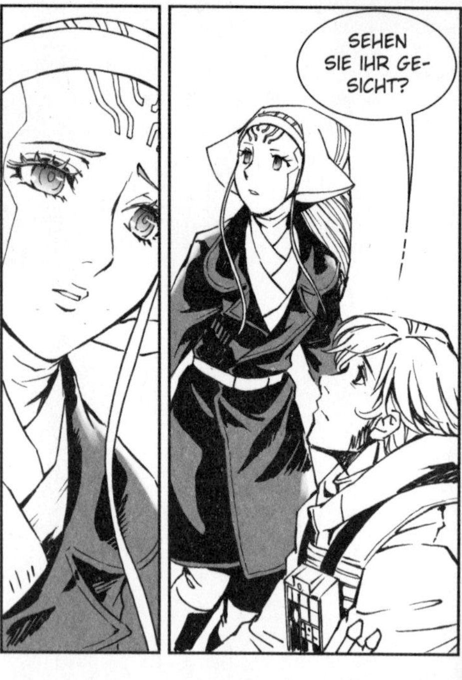
SEHEN SIE IHR GESICHT?

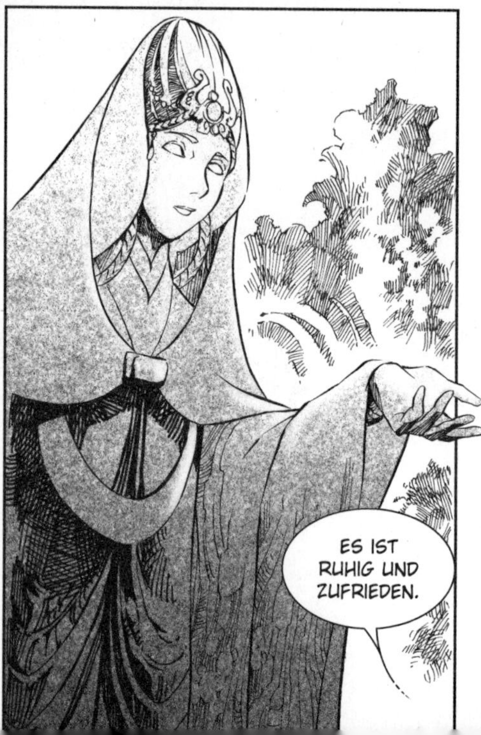
ES IST RUHIG UND ZUFRIEDEN.

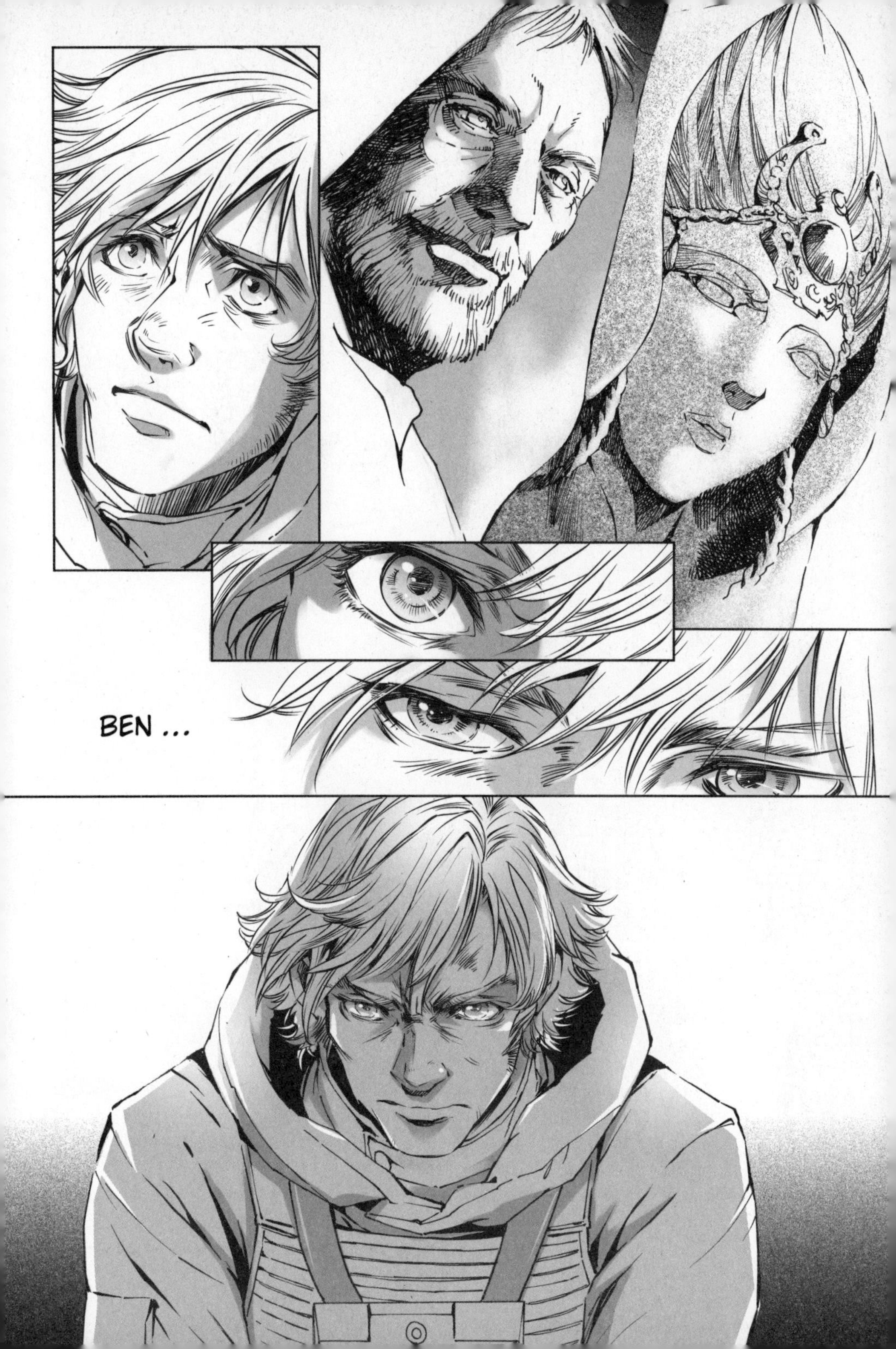
BEN ...

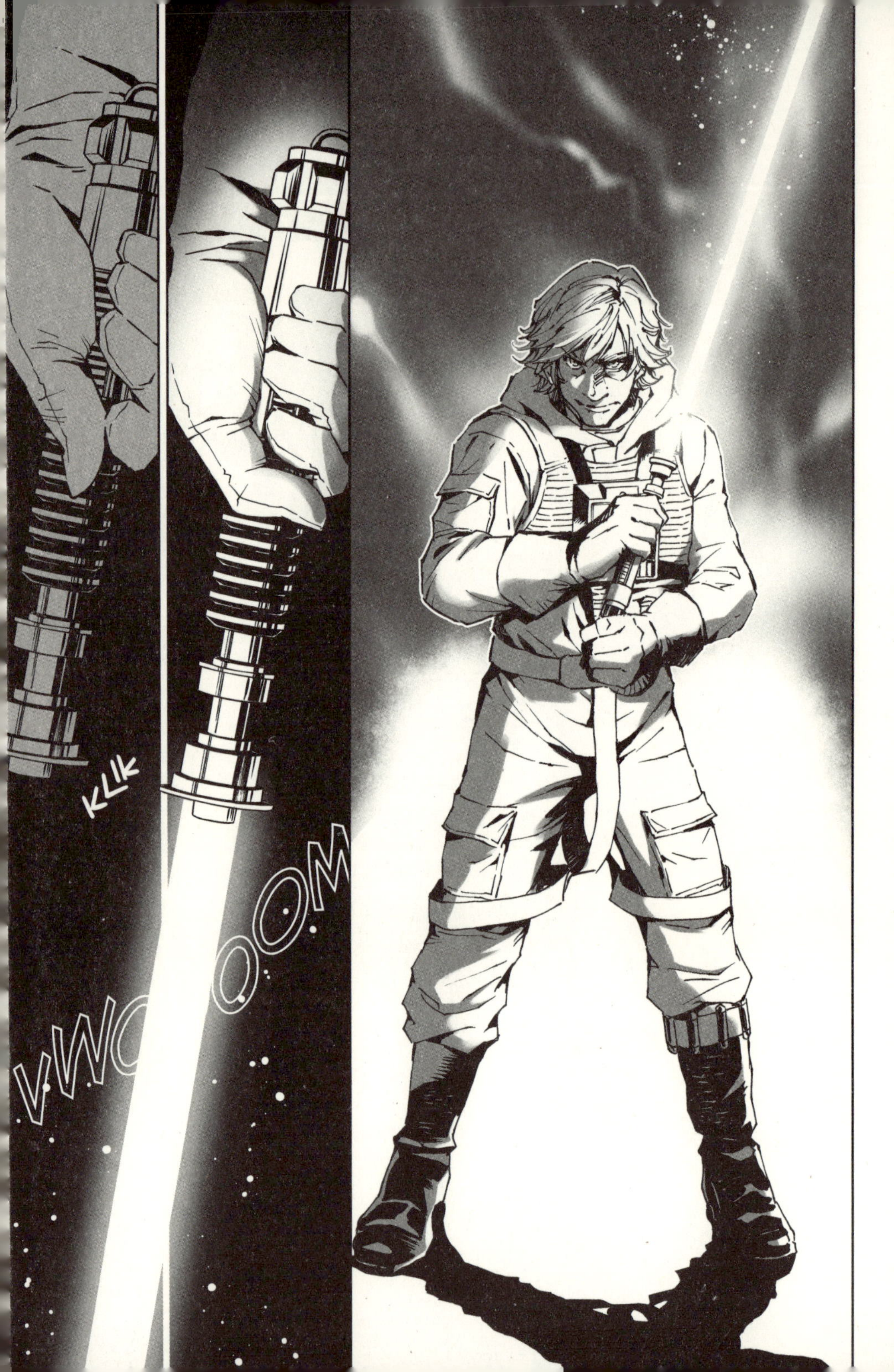
KLIK
VWOOOOM

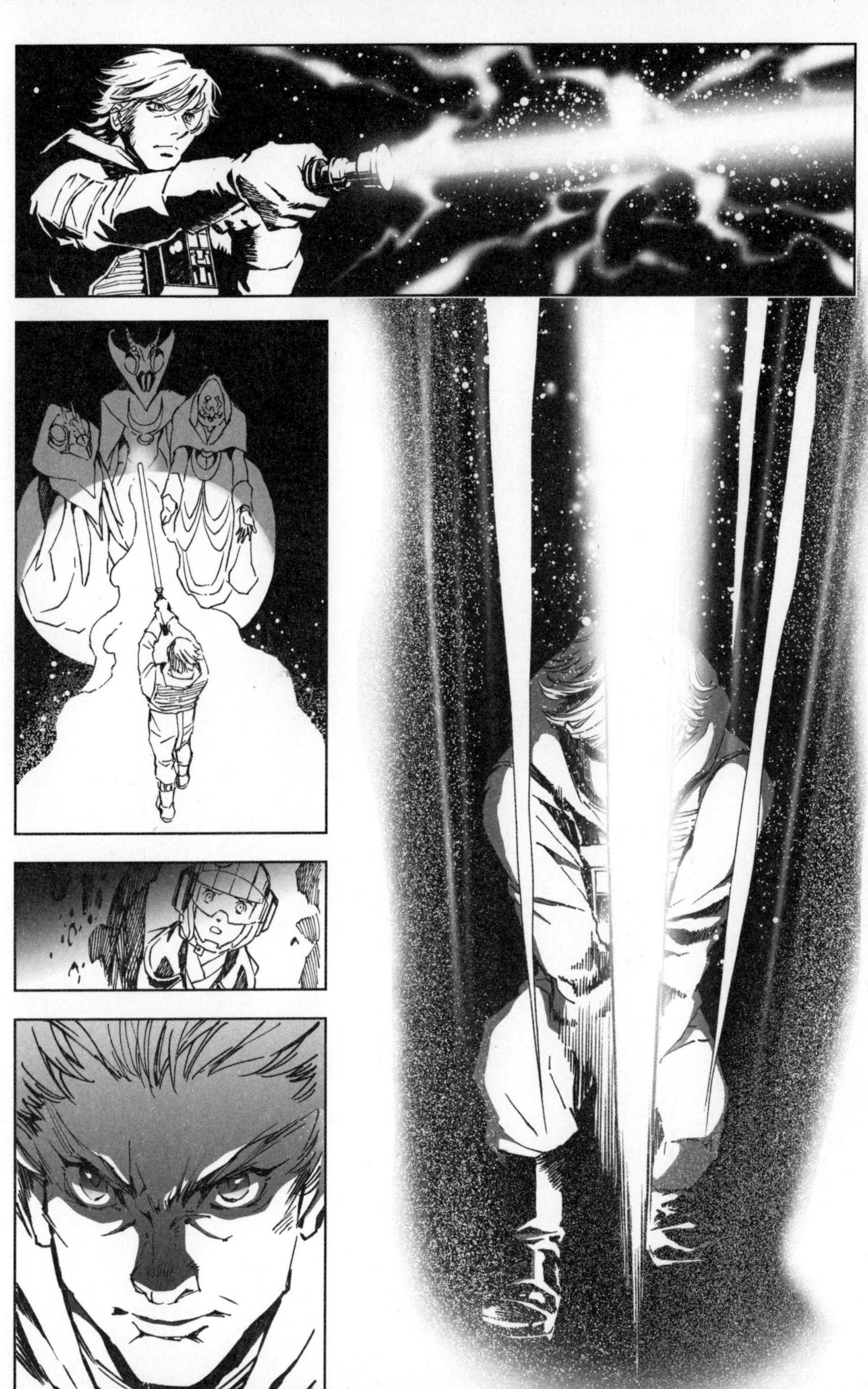

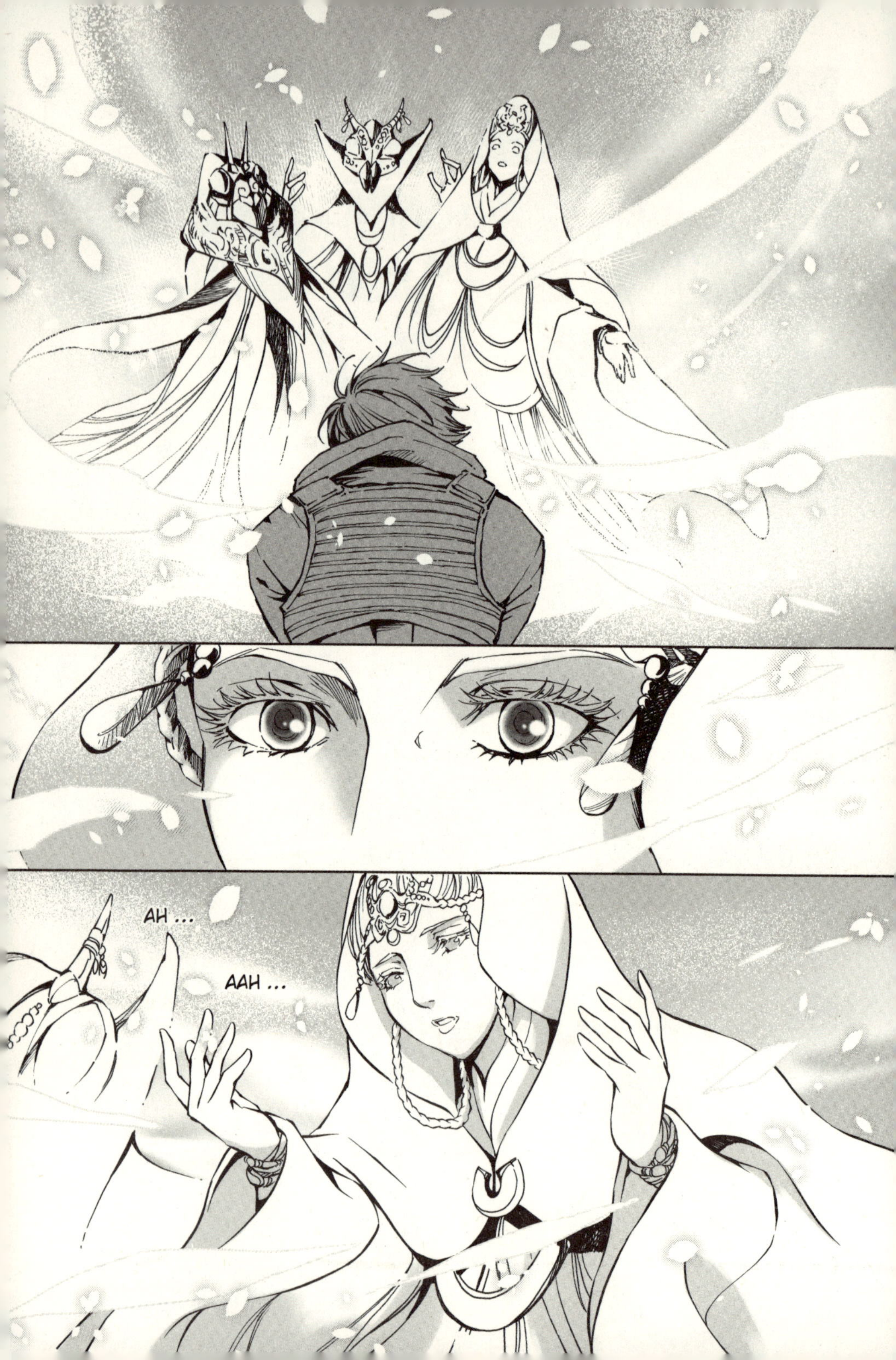
AH ...
AAH ...

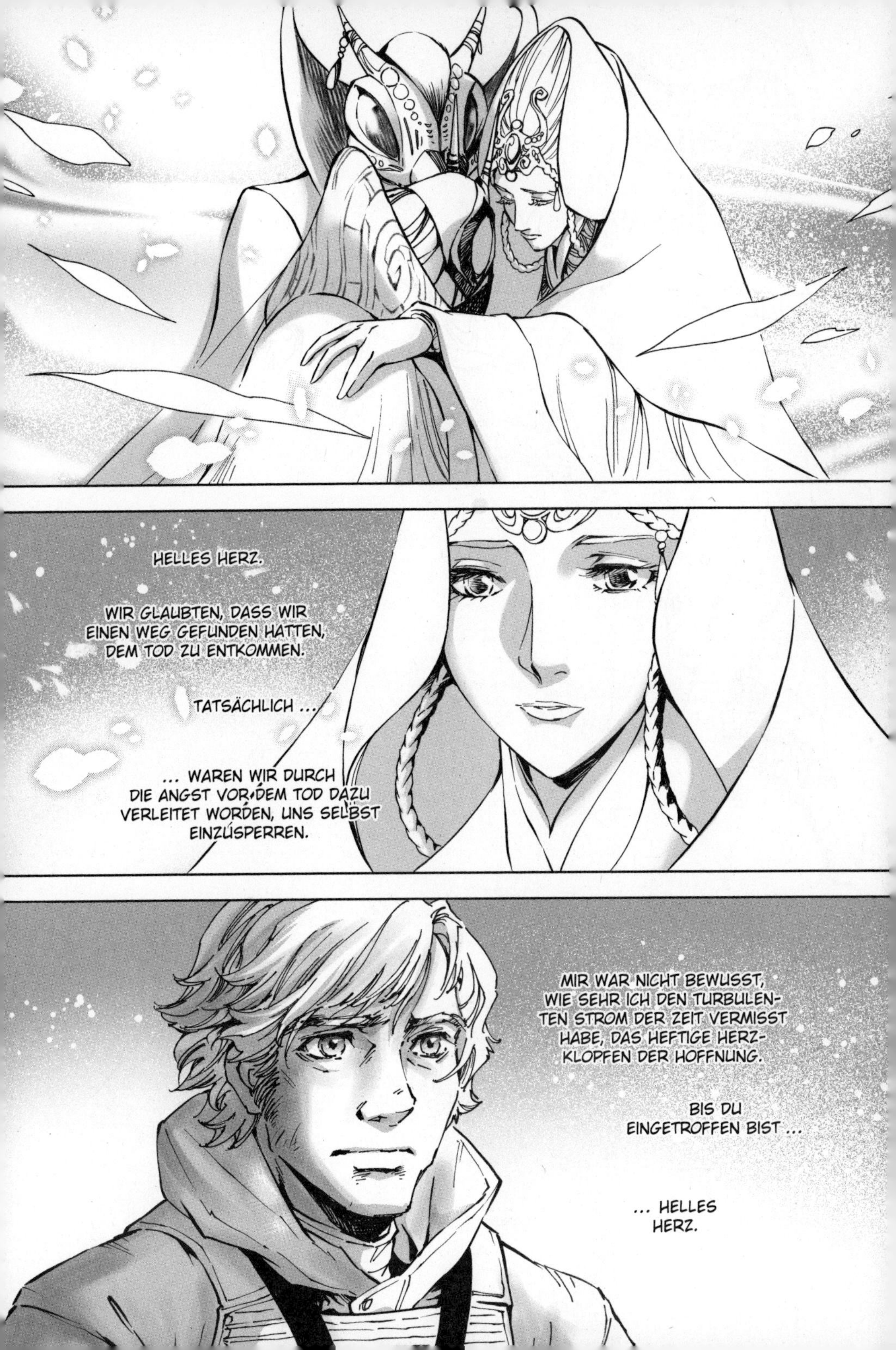

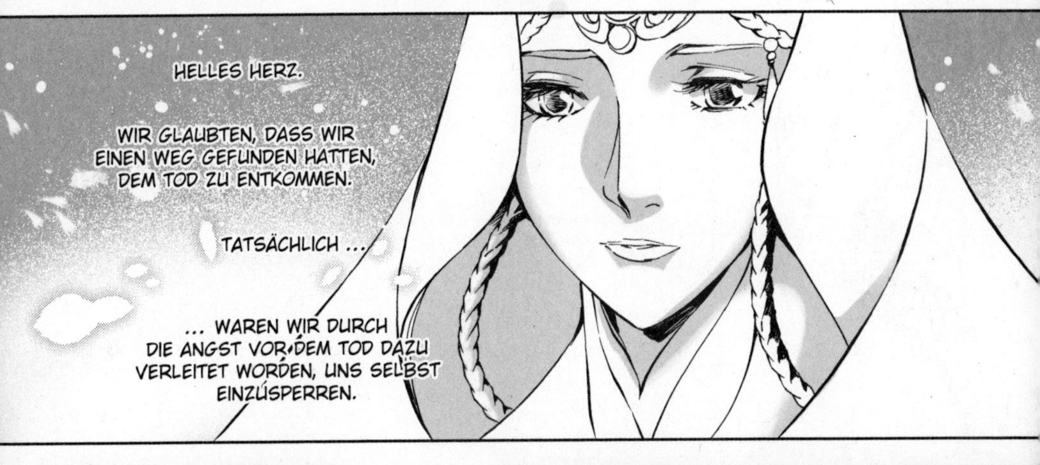
HELLES HERZ.
WIR GLAUBTEN, DASS WIR EINEN WEG GEFUNDEN HATTEN, DEM TOD ZU ENTKOMMEN.
TATSÄCHLICH ...
... WAREN WIR DURCH DIE ANGST VOR DEM TOD DAZU VERLEITET WORDEN, UNS SELBST EINZUSPERREN.

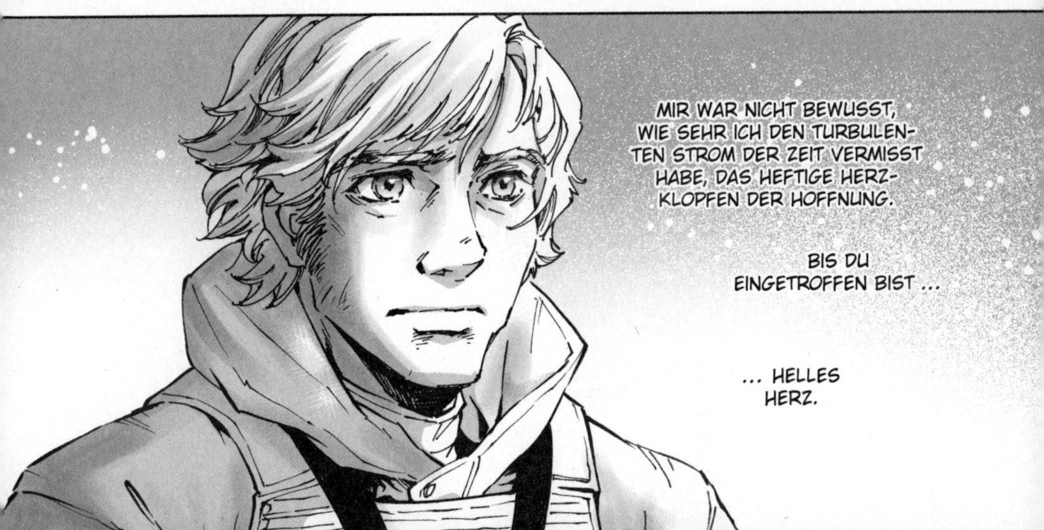
MIR WAR NICHT BEWUSST, WIE SEHR ICH DEN TURBULENTEN STROM DER ZEIT VERMISST HABE, DAS HEFTIGE HERZKLOPFEN DER HOFFNUNG.
BIS DU EINGETROFFEN BIST ...
... HELLES HERZ.

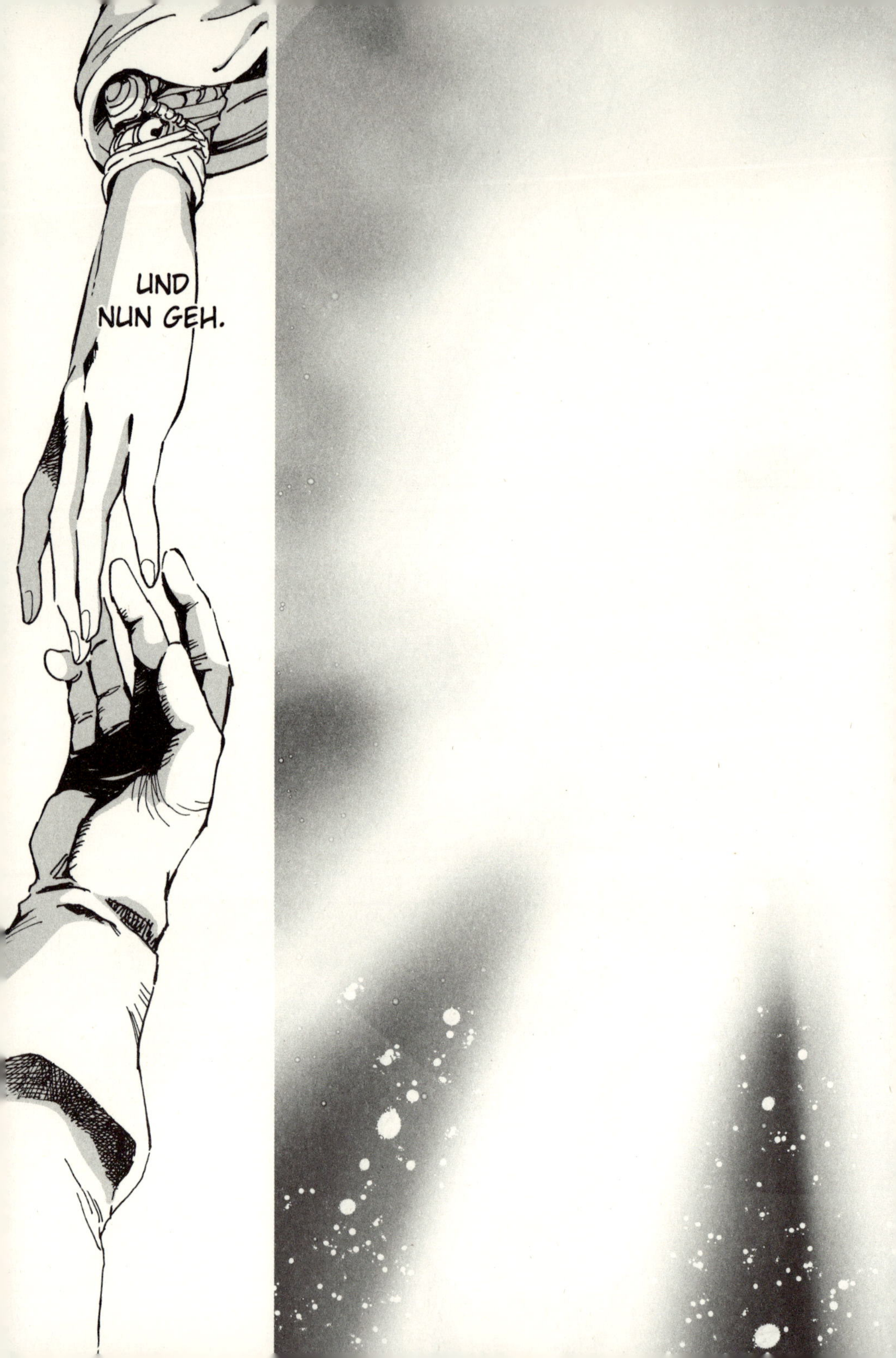
UND
NUN GEH.

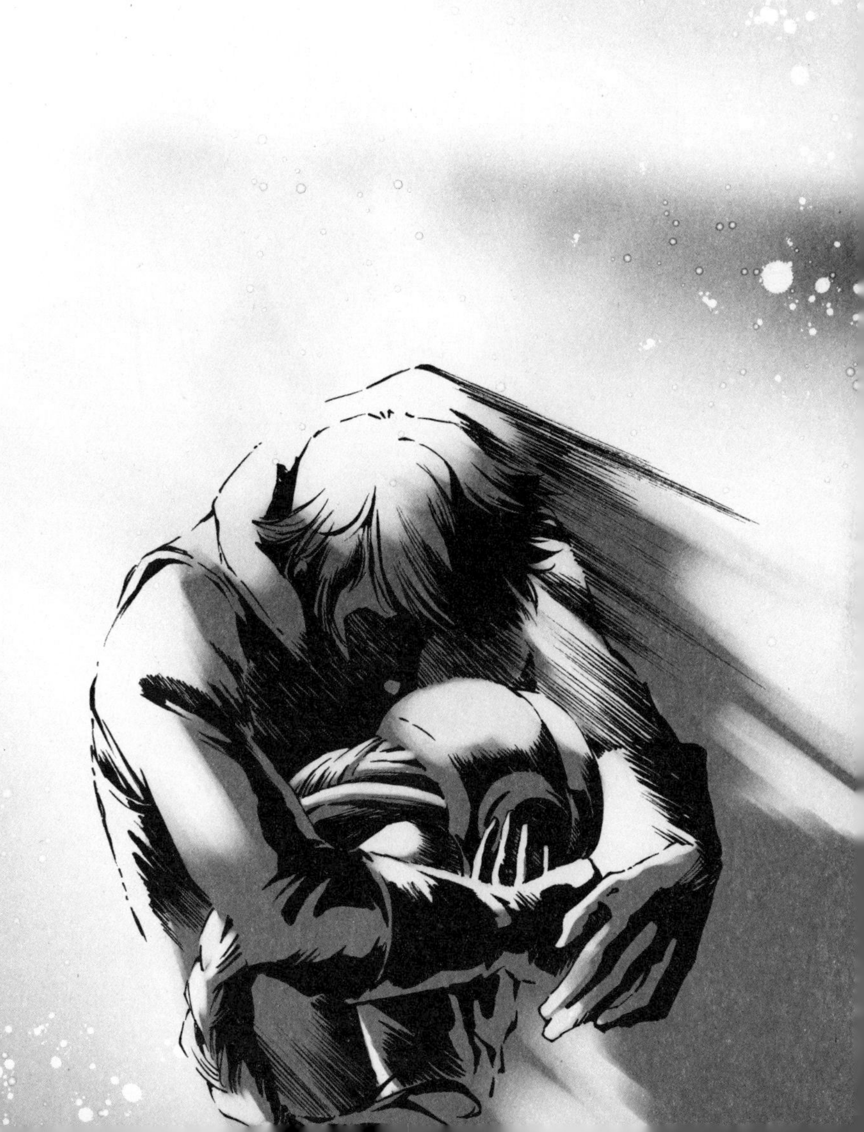

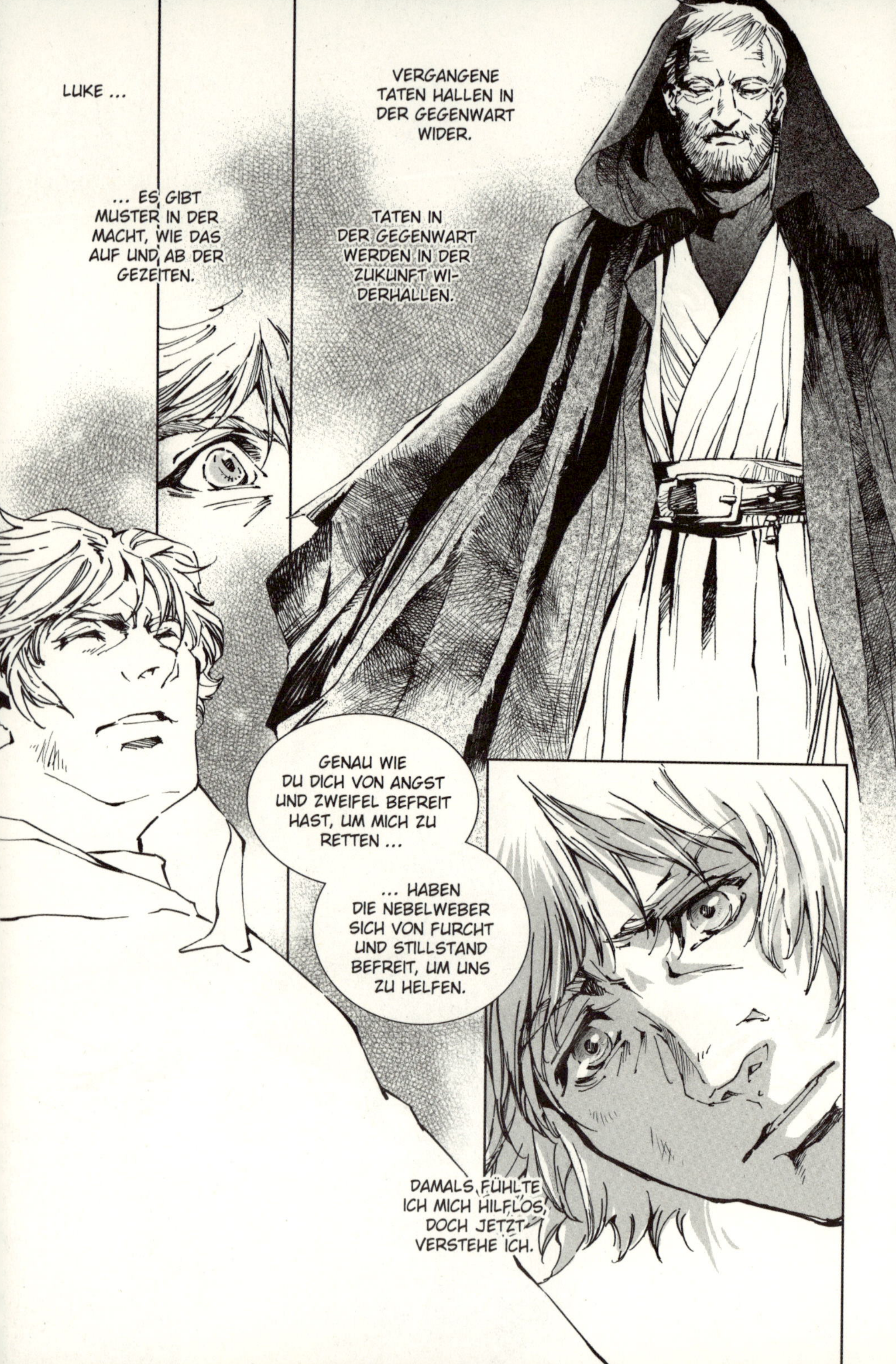
LUKE …
… ES GIBT MUSTER IN DER MACHT, WIE DAS AUF UND AB DER GEZEITEN.
VERGANGENE TATEN HALLEN IN DER GEGENWART WIDER.
TATEN IN DER GEGENWART WERDEN IN DER ZUKUNFT WIDERHALLEN.
GENAU WIE DU DICH VON ANGST UND ZWEIFEL BEFREIT HAST, UM MICH ZU RETTEN …
… HABEN DIE NEBELWEBER SICH VON FURCHT UND STILLSTAND BEFREIT, UM UNS ZU HELFEN.
DAMALS FÜHLTE ICH MICH HILFLOS, DOCH JETZT VERSTEHE ICH.

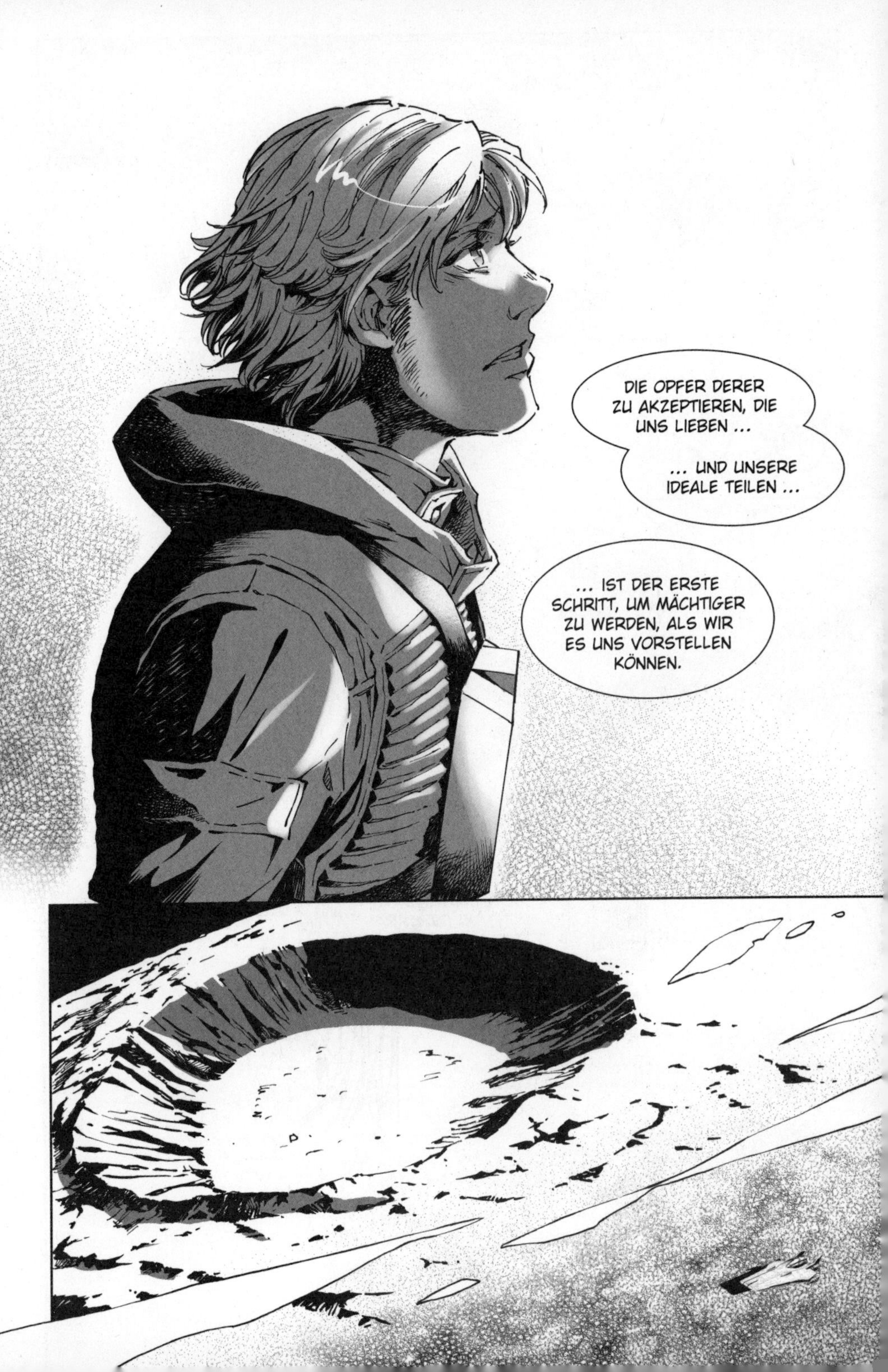
DIE OPFER DERER ZU AKZEPTIEREN, DIE UNS LIEBEN …
… UND UNSERE IDEALE TEILEN …
… IST DER ERSTE SCHRITT, UM MÄCHTIGER ZU WERDEN, ALS WIR ES UNS VORSTELLEN KÖNNEN.

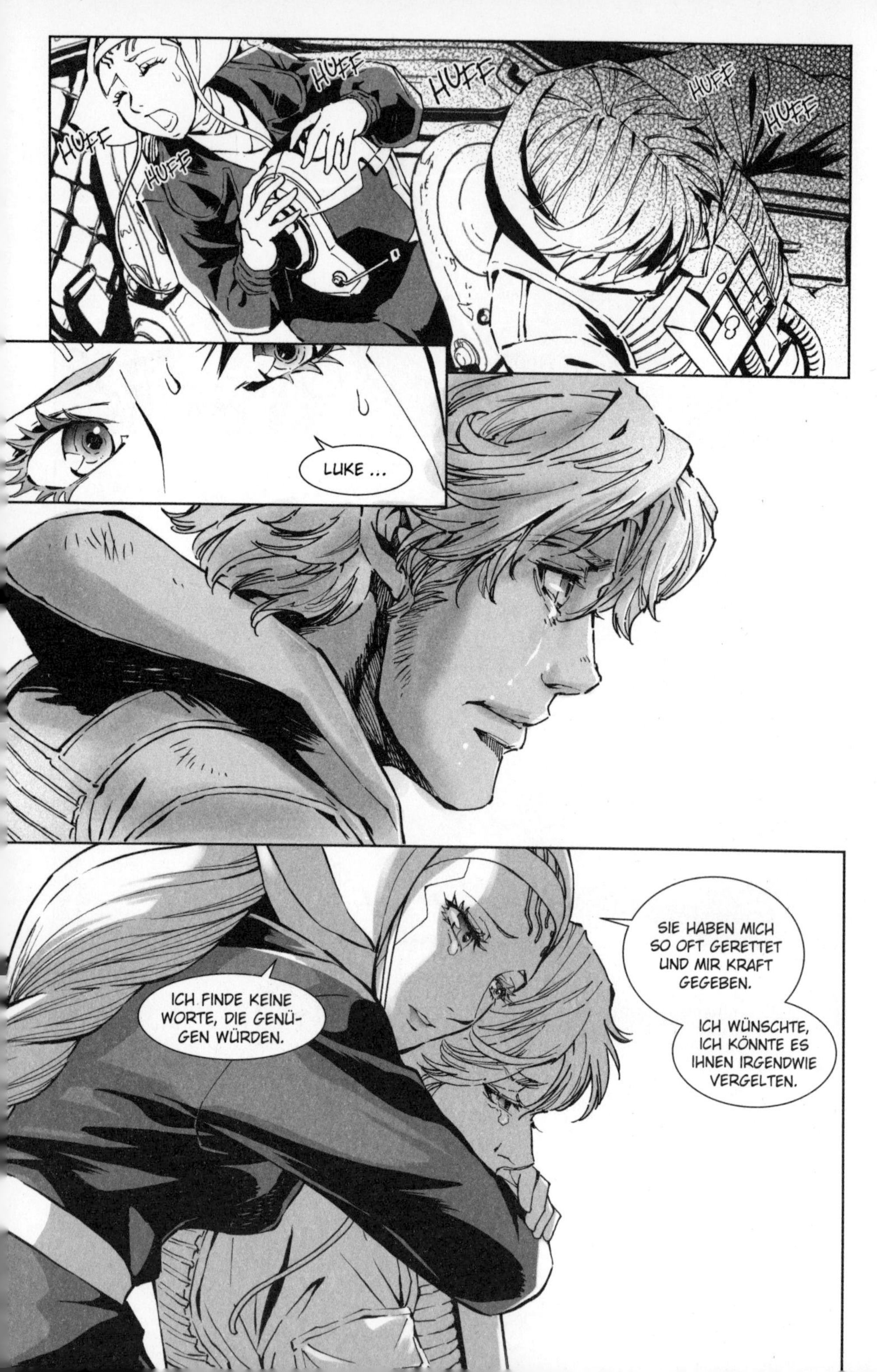
HUFF
HUFF
HUFF
HUFF
HUFF
HUFF
LUKE ...
SIE HABEN MICH SO OFT GERETTET UND MIR KRAFT GEGEBEN.
ICH WÜNSCHTE, ICH KÖNNTE ES IHNEN IRGENDWIE VERGELTEN.
ICH FINDE KEINE WORTE, DIE GENÜ-GEN WÜRDEN.

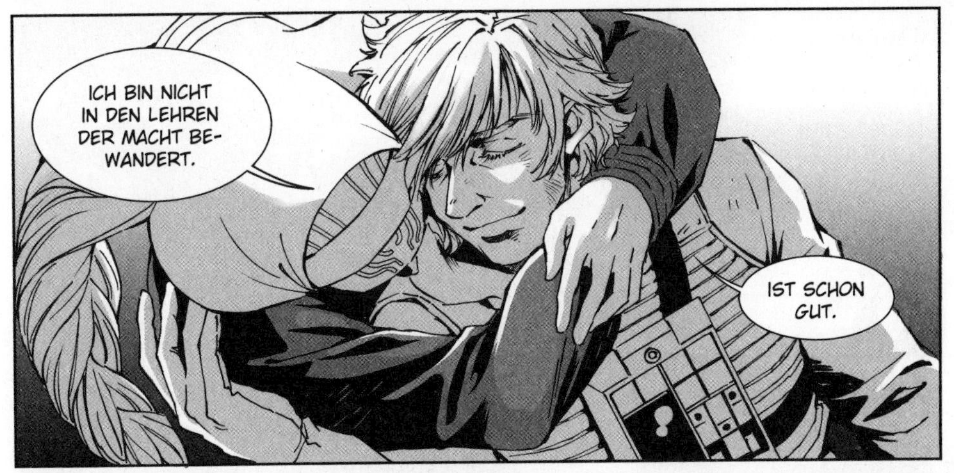
ICH BIN NICHT IN DEN LEHREN DER MACHT BE-WANDERT.
IST SCHON GUT.

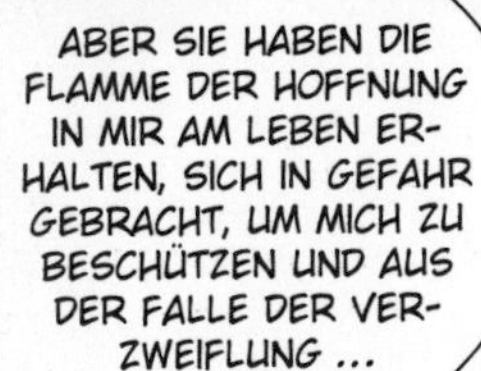
ABER SIE HABEN DIE FLAMME DER HOFFNUNG IN MIR AM LEBEN ER-HALTEN, SICH IN GEFAHR GEBRACHT, UM MICH ZU BESCHÜTZEN UND AUS DER FALLE DER VER-ZWEIFLUNG …

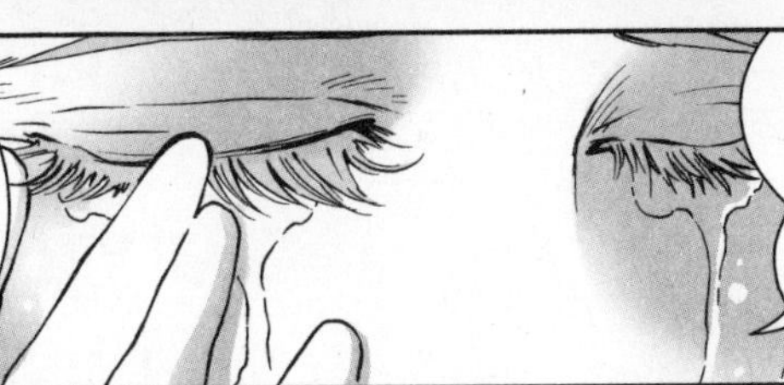
… UND DER MUTLOSIGKEIT ZU BEFREIEN …
… DAMIT ICH DIE GALAXIS UMSO MEHR LIEBEN KANN.

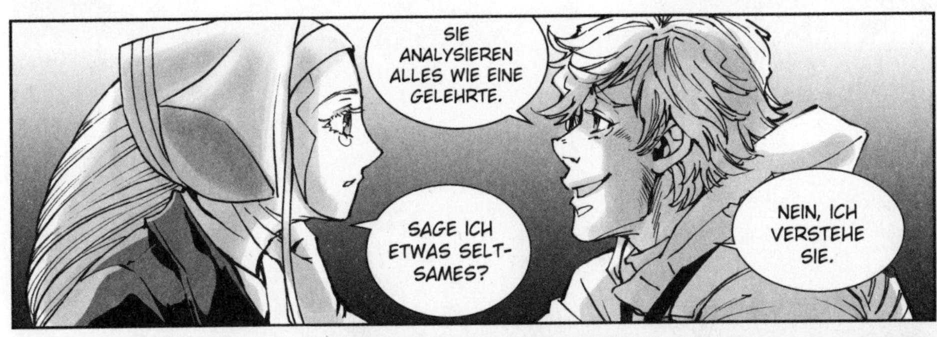
SIE ANALYSIEREN ALLES WIE EINE GELEHRTE.
SAGE ICH ETWAS SELT-SAMES?
NEIN, ICH VERSTEHE SIE.

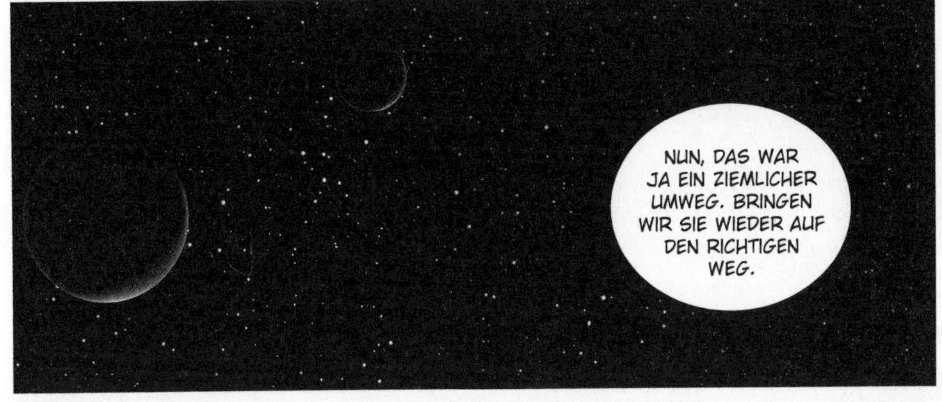
NUN, DAS WAR JA EIN ZIEMLICHER UMWEG. BRINGEN WIR SIE WIEDER AUF DEN RICHTIGEN WEG.

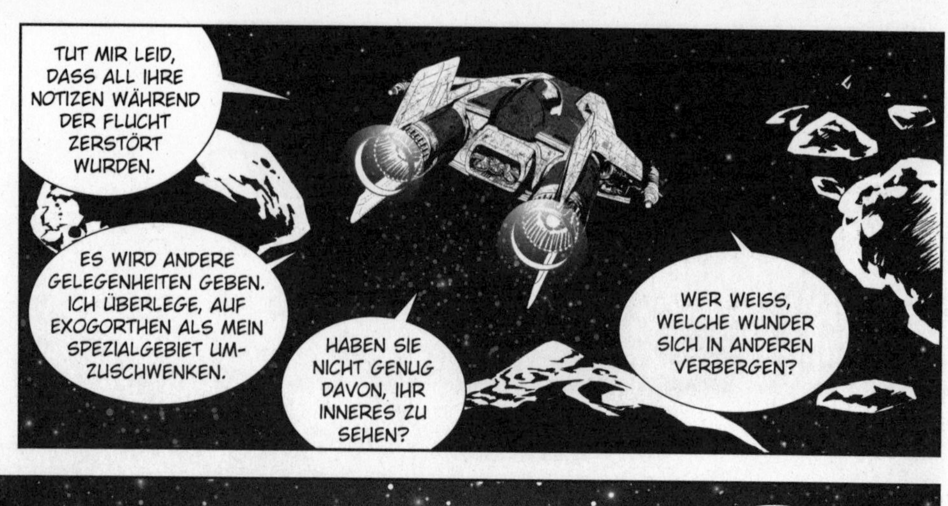

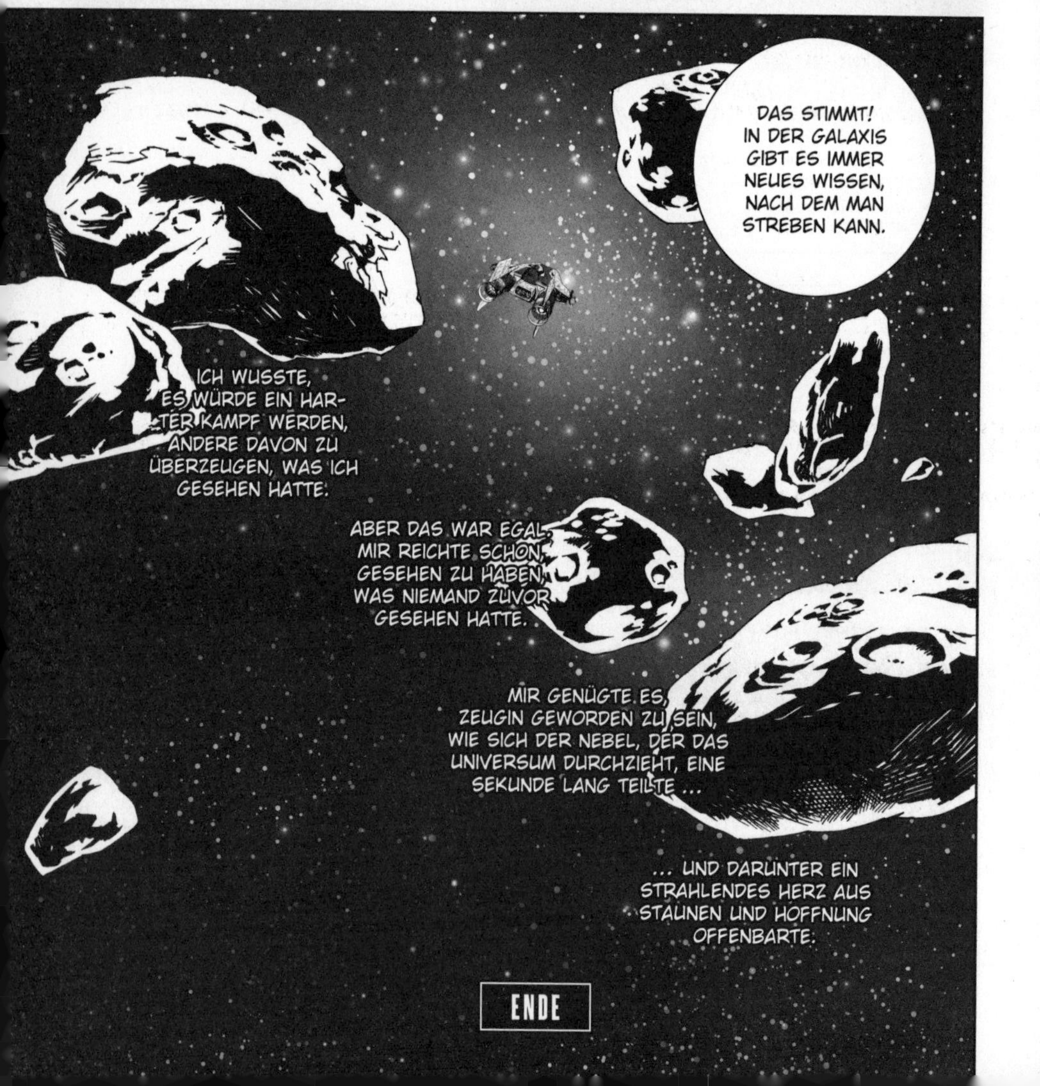

DAS STIMMT! IN DER GALAXIS GIBT ES IMMER NEUES WISSEN, NACH DEM MAN STREBEN KANN.

ICH WUSSTE, ES WÜRDE EIN HARTER KAMPF WERDEN, ANDERE DAVON ZU ÜBERZEUGEN, WAS ICH GESEHEN HATTE.

ABER DAS WAR EGAL. MIR REICHTE SCHON, GESEHEN ZU HABEN, WAS NIEMAND ZUVOR GESEHEN HATTE.

MIR GENÜGTE ES, ZEUGIN GEWORDEN ZU SEIN, WIE SICH DER NEBEL, DER DAS UNIVERSUM DURCHZIEHT, EINE SEKUNDE LANG TEILTE ...

... UND DARUNTER EIN STRAHLENDES HERZ AUS STAUNEN UND HOFFNUNG OFFENBARTE.

ENDE

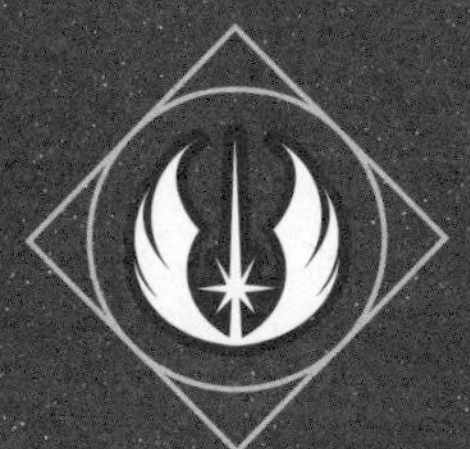

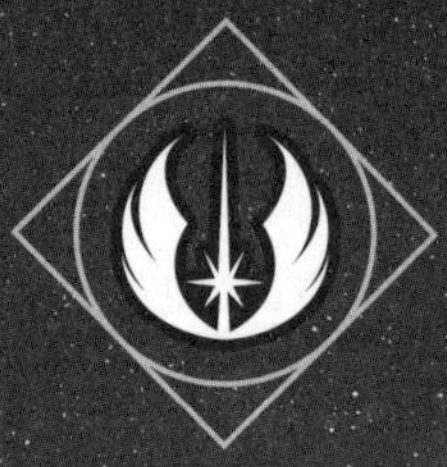

ÜBER DIE SCHÖPFER

AKIRA FUKAYA UND TAKASHI KISAKI

Als Zeichner- und Autorenteam arbeiten Fukaya und Kisaki häufig zusammen an Manga-Projekten, die in Japan veröffentlicht werden. Fukaya ist seit seiner Grundschulzeit begeistert von *Star Wars*. Die Raumschiffe und Charakterdesigns sowie die in den Filmen dargestellten Welten haben ihn dazu inspiriert, eigene Geschichten zu erfinden. *Der Schiffsfriedhof* ist das englische Manga-Debüt der beiden.

HARUICHI

Haruichi ist schon lange Fan des *Star Wars*-Universums und auch die Schöpferin hinter dem Manga *Leia – Prinzessin von Alderaan*. Haruichi hat schon immer Figuren wie Luke und Leia bewundert, besonders Obi-Wan, aber in letzter Zeit wächst ihre Zuneigung zu den Sturmtruppen.
Ich, der Droide ist Haruichis englisches Manga-Debüt.

SUBARU

Subaru lebt derzeit in Tokyo und arbeitet als Hintergrundzeichner in der Animationsbranche. Subaru liebt es, dass die Figuren in *Star Wars* immer ihrem Schicksal entgegenspringen. Er fand den Moment in *Das Erwachen der Macht*, als Rey und Finn mit dem Millennium Falken von Jakku entkommen, besonders aufregend. *Die Geschichte der schwermütigen Mote* ist Subarus englisches Manga-Debüt.

AKIRA HIMEKAWA

Als kreatives Team hinter den erfolgreichen Manga-Serien *The Legend of Zelda* und *The Legend of Zelda: Twilight Princess* sind Akira Himekawa ein Künstlerduo aus Japan mit vielen Fans auf der ganzen Welt. Sie haben sich schon immer gefragt, was wohl zwischen den Filmen mit Luke Skywalker passiert sein könnte und fanden es toll, diese Möglichkeiten zu ergründen und *Verschluckt* zu illustrieren.

KEN LIU

Ken Liu ist Gewinner der Nebula-, Hugo- und World-Fantasy-Awards sowie Autor von *Die Legenden von Dara*, einer epischen Silkpunk-Fantasy-Reihe (beginnend mit *Die Schwerter von Dara – Seidenkrieger*), *The Paper Menagerie and other Stories*, *The Hidden Girl and other Stories* und des Romans *Die Legenden von Luke Skywalker*.

STAR WARS™

DIE LEGENDEN VON LUKE SKYWALKER

STAR WARS: DIE LEGENDEN VON LUKE SKYWALKER erscheint bei **PANINI MANGA**, Schloßstraße 76, D-70176 Stuttgart. STAR WARS: DIE LEGENDEN VON LUKE SKYWALKER wird unter Lizenz in Deutschland von PANINI Verlags-GmbH veröffentlicht. Druck: Tipografia Gravinese s.n.c., Torino. Anzeigenverkauf: BLAUFEUER VERLAGSVERTRETUNGEN GmbH, info@blaufeuer.com. Es gilt die Anzeigenpreisliste Nr. 18 vom 01.10.2020. Direkt-Abos auf **www.paninicomics.de**. Geschäftsführer **Hermann Paul**, Publishing Director Europe **Marco M. Lupoi**, Finanzen **Felix Bauer**, Marketing Director **Holger Wiest**, Marketing **Rebecca Haar**, Vertrieb **Alexander Bubenheimer**, Logistik **Ronald Schäffer**, PR/Presse **Steffen Volkmer**, Publishing Manager **Lisa Pancaldi**, Redaktion **Stephanie Jakob, Matthias Korn, Daniela Uhlmann**, Übersetzung **Markus Lange**, Proofreading **Tomislav Subasic**, grafische Gestaltung **Rudy Remitti**, **Nicola Spano**, Art Director **Alessandro Gucciardo**, Redaktion Panini Comics **Beatrice Doti**, **Elisa Panzani**, Repro/Packager **Alessandro Nalli** (coordinator), **Mario Da Rin Zanco**, **Valentina Esposito**, **Luca Ficarelli**, **Simone Guidetti**, **Linda Leporati**, **Fabio Melatti**. **ISBN** 978-3-7416-2424-7

Bibliografische Information der Deutschen Nationalbibliothek
Die Deutsche Nationalbibliothek verzeichnet diese Publikation in der Deutschen Nationalbibliografie; detaillierte bibliografische Daten sind im Internet über dnb.d-nb.de abrufbar.

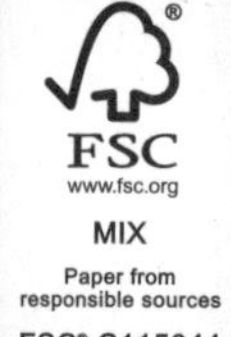